STUDIES ON VOLTAIRE
AND THE
EIGHTEENTH CENTURY

200

General editor

HAYDN MASON

School of European Studies
University of East Anglia
Norwich, England

ANDRZEJ SIEMEK

LA RECHERCHE MORALE ET ESTHÉTIQUE DANS LE ROMAN DE CRÉBILLON FILS

THE VOLTAIRE FOUNDATION

AT THE

TAYLOR INSTITUTION, OXFORD

1981

ISSN 0435-2866

ISBN 0 7294 0265 7

Printed in England by Cheney & Sons Ltd,
Banbury, Oxfordshire

Pour Anna

Ce travail n'aurait jamais vu le jour sans l'aide inappréciable de madame Ewa Rzadkowska, professeur à l'Université de Varsovie, et de monsieur Jean Ehrard, professeur à l'Université de Clermont. Qu'ils veuillent bien trouver ici l'expression de ma profonde gratitude.

Table des matières

Editions citées et abréviations

Chaque citation du texte de Crébillon est accompagnée de l'abréviation du titre et du numéro de la page. Pour les ouvrages suivants, nous citons d'après les éditions modernes isolées:

LMa: *Lettres de la Marquise de M*** au Comte de R****, présentation par Ernest Sturm, texte établi et annoté par Lucie Picard (Paris 1970).

TaN: *L'Ecumoire ou Tanzaï et Néadarné, histoire japonaise*, édition critique, introduction et notes par Ernest Sturm, avec la collaboration de Marie-Clotilde Hubert (Paris 1976).

Eg: *Les Egarements du cœur et de l'esprit ou Mémoires de M. de Meilcour*, introduction et texte par Etiemble, in: *Romanciers du XVIIIe siècle*, préface par Etiemble, Bibliothèque de la Pléiade (Paris 1965), t.ii.

So: *Le Sopha, conte moral*, présentation par Albert-Marie Schmidt, coll. 10/18 (Paris 1966).

NuM: *La Nuit et le moment ou les Matines de Cythère, dialogue*, et

Ha: *Le Hasard du coin du feu, dialogue moral*, in: *L'Œuvre de Crébillon le fils*, 2e partie, introduction et notes bibliographiques par B. de Villeneuve (Paris 1913).

Pour les autres œuvres, nous citons d'après la *Collection complète des œuvres de m. de Crébillon, fils* (Londres 1777), 14 tomes en 7 volumes, pagination de chaque tome séparée. Dans ces cas le sigle du titre est encore suivi d'un chiffre romain qui renvoie au tome de cette édition:

Sy: *Le Sylphe ou Songe de Madame de R*** écrit par elle-même à Madame de S****, t.i.

QCo: *Ah, quel conte! conte politique et astronomique*, t.v, vi.

HOr: *Les Heureux orphelins, histoire imitée de l'anglais*, t.vii, viii.

LDu: *Lettres de la Duchesse de*** au Duc de****, t.x, xi.

LAt: *Lettres athéniennes, extraites du portefeuille d'Alcibiade*, t.xii, xiii, xiv.

Pour des raisons d'homogénéité de l'ensemble, nous avons modernisé l'orthographe et la ponctuation dans les citations extraites de cette édition, ainsi que dans toutes les citations de textes anciens.

Introduction

Situer l'auteur face à la critique, début rituel d'un ouvrage d'histoire littéraire, constitue dans le cas de Crébillon fils une démarche particulièrement instructive. L'expression 'face à' devrait être prise à la lettre. En effet, on a l'impression que le commentateur rencontre ici un domaine à la fois familier et rebelle: son évidence même devient obstacle.

On n'a pas beaucoup écrit sur Crébillon: ce sont pratiquement les années soixante de notre siècle qui ont vu naître un véritable intérêt pour l'écrivain que les dix-huitiémistes classent aujourd'hui parmi les romanciers majeurs de l'époque. Mais moins nous avons de commentaires, plus nous devons être frappés par des divergences et des contresens. Le phénomène n'est pas normal, comme l'est celui des mutations que la tradition critique subit nécessairement au cours des siècles, car ici, au-dessous d'elles, on distingue constamment, depuis le dix-huitième siècle jusqu' à nos jours, la même impossibilité d'élaborer un portrait à partir d'un original fuyant, la même inefficacité des lectures dont l'objet se dérobe.

Les difficultés commencent au niveau fondamental: de qui parle-t-on? La biographie de Crébillon se présente comme un amas de lacunes et de fausses pistes. L'un des rares points sur lesquels tout le monde est d'accord n'en reste pas moins un paradoxe déroutant: emprisonné et exilé dans sa jeunesse pour ses écrits, le romancier fut nommé censeur royal. Sur le reste de cette existence énigmatique, on a souvent des renseignements dont la fausseté prenait parfois, surtout au dix-neuvième siècle, des dimensions monstrueuses. On semble ignorer les choses les plus évidentes, telle la date de la mort de Crébillon (1777)[1] Le rédacteur des *Souvenirs de la marquise de Créquy* le fait mourir en 1770, tandis que J. Janin le voit survivre à la Révolution: 'lorsque vint 93, il eut le bonheur de sauver sa femme, sa fortune et de se sauver lui-même'.

---

[1] elle ne devait pourtant faire aucun doute. Parmi les témoignages contemporains citons: *Correspondance littéraire*, juin 1777, éd. M. Tourneux (Paris 1877), xi.479; A.-J. Du Coudray, *Lettre au public sur la mort de mm. Crébillon, Censeur royal, Gresset, de l'Académie française, Parfaict, auteur de l'Histoire du Théâtre Français* (Paris 1777), pp.4-5; L. de Bachaumont, *Mémoires secrets*, 14 avril 1777 (Londres 1780), x.100.

Pour un biographe plus récent 'il vit passer l'orage du *Mariage de Figaro*', ce qui suppose qu'il était toujours vivant en 1784.[2]

Les contradictions les plus curieuses surgissent autour de deux événements: l'exil et le mariage.[3] Chez les biographes, une confusion inouïe. On multiplie les expulsions, en envoyant Crébillon en Angleterre et en considérant son séjour à Sens comme un exil,[4] on voit dans la publication des *Egarements du cœur et de l'esprit* la cause de son exil,[5] ou même de sa détention à Vincennes,[6] on fait reculer la date du mariage pour qu'il paraisse plus convenable (Houssaye, pp.100-101; Fournel, p.402), et pour mettre le comble, l'incomparable comte de Courchamps affirme qu' 'il est résulté du mariage [. . .] une grande fille toute noire qui vient d'épouser je ne sais quel autre Milord' (*Souvenirs*, p.155). Le procédé assez typique est celui des 'corrections' qui, sans corriger quoi que ce soit, rendent l'erreur plus grotesque. A. Houssaye, après s'être moqué des bévues de Janin et d'autres, envoie Crébillon en Angleterre pour deux ans, le fait persécuter par mme de Pompadour et retourner en Angleterre, fait mourir sa femme en 1761, et finalement avoue ne pas savoir quand et où il était mort (pp.97, 101-102). F. Lolliée, à son tour, blâme l'imagination de Houssaye (tout en lui empruntant textuellement certaines fantaisies), ce qui ne l'empêche pas de dire que l'écrivain fut exilé après avoir reçu l'annonce de sa nomination à la fonction de censeur, et de situer sa mort à la veille de la Révolution (pp.763, 766).

[2] M. Cousin, comte de Courchamps, *Souvenirs de la marquise de Créquy* (apocryphes), (Paris 1834), iv.132-33; J. Janin, dans l'article 'Crébillon (fils)' du *Dictionnaire de la conversation et de la lecture* (Paris 1835), xviii.145-46; F. Lolliée, 'Censure et censeurs d'ancien régime, m. de Crébillon fils', *Revue bleue*, 4e série, 16 (1901), p.766.

[3] rappelons les faits. En 1734 Crébillon fut enfermé à Vincennes pour les allusions satiriques de *L'Ecumoire*, et relâché au bout de cinq jours. En 1742, après la publication du *Sopha*, il fut exilé à trente lieues de Paris (on ne connaît pas le lieu de son séjour), et cet exil – le seul dans sa vie – ne dura que trois mois. Vers 1744 il se lia avec une Anglaise, Henrietta Maria Stafford Howard. Le mariage n'eut lieu qu'en 1748. Un fils naquit en 1746 et mourut en 1750. La même année les Crébillon se fixèrent à Sens pour cinq ans environ. L'épouse de Crébillon mourut en 1756. En 1759, grâce à mme de Pompadour, l'écrivain fut nommé censeur et resta à Paris jusqu'à sa mort. Il ne quitta jamais la France.

[4] voir par exemple l'article 'Crébillon', par V. Fournel, dans la *Nouvelle biographie générale depuis les temps les plus reculés jusqu'à nos jours* (Paris 1855), qui a longtemps servi de source d'information: Crébillon aurait été exilé en 1750 (*sic*), se serait réfugié d'abord en Angleterre, puis à Sens, et n'aurait pu rentrer à Paris qu'au bout de cinq ans (p.403).

[5] A. Houssaye, 'Jean qui pleure et Jean qui rit: ii – Crébillon le gai', *L'Artiste*,, 4e série, 11 (1847), p.101; F. Lolliée, 'Censure et censeurs', p.763.

[6] E. Henriot, préface à son édition des *Lettres de la Marquise de M*** au Comte de R**** (Paris 1959), p.xiv.

Même ceux des critiques du dix-neuvième siècle qui ont abordé le plus sérieusement la biographie de Crébillon n'ont pu éviter de graves fautes. C.-N. Amanton, en faisant justice des versions romanesques de Janin et de la marquise de Créquy, soutient qu'on avait 'relégué' le romancier à Sens 'pour le punir de la publication de ses mauvais livres', et O. Uzanne, auteur d'une première esquisse biographique honnête, le fait partir pour l'Angleterre en 1750. Aujourd'hui on trouve facilement les traces profondes de cette tradition étonnante: d'après le *Dictionnaire des lettres françaises*, ouvrage réputé, Crébillon aurait été exilé deux fois, enfermé à Vincennes pendant 'quelques semaines', nommé censeur en 1749, et aurait fondé la société du Caveau en 1752 (en réalité vers 1733!).[7]

On reste perplexe devant les témoignages et les opinions sur la personnalité de Crébillon. Etait-il 'la politesse, l'aménité et la grâce fondues ensemble', un mondain connaisseur des femmes et aimé d'elles (Mercier)? Brillait-il 'par les grâces et la légèreté de ses conversations' (Desessarts)?[8] Etait-il, au contraire, un 'vilain pédant', 'gourmé' et 'ennuyeux', qui ne savait faire que des 'révérences à la vieille mode',[9] un personnage dont la conversation 'avait souvent de la pesanteur', plein d'une 'extrême réserve' et ayant un 'grand air de décence et de dignité'?[10] Voisenon soutient qu'il vécut fort mal avec son père, qu'il était 'insolent avec les femmes', et qu'il passa sa vie 'à dire du mal des femmes et des grands'; mais l'éditeur des *Œuvres* de Voisenon ne manque pas d'ajouter en note: 'Ces imputations sont injustes. Crébillon aimait son père [...] Il était recherché de la bonne compagnie, aimé des femmes et des grands.'[11]

Des doutes peu communs entourent la chronologie des œuvres et leur nombre. Les difficultés commencent avec les dates de composition. On sait que pour plusieurs romans elles sont très antérieures aux

---

[7] C.-N. Amanton, 'Révélations sur les deux Crébillon', *La France littéraire* 20 (1835), p.299; O. Uzanne, notice bio-bibliographique, in: Crébillon fils, *Contes dialogués* (Paris 1879), p.liii; L. Scheid, 'Crébillon fils', in: *Dictionnaire des lettres françaises: le dix-huitième siècle* (Paris 1960), i.353-54.

[8] L.-S. Mercier, *Tableau de Paris* (nouvelle édition Amsterdam 1782-1788), x, art. 774; N.-T. Desessarts, *Les Siècles littéraires de la France ou Nouveau dictionnaire historique et critique*, article 'Crébillon' (Paris 1800), ii.231.

[9] ce portrait, cité par Courchamps (*Souvenirs*, p.154) et repris par plusieurs critiques, est de la demoiselle de Beauvoisin.

[10] *Correspondance littéraire* (juin 1777), xi.481.

[11] C.-H. Voisenon, *Anecdotes littéraires, historiques et critiques, sur les auteurs les plus connus*, in: *Œuvres complètes* (Paris 1781), iv.83-84.

dates de publication: c'est, avant tout, le cas de *La Nuit et le moment* (publié en 1755, rédigé vers 1737), du *Hasard du coin du feu* (publié en 1763, rédigé vers 1737-1742) et du *Sopha* (publié en 1742, rédigé vers 1735 ou 1737). Le danger est d'autant plus grand qu'il n'est pas rare de trouver des commentateurs, aussi bien au dix-neuvième siècle que de nos jours, qui ignorent ces décalages.[12] On comprend moins la confusion qui règne toujours dans les dates des premières éditions (bien que non portées dans certains cas, elles sont pourtant attestées par les contemporains). Il suffit d'ouvrir au hasard quelques manuels, dictionnaires et éditions en cours, même parmi les plus estimables. Pour *Le Sopha*, tout un éventail de fausses dates est donné: 1740, 1741, 1745, 1749; pour *Ah, quel conte!* (1754) on donne 1751 et 1764; pour *Le Hasard du coin du feu* – 1765;[13] pour *Le Sylphe* (1730) – 1729 (Coulet, p.369). Une discussion sur la première édition (1733?), jamais découverte, de *L'Ecumoire*, continue.[14]

En ce qui concerne le nombre des textes de Crébillon, on l'étend ou on le restreint à volonté. Les uns le réduisent aux sept œuvres comprises dans l'édition partielle de Pierre Lièvre.[15] Etiemble, qui a pourtant tant de mérites dans la bataille de réhabilitation qu'il mène en faveur de Crébillon, s'obstine à considérer cette édition comme complète.[16] Les autres attribuent à Crébillon différents ouvrages qui ne figurent pas dans les cinq éditions des *Œuvres complètes*.[17] La tradition critique,

[12] voir par exemple: A. Bonneau, '*La Nuit et le moment* par Crébillon fils' et '*Le Hasard du coin du feu*', in: *Curiosa: essais critiques de littérature ancienne ignorée ou mal connue* (Paris 1887), p.160; J. Lojek, 'Crébillon młodszy i jego współczesni czyli libertynizm usmiechniety', in: *Wiek markiza de Sade* (Lublin 1972), p.98.

[13] *Le Sopha*: voir respectivement: A.-M. Schmidt, présentation du *Sopha* (Paris 1966), p.10; H. Coulet, *Le Roman jusqu'à la Révolution* (Paris 1967), i.526; *Dictionnaire des littératures*, sous la direction de Ph. Van Tieghem (Paris 1968), i.982; Y. Le Hir dans son édition des *Liaisons dangereuses* (Paris 1952), p.397; *Ah, quel conte!*: voir respectivement: H. Coulet, p.370; *Dictionnaire des littératures*, i.982; *Le Hasard du coin du feu: Dictionnaire des littératures*, i.982.

[14] voir l'article de F. Sato, 'Sur la date de publication de l'édition originale du *Paysan parvenu* et celle de *Tanzaï et Néadarné*', *Etudes de langue et littérature françaises* 6 (1965), pp.1-14.

[15] celle des *Œuvres de Crébillon fils* (Paris 1929-1930). Quatre romans y manquent: *Les Heureux orphelins*, *Ah, quel conte!* *Lettres de la Duchesse de *** au Duc de ****, *Lettres athéniennes*.

[16] dans son édition des *Egarements* (Paris 1961), p.215, dans le *Choix de textes* de Crébillon, préparé avec J. Amoyal (Paris 1964), p.8, dans son édition des *Romanciers du XVIIIe siècle*, Bibliothèque de la Pléiade (Paris 1965), ii.1917-18, et dans l'édition la plus récente des *Egarements* (Paris 1977), p.305.

[17] publiées successivement en 1772, 1777 et 1779 (trois éditions).

conduite généralement par le mythe de l'érotisme, se solde par une bonne douzaine de textes ajoutés aux onze œuvres authentiques. L'exemple le plus caractéristique est celui des *Tableaux des mœurs du temps dans les différents âges de la vie*, publiés par Apollinaire comme le premier volume de l'*Œuvre de Crébillon le fils*,[18] et qui de toute évidence ne sont pas de cet auteur. Plusieurs critiques complètent la liste des œuvres de Crébillon, avec plus de raison peut-être, mais toujours sans preuves, par *Atalzaïde* et *Les Amours de Zéokinizul, roi des Kofirans*.[19] Il faudrait rappeler aussi la discussion sur la part de la création originale et de la traduction pure et simple dans *Les Heureux orphelins*.[20]

Nous pouvons mesurer aujourd'hui la portée des erreurs et des incertitudes grâce à un certain nombre de travaux qui ont éclairé les points litigieux dans le domaine bio-bibliographique en question. Au dix-neuvième siècle, les recherches, déjà citées, d'Amanton et d'Uzanne ont été complétées par celles de Bonnefon. Parmi les études modernes, il faut citer les deux articles de D. A. Day et la thèse capitale de H.-G. Funke.[21]

Pourtant, les déformations n'ont pas disparu. Et si nous les rappelons, importantes et secondaires, ce n'est pas par pédantisme, mais parce que nous y voyons un signe d'un phénomène plus général. L'image historique de l'écrivain, abordée dans son *curriculum vitœ*, dans sa personnalité, dans le corpus ordonné de ses œuvres, se montre ici singulièrement obscure et vacillante. L'auteur manque de substance physique et symbolique. Déjà au point de départ, avant de s'attaquer à l'œuvre, on voit le vide d'où celle-ci émerge. Or, ce vide est une tentation et un piège, car on veut le remplir en interprétant les textes qui, malheureusement, se prêtent assez mal à une interprétation univoque. Il est

---

[18] *L'Œuvre de Crébillon le fils: Tableaux des mœurs du temps dans les différents âges de la vie*, suivis de *L'Histoire de Zaïrette*, par J. Le Riche de La Popelinière, introduction et notes par G. Apollinaire (Paris 1911).

[19] parmi les critiques du vingtième siècle, citons: A. Nöckler, *Crébillon der Jüngere, 1707-1777: Leben und Werke* (Leipzig 1911), pp.65-73; E. Sturm, *Crébillon fils et le libertinage au dix-huitième siècle* (Paris 1970), p.40.

[20] voir: H. S. Hughes, 'Notes on eighteenth-century fictional translation', *Modern philology* 17 (1919), pp.49-55; J. P. Kent, 'Crébillon fils, mrs Eliza Haywood and *Les Heureux orphelins*, a problem of authorship', *Romance notes* 11 (1969), pp.326-32.

[21] P. Bonnefon, 'L'exil de Crébillon fils', *Revue de Paris* 5, n° 16 (1898), pp.848-60; D. A. Day, 'Crébillon fils, ses exils et ses rapports avec l'Angleterre', *Revue de littérature comparée* 23 (1959), pp.180-91; le même, 'On the dating of three novels by Crébillon fils', *Modern language review* 56 (1961), pp.391-92; H.-G. Funke, *Crébillon fils als Moralist und Gesellschaftskritiker* (Heidelberg 1972).

intéressant de voir comment, aux contradictions d'ordre historique, font pendant des contradictions de lecture.

Un phénomène constant dans les recherches biographiques sur Crébillon, c'est la mystification. A sa base, il y a surtout les nombreuses anecdotes dont il a fait l'objet. Racontées par Collé, Grimm, Mercier, Voisenon et d'autres (sur les rapports de Crébillon avec son père et sur l'ouvrage 'le plus mauvais' du dramaturge, sur Crébillon censeur, sur la rencontre romanesque avec mlle Stafford, sur le mot de la Beauvoisin et celui de Sylvain Maréchal etc.), elles étaient inlassablement répétées par tous les commentateurs, constituant souvent l'essence de leurs études. L'existence de l'écrivain s'inscrit visiblement dans un mythe, ou plutôt dans des mythes différents. C'est dire que Crébillon est toujours recréé, et le besoin de tisser une vie imaginaire va jusqu'à la publication de documents concernant des faits qui n'ont jamais eu lieu.[22] Dans l'étude d'Arsène Houssaye, le mythe revêt une forme significative: impatienté par tant de versions contradictoires de sa biographie, Crébillon apparaît comme un revenant dans le salon de mme Geoffrin pour raconter sa vie (et pour faire toutes les bévues qu'on a signalées). Chose curieuse, le texte de sa narration se transforme naturellement en celui de ses héros romanesques. Crébillon-fantôme se cite lui-même, en s'identifiant avec Meilcour et Versac.

Le mythe personnel est donc essentiellement littéraire. L'existence anecdotique, incertaine, se projette sur l'univers romanesque qui, à son tour, doit lui donner un support – idéologique, psychologique, voire même biographique. C'est probablement l'une des raisons pour lesquelles la carrière des interprétations de ces œuvres est aussi embrouillée et contradictoire que celle des recherches bio-bibliographiques.

Voyons d'abord la position du romancier dans l'opinion des critiques et l'intérêt qu'on lui témoigne. Entre 1730 et la Révolution, 32 éditions de *L'Ecumoire*, 29 éditions des *Egarements*, 24 éditions du *Sopha*, 21 éditions des *Lettres de la Marquise*, ainsi que les cinq éditions des *Œuvres complètes*, placent Crébillon fils parmi les écrivains les plus lus de l'époque. Les éloges des contemporains ne manquent pas, et cela indépendamment du camp idéologique. Voltaire plus d'une fois

---

[22] A. Houssaye (p.101) et, après lui, F. Lolliée (p.763), citent une lettre du lieutenant de police, qui ordonne à Crébillon de s'exiler 'comme auteur d'un livr eportant atteinte aux mœurs publiques, ayant pour titre *Les Egarements du cœur et de l'esprit*' (sic).

manifeste son enthousiasme pour le talent de Crébillon,[23] d'Alembert loue ses romans 'pleins d'esprit' et son pinceau 'le plus délicat et le plus vrai', Palissot le considère comme 'écrivain d'un mérite très rare'.[24] On trouve aussi de nombreux jugements favorables dans la presse littéraire, surtout pour les œuvres publiées dans les années trente.[25] Les opinions négatives portent, bien entendu, sur la frivolité et l'érotisme, mais le plus souvent elles concernent les dernières œuvres (1754-1771), jugées ennuyeuses et maniérées. De l'avis commun Crébillon est un auteur qui survit à sa gloire. 'Il faut convenir', écrit Grimm, 'qu'il y a peu d'auteurs aussi déchus de leur réputation littéraire.'[26]

Le dix-neuvième siècle, exception faite de quelques phrases bienveillantes de Stendhal et de Sainte-Beuve,[27] ainsi que des essais de Bonneau et d'Uzanne, relègue l'écrivain parmi les romanciers de troisième rang et l'enferme dans une réprobation générale. Les jugements sur Crébillon cadrent parfaitement avec l'idée que la critique de ce temps se fait de la littérature du dix-huitième siècle. Une opinion typique: 'les romans de Crébillon réfléchissent dans leurs pages l'esprit faux, mignard, convenu de l'époque; ils manquent, comme elle, de largeur, d'élévation, de sens moral' (Fournel, p.404). Aucune édition sérieuse ne paraît; on se contente de publier quelques œuvres dans des éditions confidentielles ou dans des collections pour les bibliophiles, amateurs de sujets scabreux.

Dans une large mesure, cette tradition se maintient au vingtième siècle. Un coup d'œil sur les manuels suffit pour se rendre compte que Crébillon n'existe pas dans la réception scolaire. Il est écarté de l'histoire des lettres françaises par Lanson, il est entièrement oublié dans l'anthologie Lagarde-Michard et dans celle, plus récente, de Chassang-Senninger; la première édition de l'*Histoire littéraire de la France de 1715*

[23] il écrit à Prault en 1739: 'Si vous voyez le père du Sopha je suis son ami pour jamais', *Correspondence and related documents*, éd. Th. Besterman (Genève, Banbury, Oxford 1968-1977), Best.D2049.

[24] J. d'Alembert, 'Eloge de Crébillon (père), in: *Histoire des membres de l'Académie française morts depuis 1700 jusqu'en 1771* (Paris 1787), i.476; Ch. Palissot, *Mémoires pour servir à l'histoire de notre littérature*, in: *Œuvres de m. Palissot* (Paris 1788), iii.143.

[25] voir par exemple, pour les *Lettres de la Marquise*, l'opinion du *Journal littéraire* 21 (La Haye 1734), p.460, et pour les *Egarements*, celle de l'abbé Desfontaines dans les *Observations sur les écrits modernes* (1736), lettre 48, iv.49-56.

[26] *Correspondance littéraire* (août 1762), v.146.

[27] Stendhal, *Mémoires d'un touriste*, éd. H. Martineau (Paris 1936), ii.40; Ch.-A. Sainte-Beuve, *Premiers lundis*, in: *Œuvres*, Bibliothèque de la Pléiade (Paris 1949), i.366.

à 1789,[28] pourtant bien fournie et offrant des perspectives modernes, le mentionne à peine. Et le lecteur qui s'adresse aux dictionnaires trouvera un peu partout le mot, trop répandu, d'Emile Henriot: 'l'écrivain du second rayon'.[29] Les éditions rares, empreintes de la marque du libertinage et de l'érotisme, continuent de paraître: celle, déjà signalée, d'Apollinaire et de Villeneuve dans la 'Bibliothèque des curieux', celle des *Lettres de la Marquise* dans la collection 'Cercle du livre précieux', accompagnée – comble du paradoxe! – d'une suite de dix gravures osées (en 1959), jusqu' à celle de *La Nuit et le moment* dans 'Erotika Biblion' (en 1970).

Mais en même temps, la critique de notre siècle a fait un pas décisif en sortant Crébillon de l'ombre et en s'intéressant de plus en plus à son œuvre. Rappelons d'abord quelques éditions importantes. Les *Œuvres* publiées par P. Lièvre et accompagnées de préfaces sont la première édition collective – bien qu'incomplète – depuis le dix-huitième siècle. Viennent ensuite les quatre éditions des *Egarements* par Etiemble et l'honneur de la 'Pléiade'.[30] Enfin, les deux éditions des *Lettres de la Marquise* par J. Rousset et par E. Sturm, l'édition bon marché du *Sopha* dans la collection '10/18', et tout dernièrement, la première grande édition critique, celle de *L'Ecumoire* par E. Sturm.[31]

Parallèlement aux éditions modernes, une lutte en faveur de Crébillon s'engage. La première petite monographie de Nöckler paraît en 1911. Suivent les éloges de Lièvre qui montre les affinités avec Marivaux, Stendhal et Proust,[32] et la propagande zélée d'Etiemble dans ses différentes préfaces. Après l'importante thèse inédite de R. P. Aby, l'essai de C. Cherpack constitue une première étude d'ensemble sur Crébillon et donne un choix représentatif de textes.[33] Deux livres entièrement

---

[28] publiée par les Editions Sociales en 1969, sous la direction de P. Abraham et R. Desné.

[29] voir: E. Henriot: 'Crébillon fils', in: *Les Livres du second rayon, irréguliers et libertins*, 2e édition (Paris 1948); l'article 'Crébillon' dans le *Dictionnaire biographique des auteurs*, Laffont-Bompiani (1957), et dans le *Dictionnaire des lettres françaises*.

[30] la première a été publiée en 1953 dans le 'Club français du livre'. Pour les suivantes, voir note 16.

[31] *Lettres de la Marquise de M*** au Comte de R****, préface de J. Rousset (Lausanne 1965); *Lettres de la Marquise de M*** au Comte de R****, présentation par E. Sturm, texte établi et annoté par L. Picard (Paris 1970); *L'Ecumoire ou Tanzaï et Néadarné, histoire japonaise*, édition critique, introduction et notes par E. Sturm, avec la collaboration de M.-C. Hubert (Paris 1976).

[32] voir dans son édition les préfaces du 2e (pp.xxviii-xxxi), du 3e (pp.xxi-xxiv) et du 5e (pp.xxi-xxvi) volumes.

[33] R. P. Aby, 'The Problem of Crébillon fils' (Stanford University 1955); C. Cherpack, *An essay on Crébillon fils* (Durham 1962).

consacrés à l'auteur du *Sopha*, déjà mentionnés – celui de Sturm et celui de Funke – paraissent successivement en 1970 et 1972. En même temps, les auteurs de trois thèses fondamentales sur Laclos, Prévost et Marivaux lui réservent – surtout le premier – une place importante dans la tradition littéraire du dix-huitième siècle.[34] Les ouvrages de V. Mylne, P. Conroy, H. Wagner et J. Rousset présentent différents aspects de sa technique romanesque.[35] Inspirés par les nouvelles méthodes, les critiques déchiffrent le langage de l'amour chez Crébillon (Ph. Stewart), le code de la 'mondanité' (P. Brooks) et l'ambiguïté de son style (B.Fort).[36] On note, dans les années soixante et soixante-dix le nombre croissant d'articles.[37] Enfin, les auteurs de quelques manuels modernes essaient de parer à l'oubli général et de mettre à la place convenable cet écrivain 'célèbre et méconnu'.[38]

Malgré tous ces changements, la critique crébillonienne fait preuve à chaque époque de certains éléments constants et de contradictions significatives. Depuis le dix-huitième siècle jusqu'à nos jours, l'œuvre de Crébillon est le plus souvent taxée de 'libertine' et/ou 'licencieuse'. Les étiquettes de ce genre sont devenues si familières et évidentes qu'elles ne semblent requérir aucune démonstration. Cependant, à regarder de plus près les commentaires, le classement commun est basé sur des interprétations tout à fait divergentes.

Dans une première acception, les termes de ce genre veulent dire que l'auteur se plaît à développer les sujets graveleux, qu'il est manifestement un écrivain érotique voilant les indécences à l'aide d'une langue

---

[34] voir respectivement: L. Versini, *Laclos et la tradition: essai sur les sources et la technique des Liaisons dangereuses* (Paris 1968), pp.435-79; J. Sgard, *Prévost romancier* (Paris 1968), pp.367-68, 449-50, 505-10; H. Coulet, *Marivaux romancier: essai sur l'esprit et le cœur dans les romans de Marivaux* (Paris 1975), pp.80, 253-62, 368-69, 478.

[35] voir: V. Mylne, *The Eighteenth-century French novel: techniques of illusion* (Manchester 1965): P. V. Conroy, *Crébillon fils: techniques of the novel*, Studies on Voltaire 99 (Banbury 1972); H. Wagner, *Crébillon fils: die erzählerische Struktur seines Werkes* (München 1972); J. Rousset, *Narcisse romancier: essai sur la première personne dans le roman* (Paris 1973).

[36] Ph. Stewart, *Le Masque et la parole: le langage de l'amour au XVIIIe siècle* (Paris 1973); P. Brooks, *The Novel of wordliness: Crébillon, Marivaux, Laclos, Stendhal* (Princeton, New Jersey 1969); B. Fort, *Le Langage de l'ambiguïté dans l'œuvre de Crébillon fils* (Paris 1978).

[37] voir dans la bibliographie ceux de T. Sarr-Echevins, M. M. Stevens, H. Wagner, J. Sgard, C. Labrosse, R. Niklaus, P. L. Fein, D. E. Highnam, H. Lafon, B. W. Palmer.

[38] J. Ehrard, *Le XVIIIe siècle: i.1720-1750* (Paris 1974), p.120 et suiv. Voir aussi: H. Coulet, *Le Roman jusqu'à la Révolution*, pp.365-73; *Histoire de la littérature française*, par P. Brunel et ses collaborateurs (Paris, Bruxelles, Montréal 1972), pp.312-13.

précieuse. D'après La Mettrie, Crébillon 'n'a consulté [. . .] que le goût pour la corruption. C'est un écrivain qui empoisonne les mœurs par le pinceau de la volupté.' Mme Du Deffand écrit en 1768 à Walpole qu''il n'y a rien de plus dégoûtant [. . .], de plus précieux et de plus obscène'. La Harpe parle de 'l'art si facile de gazer des obscénités', et les critiques du dix-neuvième siècle s'expriment en termes identiques, en s'indignant des 'obscénités rendues plus obscènes par la gaze qui les couvre' (Janin, p.139) et de 'l'hypocrisie de style qui jure avec l'obscénité du fond'.[39] Des spécialistes tels que les professeurs Green et Venturi prolongent cette tradition jusqu'à aujourd'hui. Le premier reproche à Crébillon son 'érotisme élégant' et la satisfaction perverse avec laquelle il fait appel aux sens du lecteur. Le second va jusqu'à l'accuser de pornographie et signaler la crudité et la grossièreté de ses romans.[40]

La deuxième signification du libertinage crébillonien coïncide tout d'abord avec la frivolité, le badinage spirituel et la mollesse du style rococo, jugés dans les catégories positives de 'grâce', de 'subtilité' etc. Ainsi, l'abbé Desfontaines classe déjà les *Egarements* parmi les livres 'frivoles', mais 'ingénieux et amusants' (p.49). Les rares défenseurs de Crébillon au dix-neuvième siècle évoquent l'image d'un écrivain souriant qui 'enguirlande sa plume comme une houlette, et se complaît aux voluptés rêveuses, aux badinages effrontés [. . .], aux nudités roses des alcôves' (Uzanne, p.xiii), image qui 's'éclaire dans un trumeau à la Boucher, au milieu des folâtres amours et des guirlandes fleuries, dans quelque coin d'un salon rococo' (Bonnefon, p.848). Adoptant la même optique, A. Le Breton considère ces œuvres comme le modèle du style Louis xv en littérature.[41] Chez plusieurs critiques modernes (citons ici les études de G. Macchia, de T. Sarr-Echevins, de D. Highnam[42] et surtout les divers travaux de E. Sturm), cette attitude évolue

[39] J. O. de La Mettrie, *Portrait de m. de C***, le fils*, in: *Essais sur l'esprit et les beaux esprits* (Amsterdam [1742]), p.23; mme Du Deffand, *Correspondance*, éd. de Lescure (Paris 1865 [Slatkine Reprints, Genève 1971]), i.458; J.-F. de La Harpe, *Lycée ou Cours de littérature ancienne et moderne* (Paris an VIII-XII), xiv.249; P. Morillot, 'Le conte licencieux de Crébillon fils', in: L. Petit de Julleville, *Histoire de la langue et de la littérature françaises des origines à 1900* (Paris 1898), vi.479.

[40] F. Ch. Green, *French novelists, manners and ideas, from the Renaissance to the Revolution* (London, Toronto 1928), pp.111, 161. Le livre a été réédité en 1964. F. Venturi, *Jeunesse de Diderot (de 1713 à 1753)*, trad. de l'italien par J. Bernard (Paris 1939), pp.122, 125.

[41] A. Le Breton, *Le Roman au dix-huitième siècle* (Paris 1893), p.88.

[42] G. Macchia, *Il Paradiso della ragione: studi letterari sulla Francia* (Bari 1960), pp.208-15; T. Sarr-Echevins, 'L'esprit de jeu dans l'œuvre de Crébillon fils', *Revue des sciences*

vers l'éloge d'un système éthique et esthétique qui serait fondé sur une analyse désabusée des rapports sentimentaux et sur un jeu ironique et dénonciateur. De ce point de vue, Crébillon se présente comme le partisan des idées sensualistes et naturalistes, et rejoint certains 'philosophes' dans la démystification de l'amour-passion et dans la chasse au bonheur. Les héros libertins, symboles de l'accomplissement de l'individu, continueraient ainsi la tradition des libres-penseurs et deviendraient porte-parole de l'auteur. 'Par le truchement de ses Clitandre et de ses Versac, Crébillon expose une doctrine hédoniste qui se devait de rendre au plaisir sa valeur sociale et éthique' (Sturm, *Crébillon fils*, p.12). La 'frivolité' du style rococo et les tentatives sérieuses des philosophes jailliraient ainsi des mêmes sources libératrices (Highnam, p.83).

Une troisième perspective sur le 'libertinage' du romancier est offerte par l'interprétation moralisante. Palissot constate en 1788 qu'on trouve dans les œuvres de Crébillon 'la peinture la plus fidèle des mœurs corrompues' (p.143). Le renversement d'optique est total: tous les vices, les prétendues obscénités et les libertins insolents qui se pavanent dans les salons, seraient décrits dans une intention critique. A l'instar des moralistes classiques, l'écrivain aurait fait un tableau des mœurs et porté témoignage sur la décadence d'un groupe social. Deux cents ans après Palissot, H. Coulet remarque que 'Crébillon est moins un romancier libertin qu'un romancier qui peint des libertins' (*Le Roman*, p.365). Ceux-ci ne sont donc nullement les porte-parole de l'auteur; au contraire, en peignant minutieusement le vice, le romancier admettrait l'idéal de la vertu et souhaiterait une amélioration morale. C'est l'avis d'Albert-Marie Schmidt qui appelle *Le Sopha* un 'tableau des mœurs d'une classe de créatures humaines empoisonnées par un excès d'esprit critique', et qui voit en Crébillon le précurseur de Laclos, certes, mais aussi de Rousseau (éd. *Sopha*, pp.16, 18). C'est l'avis d'Etiemble qui n'hésite pas à considérer les *Lettres de la Marquise* comme un 'ouvrage édifiant', à voir dans les histoires du *Sopha* un triomphe des couples vertueux et une punition des libertins, et dans les *Egarements*, une image négative des mœurs aristocratiques.[43] C'est surtout l'avis de Hans-Günter Funke qui a consacré sa thèse érudite à Crébillon 'moraliste et critique de la société'. Le critique allemand ne doute pas que

humaines 124 (1966), pp.361-80; D. E. Highnam, 'Crébillon fils in context: the rococo ethos in French literature in the early 18th century', *French literature series* 1 (1973), pp. 77-85.

[43] dans sa préface aux *Egarements*, éd. de 1961, pp.x, xv-xvi, xviii.

l'auteur du *Sopha* n'ait voulu exposer un jugement négatif sur la 'bonne société', condamner l'amour-goût et la casuistique de ses sectateurs, et prôner un amour vertueux et sincère.[44]

Le 'libertinage' et la 'licence' sont ainsi interprétés tour à tour comme lascivité déguisée de l'auteur, comme idéologie émancipatrice qu'il accepte ou comme réalité objective qu'il critique. De telles différences, indépendantes dans une grande mesure du moment historique, ont de quoi étonner. Elles mènent inévitablement à la supposition que les textes de Crébillon, même dans leurs données fondamentales, ne révèlent aucun sens immédiat et universellement accepté.

On peut mesurer l'acuité du problème en descendant d'un degré et en comparant diverses lectures critiques au niveau de détails. L'exemple des *Lettres de la Marquise* est caractéristique. Thomas Gray, qui, comme Walpole et lord Chesterfield, admirait Crébillon, écrit en 1739 que ce roman présente le progrès d'un grand amour dans le cœur d'une femme vertueuse. Mme Du Deffand le qualifie d'''abominable' et constate que la marquise est une bégueule 'qui n'a ni sentiment ni passions'.[45] Plus tard, Fournel y voit une 'quintessence de galanterie', un 'marivaudage métaphysique et presque inintelligible de passion froide' (p.406). Lièvre, au contraire, aperçoit la vertu, le sentiment d'honneur et de culpabilité de l'héroïne (*Œuvres de Crébillon fils*, iv. x-xi). Selon Sturm, elle 'appartient à une race tourmentée de femmes passionnées' qui, comme Phèdre ou la princesse de Clèves, cèdent à leurs obligations sociales et à leur conscience morale.[46] Toute une gamme d'appréciations est parcourue: de femme vertueuse, déchirée par une passion fatale, la marquise se transforme en une coquette froide et libertine, ou vice versa.

A l'intérieur d'une même époque, ou à travers les siècles, les critiques établissent un dialogue curieux de jugements opposés. Pour les uns, *Le Sopha* est un 'chef d'œuvre [. . .] qu'on ne se lasse jamais de relire', offrant 'une grande variété de caractères et des scènes de comédie excellentes', tandis que *Ah, quel conte!* paraît 'long et ennuyeux';[47] pour les autres, le premier est mauvais et fastidieux, en revanche le récit du

---

[44] *Crébillon fils*; voir surtout chap. 6: 'Die "Gute Gesellschaft" im Spiegel des Werkes von Crébillon fils', pp.180-295.

[45] *The Correspondence of Gray, Walpole, West and Ashton (1734-1771)*, éd. de P. Toynbee (Oxford 1915), t.i, Gray to West, p.220; mme Du Deffand, lettres à Walpole du 9 mars et du 2 avril 1777, *Correspondance*, pp.594, 598-99.

[46] présentation des *Lettres de la Marquise*, p.9 et suiv.

[47] *Correspondance littéraire* (juillet 1754, décembre 1755), ii.372, 451; (juin 1777), xi. 480.

second est 'vif, animé, spirituel' (Janin, p.144). Parlant des indécences honteuses du *Hasard du coin du feu*, Fréron écrit: 'L'honnêteté m'empêche de vous conduire jusqu'au dénouement.'[48] Et Bonneau semble répondre cent ans plus tard: 'le dénouement est si bien préparé, si finement gazé, que personne n'est tenté de jeter le holà' (p.161). Les *Lettres de la Duchesse* sont pour Grimm un livre 'détestable pour les mœurs',[49] mais le professeur Green, bien que si pudique, le considère aujourd'hui comme 'éminemment moral' (p.164). La structure des *Egarements*, selon les uns, se relâche et manque d'un dessin suffisamment net (Lièvre, ii.XXXII); selon les autres, elle présente la rigueur de l'action dramatique.[50] La *Correspondance littéraire* (mai 1771, ix.323) voit dans les *Lettres athéniennes* encore un 'ouvrage sans mœurs' qui fait honte au vieillard qui l'écrivit, mais d'après Linguet, c'est 'un ouvrage décent et digne d'être avoué par un homme grave'.[51]

Les contradictions dépassent visiblement les différences idéologiques et esthétiques dans la réception. Elles semblent se situer au niveau de la compréhension élémentaire du texte, de sorte que les commentateurs n'arrivent pas parfois à reconstruire correctement les événements du récit! Pour se borner aux critiques du vingtième siècle, on peut citer deux erreurs frappantes. F. Ch. Green est sûr et certain que la Marquise de M***, 'tout comme Madame Bovary', est abandonnée par son amant et se suicide.[52] E. Henriot, à son tour, découvre 'un problème curieux': selon lui, on ne sait pas si la Marquise a jamais cédé au Comte de R***.[53]

Les versions opposées et les erreurs manifestes ne sont pas dues uniquement à des négligences de lecture. Il faut chercher leur cause profonde dans l'organisation du discours crébillonien. Le déchiffrement de celui-ci, à partir du niveau syntaxique de la phrase, pose de sérieux problèmes aux critiques de tout temps. Les contemporains faisaient des exégèses de passages jugés incompréhensibles pour critiquer ce style 'pénible' et 'obscur', ces phrases 'longues, hérissées de petites

---

[48] E. Fréron, *Année littéraire* (1763), t.vi, lettre 8, p.179.

[49] *Correspondance littéraire* (novembre 1768), viii.206.

[50] Etiemble, préface à l'édition de 1961, pp.xxiii-xxvi.

[51] S. N. Linguet, *Sur mm. Crébillon fils et Gresset*, in: *Mélanges de politique et de littérature* (Bouillon 1778), p.240.

[52] *French novelists*, p.163. Rappelons qu'obligée de partir avec son mari, elle doit quitter son amant et meurt de douleur et de remords.

[53] il insiste sur ce 'problème' deux fois: dans *Les Livres du second rayon* (p.186) et dans son édition des *Lettres de la Marquise* (pp.xvi, xix). Bien entendu, la chute de la Marquise (si importante pour la structure et la signification du roman!) ne fait aucun doute: elle se situe après la lettre 28.

parenthèses mises bout à bout, et qui font perdre haleine'.[54] Rappelons le trente-neuvième chapitre des *Bijoux indiscrets*, où Diderot parodie la manière de Crébillon dans les divagations hermétiques de Girgiro l'Entortillé. Et Palissot va jusqu'à supposer 'qu'il se soit créé une langue à lui seul' (p.144). Le problème se montre fécond aujourd'hui, à cette différence près qu'on renonce aux jugements de valeur. Certains critiques mettent en relief la duplicité inhérente à ce langage codé qui devient une matière autonome, ne renvoyant à aucune réalité évidente. On se trompe au sens apparent des paroles, on se perd dans leur jeu sinueux.

Il est évident que l'ambiguïté doit embrasser tous les niveaux de l'univers romanesque, donc ceux-là surtout où s'articule l'idéologie (la morale) postulée. En s'interrogeant sur les personnages porteparole et sur les fonctions du 'je' narratif,[55] on constate l'impossibilité de découper un champ définitivement réservé à l'auteur. D'où 'le ton mixte d'ironie et de sincérité' (Cherpack, p.4) qu'on lui trouve, d'où la multiplication de points de vue, d'où enfin les questions fondamentales qui se posent: quelle est la perspective éthique adoptée par Crébillon? est-il libertin ou anti-libertin? moraliste ou cynique?

Généralement, on l'a vu, une seule direction interprétative est adoptée. Une fois le choix fait, la tâche devient singulièrement facile: la silhouette se purifie, l'image est claire. Mais en fait, on crée un nouveau mythe, et qui s'inscrit dans la mythologie biographique. Il est naturel que l'interprétation 'rococo' de l'œuvre corresponde à l'image d'un auteur 'vêtu comme un petit-maître', qui 'en avait la séduction sans les ridicules, la légèreté grâcieuse et pimpante, l'esprit alerte et vif',[56] et que la version moralisante fasse pendant à un personnage plus grave.[57]

Plus convaincantes sont les tentatives d'aborder les textes de Crébillon non pas comme postulats évidents, mais comme interrogations sur le sens moral de l'existence. Depuis longtemps, certains commen-

---

[54] voir: *Année littéraire*, de Fréron (1754), v.49-64; (1763), vi.179; *Correspondance littéraire* (décembre 1754), ii.203.

[55] voir C. Cherpack, *An essay on Crébillon fils*, pp.3-14; J. Rousset, *Narcisse romancier*, pp.114-26.

[56] B. de Villeneuve, introduction à *L'Œuvre de Crébillon le fils*, 2e partie, p.3.

[57] grâce aux recherches, menées parallèlement, de H.-G. Funke (pp.108-109, 363-73, 375-89) et de M. Ebel ('New light on the novelist Crébillon fils', *French review* 47 (1974) pp.38-46), on a pu dresser l'inventaire des objets ayant appartenu à Crébillon au moment de sa mort. La bibliothèque surtout fait penser – mais est-ce une preuve suffisante? – plutôt à un homme sérieux, à un bourgeois cultivé, qu'à un petit-maître.

taires, même les plus haineux, dégagent l'incertitude éthique du monde crébillonien. 'Voyez-vous cette ligne qui sépare le bien du mal? Ce qui est immoral ce n'est pas de montrer quelqu'un qui la passe, c'est d'insinuer que dans l'habitude du monde on marche dessus sans y prendre garde, et qu'en marchant, on l'efface. C'est l'immoralité des romans de Crébillon'.[58] C'est précisément cette espèce d''immoralité' qui commence à devenir la problématique de la critique moderne.[59] Le regard s'arrête sur l'ambivalence des faits et des valeurs. En suivant minutieusement les attitudes des personnages, on est frappé par leurs inconséquences. Il vaut peut-être mieux décrire la sinuosité complexe et l'ouverture permanente de l'œuvre que lui chercher un sens unique, préfiguré dans l'idéologie ou la biographie (où les chercher?) de l'auteur.

C'est dans le prolongement de cette tendance critique, qui n'a pas encore apporté d'ouvrages plus développés, que se place la présente étude. En reprenant quelques-unes des idées que nous avons déjà eu l'occasion d'ébaucher,[60] elle veut rendre compte de la structure profondément antinomique de l'univers crébillonien, analyser la tension qui le fonde, le montrer comme le champ dialectique d'un devenir, d'une quête, d'une recherche.

L'aspect éthique de cette recherche a été pour nous l'objet principal. Après avoir étudié, dans le premier chapitre, certains éléments de la tradition du libertinage, nous fixons la grille, essentiellement ambiguë, de l''inconstance' et du 'masque', qu'on peut appliquer à l'œuvre de Crébillon. L'approche de celle-ci, dont le corpus est constitué par les onze romans authentiques, se fait selon le principe de décrochages successifs. Nous élaborons d'abord le niveau statique du 'tableau des mœurs', en découpant d'un côté le champ du vice – du 'libertinage' au

[58] E. Bersot, *Etudes sur le XVIIIe siècle* (Paris 1855), i.367.

[59] voir surtout: J. Sgard, 'La notion d'égarement chez Crébillon fils', *Dix-huitième siècle* 1 (1969), pp.241-49; le même, 'Esthétique du labyrinthe', *Recherches et travaux* de l'Université de Grenoble, bulletin n° 3 (mars 1971), pp.22-27; C. Labrosse, 'Récit romanesque et enquête anthropologique: à propos des *Egarements du cœur et de l'esprit*', in: *Roman et Lumières au XVIIIe siècle* (actes du colloque), (Paris 1970); voir aussi l'important ouvrage collectif où s'esquissent les nouvelles vues sur Crébillon: *Les Paradoxes du romancier: les Egarements de Crébillon*, par un collectif de chercheurs sous la direction de P. Rétat (Grenoble 1975).

[60] voir notre étude 'Le problème de l'ambivalence chez Crébillon fils', in: *La Littérature des Lumières en France et en Pologne* (actes du colloque), *Acta Universitatis Wratislaviensis*, n° 339 (Wroclaw 1976), pp.281-95.

sens courant du terme (chapitre 2) – et de l'autre, le pôle de valeurs positives en fonction desquelles la critique du monde libertin aurait été entreprise (chapitre 3). A un autre niveau, le schéma bipolaire se trouve largement modifié, voire même renversé: les contours du mal et du bien s'effacent, le moralisme et l'immoralisme s'entremêlent (chapitre 4). Les ambivalences sont ensuite rendues dynamiques dans la perspective d'une recherche existentielle où nous essayons de saisir la signification globale de l'œuvre (chapitre 5). Arrivé là, nous pouvons projeter la structure morale sur le plan proprement esthétique et la retrouver dans la multiplicité de modes narratifs, dans la polyvalence de la parole, dans la complexité du style, dans l'éclatement des formes romanesques (chapitre 6).

Le mouvement général de l'analyse est celui de correctifs qui ne cessent de nuancer et de mettre en question tout schéma de départ. D'où l'allure souvent contradictoire de notre ouvrage: ce qui est vérité et résultat définitif à un niveau, ne l'est plus à un autre. Il nous a semblé que le seul moyen d'éviter les déformations qui ont tellement marqué la tradition critique, était d'épouser, en l'explicitant, le rythme de l'œuvre. Précisons cependant que les correctifs ne sont pas des négations ou des jugements de valeur: toute perspective (celle, par exemple, de la critique des mœurs aristocratiques) vaut pour un niveau déterminé. Il s'agit de reconstruire toute une gamme de solutions, un ensemble stéréoscopique et mobile; mais chacune de ces solutions est légitime, si elle ne sort pas de son cadre limité et ne se veut pas totale.

Méthodologiquement, ce n'est pas une étude historique ou génétique. Sauf pour les suggestions, d'ailleurs spécifiquement orientées, du premier chapitre, nous renonçons en principe à la reconstruction du 'contexte' littéraire et social de l'œuvre. Pour cette raison d'abord que l'organisme des textes de Crébillon est suffisamment complexe et méconnu pour qu'il requière un travail d'élucidation tout à fait élémentaire. Une simple *description* devient ici une gageure. Dans le corps de nos analyses, nous avons traité de façon marginale des affinités, des influences et des comparaisons, ou, toujours pour ne pas perdre de vue le chemin difficilement frayé, nous les avons placées dans les notes. Ces analyses, fondées sur un regroupement continu de thèmes et de procédés, ont exigé des opérations minutieuses sur l'écriture crébillonienne, et donc un contact constant avec le texte. D'où le nombre exceptionnel des citations qui peuvent paraître fastidieuses. Mais il s'agissait d'indiquer le maximum de points de repère, et cela en constituant des séries massives d'exemples, qui se croisent ou s'inversent, qui découpent et articulent de différentes manières ce terrain marécageux où l'on risquait de s'enliser.

Il y a aussi une autre raison d'un tel choix méthodologique. Nous croyons que la projection sur l'œuvre de structures qui lui sont extérieures est une tâche particulièrement délicate dans le cas de Crébillon. L'image traditionnelle du dix-huitième siècle, qu'il est fort difficile de mettre en question, oriente le regard posé sur la pensée et la littérature de l'époque suivant plusieurs couples de catégories bien connues: aristocratique/bourgeois, décadent/progressiste, immoral/moralisateur, rationnel/sentimental etc. Or, l'application de cette grille à un écrivain dont l'être social est incertain, le camp idéologique inconnu, et le contenu des textes polyvalent, doit produire une lecture nécessairement fragmentaire.

Bien évidemment, certaines références immédiates, qui se déduisent des intentions explicites de l'auteur, peuvent être partiellement valables. Mais l'exploration profonde de l'œuvre met en relief un organisme qui ne relève pas de l'ordre référentiel. En étudiant Crébillon, il est difficile de faire abstraction de toute la problématique du discours posée par les théories de notre temps. L'approche herméneutique, la découverte du sens univoque de ce qui est dit, doit finalement déboucher sur un terrain ponctué de ruptures, de revirements, de sens occultés. Quand nous dirons, en parlant de la recherche crébillonienne, que l'auteur 's'interroge', qu'il se heurte à un 'dilemme' ou qu'il donne une 'leçon', il s'agira rarement d'une activité réfléchie. En réalité, l'œuvre se profile dans un décentrement inconscient qui s'opère par rapport à l''intention' initiale et au 'contexte' direct qui la fonde. Ce sont les discontinuités, les incompatibilités et les silences qui deviennent significatifs, et non pas la clarté discursive, prétendûment ordonnatrice, d'un projet.

'Décrochage', 'série', 'discontinuité', 'non-dit': on reconnaît l'origine méthodologique de ces notions. Il est sûr que notre étude a reçu un certain éclairage des propositions de Michel Foucault, de l'école althusserienne (P. Macherey) et proprement structuraliste (R. Barthes). Mais en fait, il s'agit d'une inspiration fort lointaine. Nous n'entendons pas nous vouer au culte de chapelles et faire une application de systèmes: on ne trouvera ici ni une description 'archéologique', ni une 'lecture symptomale', ni une rhétorique rigide de procédés formels. Tout simplement, c'est dans l'orbite de ces tendances que se cristallisent aujourd'hui les questions sérieuses concernant le statut du discours littéraire qui a cessé d'être une parole innocente dont le sens réside dans une médiation ou une traduction.

Or, tous ces problèmes se posent aussi aux dix-huitiémistes qui commencent à repenser la perspective cumulative ('philosophique', 'révolutionnaire', 'réaliste') des Lumières, et par conséquent, l'histoire et la genèse des œuvres qu'on y place. On croit déjà que le jeu du social et du littéraire et tout l'impact idéologique s'expriment moins sur le plan de faits et propos explicites, que dans les distorsions immanentes de la pensée et la forme ambiguë du texte qui la constitue. En fin de compte, il ne serait donc peut-être pas abusif de revendiquer pour notre étude le statut d'ouvrage historique. C'est bien une forme de contexte historique et idéologique qui fait irruption, à son insu, mais sous sa plume, dans l'œuvre de Crébillon. Mais la clé de cette 'genèse' n'est donnée ni par le projet perturbateur d'un auteur indocile que le pouvoir punit, ni par le projet conservateur d'un censeur royal.

Le libertinage et la mondanité: tradition et convention

◂◂◂◝◜▸▸▸

AVANT d'aborder la réalité fuyante de l'œuvre, nous avons besoin d'une vue plus générale. Les métamorphoses magiques du texte doivent être éclairées de l'extérieur. Les contradictions signalées ne s'expliqueraient-elles pas, en premier lieu, par celles qui minent le terrain idéologique et littéraire sur lequel on place habituellement le roman de Crébillon fils?

Le concept de libertinage vient le premier à l'esprit. Concept dont on se sert aujourd'hui comme de l'évidence même sans pouvoir jamais le définir. Et tout d'abord, la catégorie immédiate du roman libertin dont notre auteur serait le représentant: qu'est-elle, au fait? quels sont les critères de cette délimitation?

Les réponses sont rares. Malgré le renouveau éclatant de travaux sur le dix-huitième siècle, il n'existe aucune étude complète consacrée au phénomène que l'on considère comme l'un des plus caractéristiques de la littérature de l'époque. L'excellent ouvrage de Laurent Versini, qui présente les antécédents et le contexte littéraires des *Liaisons dangereuses,* censées être chef-d'œuvre du genre, ne reconstruit pas visiblement la tradition d'un 'courant libertin', et nous verrons bien pourquoi.

Ceux qui risquent une définition n'ont pas une tâche facile. En adoptant une optique étroite, on peut se borner à regarder à travers le prisme de Sade: point d'arrivée et point culminant de la littérature libertine.[1] Aucune place, alors, pour Crébillon, ni même Louvet. Mais en général le panorama est plus large – trop large. P. Nagy décrit ainsi l'objet de sa petite étude qui, malgré un titre trop général, est précisément une revue de romans jugés libertins: 'la littérature libertine est celle qui, utilisant des thèmes et une forme érotiques, les dépasse, dans le propos de l'écrivain comme dans la signification de l'œuvre, dans une direction

---

[1] voir la seule étude où l'essai de définition figure dans le titre: B. Ivker, 'Towards a definition of libertinism in 18th-century French fiction', *Studies on Voltaire* 73 (1970), pp.221-39.

philosophique ou artistique'.² Retenons l'essentiel: dans le roman libertin, un contenu érotique (première condition) n'est pas valable en lui-
même, mais sert de véhicule à des intentions d'ordre supérieur (deuxième
condition). Celles-ci, comme veulent le montrer les descriptions successives de Nagy, peuvent se réaliser des manières les plus diverses: dans
un propos satirique, dans une propagande philosophique, dans une
peinture de mœurs. Ainsi, la gamme des exemples est énorme: de
Crébillon le frivole à Diderot le philosophe, du pornographique Nerciat
au chaste Laclos, de la *Vénus dans le cloître ou la religieuse sans chemise*
aux *Confessions du Comte de *****. On a l'impression qu'on pourrait
prolonger la liste à l'infini et dans toutes les directions. On ne comprend pas bien, en effet, pourquoi, dans un tableau si vaste, *Le Paysan
parvenu* de Marivaux est délibérément écarté de la rubrique 'Miroir
des mœurs libertines' (Nagy, pp.124-26), ni pourquoi les *Lettres
persanes* ne peuvent pas faire bon ménage avec les contes d'un Voisenon
dans le cadre de la 'Satire libertine' enveloppe d'orientalisme, si *Les
Bijoux indiscrets* y sont classés à côté du *Sopha*.

Le dernier pas vers une conception totalitaire du genre est franchi
par J. Marchand dans une anthologie au titre prometteur: *Les Romanciers libertins du XVIIIe siècle*. La définition qu'on y trouve n'est pas
sans rappeler celle de Nagy: il s'agit de textes qui, 'écrits avec une intention romanesque et pour le plaisir du récit, ont cependant une portée
rationnelle, quelquefois volontaire, ailleurs parce que l'auteur était
rationaliste presque sans le savoir: une philosophie discrète sous-tend
l'imagination et s'exprime par la fiction romanesque'.³ On vise, là
aussi, un au-delà idéologique, 'discrètement' voilé par la 'fiction'. Mais,
chose étonnante, cette fiction n'a plus aucun besoin d'être érotique.
Ceux-là sont romanciers libertins qui prônent le rationalisme philosophique sous une forme romanesque: voici le seul trait distinctif. Il y
a Duclos, Restif, Sade, mais les chefs de file sont nécessairement Montesquieu, Diderot et surtout Voltaire avec *Le Taureau blanc*, 'bijou de ce
recueil' (p.xvi). Des extraits du roman de Louvet y figurent aussi, mais
pour une raison qu'on n'aurait jamais soupçonnée: Faublas fait preuve
de rationalisme, parce qu'il est capable de percer le charlatanisme des
'magnétiseurs', et les personnages ridicules sont justement les ennemis

---

² P. Nagy, *Libertinage et révolution*, trad. du hongrois par Ch. Grémillon (Paris 1975),
p.47.

³ *Les Romanciers libertins du XVIIIe siècle*, textes choisis et présentés par Jacqueline
Marchand (Paris 1972), p.xiii.

des philosophes. Enfin, comble du paradoxe, *Les Liaisons dangereuses* n'entrent pas dans le cadre libertin, car on ne saurait en dégager aucune philosophie (p.xiv).

On finit par s'y perdre. Les critiques cités signalent, bien entendu, la confusion à laquelle la catégorie du genre libertin est sujette; le livre de P. Nagy a le mérite d'insister sur son ambiguïté fondamentale qui permet de ranger côte à côte des œuvres hétérogènes. Mais si c'est là un genre fourre-tout, le concept est-il vraiment opératoire? H. Coulet semble avoir senti la difficulté, quand il devait parler (comment l'éviter?) des romans et contes libertins dans son histoire du genre romanesque. Si la vision libertine, dit-il, consiste à reconnaître et à proclamer le rôle des sens, à déterminer le moral par le physique, il y a du libertinage chez des romanciers aussi différents que Prévost, Marivaux, Montesquieu, Diderot, Voltaire et même Rousseau. Mais le roman libertin se caractériserait par une expression spécifique, par une manière décente de parler de l'amour démystifié, sensuel. 'Dès que le problème du style est écarté et que l'écrivain appelle les choses par leur nom, l'œuvre n'est plus libertine' (*Le Roman*, p.386). Ainsi se trouvent éliminés, d'un côté, les romans pornographiques ou 'philosophiques' obscènes (Nerciat, d'Argens, Sade), de l'autre, les œuvres à caractère idéologique militant (Voltaire, Diderot). Reste le domaine essentiellement libertin, divisé en deux courants: les romans galants (Voisenon, Duclos, Louvet) et les romans cyniques (Fougeret de Montbron, Dulaurens). La volonté de rendre la catégorie plus précise est nette. Pourtant, des doutes subsistent toujours: peut-on mettre, par exemple, sur un même registre le libertinage 'moralisant' de Duclos et le libertinage aventurier de Louvet? en quoi *Margot la Ravaudeuse* répond-elle mieux à la définition du 'style' libertin que n'importe quel roman graveleux de l'époque? comment traiter Crébillon, Restif, Laclos, qui, étudiés à part comme 'majeurs', ne sont pas classés dans le genre? On arrive inévitablement à la conclusion que le roman libertin considéré dans son universalité ne saurait être défini, et que la tentative d'une particularisation 'stylistique' en fait un domaine (d'ailleurs assez hétéroclite) réservé à quelques *minores*.

Il est rare qu'une étiquette littéraire quelconque soit précise et adéquate à tous les cas qu'elle doit recouvrir. Mais ici la question semble plus complexe: les hésitations actuelles autour du roman libertin traduisent celles qu'engendrent le concept même et le phénomène du libertinage depuis leur naissance. Un coup d'œil sur la tradition libertine et ses interprétations modernes permettra de saisir la portée du problème.[4]

L'usage du terme d'abord a de quoi étonner. Rappelons, d'après Littré, les sens principaux du mot 'libertin': 'qui ne s'assujettit ni aux croyances ni aux pratiques de la religion', avec son corollaire 'désireux d'indépendance', et 'déréglé par rapport à la moralité entre les deux sexes'. L'incrédulité et le dévergondage, voilà deux éléments essentiels. Mais s'agit-il des deux à la fois? Les dictionnaires de notre temps précisent que le premier sens est vieilli, qu'il fut dominant au dix-septième siècle, et qu'une mutation philologique ayant rendu le second exclusif au dix-huitième, c'est celui-ci qui nous est légué. On parle volontiers, à ce propos, d'une 'déviation' du sens, d'une 'flétrissure' qui 'outrage' la libre-pensée du dix-septième siècle (Perrens, pp.24-25).

A première vue, effectivement, une telle évolution est facile à établir. L'emploi primitif du mot, qui désignait originairement un 'esclave affranchi' et fut ensuite appliqué à une secte panthéiste du seizième siècle, a déterminé les futures acceptions qui situent le libertinage dans l'aire de l'hétérodoxie. Dès 1544, les imprécations de Calvin contre la secte des libertins qui 'contrefont tant les spirituels, qu'il ne tiennent compte de la sainte parole de Dieu, non plus que de fables',[5] associent le terme à une attitude subversive et préparent le vocabulaire des attaques du siècle suivant. Au moment du supplice de Vanini et du procès de Théophile de Viau, le p. Garasse lance sa fameuse *Doctrine curieuse des beaux esprits de ce temps* (1622):

quand il y va de la Religion et du service de mon Maître, voyant des esprits qui posent leur beauté à gâter et défigurer la piété, profaner les choses saintes et introduire l'athéisme, j'estimerais ma langue et ma plume criminelles de lèse-majesté, si je ne les armais contre ce monstre de libertinage.[6]

[4] pour ce qui est du dix-septième siècle, rappelons les ouvrages, devenus classiques, qui ont véritablement découvert la pensée et la littérature libertines, et auxquels nous devons beaucoup: F. T. Perrens, *Les Libertins en France au XVIIe siècle* (Paris 1896); R. Pintard, *Le Libertinage érudit dans la première moitié du dix-septième siècle* (Paris 1943); J. S. Spink, *French free-thought from Gassendi to Voltaire* (London 1960); A. Adam, *Les Libertins au XVIIe siècle* (Paris 1964). Il faut aussi signaler l'ouvrage érudit de G. Schneider, *Der Libertin: zur Geistes- und Sozialgeschichte des Bürgertums im 16. und 17. Jahrhundert* (Stuttgart 1970), qui apporte la documentation la plus complète sur l'évolution du terme.

[5] les détails concernant la première carrière du terme et du phénomène se trouvent dans: *Aspects du libertinisme au XVIe siècle*, Actes du colloque international de Sommières (Paris 1974). Voir surtout la communication de J. C. Margolin, 'Réflexions sur l'emploi du terme *libertin* au XVIe siècle', dont nous avons extrait la citation de Calvin (p.4).

[6] cit. d'après l'anthologie de A. Adam, *Les Libertins*, p.36.

Deux ans plus tard, Mersenne publie *L'Impiété des déistes, athées et libertins de ce temps, combattue et renversée de point en point par raisons tirées de la philosophie et de la théologie*. C'est ce sens du terme qui va être prépondérant durant tout le siècle, surtout après la crise de la Fronde et l'établissement de l'ordre louisquatorzien. C'est ainsi que le comprendront les plus illustres défenseurs de l'orthodoxie: Pascal, qui constate que nombreux sont ceux qui ne croient pas 'par libertinage', Bossuet, qui sermonne 'les libertins et les esprits forts', La Bruyère, qui, dans son chapitre célèbre, emploie comme équivalents 'libertin', 'impie', 'esprit fort'.[7] A la limite, est libertin celui qui n'est pas dévot, et dont les pratiques religieuses manquent d'ostentation. Dans *Tartuffe*, Orgon parle ainsi de Valère (ii.i):

> Je le soupçonne encore d'être un peu libertin:
> Je ne remarque point qu'il hante les églises.

Entre la fin du dix-septième et le début du dix-huitième siècles, le mot semble perdre son poids antireligieux et dangereusement contestataire, et connoter surtout une légèreté morale, plus ou moins poussée. Non que ce deuxième sens ait été méconnu avant. Mais on avait considéré la liberté des mœurs comme conséquence et complément de l'impiété, afin que l'image infernale du libertin fût complète. Maintenant, une dissociation se produit, et, comme on l'a maintes fois souligné, c'est Bayle qui franchit le pas dans son hypothèse d'un athéisme vertueux, dans le postulat de distinguer soigneusement le libertinage d'esprit et le libertinage de mœurs.[8] Les dictionnaires de Richelet et de Furetière (1680 et 1690) séparent nettement les deux acceptions et indiquent aussi une signification non diffamatoire.[9] Pour ceux qui font transition entre les époques – pour les habitués de la Société du Temple ou de la Cour de Sceaux – le libertinage est avant tout une joyeuse et inoffensive recherche du plaisir, qu'on n'a pas peur d'avouer. Dans son *Portrait*, qu'il dédie en 1703 à La Fare, Chaulieu dit qu'il est 'libertin et

---

[7] Pascal, *Pensées*, éd. M. Le Guern (Paris 1977), i.145, no 168; Bossuet, *Premier sermon pour le 2e dimanche de l'Avent* (1665), cit. d'après F. T. Perrens, *Les Libertins en France*, p.254; La Bruyère, *Les Caractères*, 'Des Esprits forts', éd. R. Garapon (Paris 1962), p.460.

[8] cf. P. Hazard, *La Crise de la conscience européenne: 1680-1715*, nouvelle éd. (Paris 1968), i.173-74, ii.77-79; J. S. Spink, *French free-thought*, chap. i, ire partie.

[9] Richelet: 'Ce mot se dit en riant et signifie: Qui suit sa pente naturelle sans s'écarter de l'honnêteté.' Furetière: 'Signifie quelquefois une personne qui hait la contrainte, qui suit son inclination, sans pourtant s'écarter des règles de l'honnêteté et de la vertu.'

33

voluptueux', toujours 'noyé dans les plaisirs'.[10]

Cette dernière signification devient vite privilégiée, sinon unique, et commence à se rattacher exclusivement aux rapports amoureux, en penchant vers le dévergondage sexuel. Nous n'allons pas épiloguer, après tant d'autres, sur la révolution morale de la Régence: il suffit de dire que ce fut là, dans le domaine qui nous intéresse, un point marquant, et que ce jugement classique d'un mémorialiste rend bien compte de l'évolution du concept:

La licence de la Régence avait fait dégénérer la galanterie de la cour de Louis XIV, en *libertinage* effréné. Au commencement du règne du roi, les hommes n'étaient occupés qu'à augmenter authentiquement la *liste* de leurs maîtresses, et les femmes à s'enlever leurs amants avec *publicité*. . . [. . .] Le mariage était devenu un acte utile à la fortune, mais un inconvénient dont on ne pouvait se garantir qu'en en retranchant tous les devoirs. Si les mœurs y perdaient, la société y gagnait infiniment. Débarrassée de la gêne et du froid qu'y jette toujours la présence des maris, la liberté y était extrême; la *coquetterie mutuelle* des hommes et des femmes en soutenait la vivacité, et fournissait journellement des *aventures* piquantes.[11]

Tous les poncifs du libertinage nouveau sont déjà là: la rotation 'effrénée' des amants, la 'liste', la 'publicité'. La 'coquetterie' veut dire autre chose que la galanterie de l'ancienne cour; en 1727 une nouvelle édition du dictionnaire de Furetière[12] en témoigne, en précisant dans l'article 'Libertinage': 'Débauche, désordre, dérèglement dans les mœurs [. . .] Le *libertinage* des femmes est grand dans ce siècle; c'est-à-dire coquetterie' (italiques dans le texte). Dépourvu de son contenu intellectuel, le mot semble simplement équivaloir à la corruption amoureuse, fruit de l'assouvissement dégradant des sens. Sabatier de Castres, éditeur du *Dictionnaire des passions, des vertus et des vices*, se voit obligé de placer l'article éthéré 'Amour' sous les auspices du libertinage:

L'amour n'est aujourd'hui que le goût du plaisir allié à la vanité [. . .] On cherche les plaisirs, et on ne les trouve point, parce que les plus grands ont leur source dans le cœur et dans les affections sociales. Ceux qui ne les cherchent que dans les sens, trouvent bientôt un vide en eux-mêmes, qui les rend,

[10] G. A. de Chaulieu, *Au marquis de La Fare qui m'avait demandé mon portrait en 1703* in: A. Adam, *Les Libertins*, p.269.

[11] P.-J.-V. de Besenval, *Mémoires* (Paris an XIII) i.204-206 (c'est nous qui soulignons).

[12] corrigée et augmentée par Basnage de Beauval et Brutel de La Rivière.

inquiets, et qui les engage à courir d'objet en objet. Cette inquiétude produit le libertinage.[13]

Enfin, chose significative, l'*Encyclopédie* élimine entièrement le sens d'origine et voit dans le libertinage surtout 'l'habitude de céder à l'instinct qui nous porte aux plaisirs des sens' et qui 'n'est justifié de ses choix que par son inconstance'. Dans cette direction, le libertinage sensuel va être bientôt associé, surtout à la fin du siècle, à l'idée de dépravation et de perversion: l'Ursule de Restif, la Lucette de Nougaret et tant d'autres en sont témoins.[14] Les libertins ne sont plus les gais épicuriens de la Régence; ils deviennent des 'scélérats méthodiques' qui ont besoin de victimes. On aboutit, d'un côté, à la méchanceté calculée et élégante des *Liaisons dangereuses*, et de l'autre, au vertige sadien.[15]

On peut affirmer que les transformations terminologiques et conceptuelles que nous avons esquissées déterminent la voie des jugements actuels. Suivant une certaine vue idéologique globale, ce qui compte, c'est l'impulsion du premier libertinage, sa signification antiscolastique, sceptique et – si modérée fût-elle – antireligieuse. En abordant le Grand Siècle, les chercheurs mettront à profit l'équivalence 'libertin = impie et indépendant' pour faire voir, autour et au-dessous du domaine de l'ordre classique, un travail de sape, pour reconstruire des liens et des écoles inavoués. C'est ainsi que les recherches de Hazard, de Pintard et d'Adam essaient d'élaborer différents maillons – étapes ou 'générations'– d'une même chaîne libertine: du libertinage voyant, blasphémateur, du groupe de Théophile, Des Barreaux et de tant d'autres, qui aura ses prolongements au temps de la Fronde, en passant par le libertinage érudit de l''académie putéane' de Gassendi, La Mothe Le Vayer, Naudé et Guy Patin, ensuite par le libertinage moins savant et plus mondain d'un Saint-Evremond, jusqu'à celui, déjà philosophiquement triomphant à l'époque de la 'crise de conscience', de Bayle et de Fontenelle. On indique la logique interne de ce parcours, en montrant comment l'action libertine se fait plus agressive à certains points de crise (la première

[13] *Dictionnaire des passions, des vertus et des vices ou Recueil des meilleurs morceaux de morale pratique, tirés des auteurs anciens et modernes, étrangers et nationaux* (Paris 1769), i.51-52.

[14] P.-J.-B. Nougaret, *Lucette ou les Progrès du libertinage* (1765-1766); Restif de La Bretonne, *La Paysanne pervertie* (1784): voir surtout le rapport entre Gaudet, le 'corrupteur', le 'méchant' qui recommande une 'perversion raffinée', et Ursule qui lui 'expose son art pour le libertinage' – par exemple lettres 51, 61, 98, 114, 116.

[15] cette évolution est étudiée par L. Versini, *Laclos et la tradition*, pp.118-34.

régence, la Fronde, l'entre-deux-siècles), et comment elle disparaît, tout en couvant son esprit critique, sous les apparences de l'ordre, dans les périodes de stabilisation (le ministère de Richelieu, et surtout la période 'classique' du règne de Louis xiv). Dans une telle perspective, le libertinage du dix-septième siècle se conçoit en fonction d'une *préparation philosophique*. Lui-même héritier de la pensée de la Renaissance, il est, nous dit René Pintard, un ensemble de ruisselets éparpillés qui se frayent péniblement le chemin, qui disparaissent un instant 'ensevelis sous les opulentes frondaisons de la spiritualité chrétienne et du génie classique', pour devenir 'le fleuve débordant qui va recouvrir presque tout le xviiie siècle de ses larges nappes'.[16] L'incrédulité et l'indépendance de l'esprit sont recueillies par les Lumières qui sonnent le glas de l'ordre ancien: le libertinage fait figure de précurseur.

Mais du même coup, franchi le seuil du dix-huitième siècle, l'interprétation moderne introduit un correctif important. Les libertins première manière doivent se muer en 'philosophes': ce sont eux qui développent l'héritage précieux, tandis que les libertins style Régence vont bientôt contribuer à le compromettre. Si ces derniers renouent avec la tradition, c'est avec celle des seigneurs dévergondés de l'entourage de Gaston d'Orléans – des Blot et des Roquelaure, de ceux que Molière dénonce dans *Dom Juan*. Le libertinage comme expansion de l'immoralisme, comme activité essentiellement érotique, de plus en plus raffinée et pervertie, est considéré comme une forme frelatée et abâtardie des prouesses intellectuelles d'antan: il 'mime théâtralement le défi que l'héroïque libertin des xvie et xviie siècles portait à Dieu, à l'autel, au trône'.[17] Il devient surtout une affaire de classe. Si l'impulsion donnée par Gassendi ou Bayle est recueillie par l'aile progressiste de l'intelligentsia bourgeoise qui va bientôt réfléchir sur une nouvelle morale et une nouvelle sensibilité, le libertinage est perçu comme une attitude

---

[16] R. Pintard, *Le Libertinage érudit*, i.575. Cette image 'anticipatrice' répond exactement à celle de P. Hazard (*La Crise de conscience*, 'Conclusion'). Mais déjà à la fin du dix-neuvième siècle, le livre de F. T. Perrens, tellement inférieur aux travaux méthodiques de ses successeurs, exprimait le même point de vue: 'Le libertinage, né au xvie siècle, a traversé tout le xviie, se faisant protée pour se plier aux circonstances, hardi si le pouvoir était négligent, ou faible s'il devenait attentif et fort. Il a fallu les trois quarts de siècle (1715-1789) que l'histoire appelle le xviiie siècle, pour que cette école, qui paraissait n'être plus rien, prouvât qu'elle était restée quelque chose en attendant qu'elle devînt presque tout' (*Les Libertins en France*, p.409).

[17] R. Vailland, *Laclos par lui-même* (Paris 1953), p.55.

Le libertinage et la mondanité

aristocratique et décadente, un 'jeu gratuit', enfermé 'dans les conditions que lui a imposées la monarchie absolue'.[18]

Les choses sur lesquelles nous nous étendons peuvent paraître évidentes. Mais c'est justement cette évidence qui semble un peu suspecte, lorsqu'on considère de plus près la tradition philologique et critique du libertinage. Le fait que le phénomène soit jugé à la fois sous l'angle d'une persistance prometteuse et d'une modification dégradante gêne beaucoup et prête à des confusions.

En premier lieu, malgré toutes les mutations dont les commentateurs sont parfaitement conscients, le mot a pris un sens à double tranchant. Le mal ne serait pas grand, si les découpes finales et les conclusions se ressemblaient. Mais ce n'est pas le cas, comme l'ont montré les exemples donnés au début. Quand on dit 'libertin', on a le droit de regarder soit du côté de Valmont, soit du côté de Gassendi, et cela presque indépendamment du phénomène en question. Pour le roman libertin du dix-huitième siècle, la débauche, l'érotisme et les stratagèmes sophistiqués du jeu amoureux (éléments d'ailleurs hétérogènes), semblent être les critères de base. Mais voici que, d'un autre côté, sont traitées de 'libertines' la philosophie rationnelle et la lutte contre les préjugés, dépourvues de tout support frivole. Si l'on veut classer les *Lettres persanes* comme un roman libertin, on peut le faire en insistant *soit* sur la trame érotique orientale, *soit* sur l'aspect critique et subversif, soit enfin sur les deux, en signalant ce mélange vague du 'prétexte' léger et de la 'thèse' philosophique.[19]

On essaie de parer à la difficulté en affaiblissant la coupure, c'est-à-dire en hissant le libertinage amoureux sur le piédestal de la lutte contre l'esclavage des sentiments et des sens, contre un amour traditionnellement frustré qui opprime l'instinct; lutte, par conséquent, pour la victoire complète du plaisir, le seul motif de notre conduite et la source du bonheur. Par ce biais, le libertin du dix-huitième siècle devient, comme le dit E. Sturm, un 'esprit fort en amour' et donne la main aux libres-penseurs épicuriens du dix-septième (*Crébillon fils*, pp.12, 53-56).

---

[18] voir l'étude de P. Rétat, 'Ethique et idéologie dans *Les Egarements*', in: *Les Paradoxes du romancier: les Egarements de Crébillon*, p.152.

[19] nous avons l'impression que la vieille définition de Lanson pèse jusqu'à nos jours sur une certaine conception du libertinage romanesque: 'La recette du roman philosophique est assez simple: deux ingrédients, l'esquisse satirique des mœurs, la description libertine de la volupté sensuelle, servent à masquer la thèse philosophique' (*Histoire de la littérature française*, remaniée et complétée pour la période 1850-1950 par Paul Tuffrau (Paris 1959), pp.677-78).

37

D'autre part, il se place forcément à côté de ceux de ses contemporains qui systématisent la science des sensations, qui sont tentés de réduire la morale au calcul des plaisirs et des douleurs, qui combattent tout ascétisme et prônent la liberté sexuelle – à côté de La Mettrie ou de Diderot.[20] Il est curieux de voir comment, par un effet de retour, le mot 'philosophe', en principe réservé alors aux entreprises lumineuses de l'esprit en progrès, peut recouvrir aussi l'activité sexuelle la plus effrénée et un immoralisme sans bornes, eux aussi fruits d'un 'progrès': la *Thérèse philosophe* du marquis d'Argens et *La Philosophie dans le boudoir* de Sade en sont peut-être les exemples les plus éloquents.[21] Sur ce plan, le critère de classe perd de sa netteté. Les philosophes bourgeois comme les aristocrates blasés théorisent et pratiquent le plaisir libérateur. Tout ce qu'on peut faire, c'est, comme le dit dans un beau fragment Jean Starobinski, distinguer 'un plaisir crépusculaire sur fond de nuit imminente et de désespoir (qui caractériserait la conscience aristocratique) et un plaisir optimiste, "auroral", prêt à tout embrigader sous sa loi (qui serait la norme rêvée par la fraction la plus émancipée de la bourgeoisie)'.[22]

Mais la distinction n'est pas facile. Où est la part de la révolution sexuelle d'un philosophe éclairé, et où celle du vertige corrupteur d'un aristocrate qui sent venir le déluge? Les commentateurs se voient souvent entraînés dans une dialectique du libertinage, qualifié de 'concept dynamique' (E. Sturm), qui doit faire voir les étapes de la dégénérescence d'une attitude positive (il s'agit en particulier de la 'chance perdue' de l'hédonisme de la Régence, condamné à se muer en perversion misanthrope). Le tableau qui se crée ainsi est singulièrement embrouillé, surtout lorsqu'il faut donner un statut éthique à un écrivain réputé libertin. Nous avons déjà vu l'éclairage 'stéréoscopique' dans lequel baigne l'œuvre de Crébillon. Mais certains mécanismes sont plus généraux. On a tendance à colorer l'étiquette soit en noir, soit en rose choisissant entre le sens 'crépusculaire' et le sens 'auroral'. On ne sait pas jusqu'au bout, si elle désigne les convictions de l'écrivain ou celles – critiquées – des protagonistes. Le livre cité de P. Nagy en est un bon exemple. Il passe facilement, sans indiquer les raisons de cette

[20] P. Nagy trouve plusieurs exemples heureux pour montrer comment l'inconduite cynique des libertins rejoint les plus avancés des philosophes matérialistes: *L'Anti-Sénèque* et *L'Art de jouir* de La Mettrie contiennent des idées qui seront chères à Sade (*Libertinage et révolution*, pp.31-36).

[21] cf. ci-dessous, chapitre ii, pp.78-79.

[22] *L'Invention de la liberté* (Genève 1964), p.54.

division, des romans qui moralement 'se dégagent' du libertinage (Crébillon, Duclos) à ceux 'qui veulent au contraire le perpétuer en le perfectionnant' (La Morlière) (p.110). La catégorie devient un sol mouvant. En fin de compte, le libertinage apparaît 'comme le degré zéro de la prise de conscience: la négation d'anciennes valeurs qui aplanit le chemin devant de nouvelles', comme un 'tremplin' vers un comportement révolutionnaire, mais non pas comme une révolution (pp.154-55). C'est un vide miraculeusement capable de plénitude.

Il semble que les difficultés que la notion de libertinage provoque dans le domaine littéraire viennent de la direction trop prononcée qu'on a voulu imposer à l'évolution du terme et du phénomène. La lignée importante des recherches classiques sur les dix-septième et dix-huitième siècles a bien joué son rôle dans la perspective des grands blocs de l'histoire des idées traditionnelle, en montrant le cheminement de la pensée moderne vers la crise révolutionnaire. Mais les travaux actuels tendent de toute évidence à dépasser l'horizon, si utile qu'il soit à beaucoup d'égards, fixé par Daniel Mornet et tant d'autres, celui des 'origines intellectuelles' de la Révolution. Or, le problème du libertinage a le plus de mal à se dégager de cet héritage vénérable, même chez les chercheurs dont les intentions novatrices ne font pas de doute.

On peut se demander si la directive 'révolutionnaire' (et/ou anti-révolutionnaire) imposée au libertinage est pertinente; si ce n'est pas, là encore, une illusion de la vision finaliste et binaire (mort et gestation) des Lumières, dont les dix-huitiémistes se sont mis récemment à discuter; si l'image d'un petit Amour rose coiffé du bonnet phrygien (telle est la jolie couverture du livre de P. Nagy), ce jeu des deux symboles concurrentiels de l'époque, est capable de rendre compte d'une certaine structure spécifique de la littérature française du dix-huitième siècle.

Pour frayer un autre chemin, il faut d'abord revoir d'un œil plus attentif l'emploi ancien du mot. L'évolution qu'on a suggérée, pour vraie qu'elle soit dans ses grandes lignes, ne tient pas compte de la permanente inconsistance sémantique à laquelle cette notion est sujette. Nous avons parlé de son ambiguïté 'diachronique'; mais il convient de signaler avant tout les flottements curieux du sens au sein d'une même orbite temporelle, au moment de la formation du mot et de sa première carrière au dix-septième siècle.

Première piste qui frappe: dès 1611 le dictionnaire franco-anglais de Cotgrave, source importante, traduit le libertinage comme 'epicurisme, sensualitie, licentiousnesse, dissolutenesse'. Pas un mot sur l'impiété et sur la liberté d'esprit, curieusement oubliées. On se croit déjà en plein dix-huitième siècle. Evidemment, nous l'avons dit, le second sens accompagnait parfois le premier, étant donné qu'un esprit fort devait nécessairement mener une vie de débauché. Ce qui étonne, c'est l'isolement inattendu de cette acception. Ce qui étonne plus encore, ce sont certaines oscillations du mot, que l'on trouve partout et qui montrent clairement qu'on *ne sait pas* au fond ce qu'être libertin veut dire. E. Huguet, dans son *Dictionnaire de la langue française du seizième siècle*, ne pouvait pas, vu l'époque dont il s'agit, donner au mot 'libertin' des sens autres que 'affranchi, homme libre' (au sens ancien de l'esclave affranchi: *libertinus*), et surtout 'homme qui s'affranchit de toute religion; homme qui ne se soumet à aucune autorité'. Mais quand on lit les exemples cités, la signification indiquée s'élargit et s'échappe: 'Et s'en va la plupart de ce royaume en libertins *et* athéistes' (Monluc); 'c'étaient libertins *et* gens sans religion' (Monluc); la guerre civile a engendré 'un million d'épicuriens *et* libertins' (La Noue); la vraie liberté d'esprit est 'éloignée de la dissolution *et* du libertinage' (st François de Sales).[23] Nous soulignons ces 'et' magiques qui, à chaque fois, renversent le sens: dans les deux premières phrases le terme se distingue de l'irréligion (sont-ils en rapport d'opposition ou de complémentarité?), dans les deux autres il se se distingue de la débauche (dans la dernière il s'y oppose nettement). Dès sa naissance, le champ sémantique du mot ne gravite autour d'aucun substrat élémentaire précis.

On retrouve la même polyvalence tout au long du dix-septième siècle, souvent chez le même auteur. Nous avons vu le p. Garasse tonner contre 'ce monstre de libertinage' qui introduit l'athéisme; mais quelques pages plus loin l'auteur jésuite définit les libertins comme des 'yvrongnets' et 'mouscherons de tavernes' qui vivent 'licencieusement', mais qui ne sont pas du tout 'abrutis dans le vice', et qu'il faut surtout distinguer des impies et des 'athéistes', 'plus avancés en malice', blasphémateurs et brutaux, 'qui font de Paris une Gomorrhe'. (Adam, pp.40-41). Plus tard, Bossuet parle des libertins *et* esprits forts (ce n'est donc pas tout à fait la même chose), et définit ainsi le phénomène dans le *Discours sur l'histoire universelle*: 'il reste encore dans le monde des aveugles et des incrédules. Nos passions désordonnées, notre

---

[23] E. Huguet, *Dictionnaire de la langue française du seizième siècle* (Paris 1952), t.v.

attachement aux sens, et notre orgueil indomptable, en sont la cause.'[24]
Ce n'est donc pas toujours l'impiété qui engendre la licence; le contraire
peut aussi bien se produire, sans qu'on sache pour autant quel est
l'aspect privilégié du libertinage.

Le terme est ainsi entouré d'un halo aux contours effacés et dépourvu
d'un noyau visible; le fait qu'il soit devenu plus concret au dix-huitième
siècle ne change rien, puisque le miroitement initial est resté. On a
souvent l'impression que, lui-même indéterminé, il ne sert que de valeur
négative pure qu'on accole automatiquement aux épithètes plus con-
sistantes, relevant du domaine religieux et/ou moral.

De ce point de vue, la notion est vide pour une démarche interprétative quelconque. Il est facile de s'apercevoir que le champ qu'elle
recouvre peut se prolonger indéfiniment dans plusieurs directions, et
que, surtout, son degré de généralité la rend inapte à singulariser une
étape de l'histoire philosophique ou littéraire. Veut-on considérer le
libertinage comme un courant de pensée? Malgré tous les efforts de
rétrécissement (comme ceux de R. Pintard, par exemple), le dénomina-
teur commun ne saurait être autre chose qu'une vague 'liberté d'esprit'
à orientation hétérodoxe aussi vague. Rien d'étonnant dès lors qu'on
soit obligé de mettre dans l'école libertine tout l'aréopage de la libre-
pensée. Epicure y fait bon ménage avec Socrate; Erasme et Montaigne
sont libertins au même titre que les Italiens de l'école padouane; au
dix-septième siècle Gassendi côtoie Cyrano et Saint-Evremond, certes,
mais il se place aussi sous le même drapeau qu'un La Rochefoucauld et –
pourquoi pas? – un Descartes! Une fois l'optique constituée ainsi, on
peut se demander de façon légitime qui des penseurs majeurs du dix-
huitième siècle ne fut pas libertin et à quoi cette étiquette peut bien servir.[25]

---

[24] Bossuet, *Discours sur l'histoire universelle*, in: *Œuvres*, éd. Velat et Champailler,
Bibliothèque de la Pléiade (Paris 1961), p.944.

[25] il est instructif de voir sous cet angle le livre de F. T. Perrens qui, après avoir 'découvert' le libertinage, cite d'une seule haleine les noms les plus divers de penseurs, écrivains
et courtisans, qui s'étendent sur une période de deux siècles au moins. Pour apporter plus
de précision, R. Pintard, on le sait, veut donner un statut d'école au 'libertinage érudit', en
le distinguant 'd'autres libertinages' – parti pris qui dit tout (*Le Libertinage érudit*, i.122).
Encore cette école, à peine constituée, est-elle rarement sûre de ses opinions communes;
une dispersion idéologique la menace sans cesse: ce qui frappe surtout, c'est l'éclectisme
de base qui fait coexister dans un équilibre vague et précaire des éléments stoïques, sceptiques et épicuriens (i.437-38; pour cet éclectisme chez La Mothe le Vayer, i.508-509). Enfin,
l'ouvrage de J. S. Spink semble aller le plus loin sur le chemin de l'identification du libertinage avec la tradition de la libre-pensée. Remarquons à ce propos un curieux fait linguistique: les traductions (anglaises, allemandes) du terme français font souvent du

Veuton plutôt pencher vers les connotations 'licencieuses' du terme? On est irrémédiablement amené à parcourir toute la veine littéraire dite grivoise qui, elle aussi, peut commencer dans l'antiquité, celle d'Ovide et d'Apulée, passer par le moyen-âge des fabliaux, par la Renaissance de Boccace, de l'Arétin, de Rabelais, de Brantôme, apparaître au dix-septième siècle dans une foule d'obscénités poétiques (celles du fameux *Parnasse satyrique*, par exemple) et dans le courant burlesque, et produire, au dix-huitième, une vague de romans érotiques et graveleux.

Il n'y a donc pas de libertinage comme tel. Ce n'est pas un phénomène comparable au classicisme ou à la préciosité. La plupart des schémas imposés à l'amalgame confus qu'il constitue sont en quelque sorte condamnés soit à l'arbitraire et à l'inconséquence, soit à une généralité insoutenable. Dans cet état des choses, une tentative pour découper un courant libertin peut-elle éviter cet écueil de départ? Il nous a semblé que la solution consistait à faire fonctionner le libertinage (seulement, est-ce ce mot qui pourra toujours servir?) dans une dimension à la fois concrète et complexe où on ne le met jamais.

Notre convention interprétative se propose, tout en utilisant certains sentiers rebattus, de débarrasser le concept de la signification idéologique courante, et surtout de le rendre opératoire pour un domaine spécifiquement littéraire qui s'amorce au dix-septième siècle et qui culmine au dix-huitième. La grille que nous avons choisie se fonde moins sur l'*a posteriori* du siècle 'philosophique' et 'révolutionnaire', que sur la persistance et le développement d'une certaine thématique, avouée ou non, qui n'est réductible, semble-t-il, ni à un propos doctrinal, ni à l'imagerie licencieuse.

Le premier thème-élément qui fixe cette grille est celui de *l'inconstance* amoureuse. Une telle délimitation, sans éliminer différents prolongements idéologiques, canalise la démarche critique sur un terrain particulièrement exploité par le roman français du dix-huitième siècle. Ce qui se trouve écarté, c'est la problématique religieuse. Le libertinage

'libertinage' un 'libertinisme', en consacrant ainsi son caractère doctrinal. L'édition polonaise du livre de Spink va jusqu'à traduire ainsi le mot du titre 'libre-pensée' – 'free-thought' (J. S. Spink, *Libertyniẓm francuski od Gassendiego do Voltaire'a*, Warszawa 1974). Le cercle se ferme : sous le drapeau du 'libertinisme', non seulement Gassendi, mais aussi les cartésiens et les spinozistes conduisent au rationalisme de Voltaire. Il faudrait prêter plus d'attention au suffixe français qui exprime d'habitude un état ou un comportement, et non pas une idéologie. C'est ici peut-être que l'ambiguïté commence.

qui nous intéresse n'est pas forcément fondé sur l'impiété ou l'athéisme. Il ne faut pas oublier que l'œuvre à laquelle on aboutira, celle de Crébillon fils, ne contient rien qui évoque, du moins directement, la tradition des mécréants et des blasphémateurs.

Le profond enracinement du thème de l'inconstance dans la littérature du dix-septième siècle a été dégagé dans les études définitives de Jean Rousset.[26] Face à la traditionnelle inconstance 'noire' des stoïciens chrétiens, qui met en relief l'éparpillement et la nullité de l'homme opposé à la stabilité divine, s'instaure l'inconstance 'blanche' qui dans le changement va chercher le bonheur.[27] Nombreux sont, dans les toutes premières années du siècle, des poèmes comme *L'Inconstance payée d'inconstance* de La Roque, *L'Amour de changer* de Des Yveteaux, ou les *Stances à l'inconstance* de Durand. En même temps, naît le personnage d'Hylas, l'inconstant de *L'Astrée*, qui aura une importante postérité.

Il convient cependant de signaler que le motif en question dépasse les cadres de la convention 'baroque'; que, d'une part, il s'inscrit dans un contexte littéraire et idéologique plus large, et d'autre part, persévère tout au long du siècle classique pour offrir aux écrivains des Lumières un fonds déjà constitué: faisant écho aux poètes du début du dix-septième siècle, l'abbé de Chaulieu, *spiritus movens* de la Société du Temple et annonciateur de mœurs nouvelles à la charnière du dix-septième et du dix-huitième siècles, écrit une *Apologie de l'inconstance*.

A un niveau général, l'inconstance amoureuse semble d'abord se placer sous le signe du culte de la jouissance, du *carpe diem* antique. Le thème horatien, tellement exploité par la Renaissance, déborde plus qu'on ne le dit sur le siècle suivant, sans être toujours filtré par la sagesse de Montaigne. On le retrouve facilement dans l'œuvre de Théophile et de ses amis, dans le roman de Sorel et tout le courant burlesque, mais aussi chez les personnages de Molière, dans plus d'une revendication de l'instinct brimé, ou chez La Fontaine, dans ses imitations de Boccace. En plein dix-septième siècle, il retentit comme un refrain dans une série de sonnets attribués à Des Barreaux (1667) (Adam, pp.195, 197):

> Etudions-nous plus à jouir qu'à connaître,
> Et nous servons des sens plus que de la raison [. . .]

[26] voir en particulier son ouvrage principal *La Littérature de l'âge baroque en France: Circé et le paon* (Paris 1954), surtout pp.32-50.

[27] cf. J. Rousset, 'Don Juan et le baroque', *Diogène* 14 (1956), pp.3-31. L'excellent exemple du thème de l'inconstance 'noire' est fourni par le poème de Brébeuf, *De l'inconstance humaine* (1660).

Il faut prendre pendant le vie
Tout le plaisir qu'on peut avoir [. . .]
Jette-toi comme moi dans le sein des plaisirs.

Un exemple parmi d'autres: reprise et métamorphose du rêve rabelaisien de Thélème. A côté de temples de l'Amour idéalisé, comme le temple de *L'Astrée*, à côté des pays allégoriques des précieuses, les jouisseurs élèvent des autels au plaisir et à l'amour libre, et cherchent, eux aussi, des lieux sacrés pour pratiquer leur culte. Dès 1599 le poète Du Perron bâtit un temple à l'inconstance, dont il veut être le templier et d'où il chasserait

tous ceux-là qui n'auront
De lettres d'or engravé sur le front
Le sacré nom de léger que je porte.[28]

Rappelons le rite des 'généreux' dans le *Francion* de Sorel, et surtout, dans le septième livre du roman, la petite orgie dans le château de Raymond qui, comme frère Jean, affiche en lettres d'or une défense d'entrer à celui qui 'ne renonce aux opinions du vulgaire' et qui 'n'aime les plaisirs d'Amour'.[29] Et à l'aube du dix-huitième siècle, Regnard fonde une abbaye consacrée à Bacchus et à l'Amour, où

Il sera gravé sur la porte:
'Ici l'on fait ce que l'on veut',

et où 'on reçoit [. . .] la licence de donner tout à ses désirs'.[30] A partir de là, les images des temples, des palais et des îles du plaisir instantané et de l'épanouissement amoureux, si bien condensées dans la *Cythère* de Watteau, vont se multiplier, prenant des formes et des significations diverses, de Montesquieu à Diderot, de Crébillon à Vivant Denon. Les châteaux et les couvents de Sade sont peut-être une dernière et monstrueuse version de l'abbaye de Thélème.

Mais l'inconstance, c'est surtout l'idée de changement. Le niveau général de la libre jouissance commence à se concrétiser au dix-septième siècle dans la mobilité du désir, et par conséquent, dans la poursuite de

---

[28] J. Du Perron, *Le Temple de l'inconstance*, in: *Anthologie de la poésie baroque française*, éd. J. Rousset (Paris 1961), i.71.

[29] Ch. Sorel, *Histoire comique de Francion*, in: *Romanciers du XVIIe siècle*, éd. A. Adam, Bibliothèque de la Pléiade (Paris 1958), p.307.

[30] J.-F. Regnard, *Chanson faite à Mesdemoiselles Loyson*, in: *Anthologie poétique française: XVIIe siècle*, éd. M. Allem (Paris 1966), ii.429, 430.

nouveaux partenaires. Des Yveteaux devance de cent ans tous les petits-maîtres:

> J'en aime une au matin: l'autre au soir me possède [. . .]
> Quand une fait la brave, une autre lui succède;
> Et n'aime plus longtemps la belle que la laide [. . .]
> Chassant les passions hors de ma fantaisie,
> A deux, en même jour, je m'offre et dis adieu.[31]

Ce qui rend le thème spécifique pour l'époque, et ce qui annonce son futur fonctionnement, c'est la projection de l'inconstance amoureuse sur le mouvement général de l'univers. Le fait que les premières décennies du siècle aient été marquées par une certaine pensée naturaliste et sceptique semble ici capital. Il importe peu, en ce moment, de distinguer entre l'impact du panthéisme padouan, l'apport des 'érudits' et une réhabilitation de l'épicurisme, de mesurer toutes les confusions et les tâtonnements embryonnaires.[32] Reste que les idées de l'instabilité et de la relativité du monde sont constamment en l'air, et qu'elles agissent, directement ou indirectement, sur la thématique amoureuse des œuvres littéraires.

Déjà Etienne Durand, dans ses belles stances (1611), associe le 'désir d'un instant', les 'serments parjurés' et le cœur changeant de sa belle, à la mobilité des vents, des ondes et des cieux, au 'mouvement des atomes divers', bref, à l'inconstance générale qui est 'l'âme qui soutient le corps de l'Univers'.[33] D'évidents échos de cette dépendance se retrouvent dans les deux plus grands modèles d'inconstants au dix-septième siècle: Hylas et Don Juan. Certes, ils se passent de réflexions cosmologiques; mais les principes de leur versatilité se déduisent aisément des fluctuations permanentes de la réalité. Hylas formule un sophisme caractéristique: puisque la beauté, comme tout dans le monde, change sans cesse, ce n'est pas lui, l'inconstant; il reste fidèle à la beauté (ajoutons: à tout attrait qui se présente, à l'impulsion actuelle), tandis que ceux qui aiment toujours la même personne sont 'inconstants', car l'objet aimé ne saurait s'offrir toujours sous le même aspect: 'Si aimer

---

[31] N. Vauquelin Des Yveteaux, *L'Amour de changer*, in: *Œuvres complètes*, éd. G. Mongrédien (Paris 1921), p.89.
[32] à consulter sur ce point, bien évidemment, la thèse toujours irremplaçable de R. Pintard. Pour un aperçu plus succinct, voir J.S. Spink, *French free-thought*, 1re partie, chapitres 1, 2, 7, 8.
[33] Durand, *Stances à l'inconstance*, in: *Anthologie de la poésie baroque française*, i.74-75.

le contraire de ce que l'on a aimé est inconstance, et si laideur est le contraire de la beauté, il n'y a point de doute que celui conclut fort bien qui soutient celui être inconstant, qui ayant aimé un beau visage, continue de l'aimer quand il est laid.'[34] Et il ne manquera pas de reprocher aux bergers leur 'feintise' qui, par une illusion sans fondement, les empêche d'être 'fidèles' à la nature changeante. Don Juan, tout différent qu'il est par son impétuosité et ses noirceurs, se situe exactement dans la même lignée:

Pour moi, *la beauté me ravit partout où je la trouve,* et je cède facilement à cette douce violence dont elle nous entraîne. J'ai beau être engagé, l'amour que j'ai pour une belle n'engage point mon âme à faire injustice aux autres; je conserve des yeux pour voir le mérite de toutes, et rends à chacune les hommages et les tributs *où la nature nous oblige.*[35]

On aime à la volée du simple fait qu'on *cède* au branle universel et qu'on l'épouse avec volupté. De ce point de vue, les nombreux hymnes épicuriens qu'on entonne à la fin du règne de Louis XIV ne sont guère originaux et ne marquent pas, du moins à ce niveau-là, de rupture décisive. L'*Apologie de l'inconstance* de Chaulieu, déjà mentionnée, invite la 'troupe libertine de friponnes et de fripons' à l'infidélité, en justifiant celle-ci d'une manière bien connue:

> Si nature, mère sage
> De tous ces êtres divers,
> Dans ses goûts n'était volage
> Que deviendrait l'univers? [. . .]

> La beauté qui vous fait naître,
> Amour, passe en un moment;
> Pourquoi voudriez-vous être
> Moins sujet au changement?
> C'est à l'éclat de la rose
> Vouloir la solidité,
> Et toujours même beauté
> Qu'au moment qu'elle est éclose.

[34] H. d'Urfé, *L'Astrée*, éd. H. Vaganay (Lyon 1925), ii.127. Un rapprochement s'impose avec cette maxime de La Rochefoucauld: 'La constance en amour est une inconstance perpétuelle, qui fait que notre amour s'attache successivement à toutes les qualités de la personne que nous aimons, donnant tantôt la préférence à l'une, tantôt à l'autre: de sorte que cette constance n'est qu'une inconstance arrêtée et renfermée dans un même sujet' (La Rochefoucauld, *Maximes et Mémoires*, éd. J. Starobinski (Paris 1964), p.88, n° 175).
[35] Molière, *Dom Juan*, I.ii (c'est nous qui soulignons).

A cette époque, Fontenelle avait déjà expliqué à la belle marquise que, par rapport au mouvement général des mondes, l'éclat de la rose est aussi peu solide que l'existence humaine...

Dans l'ensemble de la relation nature changeante-amour, un aspect, qui sera promu à un rang important par les Lumières, semble prendre de la consistance dès le dix-septième siècle: le rôle de la physiologie, de l'attirance sensuelle, qui règlent en définitive la vie amoureuse. Parmi différentes significations de la 'loi naturelle' il y a aussi ce sens-là qui se constitue peu à peu.

Si l'on se tourne toujours du côté de la littérature, on tombe aussitôt sur l'exemple de Théophile dans l'œuvre duquel les accusateurs relevaient le 'mépris de l'homme' et la 'louange des bêtes qui suivent la nature' (Adam, p.61). Sa *Satire première*, le plus violemment attaquée, postulait que 'chacun suive en tout sa nature' dont l'empire est plaisant' et dont la 'loi n'est pas dure'. Dans le domaine propre de l'amour, il faut obéir aux 'mouvements de ses affections' sans jamais les brider. Car, comparaison toute physiologique, l'amour est un 'fiévreux tourment' qui

> S'attache à nos esprits comme la fièvre au corps.
> Jusqu'à ce que l'humeur en soit toute dehors.[36]

C'est ainsi que l'inconstance devient le signe de l'animalité fondamentale de l'homme et, bientôt, une contestation de certains artifices de la culture et de la société.

Là-dessus, deux témoignages littéraires, trop souvent négligés, paraissent extrêmement précieux, marquant la persistance de ces thèmes entre l'ouverture du dix-septième siècle et celle du dix-huitième: l'*Histoire comique de Francion* et *Les Illustres Françaises*. Dans une page importante, Francion formule les idées qui seront chères aux inconstants 'philosophes' du siècle de Louis xv (p.315; c'est nous qui soulignons):

j'ai plus de désirs qu'il n'y a de grains de sable en la mer: c'est pourquoi je crains grandement que je n'aie jamais de repos. J'aime bien Laurette, et serai bien aise de jouir d'une infinité d'autres, que je n'affectionne pas moins qu'elle. [...] je voudrais jouir aujourd'hui de l'une, et demain de l'autre. Que si elles se trouvaient satisfaites de mes efforts, elles chercheraient si bon leur semblait *quelqu'un qui aidât à assouvir leurs appétits.*

[36] Théophile de Viau, *Satire première*, in: *Œuvres poétiques*, éd. J. Streicher (Genève Lille 1951), pp.85, 87-88.

Et dans ce cas, les convenances sociales, l'honneur et surtout le mariage sont considérés comme d'inutiles freins qui tyrannisent nos désirs: 'Il vaudrait bien mieux que nous fussions tous libres: *l'on se joindrait sans se joindre* avec celle qui plairait le plus, et lorsque l'on en serait las, il serait permis de la quitter' (p.316; c'est nous qui soulignons).[37] La conclusion est nette: ce n'est qu'alors que 'les lois naturelles seraient [...] révérées toutes seules'. Presqu'un siècle plus tard, Chasles développe le même motif dans l'histoire du libertin Dupuis, le plus long récit des *Illustres Françaises*. Le héros-narrateur surprend une conversation de deux jeunes femmes et est frappé par la justesse des raisonnements de l'une d'elles, une veuve philosophe. Celle-ci, en effet, explique à son amie tout le mécanisme de l'amour réduit à l'impulsion des sens et analyse l'arbitraire des règles sociales auxquelles les femmes surtout sont assujetties. Dans ce contexte, elle évoque le bonheur des femmes d'un pays sauvage, qui jouissent d'une totale liberté sexuelle, pouvant même rechercher les hommes: 'elles ne suivent pour toutes règles que celles de la nature; [...] ces règles répugnent aux lois austères qu'un honneur qui leur est inconnu et qui nous tyrannise nous oblige indispensablement de suivre'.[38] Lorsque son interlocutrice remarque que ce serait vivre comme les bêtes que d'obéir à toutes les tentations, la veuve répond par une phrase de Molière 'que dans les plaisirs de l'amour les bêtes ne sont pas si bêtes que l'on pense', et ajoute qu'elle les trouve fort heureuses 'de n'être point assujetties à un honneur que la force des hommes, bien plutôt que la nature, a imposé à notre sexe' (p.480). Bientôt Montesquieu imaginera (dans l'histoire d'Ibrahim et d'Anaïs des *Lettres persanes*) un harem idéal où les femmes se satisfont librement, et Roxane révoltée pourra écrire à Usbek qu'elle a réformé ses lois tyranniques 'sur celles de la nature'.

Les exemples que nous avons donnés veulent montrer que la littérature des Lumières, en explorant le thème de l'inconstance amoureuse, se référait à une tradition non négligeable du siècle précédent, qui était déjà largement formée aux environs de 1700, bien avant la crise de la Régence. De fortes ressemblances relient en effet les textes de ces précurseurs avec la problématique amoureuse du dix-huitième siècle, surtout dans le cadre de la 'loi naturelle'. Il ne s'agit pas maintenant de décrire, sur le plan général de l'histoire des idées, les contradictions et

---

[37] il est curieux de voir comment cette phrase ressemble à la fameuse tirade de Clitandre de *La Nuit et le moment*: 'On se plaît, on se prend' etc. (cf. ci-dessous, ch. 2, pp.80-81).

[38] R. Chasles, *Les Illustres Françaises*, éd. de F. Deloffre (Paris 1967), ii.479.

les transformations essentielles auxquelles cette notion était sujette dans différents domaines.[39] Ce qui est incontestable, c'est que le terrain était déjà prêt aussi bien pour la pratique effrénée des Clitandre, des Faublas et des Casanova, que pour l'effort théorique d'un Maupertuis, d'un La Mettrie, d'un Diderot ou d'un Helvétius, qui, chacun à sa manière, élaboreront l'image de la 'Vénus physique'. Un texte de la fin du dix-huitième siècle, judicieusement choisi par Laurent Versini, résume d'une façon presque symbolique cette perspective, en joignant la pratique du plus célèbre libertin-inconstant du siècle à la science des sensualistes, la réalité sociale à la fiction littéraire, et en reprenant directement les idées que nous avons trouvées ailleurs. Voici ce que dit Richelieu, ou plutôt le rédacteur de sa *Vie privée* (Versini, p.440):

La nature bienfaisante veut que tout ce qui nous environne varie; elle est toujours nouvelle pour nous, et ne nous plaît que par cette variété; l'uniformité la plus belle devient monotone, fastidieuse, et l'homme n'a pas été fait pour être fixé sans cesse auprès du même objet. Les conventions de la société contrarient la nature. [...] on le force [l'homme] de manquer à sa parole, en lui faisant prendre des liens qu'il ne peut rompre de sa vie.

Cependant, la continuité signalée ne saurait faire oublier les différences. Le thème de l'inconstance amoureuse subit une évolution qui, d'un siècle à l'autre, le transforme sensiblement. En une première approche, deux transformations majeures sont à considérer. La première, c'est que l'inconstance devient, socialement, idéologiquement et esthétiquement, une norme. Après tout, Hylas est une exception dans la communauté sentimentale des bergers, et les prouesses de Don Juan en font un monstre aux yeux des autres. De même, en règle générale, les motifs naturalistes chez les écrivains 'baroques' se situent – du moins statistiquement – en marge de la voie principale des thèmes 'classiques' (ou 'préclassiques'), représentatifs d'une structure sociale et mentale déterminée. Les incessants exploits érotiques – qu'ils soient aristocratiques ou plébéiens – sont étrangers aussi bien au 'généreux' cornélien qu'à l''honnête homme'. Mais du moment que ces idéaux perdent de leur prestige, parallèlement au déclin de l'époque louisquatorzienne,

---

[39] sur ce point fondamental, il faut se reporter à la thèse de J. Ehrard, *L'Idée de nature en France dans la première moitié du XVIIIe siècle* (Paris 1963). Dans le cadre de différents aspects des thèmes du changement et de la transformation, de l'instinct, du plaisir et de l'animalité, à consulter surtout: chapitre 4: 'Les nouveaux naturalistes: L'idée d'évolution', chapitre 6: 'Nature et morale', chapitre 9: 'Nature et bonheur' et chapitre 11: 'Nature et nécessité' (2° – 'L'âme et le corps').

49

les proportions se renversent. La Régence marque un point à partir duquel l'inconstance est consacrée à la fois comme pratique et comme thème. Pratique et thème omniprésents et perçus comme règle nouvelle, ce qui est bien visible chez les romanciers de la première moitié du siècle, par ailleurs si différents: chez Marivaux, Prévost, Duclos, Crébillon. Nous verrons bien chez ce dernier tout un univers d'inconstants où chacun plonge dans le tourbillon général, et où, au contraire, les valeurs 'classiques' de vertu et d'amour pur sont exceptionnelles.

La deuxième transformation ne concerne pas le statut de l'inconstance, mais son principe. Au cours du dix-huitième siècle, il arrive souvent qu'elle ne soit plus le résultat de la recherche hédoniste du plaisir, de l'impulsion spontanée de la nature. Des Yveteaux nous disait qu'il faut accumuler les satisfactions sensuelles sans raffiner sur le choix, que, 'quand une fait la brave', il faut voler à une autre. Don Juan, bien que plus exigeant, conserve cette passion physique de jouir et de multiplier les conquêtes réelles: engagé avec l'une, il ne veut pas 'faire injustice aux autres'. Or, ce qui semble caractériser ses successeurs, c'est la disjonction progressive du fond et de la forme. L''assouvissement des appétits', dont parlait Francion et qui devient général sous la régence de Philippe d'Orléans, commence à compter moins que les moyens qui y mènent. Le plaisir, c'est le long chemin de la conquête, c'est la technique amoureuse; il importe donc de chercher des victoires difficiles, et non pas de profiter de toute occasion qui se présente. En ce sens, on assiste à une dégénérescence de Don Juan. Dans la deuxième moitié du siècle, l'inconstance du roué, type qui culminera dans le personnage de Valmont, n'est plus l'affaire du seul corps, mais relève d'un système calculé, fondé sur les impératifs de la vanité ou, à la limite, sur une cruauté méthodique.[40]

La convention de la littérature libertine, telle que nous la concevrons, ne s'épuise pourtant pas dans le thème de l'inconstance. Nous avons laissé de côté l'hétérodoxie religieuse et, dans une certaine mesure, la libre-pensée au sens général du terme. Mais le terrain choisi reste toujours suffisamment étendu pour englober des productions très diverses: Diderot, Laclos et Nerciat se trouvent encore dans le même sac. La

[40] sur la dégradation du mythe de Don Juan au dix-huitième siècle voir l'ouvrage toujours utile de G. Gendarme de Bévotte, *La Légende de Don Juan* (Paris 1911), t.i, chapitre 8; t.ii, chapitre 7. Voir aussi L. Versini, *Laclos et la tradition* pp.38-41.

direction suggérée peut se révéler fausse, si nous n'établissons pas une grille plus sélective.

On l'a déjà dit, les exemples choisis pour illustrer la tradition de l'inconstance au dix-septième siècle constituent apparemment une marge de la littérature classique. Ajoutons: une marge répudiée. Dans une scène importante de *L'Astrée*, Hylas doit rester au seuil du temple de l'Amour où tout le monde pénètre, et il l'accepte humblement. Don Juan est englouti par les feux infernaux. Et que dire des motifs hédonistes les plus spectaculaires et les plus grossiers qu'on rencontre dans les œuvres des amis de Théophile ou de Gaston d'Orléans! Par rapport à la problématique amoureuse de la préciosité et de l'école classique, il s'agit là soit d'une périphérie honteuse, soit de modèles négatifs qu'on stigmatise.

Or, il serait tout à fait inexact de prétendre que l'universalité du thème au dix-huitième siècle signifie toujours une libération et un épanouissement, car la tendance moralisatrice n'a pas perdu de son importance. Un grand nombre d'œuvres, celles surtout qui s'inspirent des changements apportés par la Régence, veulent témoigner d'une corruption sentimentale et établissent un parallèle plus ou moins nostalgique entre l'amour d'antan (ou un amour *vrai*) et l'inconstance actuelle. *Les Egarements du cœur et de l'esprit* de Crébillon, *Les Confessions du Comte de **** ou les *Mémoires pour servir à l'histoire des mœurs du dix-huitième siècle* de Duclos en sont des exemples typiques; cet aspect est flagrant dans plusieurs pièces de Marivaux (*L'Amour et la Vérité*, *La Réunion des Amours*, *Le Petit-maître corrigé*), et on peut affirmer que, toutes modifications faites, *Les Liaisons dangereuses* se placeront aussi dans la même veine.

Il faudra donc parler de deux mouvements contradictoires du thème de l'inconstance. D'un côté, il fonctionnera comme une rupture positive avec la conception et la signification traditionnelles de l'amour, et se révélera dans l'exaltation du plaisir et de la nature; en ce sens, il sera repris et développé surtout par les écrivains-philosophes qui feront leurs, en les théorisant, les principes de quelques inconstants et voluptueux pittoresques du dix-septième siècle. Mais d'un autre côté, d'autres écrivains, bien que conscients de l'évolution philosophique du problème, l'abordent par un jugement moral complexe, et, de ce point de vue, ils ne rompent pas si facilement avec la tradition classique. L'inconstance loi naturelle se présente en même temps comme la détérioration interne d'un modèle généralement postulé.

La corruption s'effectue non pas sur un terrain nouveau, scandaleux et diabolique, mais dans un cadre bien familier. La littérature libertine qui nous intéresse ici n'est pas celle du défi érotique transparent, de l'animalité grossièrement déclarée. Le désir ne saurait se manifester ouvertement dans un espace social qui, malgré toutes les mutations de mœurs, est toujours déterminé par le système de conventions hérité du Grand Siècle. Certes, les libertins de Crébillon et de Laclos s'inspirent, plus ou moins directement, des précurseurs naturalistes et épicuriens, ainsi que du progrès actuel de la philosophie, mais ils se soumettent en même temps à la longue tradition de la dissimulation, pierre de touche des rapports mondains élaborés au dix-septième siècle. Nous arrivons ainsi au deuxième élément qui fixera notre schéma du libertinage littéraire: le *masque*.

Le problème se pose paradoxalement ainsi: le roman libertin reflète-t-il en réalité une structure *extérieure* à la structure classique? Ne doit-on pas, au contraire, chercher dans celle-ci – dans son essence, et non dans ses périphéries – la base de cette thématique? Et ne doit-on pas, en retour, voir dans ces prétendues périphéries certaines tendances qui s'intègrent spécifiquement dans les courants principaux du dix-septième siècle?

Le concept de masque permet d'aborder ce genre de questions. Il fait notamment situer bon nombre de romans de l'inconstance dans un ensemble qui façonne le 'libertinage' d'une autre manière: celui de la littérature mondaine. C'est ainsi que l'on pourra peut-être saisir une veine plus cohérente qui laisse d'un côté l'inconstance spontanée et ouverte, et surtout le roman de la crapule et le roman pornographique, et de l'autre, la physiologie amoureuse théorisée par les philosophes.

On comprendra par le masque, terme général et conventionnel qui n'implique pas forcément de sens péjoratifs, les différents mécanismes de la *mondanité*. Celle-ci, en effet, peut être une notion pertinente pour découper un champ qui se superpose à la problématique vaguement 'libertine', en la modifiant et en la particularisant.[41]

Tout d'abord, au sens le plus large, la mondanité se conçoit comme une vaste structure à caractère à la fois idéologique et social, connue sous le nom d''honnêteté' (avec ses corollaires de politesse, civilité etc.). Inutile de rappeler l'importance de cet idéal pour la littérature du

---

[41] parmi les rares études qui introduisent la mondanité comme un concept critique original, citons le brillant essai de R. Barthes sur La Bruyère dans: *Essais critiques* (Paris 1964), et surtout l'ouvrage cité de P. Brooks.

dix-septième siècle; ce que nous voulons souligner ici, c'est que l'ensemble hautement moral et équilibré qu'il constitue est en même temps un système éthiquement ambigu, dans la mesure où il recèle, en la dissimulant sous différentes formes, une couche d'immoralisme indispensable.

Quand on suit, à travers le Grand Siècle, les nombreuses théories de l''honnête homme', si abondamment étudiées par Maurice Magendie,[42] on constate une évolution significative. Les années qui séparent *L'Honnête homme* de Faret (1630) des ouvrages du chevalier de Méré, qui marqueront toute le période louisquatorzienne, décident de l'orientation du concept. L'honnête homme du début du siècle, étant aussi courtisan dans le sillage de la tradition italienne, hisse sa *vertu* au niveau de valeurs principales et, par conséquent, les plus affichées. Citons Faret (Magendie, i.362):

La vertu est si essentiellement le but de tous ceux qui veulent se faire considérer dans la Cour qu'encore qu'elle ne s'y voie qu'avec des déguisements et des souillures, si est-ce que chacun veut faire croire qu'il la possède toute pure et sans artifice.

L'honnête homme équivaut alors à l'homme de bien, probe et sincère. La déclaration de Méré sera tout à fait différente sur ce point (Magendie, ii.774):

il ne faut qu'être juste pour être homme de bien, et pour être honnête homme, il se faut connaître à toutes sortes de bienséances, et les savoir pratiquer. Il me semble aussi qu'on pourrait être le plus honnête homme du monde, sans être le plus juste.

On pourrait dire que les 'déguisements' et les 'souillures', qui, selon Faret, constituent un obstacle dont il faut débarrasser l'honnêteté, sont passés au premier plan. Les qualités de cœur ne sauraient se présenter 'pures' et 'sans artifice', car ce qui importe, c'est justement la pratique des bienséances, idée clé qui implique un décalage possible entre les conventions imposées et respectées, et la morale. Non, certes, qu'il s'agisse – déjà – d'un mensonge méthodique et conscient. Loin d'être le masque du vice, les bienséances doivent 'discipliner' la morale individuelle en la rendant sociable. Mais il n'en reste pas moins que cette sociabilité, entendue comme politesse et civilité, constitue un ensemble équivoque.

[42] *La Politesse mondaine et les théories de l'honnêteté en France au XVIIe siècle, de 1600 à 1660* (Paris 1926). Nous profitons largement de la riche documentation que cet ouvrage contient.

De quel fond éthique s'agit-il au fait? Ni de la vertu chevaleresque, ni de la vertu chrétienne (quoique les faibles reflets de l'une et de l'autre doivent être repérables pour que l'idéal puisse se maintenir dans son contexte socio-politique). L'honnête homme de Méré n'est plus un guerrier 'généreux' et le Ciel est vide pour lui. Il est en revanche essentiellement *épicurien*, mais d'un épicurisme qui n'a rien de celui de Francion.

La problème devient plus clair, lorsqu'on jette un coup d'œil sur la carrière philosophique et littéraire d'Epicure au dix-septième siècle.[43] Le dilemme de Gassendi est caractéristique à cet égard. Une tentative de réhabilitation et une attaque contre le stéréotype du philosophe de la débauche sont visibles. Ainsi, l'auteur du *Syntagma* se tourne bien vers l'atomisme et l'hédonisme d'Epicure, mais en les modelant dans une approche qui ne se veut, du moins explicitement, ni matérialiste, ni immorale. On a maintes fois souligné les inconséquences du gassendisme qui, lui-même défenseur et présentateur fidèle du système épicurien, essaie de le canaliser, en le trahissant, dans les cadres de la pensée orthodoxe.[44] Une ambiguïté entoure la catégorie centrale de *voluptas*: la volupté signifie, certes, le plaisir des sens, mais elle résulte surtout du manque de douleur et d'inquiétude, et, en tant que telle, est une sagesse mesurée, conciliable avec les vertus chrétiennes mêmes. Le poète Sarasin, pénétré des leçons de Gassendi, renchérit sur la pensée du maître, en faisant de la volupté épicurienne une qualité tout intérieure, héroïque et noble, qui est voisine – comble du paradoxe – de l'austérité stoïque, et dans son *Discours de morale sur Epicure* (1646), il entonne un hymne vertueux à la 'volupté sainte et sévère'.[45] Jusqu'au milieu du siècle, un contraste violent se maintient entre un épicurisme 'courant', terre à terre, naturiste et volontiers cynique, paraissant dans les excès des gueux et des grands seigneurs, et l'épicurisme réformé des philosophes qui tentent à tout prix de maîtriser les débordements de la doctrine et de la diriger dans le sens opposé.

Or, il paraît qu'avec l'honnête homme de l'époque classique ce contraste s'affaiblit. On veut goûter le plaisir sensuel, mais sans excès; on veut de la tempérance, mais pas trop austère. C'est là que se précise le rôle fondamental de la mondanité, de l''honnêteté' nouvelle: réaliser le compromis difficile par le truchement de la politesse et des bien-

---

[43] cf. J. S. Spink, *French free-thought*, 1re partie, chapitres 6, 8.
[44] cf. R. Pintard, *Le Libertinage érudit*, i.490-502.
[45] voir ce texte dans l'anthologie de A. Adam, *Les Libertins*, pp.206-15.

séances. Vauquelin Des Yveteaux, qui, au début du siècle, chantait les joies de l'inconstance instinctive, formule vers 1645 un postulat un peu modifié dans le sonnet célèbre dont la leçon, malgré l'atmosphère de scandale qui entourait l'auteur, sera celle de tous les 'honnêtes gens': il faut 'chercher en tout temps l'*honnête volupté*', 'contenter ses désirs', mais avoir l'âme 'de vices exempte'.[46] Ce qui frappe, c'est le caractère à la fois antinomique et harmonieux de l'idéal. Chaulieu, qui cinquante ans plus tard appelle Des Yveteaux 'l'Epicure de son temps', écrit qu'il était toujours 'voluptueux', mais également 'le parfait philosophe et l'homme vraiment sage'.[47] C'est ainsi que se réuniront, dans une volupté difficile à définir, la jouissance, la sagesse et l'élégance des manières; c'est ainsi que fusionneront l'épicurisme instinctif et l'épicurisme vertueux. En ce sens, l'honnête homme comporte dès sa naissance les éléments constitutifs de cette morale et cette ambiance particulières des cercles mondains qui sont censés faire transition entre deux époques.[48]

L'exemple le plus important est peut-être celui de Saint-Evremond, dans la mesure où son œuvre reflète en même temps la structure achevée de l'ideal et la fragilité corrosive de ses composantes. En discutant sur la morale d'Epicure, il polémique avec ceux qui en font le corrupteur des bonnes mœurs, mais surtout avec ceux qui, comme Sarasin, rendent l'épicurisme plus dur que la vertu des stoïques. Curieusement, il constate qu'il 'ne connaî[t] pas bien quelle était la volupté d'Epicure' et admet l'idée ambivalente d'une volupté qui, selon le cas, peut être 'en repos' ou 'en mouvement': 'de cette différence de volupté est venue celle de la réputation qu'il a eue. Timocrate et ses autres ennemis l'ont attaqué par les plaisirs sensuels: ceux qui l'ont

---

[46] voir ce texte dans les *Œuvres complètes* de Vauquelin Des Yveteaux (c'est nous qui soulignons).

[47] G. A. de Chaulieu, *A l'abbé Courtier*, in: *Œuvres* (Paris 1757), ii.302.

[48] R. Pintard cite en note, à propos de l'héritage contradictoire de Gassendi, un texte très curieux d'un lecteur du dix-huitième siècle, qui annotait ainsi la correspondance du philosophe: 'Chapelle, Molière et Bernier, disciples de Gassendi, adoptèrent un épicurisme plus commode que celui de leur maître; leurs exemples et leurs leçons entraînèrent plusieurs hommes distingués qui réunirent à l'héroïsme la *mollesse*, le goût de la *philosophie* et celui du *plaisir*. Ces hommes singuliers formèrent différentes écoles d'*épicurisme moral et littéraire*. On doit mettre de ce nombre la maison de la célèbre Ninon Lenclos, qui rassemblait *tout ce que la Cour et la ville* avaient d'hommes *polis, éclairés, et voluptueux*, la comtesse de la Suse, la comtesse d'Olonne, St-Evremond [...] Il se forma une pareille Ecole au Temple où l'on vit les princes de Vendôme, Chaulieu, le chevalier de Bouillon, le marquis de La Fare, J.-B^te Rousseau [...] L'Ecole de Sceaux, plus décente que celle du Temple: Malézieu, l'abbé Genet, La Motte, Fontenelle et Voltaire donnèrent de l'éclat à celle-ci' (ii.649-50, note 2 pour la page 504; c'est nous qui soulignons).

défendu n'ont parlé que de sa volupté spirituelle.'[49] Aucune de ces deux solutions n'est bonne, étant donné que 'l'humeur changeante' du philosophe le fait passer d'un état à l'autre.

Sur ce sol mouvant, le modèle qui se construit est celui du plaisir maîtrisé, ordonné et transformé par la politesse et la 'délicatesse', idée cruciale de Saint-Evremond. Il faut 'avoir soin' des plaisirs, sinon 'nous les prendrons mal à propos, dans un *désordre* ennemi de la *politesse*, ennemi des goûts vraiment *délicats*'. Certes, la nature porte tout le monde à rechercher le plaisir, mais, distinction capitale, si 'les sensuels s'abandonnent grossièrement à leurs appétits', les 'voluptueux' et les 'délicats', eux, reçoivent 'une impression sur les sens qui va jusqu'à l'âme':

Sans les *délicats*, la galanterie serait inconnue, la musique rude, les repas malpropres et grossiers. C'est à eux qu'on doit l'*eruditio luxu* de Pétrone, et tout ce que le *raffinement* de notre siècle a trouvé de plus *poli* et de plus *curieux* dans les plaisirs.[50]

Le problème concerne donc la totalité du comportement social et il fait la particularité de l'époque. Bientôt l'éthique de l'honnête homme se démarquera rigoureusement de tout ce qui n'est pas filtré (et assimilé) par la politesse mondaine: des plaisirs 'grossiers', bien entendu, mais aussi de la raison et de la vertu, si elles sont réfractaires au 'raffinement', donc à l'assouplissement et au compromis. Dans un texte célèbre, Saint-Evremond conseille d'avoir 'plus d'indulgence pour les vicieux', car

la raison, autrefois rude et austère, s'est *civilisée* avec le temps, et ne conserve aujourd'hui presque rien de son ancienne rigidité [. . .] elle s'est *adoucie* pour introduire *l'honnêteté* dans le commerce des hommes [. . .] il faut oublier un temps où c'était assez d'être sévère pour être cru vertueux, puisque la politesse la galanterie, la science des voluptés font une partie du mérite présentement. Pour la haine des méchantes actions, elle doit durer autant que le monde; mais trouvez bon que les *délicats* nomment plaisir ce que les gens rudes et grossiers ont nommé vice, et ne composez pas votre vertu de *vieux sentiments* qu'un naturel sauvage avait inspiré aux premiers hommes.[51]

---

[49] Saint-Evremond, *Sur la morale d'Epicure: à mademoiselle de Lenclos*, in: *Œuvres en prose*, éd. R. Ternois (Paris 1966), iii.426, 432.

[50] *Lettre sur les plaisirs à Monsieur le Comte d'Olonne*, nous citons d'après A. Adam, p.238 (c'est nous qui soulignons).

[51] *Les Sentiments d'un honnête et habile courtisan sur cette vertu rigide et ce sale intérêt*, in: *Œuvres en prose*, iii.13-14 (c'est nous qui soulignons).

L'idéal semble clair et équilibré; mais, de toute évidence, il est miné par la relativité des valeurs. Il y avait eu, autrefois, une *autre* vertu, une *autre* 'honnêteté':celles qui sont de règle aujourd'hui sont meilleures parce que 'civilisées', quoiqu'il existe des gens ('rudes et grossiers') qui considèrent cette transformation comme vicieuse. Nous retrouvons la pensée de Méré: pour le courtisan éclairé et l'homme de salon de la deuxième moitié du dix-septième siècle, la vertu non apprivoisée est inconcevable;[52] de plus, le masque mondain semble *constitutif* de l'éthique nouvelle.

Mais alors le domaine qu'on veut définir devient vite incertain. Peut-on toujours distinguer la morale médiatisée par les conventions civilisatrices d'une société développée de l'immoralisme foncier dont ces mêmes conventions sont le véhicule? S'agit-il d'un assouplissement nécessaire et souhaitable ou d'une hypocrisie honteuse? Les modifications apportées à la vertu de 'vieux sentiments', laisseront-elles vraiment intacte 'la haine des méchantes actions'? Nous sommes au cœur du dilemme de Molière dans *Le Misanthrope*. Philinte fait écho à Saint-Evremond, en disant qu'il faut parmi le monde 'une vertu traitable', et que

> Cette grande roideur des vertus des vieux âges
> Heurte trop notre siècle et les communs usages.[53]

Pour Alceste, vertu traitable et vice ne font qu'un, car la morale ne souffre aucune espèce d'opportunisme, et on ne saurait taxer de ridicule son idéal héroïque de recourir aux sources naturelles de l'honnêteté et, par conséquent, 'de rompre en visière à tout le genre humain'.[54] Dans sa critique du *Misanthrope*, Rousseau verra bien le problème (sans

---

[52] doit-on rappeler que le processus de cet apprivoisement remonte à Montaigne, le père spirituel de l'honnête homme? Ce fragment en rend bien compte: 'La vertu assignée aux affaires du monde est une vertu à plusieurs plis, encoignures et coudes, pour s'appliquer et joindre à l'humaine faiblesse, mêlée et artificielle, non droite, nette, constante, ni purement innocente' (Montaigne, *Essais*, 'De la vanité', éd. A. Thibaudet, Bibliothèque de la Pléiade (Paris 1937), p.962.)

[53] Molière, *Le Misanthrope*, I,i.

[54] voir aussi la réplique importante d'Eliante sur Alceste (IV.i):
> la sincérité dont son âme se pique
> A quelque chose en soi de noble et d'héroïque;
> C'est une vertu rare au siècle d'aujourd'hui,
> Et je la voudrais voir partout comme chez lui.

Abordant *Le Misanthrope* dans son livre sur la sincérité en littérature, H. Peyre note très justement qu'il est difficile de fixer la position de Molière dans le conflit entre ses deux protagonistes (*Literature and sincerity* (New Haven, London, Paris 1963), p.55).

pourtant remarquer l'incertitude de l'auteur), en constatant que la
sagesse de l'honnête homme-Philinte consiste 'dans un certain milieu
entre le vice et la vertu'.[55]

Le legs que la mondanité du siècle classique laisse au dix-huitième
apparaît ainsi dans un double éclairage. D'une part, le divorce probable
entre le code des formes mondaines et la morale deviendra réel et ira
s'aggravant; de ce point de vue, on assistera, dans la vie sociale et dans
la littérature, à la décadence de l'honnête homme (lui-même déjà étant
une version abâtardie du chevalier) qui prendra successivement les
formes du 'fat', du 'petit-maître' et du 'roué', pour lesquels, à la limite,
le masque mondain est un jeu cachant l'inconduite et la perversité.
D'autre part, indépendamment de ce déclin et des jugements moraux
qui l'accompagnent, l'honnêteté et la politesse s'avèrent porteuses de
dilemmes qui se poseront au dix-huitième siècle avec une acuité particulière: quête de soi à travers le jeu de la sincérité et du masque, morale
individuelle et morale sociale, nature et culture. Dans une dimension
historique plus large, celle de Montesquieu surtout, on verra que les
hommes et les sociétés sont pour ainsi dire condamnés à la politesse
mondaine comme moyen terme entre la barbarie naturelle et la corruption totale – 'condamnés', car il s'agit d'un cercle vicieux, dans la mesure
où les germes de la corruption apparaissent avec la politesse. Voici la
conclusion de l'article 'Mœurs' de l'*Encyclopédie*:

Dans une riche monarchie absolue [. . .] l'honneur, l'ambition, la galanterie,
le goût des plaisirs, la vanité, la mollesse seront le caractère distinctif des
sujets; et comme ce gouvernement produit encore l'oisiveté, cette oisiveté
corrompant les mœurs, fera naître *à leur place* la politesse des manières.[56]

On pourrait ajouter que plus la politesse s'intensifie, plus on voit 'le
goût des plaisirs' et 'la mollesse' remplacer 'l'honneur' et 'l'ambition':

---

[55] J.-J. Rousseau, *Lettre à d'Alembert*, in: *Du contrat social et autres œuvres politiques*, éd.
J. Ehrard (Paris 1975), pp.157-58.

[56] c'est nous qui soulignons. L'inspiration de Montesquieu est évidente: 'L'époque de
la politesse des Romains est la même que celle de l'établissement du pouvoir arbitraire. Le
gouvernement absolu produit l'oisiveté; et l'oisiveté fait naître la politesse.

'Plus il y a de gens dans une nation qui ont besoin d'avoir des ménagements entre eux
et de ne pas déplaire, plus il y a de politesse. Mais c'est plus la politesse des mœurs que celle,
des manières qui doit nous distinguer des peuples barbares' (*De l'esprit des lois*, livre XIX
chapitre 27, in: *Œuvres* (Paris 1964), pp.649-50).

Le malheur est que la distinction entre 'la politesse des mœurs' et 'la politesse des
manières' est bien fragile; il est inévitable qu'on glisse de l'une à l'autre. Cf. aussi sur ce
point, et surtout sur la 'politesse' artificielle et la 'police' naturelle, les remarques de J.
Ehrard, *L'Idée de nature*, ii.781-82.

c'est en cela aussi que consiste la 'démolition du héros' dont parlait Paul Bénichou.[57] Il reste pourtant que le problème à une portée bien plus large que la dégradation historique d'un *ethos*, tellement évidente.

Sur le plan général du masque social, deux aspects de la mondanité semblent être particulièrement importants pour le domaine littéraire qui nous intéresse. En premier lieu, l'honnêteté et la politesse se conçoivent avant tout comme un code des liaisons amoureuses. Il s'agit de la *galanterie*, mot que nous avons déjà rencontré plus d'une fois. Héritière de l'ancienne tradition chevaleresque, elle se veut le contrepoids de l'amour sensuel et grossier, surtout lorsqu'elle s'intègre dans le courant précieux, précédé de l'influence italienne et espagnole. Mais, considérée de près, elle entretient des rapports inattendus avec l'inconstance.

Les précieuses et leurs successeurs prêchent un idéal de l'amour, mais les postulats demeurent souvent contradictoires. Il ne faut pas oublier que la galanterie qu'ils enseignent n'est pas l'amour. Au contraire, elle s'en distingue et s'y oppose dans leurs théories mêmes. On trouve un peu partout, chez les habitués de la Chambre Bleue, ainsi que chez leurs héritiers immédiats – mlle de Scudéry, Cotin, Somaize – l'idée de non-engagement, le refus d'un amour trop absorbant, exclusif, d'un amour qui voudrait se dérober à ses obligations sociales ou, plus exactement, mondaines.[58] Ce sont celles-ci qui fixent le code de la galanterie. Tout en aspirant à la communion de deux êtres, à la concentration pure sur l'objet aimé,[59] on élabore une pratique éminemment publique où l'invididu doit avoir la tête et le cœur libres. Il s'agit en fait d'être indépendant de l'amour – et surtout de la passion violente – justement pour pouvoir en parler en catégories absolues et abstraites, dessiner les cartes de Tendre, s'envoyer des 'guirlandes' de poèmes. La galanterie est une façon d'extérioriser l'amour en formes prescrites, et par là, elle est indifférente à l'amour, ce que mlle de Scudéry constate expressément dans son *Grand Cyrus*: 'Il est peu d'hommes fort amoureux qui soient fort galants, ni qui soient aussi agréables *pour les autres* que pour celles qu'ils aiment; c'est la chose du monde la plus rare, que de trouver un amant qui le soit de bonne grâce' (Magendie, ii.672-73; c'est nous qui soulignons).

L'amour vu seulement comme un tribut mondain, et qui refuse

---

[57] *Morales du Grand Siècle* (Paris 1948).
[58] cf. M. Magendie, *La Politesse mondaine*, i.133-34; ii.593-94, 671-74.
[59] voir ci-dessous chapitre 3, pp.132-35.

tout assujettissement, croise à beaucoup d'égards l'indépendance sentimentale de certains héros cornéliens. L'étonnant Alidor déclare dès
1634:

> Il ne faut point servir d'objet qui nous possède,
> Il ne faut point nourrir d'amour qui ne nous cède:
> Je le hais, s'il me force et quand j'aime je veux
> Que de ma volonté dépendent tous mes vœux,
> Que mon feu m'obéisse au lieu de me contraindre,
> Que je puisse à mon gré l'enflammer et l'éteindre,
> Et toujours en état de disposer de moi,
> Donner quand il me plaît et retirer ma foi.[60]

Rien de surprenant à ce que toute liaison durable soit exclue. Et surtout
le mariage qui, appauvrissant et isolant de la vie mondaine, est vigou-
reusement rejeté aussi bien par les précieuses que par l'honnête homme
de Méré.[61] Mais de là, il n'y a qu'un pas à l'inconstance. Non, certes, à
une inconstance instinctive et animale, refoulée par les jeux galants.
Celle d'Alidor repose encore sur le besoin impérieux du choix volontaire
et de la domination (ce dont se souviendront les scélérats de Crébillon
et de Laclos), mais celle qui se répandra bientôt dans toute la littérature
classique sous une forme apparemment vertueuse relève précisément de
la galanterie généralisée. Dans l'univers qu'elle organise, des hommages
conventionnels sont adressés à chacun, ou plutôt à chacune, sans privilégier personne, sinon momentanément. Le germe de l'inconstance
est déjà là: répétition d'objets et du rite, manque d'attachement profond.
D'autant qu'à mesure que le siècle s'écoule, les hommages et les liaisons
provisoires peuvent recouvrir tout un éventail d'attitudes érotiques
réelles, difficiles à déterminer: au niveau de l'amour, la galanterie reflète
l'ambiguïté éthique de l'honnêteté.

A-t-on bien étudié sur ce point la mondanité impeccable de *La
Princesse de Clèves*? Jean Fabre a déjà montré, dans son bel article, comment 'le mariage des bienséances et du sentiment, envisagés dans leur
pleine sincérité, ne peut aboutir qu'à une destruction de l'être'.[62] Ajoutons que c'est la galanterie, mot qui ouvre le roman, qui étouffe le sentiment et qui crée la convention des attachements successifs ou parallèles.

[60] Corneille, *La Place royale*, i.iv.
[61] voir R. Bray, *La Préciosité et les précieux de Thibaut de Champagne à Jean Giraudoux*,
nouvelle éd. (Paris 1968), pp.163-66; M. Magendie, *La Politesse mondaine* ii.774-75.
[62] 'Bienséance et sentiment chez mme de La Fayette', *Cahiers de l'Association internationale des études françaises* 11 (1959), p.51.

Dans cette cour, les rapports se conçoivent surtout comme engagements *galants* et non pas amoureux. Ainsi, les meilleurs courtisans ne peuvent être que des inconstants, tel le duc de Nemours dont la célébrité est bien établie:

Il n'y avait aucune dame dans la cour dont la gloire n'eût été flattée de le voir attaché à elle; peu de celles à qui il s'était attaché, se pouvaient vanter de lui avoir résisté, et même plusieurs à qui il n'avait point témoigné de passion, n'avaient pas laissé d'en avoir pour lui. Il avait tant de douceur et tant de disposition à la galanterie qu'il ne pouvait refuser quelques soins à celles qui tâchaient de lui plaire: ainsi il avait plusieurs maîtresses, mais il était difficile de deviner celle qu'il aimait véritablement.[63]

Le texte joue encore sur l'équivoque historique des termes: 's'attacher', 'résister', 'passion', 'maîtresse', équivoque renforcée par l'arsenal de la tradition chevaleresque (chiffres et couleurs des dames aux tournois, etc.). Mais le nombre et la nature des liaisons ne font pas de doute: un autre maître en galanterie, le vidame de Chartres, mène trois engagements de front et demande conseil à Nemours, en faisant appel à son 'expérience'. Ce dernier ne manque pas de répondre: 'On m'a accusé de n'être pas un amant fidèle et d'avoir plusieurs galanteries à la fois; mais vous me passez de si loin que je n'aurais seulement osé imaginer les choses que vous avez entreprises' (p.225). *La* galanterie peut donc être *une* galanterie, désignant ce que sera plus tard une 'affaire'. La pratique de la 'liste' n'est pas très loin, et la peur de l'inconstance inévitable du duc de Nemours est l'une des raisons alléguées par mme de Clèves dans son refus final.

C'est ainsi qu'au sein de la politesse courtoise pourront apparaître les procédés de séduction. Paradoxalement, l'art de la patience amoureuse, des retardements obligatoires, des gestes et paroles d'usage, toute la science de la galanterie se muera en une stratégie de conquête, dissociée de l'idéal ancien et toujours proclamé. Elle sera accompagnée du faux brillant, d'un jargon recherché et d'une vanité insolente, qui, à la fin de l'époque classique, formeront, après les petits marquis de Molière, l'homme à bonnes fortunes de Baron et de Regnard, le chevalier à la mode de Dancourt, et surtout le petit-maître, personnage promis à une si grande carrière au dix-huitième siècle.[64] Un héros mondain

---

[63] madame de La Fayette, *La Princesse de Clèves*, éd. B. Pingaud (Paris 1972), p.132.
[64] sur l'histoire du mot et son destin littéraire, voir l'édition critique du *Petit-maître corrigé* de Marivaux par F. Deloffre (Genève, Lille 1955).

typique de l'entre-deux-siècles: le comte de Gramont qui vit toujours dans l'univers 'de l'amour et de la galanterie' – que ce soit la cour de Turin, celle de France ou celle d'Angleterre – et qui y met en usage 'de nouveaux stratagèmes en amour', dont la plupart ne sont pas honnêtes.[65]

Mais de ce point de vue, en renversant la perspective, ne pourrait-on pas récupérer le cas d'Hylas et de quelques-uns de ses pareils? Tout répudié qu'il est, l'inconstant de *L'Astrée* ne forme-t-il pas, au début du dix-septième siècle, le modèle de l'adepte de la galanterie? Il est encore exceptionnel dans le monde des Céladons et des Silvandres, mais ce monde va bientôt évoluer vers une 'honnêteté' moins exigeante. Face à un paradis irréel et rigide, travaillé d'ailleurs par le conflit implicite des bienséances et de la sensualité,[66] Hylas représente déjà, par sa souplesse, son enjouement et son autonomie sentimentale, le mondain du milieu du siècle.[67] De même, dans une certaine mesure, Don Juan ne fait que pousser à l'extrême les conventions de la galanterie: pour conquérir comme il fait, il faut avoir l'allure et le charme (il en a beaucoup) de l'honnête homme qui, par définition, cherche et attache les femmes. Le défi religieux et l'outrecuidance mis à part, le donjuanisme de l'irréprochable duc de Nemours est évident: seulement, il le soumet consciemment au carcan des bienséances et du jeu amoureux, ce dont se souviendront les petits-maîtres du dix-huitième siècle.

Le deuxième aspect particulier de la mondanité, qui, à côté de la galanterie, doit attirer notre attention, c'est la *clôture*. 'Le monde' des honnêtes gens, c'est le monde tout court – socialement et géographiquement, le seul monde où l'auteur, le lecteur et les personnages se reconnaissent, un cercle au-delà duquel rien n'existe. Comme le montrent

[65] A. Hamilton, *Mémoires du comte de Gramont*, in: *Romanciers du XVIIIe siècle*, éd. Etiemble, Bibliothèque de la Pléiade (Paris 1960), i.47, 81. Le milieu mondain des *Mémoires* abonde en mauvais tours d'inconstants: la distance qui le sépare de celui de *La Princesse de Clèves* est nette. Et pourtant, on voit ici et là la même ambiguïté du fond et du vocabulaire:
'Tout respirait à la cour [de Charles II] [. . .] les jeux, les plaisirs, et tout ce que les penchants d'un prince tendre et galant inspirent de magnificence et de politesse' (*Mémoires du comte de Gramont*, p.137).
'La magnificence et la galanterie n'ont jamais paru en France avec tant d'éclat que dans les dernières années du règne de Henri second. Ce prince était galant, bien fait et amoureux' (*La Princesse de Clèves*, p.129).

[66] sur ce point, voir J. Ehrmann, *Un Paradis désespéré: l'amour et l'illusion dans L'Astrée* (New Haven, Paris 1963), et G. Genette, 'Le serpent dans la bergerie', in: H. d'Urfé, *L'Astrée* (Paris 1964).

[67] cf. M. Magendie, *La Politesse mondaine*, i.226-27.

les suggestions de Roland Barthes et les analyses plus développées de Peter Brooks, la majeure partie de la littérature classique formée après la Renaissance se conçoit en fonction d'une clôture à la fois sociale, psychologique, morale et imaginaire, qui atteindra un degré extrême dans les dernières décennies du dix-septième siècle et qui marquera tout le dix-huitième.

L'individu ne circule et ne se retrouve que dans un ensemble d'isolats qui fondent son être, désignés comme classes ou catégories facilement repérables. Des moralistes comme La Rochefoucauld ou La Bruyère peuvent ainsi décrire 'les mœurs de ce siècle', en récitant le paradigme de structures closes – hiérarchiques, concentriques ou s'articulant les unes sur les autres – qui épuisent l'existence mondaine: les 'usages', la 'mode', les 'femmes', la 'conversation', le 'cœur' et surtout la 'société', réduite à la 'cour' et prolongée jusqu'à la 'ville'. Le propre de cette clôture, c'est son imperméabilité extérieure et sa publicité interne. Ce qui est en dehors, on l'a dit, n'est pas appelé à l'être: les paysans de La Bruyère, remarque judicieusement Barthes, 'sont *ce à partir de quoi* on existe: ils sont la limite constitutive de la clôture'. Les hommes de l'extérieur sont de pures fonctions sans essence: 'on ne peut leur attribuer aucun de ces *caractères* qui marquent d'une existence pleine les habitants de l'intérieur' ('La Bruyère', p.228). Ceux-ci, au contraire, ne peuvent se mouvoir que dans les cadres prescrits où s'établissent les rapports inéluctables de reconnaissance et de connivence (*Les Caractères*, p.206; c'est nous qui soulignons):

L'on se donne à Paris, *sans se parler*, comme un *rendez-vous public*, mais fort exact, tous les soirs, au Cours ou aux Tuileries, pour se regarder au visage et se désapprouver les uns les autres. L'on ne peut se passer de ce même monde que l'on n'aime point, et dont on se moque.

L'on s'attend au passage réciproquement dans une promenade publique; l'on y passe en revue l'un devant l'autre: carrosse, chevaux, livrées, armoiries, rien n'échappe aux yeux, tout est curieusement ou malignement observé.

On pourrait dire que le 'rendez-vous', public et tacite à la fois, symbolise toutes les clôtures du paradigme mondain. 'Usage', 'cœur' ou 'conversation', il est toujours une façon de paraître, de se confirmer et de se voir accepté à l'intérieur d'une orbite élitiste. Le rôle essentiel incombe au regard et à la parole: deux piliers de la publicité. Le premier surtout, en nous scrutant sans cesse, nous tire du néant, mais au prix d'une aliénation totale, ce qu'on voit surtout à la cour, ce noyau et point de départ de l'univers enfermé (*Les Caractères*, p.221):

Un homme qui sait la cour est maître de son geste, de ses yeux et de son visage; il est profond, impénétrable; il dissimule les mauvais offices, sourit à ses ennemis, contraint son humeur, déguise ses passions, dément son cœur, parle, agit contre ses sentiments.

L'espace clos – physiquement ou psychologiquement – devient une scène où il faut s'exécuter selon des règles pour légitimer son existence *aux yeux* des autres, car en dehors de cette autocréation en public l'existence est inconcevable.[68]

Hypocrisie, comédie humaine, 'pantomime universelle', comme dira Diderot – bien sûr: l'art du paraître deviendra un lieu commun capital au dix-huitième siècle et symbolisera la dégénérescence de la mondanité, surtout après le procès que lui intentera Rousseau. Mais il faut aussi remarquer l'envers du problème. Tout comme l'éthique de l''honnêteté' en général et tout comme la 'galanterie', la clôture mondaine porte en elle une tension et une dialectique que le dix-huitième vivra intensément sans les taxer de jugements de valeur. Insistons encore sur ce point: le théâtre enfermé du 'monde' constitue le seul espace et le seul statut de l'existence. Dissimuler, c'est tromper, mais c'est aussi *une manière d'être*, puisqu'il n'y en a pas d'autres. Impossible de valoriser le masque sans ce point de repère que sont l'authenticité et l'ouverture; ici, on est authentique en jouant. On peut imaginer une dissimulation 'honnête' qui consiste dans la conscience et l'affirmation permanentes de son rôle sur l'arène mondaine: on subit la pression du regard d'autrui comme une chose naturelle et nécessaire.[69] Dans le monde hyperconcentré de *La Princesse de Clèves*, il est difficile de distinguer la vérité d'avec le mensonge, et l'héroïne, constamment épiée, pratique une feinte qui relève, bien évidemment, de la mauvaise foi, mais en même temps, d'une exigence existentielle acceptée comme norme (pp.257-58; c'est nous qui soulignons):

Mme de Clèves *ne fit pas semblant* d'entendre M. de Nemours; elle le quitta *sans le regarder*, et se mit à suivre le roi qui venait d'entrer. Comme il y avait

[68] 'The idea of worldliness emerges from a systematic, closed, self-conscious society, a milieu whose closure to the outside world and internal publicity makes it a theater, a stage for the individual's representations of his social life, and elicits a conception of man as a voluntary artistic self-creation whose social style is the most important fact about him' (P. Brooks, *The Novel of worldliness*, pp.82-83).

[69] G. Macchia, en étudiant cette dissimulation 'ontologique' dans la littérature du dix-septième siècle, rappelle le rôle de la tradition courtoise et machiavélique italienne et cite l'œuvre significative de Torquato Accetto, *Della dissimulazione onesta* (*Paradiso della ragione*, pp.193-95).

beaucoup de monde, elle s'embarrassa dans sa robe et fit un faux pas: *elle se servit de ce prétexte* pour sortir d'un lieu où elle n'avait pas la force de demeurer et, *feignant* de ne se pouvoir soutenir, elle s'en alla chez elle.

Envisagée ainsi, la clôture mondaine est une structure intensive, et non extensive. L'écrivain, ici, ne *décrit* pas la société, tel un observateur, un *outsider* qui parcourt différentes couches, tâchant d'énumérer le maximum d'objets et d'individus. La plénitude du monde est purement qualitative (Barthes, pp.228-29): elle est faite du jeu intense de relations répétitives qui reflètent la conscience morale de la société (celle-ci, bien entendu, équivaut au 'monde') dans ses points de convergence – ou de divergence – avec la conscience individuelle. L'univers se trouve à la fois rétréci et épuré, condensé et raréfié: on comprend le rôle important des moralistes du dix-septième siècle avec leur technique du 'portrait' et du 'caractère', qui aura ses prolongements plus tard.

Il semble dès lors tout à fait illégitime de considérer la carrière du roman aux dix-septième et dix-huitième siècles sous l'angle décisif du 'réalisme', imaginé comme l'art du détail matériel et des conditions socio-politiques. Nous souscrivons volontiers à l'opinion de P. Brooks qui soutient, en polémiquant avec cette interprétation trop répandue, que privilégier à tout prix la tradition pré-balzacienne du réalisme mimétique 'externe', c'est fausser la perspective où se place la littérature du dix-huitième siècle, marquée largement par le 'réalisme' psychologique et moral de la mondanité.[70] La ligne qui mène de madame de La Fayette à Laclos n'est pas, contrairement à ce que suggère le livre classique de Ian Watt, une ligne marginale par rapport à la tradition principale du roman; tout simplement, pour ceux qui explorent en profondeur l'espace mondain, le seul espace où ils se meuvent, la 'transcription de la vie réelle'[71] a un autre sens que pour ceux qui font l'inventaire de surfaces pittoresques, plein de connotations historiques directes. Barthes précise qu''avant que la littérature se posât le problème du réalisme politique, la mondanité a été pour l'écrivain un moyen précieux d'observer la réalité sociale tout en restant écrivain'. En effet, la clôture permet 'de toucher au psychologique et aux mœurs sans passer par la politique' (p.227). Or, l'histoire littéraire est trop encline

---

[70] P. Brooks, *The Novel of worldliness*, chapitre 2: 'The proper study of mankind', surtout pp.88-93.

[71] I. Watt, *The Rise of the novel: studies in Defoe, Richardson and Fielding*, 3rd edition (Berkeley, Los Angeles 1962), p.30.

à enfermer dans un sociologisme anachronique et dans une problématique de classe une tradition et une convention qui requièrent une approche plus adéquate aux principes de leur fonctionnement.

Le parcours que nous avons effectué paraît un peu surprenant. Parti des hésitations de la notion de libertinage, tiraillée entre la licence d'esprit et la licence de mœurs, nous voilà arrivé à un domaine littéraire apparemment hostile à toute licence. Après avoir mentionné les revendications sexuelles du burlesque Sorel, nous avons abouti à la galanterie de l'univers épuré de madame de La Fayette.

Or, il s'agissait précisément de ce paradoxe. Une fois constatée l'insuffisance du concept traditionnel de littérature libertine, il était indispensable d'élaborer une convention à la fois plus précise et située ailleurs que certains lieux communs idéologiques et moraux ne l'indiquent. Nous avons donc, d'un côté, privilégié le thème de l'inconstance amoureuse, qui, avec les idées du plaisir, du mouvement universel et de la physiologie du sentiment, semble tellement important pour les écrivains du dix-huitième siècle. Mais tout de suite après, nous sommes tombé en plein territoire 'classique', opposé par définition à tout débordement, à tout mouvement libérateur, et nous y avons trouvé un deuxième thème, celui du masque, visible dans différents aspects de la 'mondanité'. C'est la combinaison – le heurt quelquefois – de ces deux éléments qui paraît distinctive pour le libertinage littéraire.

Tout un groupe de romanciers du dix-huitième siècle n'abordent pas l'inconstance du côté de l'animalité instinctive et grossière, mais la situent à l'intérieur du code mondain de la 'politesse' et de la 'galanterie', en témoignant à la fois de la persistance et de la détérioration de ce code. Dans ce courant, il n'y a de place ni pour les grivoiseries d'une *Religieuse sans chemise* ou le cynisme picaresque du *Compère Mathieu*, ni pour le matérialisme d'amour de la Mettrie, Diderot ou Sade. Le critère distinctif, c'est le destin de la problématique amoureuse au sein même des formes mondaines – denses et rigides – héritées en ligne droite de la littérature classique et précieuse. Marivaux, Crébillon, Laclos parmi les majeurs, Hamilton, Duclos, Vivant Denon parmi les *minores*, entrent certainement dans le cadre ainsi défini. Avant l'étude de Brooks, celle de Giovanni Macchia[72] remonte le chemin qui conduit à Crébillon et

---

[72] *Paradiso della ragione*, chapitres: 'La strada di madame de La Fayette', 'Il sorriso di Crébillon fils', 'Il sistema di Laclos'.

Laclos, et y rencontre madame de La Fayette, Molière et d'Urfé. Et L. Versini, nous l'avons dit au début, ne cherche aucune antécédence 'libertine' des *Liaisons dangereuses*. On comprend maintenant pourquoi (pp.206-207):

Par sa 'méthode' et ses 'principes' le séducteur du dix-huitième siècle est l'héritier des amants du siècle passé, qui avaient fait de l'amour une 'science'; la galanterie nouvelle, dégradation, dépravation de celle du dix-septième, en a seulement détourné les leçons. Le libertinage apparaît comme un avatar inattendu de l'honnêteté. Le séducteur se confond désormais le plus souvent avec l'honnête homme, et le roman de séduction est un des derniers refuges de la morale du grand siècle.

En ce sens, les écrivains cités sont surtout des moralistes qui analysent et critiquent cette mutation de l'idéal, accélérée, sinon provoquée, par le tournant de la Régence.

Mais ils sont moralistes aussi dans un sens plus profond. L'optique de la séduction n'est peut-être pas la seule qu'ils adoptent. En réfléchissant sur l'éthique de l'honnête homme, nous y avons décelé des contradictions fondamentales qui minent l'idéal à son origine. La mondanité classique s'avère *universellement* équivoque, parce que, par son jeu de masques, elle rend douteuse une stabilité morale quelconque, surtout dans le domaine sentimental. La structure dont héritent les romanciers du dix-huitième siècle est donc celle d'un compromis extrêmement fragile et tendu: entre les besoins authentiques de l'individu et la pression des formes sociales. La dialectique de l'inconstance et du masque illustre bien ce phénomène: déjà à l'œuvre dans la galanterie ancien style, elle devient à la fois la plus douloureuse et la plus subtile, lorsque l'inconstance est une norme et que la philosophie triomphe. La relativité de l'idéal préoccupe tous ces écrivains qui, voulant le préserver, ne peuvent, dans leur temps, faire abstraction ni des tendances naturalistes du siècle précédent, ni, surtout, de l'immoralisme actuel – théorique et pratique. Plus le décalage effectif entre l'individuel et le social s'affirme, plus les formes du jeu mondain deviennent complexes. De ce point de vue, il peut s'agir moins d'une critique morale que d'une interrogation sur la possibilité même de la morale, interrogation où les critères de classe ne sont pas toujours probants.

L'unité que constitue notre 'roman libertin' se découpe d'une manière assez inattendue. Le libertinage n'est plus un vague terrain de révolte, mais, pour ainsi dire, un champ de tension à équilibre provisoire, un système d'*inhibition* où doivent se rejoindre l'instinct amoureux et les conventions; une structure rigide, condensée et dépeuplée, qu'on voit être à la fois l'objet d'un refus (décadence, dépravation) et d'une recherche (comment capter la vraie honnêteté?). Vu sous cet angle, le roman libertin ne constitue pas un bloc plus ou moins spontané, issu de la crise de l'entre-deux-siècles, et plus spécialement de celle de la Régence, mais se ressent d'une tradition mixte et pleine de contradictions, en la repensant dans une nouvelle perspective.

Le mot 'libertin', si chargé de significations 'contestataires', convient-il ici? Il se peut, effectivement, puisqu'on laisse de côté les critères de licence et de 'philosophie', qu'un terme nouveau soit indispensable. Nous n'en proposons pas. Cependant, pour ne pas trop violer l'usage et pour nous faire mieux comprendre, nous ne renoncerons pas dans l'étude de l'œuvre de Crébillon au sens courant. Car cette étude se développera sur le double registre qu'on vient de montrer: il s'agira d'une réaction réparatrice contre la dépravation sociale, et c'est ce tableau que nous qualifierons de libertin, quitte à constater l'insuffisance de l'étiquette; il s'agira ensuite d'une recherche existentielle plus nuancée, autrement caractéristique du courant que nous avons distingué, mais à laquelle le terme ne sera pas appliqué de peur d'embrouiller les pistes. Pour savoir où l'on en est, nous ferons souvent appel aux deux thèmes de base: l'inconstance amoureuse et le masque social.

2

L'univers libertin de Crébillon

LE premier découpage dans le champ complexe ouvert par la tradition du libertinage et de la mondanité consiste à circonscrire le domaine du vice. Il faut se placer, du moins provisoirement, là où se place Crébillon, lorsqu'il projette sur son œuvre des intentions moralisatrices; il faut croire l'auteur sur sa parole, lorsqu'il s'extériorise dans ses préfaces (celle des *Egarements* et celle des *Lettres de la Duchesse*) et dans d'autres jugements – fort rares – sur ce qu'il écrit.[1] C'est dire qu'on va prendre pour premier point de repère la justification paradoxale que Crébillon, exilé pour avoir publié *Le Sopha*, envoie au lieutenant de police Feydeau de Marville: 'j'ai mieux aimé plaire moins que de ménager le vice, ou de ne le montrer que sous des formes séduisantes'.[2] Le mal n'est pas ménagé: on peut donc suivre la main qui le fustige. De ce point de vue, l'auteur du *Sopha, conte moral* et du *Hasard du coin du feu, dialogue moral* s'érige en peintre et critique des mœurs. Son roman fonctionne comme 'le tableau de la vie humaine' où l'on censure 'les vices et les ridicules' (*Eg*, p.9).

La toile de fond de la critique crébillonienne serait ainsi constituée par la grille du moralisme classique, avec ses cases intemporelles et son optique généralisante et globale. Toute la tradition est parcourue, de la leçon socratique au pessimisme grinçant de La Rochefoucauld. D'une part, à l'arrière plan des intrigues des *Lettres athéniennes*, Socrate ironise sur les défauts humains, détruit l'orgueil et la vanité, en faisant

---

[1] l'idée d'interpréter l'univers de Crébillon à la lumière d'objectifs explicitement définis par l'auteur est le point de départ et le fil conducteur de la thèse inédite de M. D. Ebel, 'Crébillon fils, moraliste' (Graduate College of the University of Iowa, 1973, pp.1-8).

[2] cette longue lettre de justification, écrite en mai 1742, fut publiée pour la première fois par H. Arthaud de La Ferrière dans le *Bulletin du bibliophile et du bibliothécaire* 33 (avril-juin 1867) pp.206-208. On la trouve ensuite parmi les documents recueillis par P. Bonnefon, *L'Exil de Crébillon fils* (pp.853-54) et dans l'édition de P. Lièvre (préface au vol.iii. IX-XII). Finalement, H.-G. Funke a reproduit le manuscrit original dans la précieuse annexe documentaire de sa thèse, *Crébillon fils als Moralist* (pp.325-26).

entrevoir des valeurs essentielles qui ne doivent rien aux circonstances.[3]
A la limite, une attitude stoïque se dessine, celle de Léosthène qui se
retranche dans sa terre d'exil en condamnant les 'faux biens' (*LAt*,
xiv.51), celle de Rutland aussi, dans *Les Heureux orphelins*, lorsqu'il
renonce au tumulte et aux plaisirs des cours.[4] D'autre part, l'étude de
l'humanité engendre un scepticisme critique qui dégage la relativité
de toute vertu. Dans *Ah, quel conte!*, le grand vizir du prince Schézaddin
'connaissait trop bien les hommes pour ignorer combien il entre de
faste dans ce qu'ils appellent leurs principes, et n'imaginait pas qu'il
y en eût à l'épreuve de la flatterie, des honneurs ou de l'intérêt' (*QCo*,
vi.244). On croit reconnaître l'amertume des moralistes du dix-septième
siècle. L'amour-propre et l'intérêt règlent la conduite et minent toute
valeur positive. Les résumés critiques, échos de La Rochefoucauld et
de La Bruyère, prennent souvent la forme du portrait, et surtout celle
de la maxime.[5] Telles la revue impitoyable des 'caractères' peints par
Amanzéi dans *Le Sopha*, ou la galerie des portraits négatifs d'une
douzaine de femmes, présentée par Alcibiade à Philogène pour dévoiler
les mécanismes généraux de la nature féminine (*LAt*, lettre 110). Telle
la réflexion de Chester que 'la vanité, l'intérêt et le préjugé règlent
seuls le prix des choses' (*HOr*, viii.45), où perce le ton de l'auteur des
Maximes.[6]

Cependant, tout lecteur le voit, il n'y a pas chez Crébillon de tableau
universel des vices. Celui-ci ne fait qu'éclairer de loin la réalité décrite,
en profilant vaguement la tension élémentaire entre le bien et le mal.
Pour rendre l'approche plus concrète, le moraliste met en jeu, en y

---

[3] lettres 16, 27, 49, 55, 66. La lettre 66 est un véritable dialogue socratique qui démontre
la nullité des ambitions d'Alcibiade.

[4] parmi les commentateurs, mme M. D. Ebel est la seule à mettre en relief la formation
classique de Crébillon et ses liens avec les écrivains – philosophes, historiens et poètes –
de l'Antiquité (voir surtout l'analyse des *Lettres athéniennes*, pp.211-301).

[5] des rapprochements passagers avec les moralistes classiques apparaissent souvent chez
les critiques: C. Cherpack, *Essay*, p.34; L. Versini, *Laclos et la tradition*, p.466; H.-G.
Funke, *Crébillon fils als Moralist*, pp.282-83. La seule étude plus développée de cette
filiation est celle de M. Kruse, *Die Maxime in der französischen Literatur: Studien zum
Werk La Rochefoucaulds und seiner Nachfolger* (Hamburg 1960). Voir surtout chapitre 9:
'Conte moral, Porträt und Maxime. Crébillon der Jüngere als Nachfolger La Rochefoucaulds und La Bruyères' (pp.160-89).

[6] quelques exemples: 'l'amour et la vanité pourraient bien être nés avant la vertu'
(*HOr*, viii.21); 'les hommes, toujours vains [. . .] n'ont fait des vertus de la tempérance
et de la frugalité que pour satisfaire plus décemment leur avarice, ou pour en masquer
mieux leur misère' (*LAT*, xii.24-25).

insistant beaucoup, le facteur dynamique, à la fois temporel et social, de la corruption.

Temporel d'abord, parce que les mœurs n'apparaissent ici qu'en fonction d'un changement et d'une détérioration. C'est le moment de différence qui est accentué, qu'il s'agisse d'un monde féerique éloigné de quelques milliers d'années (Moslem évoque dans *Ah, quel conte!* les grâces et les vertus des habitants du royaume d'Isma, tellement opposées aux mœurs actuelles), de la société d'Athènes du cinquième siècle av. J.-C. (dans les *Lettres athéniennes*, les dérèglements des contemporains d'Alcibiade contrastent avec les solides principes de leurs pères), ou des temps les plus proches où tout le monde est conscient d'une transformation subite: 'J'ai peine à croire qu'en quarante ou cinquante ans il se soit pu faire dans notre façon de penser et dans nos usages une si prodigieuse révolution' (*LDu*, x.46). Parfois la différence temporelle est en même temps une opposition géographique: c'est le contraste, qui apparaît si souvent dans *Les Heureux orphelins*, entre l'Angleterre des vertus anciennes et la France corrompue. Et Chester se flatte 'de voir *un jour* régner dans Londres, comme à Paris, la galanterie, l'inconstance, la perfidie, le manège, l'impertinence et les mauvais procédés' (*HOr*, viii.129; c'est nous qui soulignons).

Le plus souvent, le temps travaille à l'avantage du passé qui fonctionne comme un repoussoir. Mais il arrive aussi qu'un aujourd'hui apparemment honnête juge avec répugnance les mœurs d'hier; c'est le cas de la fameuse exposition des *Egarements*, qui présente la corruption du temps de la jeunesse de Meilcour comme une période définitivement révolue: 'Les mœurs ont depuis ce temps-là si prodigieusement changé, que je ne serais pas surpris qu'on traitât de fable aujourd'hui ce que je viens de dire sur cet article' (*Eg*, p.16). L'essentiel, c'est donc de localiser l'altération morale en prenant distance, en se situant en deçà ou en delà de la faille. On dégage ainsi et on cerne le moment dangereux; on peut l'indiquer en toute lucidité – sur un ton d'accusation, de nostalgie ou d'ironie: 'c'est, pour avoir des mœurs, un plaisant siècle que celui ci' (*LAt*, xii.153).[7]

Facteur social, la corruption l'est dans la mesure où elle se réalise dans un milieu et un espace humains déterminés. Le milieu, exclusivement aristocratique, est celui de la 'bonne compagnie' ou du 'monde'.

---

[7] voici la présentation de Mme de Mongennes: 'ses vices lui tenaient lieu d'agréments *dans un siècle* où, pour être de mode, une femme ne pouvait trop marquer jusqu'où elle portait l'extravagance et le dérèglement' (*Eg*, p.127; c'est nous qui soulignons).

S'inscrivant étroitement dans la tradition de la mondanité, Crébillon décrit la vie d'une élite, définie par le double critère de la naissance et de l'appartenance à la 'cour'.

Il n'y a pas de romancier, au dix-huitième siècle, qui élimine plus rigoureusement la roture.[8] De rares exceptions – quelques robins des *Lettres de la marquise* (lettres 32, 48) et des *Lettres de la duchesse* (lettre 23), quelques bonnes bourgeoises des *Heureux orphelins* (la Pikring, la Hépenny) – confirment la règle.[9] Même dans la démocratie athénienne, tout se joue autour des cercles aristocratiques d'Alcibiade et de Périclès: le triomphe politique de Cléon est un scandale, parce qu'il s'agit d'un homme sans naissance (*LAt*, lettres 95, 103, 105).

D'autre part, le 'monde' est déterminé par l'instance de la 'cour'. Elle peut être présente, comme milieu principal de l'action: la cour de Tanzaï à Chéchian, celles de Concombre (l'île des Cousins), de Barbacela (l'île Babiole) et de Jonquille, dans *L'Ecumoire*, les cours de Schézaddin, du Roi Autruche et de la Reine Grue dans *Ah, quel conte!*, celle de la reine d'Angleterre dans *Les Heureux orphelins*. Elle peut être un cadre éloigné, mais néanmoins réintégrant les personnages dans un ordre supérieur: le mari de la Marquise de M*** est nommé ambassadeur (*LMa*, lettre 65), le Duc de Clerval revient de Versailles après avoir obtenu sa promotion et parlé au roi (*Ha*, scène 2), Mazulhim est retenu auprès de l'empereur par des affaires importantes (*So*, chapitre 19), la Duchesse de *** est une amie intime du Ministre (*LDu*, lettres 42, 43).

Il est difficile d'admettre, comme le suggère H.-G. Funke, que la crise de la vieille cour louisquatorzienne et le déplacement de la noblesse vers la 'ville' se reproduisent directement chez Crébillon, dans la peinture fidèle du nouveau milieu (pp.180-81). Car la cour ne fonctionne pas ici comme une catégorie strictement historique, avec tous ses engrenages socio-politiques complexes, mais comme une entité implicite qui donne statut au 'monde'. Ancienne ou nouvelle, centralisée

---

[8] sur ce point, la comparaison avec Duclos, pourtant situé dans la même veine que Crébillon, est instructive. Le très aristocratique Comte de *** de Duclos, tout en se corrompant dans le 'monde', parcourt volontiers d'autres couches sociales, sans négliger ni la finance (Mme Ponchard), ni le commerce (Mme Pichon). Une telle étude, impensable chez Crébillon, est fondée sur un projet conscient: 'Je résolus [...] de faire assez de maîtresses pour en avoir dans tous les états [...] Il fallut alors me plier à des mœurs nouvelles, et qui m'étaient absolument étrangères' (Duclos, *Les Confessions du Comte de ***, in: *Romanciers du XVIIIe siècle*, ii.231).

[9] les courtisanes des *Lettres athéniennes* sont un cas à part: elles se placent légitimement dans l'ordre du 'monde' et deviennent parfois des partenaires authentiques (Némée).

ou éparpillée, elle sera toujours, même invisible, un centre de gravitation – le seul garant du sens, ou du non-sens, des occupations aristocratiques. Sur ce plan, la 'ville' et la 'cour' ne sont pas en conflit, parce que celle-là, et avec elle le 'monde', n'est qu'un avatar de celle-ci.

Imaginé ainsi, l'univers de la 'bonne compagnie' est un univers clos. Dans le chapitre précédent, nous avons relevé l'importance de la clôture mondaine. Chez Crébillon, elle devient particulièrement intense, soulignée par l'espace rigoureusement limité des lieux parmi lesquels dominent, bien entendu, salons, boudoirs et chambres à coucher. L'idéal, c'est de ne pas sortir, de garder l'unité de lieu absolue, comme dans *Le Sylphe*, dans *La Nuit et le moment* et dans *Le Hasard du coin du feu* L'emprisonnement de l'âme d'Amanzéi dans un sopha a quelque chose de symbolique: elle ne peut percevoir que ce qui est à proximité; même en se déplaçant, elle se trouve constamment enfermée, et voit toujours 'la même chose'. Parfois le cadre s'élargit: on assiste à une promenade dans un parc (celle, par exemple, dans *Les Heureux orphelins*, de Chester et de la duchesse de Suffolk, après leur première rencontre), on surprend les tentatives amoureuses au fond d'un 'bosquet' (*TaN*, pp.242-48; *QCo*, chapitre 28; *LAt*, lettre 73). Mais cette réalité 'extérieure', contiguë au palais, n'en est que le prolongement. La nature, soigneusement ordonnée, fait partie du salon, tout comme ses meubles et ses bibelots.[10] Même au milieu d'une forêt sauvage, il est préférable qu'une salle de verdure se transforme en une somptueuse salle de bal (*QCo*, chapitre 14).

Champ enfermé, l'espace mondain l'est en quelque sorte doublement, parce qu'il enlève toute autonomie, toute épaisseur, aux objets qui le remplissent. Le mince contenu matériel (le corps humain compris) ne

---

[10] la description des jardins de Jonquille est caractéristique: 'Du palais on entrait dans des jardins charmants; tout ce que l'art a pu imaginer de plus correct, et de plus brillant, était joint dans ces lieux aux beautés les plus simples de la nature. On voyait, d'un côté, des grottes rustiques, et des ruisseaux dont le murmure invitait au plus doux repos, ou aux plus tendres plaisirs. De l'autre, c'étaient des cascades à perte de vue, des cabinets superbes, des statues d'un grand prix. Là, on s'égarait dans les routes tortueuses et inégales d'un bois que son irrégularité ne rendait que plus agréable. Ici, des allées d'une hauteur surprenante, et compassées avec soin, offraient une promenade plus aisée, mais moins voluptueuse. Les parterres ravissaient par la variété et la beauté des fleurs dont ils étaient ornés' (*TaN*, p.230). On trouve un autre exemple dans l'invitation à une partie de campagne 'pastorale', que la Marquise de M*** adresse à son correspondant (*LMa*, lettre 51). Rappelons ici *Point de lendemain* de Vivant Denon, où la nature, entièrement artificielle, fait partie de la 'machinerie' de la chambre: inutile, désormais, de quitter la pièce. Nous développerons plus loin, et d'un autre point de vue, le problème de la nature artificieuse (chapitre 4, pp.154-57).

constitue pas une réalité en soi, une échappatoire, pas même un témoign-age.[11] Comme le remarque Ph. Berthier à propos des *Egarements*, le désintérêt de Crébillon pour les conditions pratiques ne relève pas seulement d'une convention esthétique ou du mépris du moraliste à l'égard de la réalité 'objective': 'il s'agit de montrer que la vérité de cette société n'est pas dans un contact vivant autour des choses'.[12] Les choses ne sont qu'un support conventionnel et presque transparent des relations humaines[13] dont le réseau organise, à lui seul, l'univers décrit.

Cet univers est donc, d'un côté, vide et désincarné, et de l'autre, saturé d'un système de rapports, de comportements, de gestes et surtout de paroles. A l'intérieur d'une clôture, il se crée ainsi une structure close elle aussi, puisque fondée sur un mouvement en circuit fermé. Ce n'est que dans le cadre de ce circuit que les parois cessent d'être étanches: tout peut être vu et su par le 'public'. Mais le 'public' n'implique nullement une ouverture quelconque, car il s'agit toujours d'un même réseau de renvois et de reflets, où chacun, en même temps, est acteur et spectateur.[14] C'est le microcosme de *La Princesse de Clèves*, mais beaucoup plus menaçant.

Ainsi, même quand on quitte, par moments, son salon et son parc, on ne se trouve pas 'à l'extérieur', parce que l'extérieur n'existe pas. L'opéra ou la comédie, exemple privilégié (*Eg*, pp.33-35; *TaN*, pp.237-41; *QCo*, chapitre 12; *HOr*, lettre 8), est un salon gigantesque où le 'monde' devenu (même littéralement) 'public', retrouve et confirme ses corrélations. Livré, dans sa loge, aux regards de tous, un nouveau venu est vite repéré, comme Hortense de Théville: 'je crus, à la surprise

[11] c'est probablement une des raisons pour lesquelles Crébillon est complètement oublié dans la thèse classique de F. Ch. Green (*La Peinture des mœurs de la bonne société dans le roman français de 1715 à 1761*, Paris 1924), bien que le titre de l'ouvrage et la définition du roman de mœurs qu'on y trouve ('un roman qui consacre une grande partie de ses pages à des tableaux de la manière de vivre, d'agir et de penser qui est particulière à certaines catégories de la société', p.2), semblent s'accorder parfaitement avec le caractère du monde crébillonien.

[12] Ph. Berthier, 'Le souper impossible', in: *Les Paradoxes du romancier*, p.76.

[13] 'l'objet semble n'intervenir chez Crébillon que lorsqu'il a un rôle médiateur à jouer dans la communication entre les personnages' (H. Lafon, 'Les décors et les choses dans les romans de Crébillon', *Poétique* 16 (1973), p.457).

[14] voir à ce sujet les observations de P. Brooks, *The Novel of worldliness* chapitre 1 (surtout pp.18-19). Sur le 'public', voir H.-G. Funke, *Crébillon fils als Moralist*, pp.186-89. Sur les contacts comme reflets de miroir, cf. l'article de P. M. Fein, 'Crébillon fils, mirror of his society', *Studies on Voltaire* 88 (1972), pp.485-91.

des spectateurs, qu'elle ne paraissait en public que de ce jour-là'.[15] Ailleurs, l'opéra est remplacé par un autre lieu réservé aux rencontres mondaines: qu'on se rappelle la scène des *Egarements*, où la Senanges et la Mongennes 'promènent' Meilcour dans les Tuileries sous les regards attentifs du public.[16]

C'est dans un tel cadre social, et uniquement dans ce cadre, défini par le critère de la naissance, par l'instance de la 'cour', ainsi que par la clôture physique et psychologique, qu'intervient la corruption. Ou, plus exactement, le milieu en question est irrémédiablement corrupteur pour quinconque y entre: 'C'est une erreur de croire que l'on puisse conserver dans le monde cette innocence de mœurs que l'on a communément quand on y entre, et que l'on y puisse être toujours vertueux et toujours naturel [. . .] Le cœur et l'esprit sont forcés de s'y gâter' (*Eg*, p.151). On note d'abord l'idée d'un changement radical qui, cette fois, n'est pas d'ordre temporel, mais relève du contact avec une réalité humaine spécifiquement organisée.[17] Et ce contact, ensuite, est maléfique. La fameuse 'entrée dans le monde', si importante pour les héros de Crébillon, consiste à franchir un cercle infernal où toutes les valeurs s'anéantissent.

En somme, le mal se concrétise comme la double décadence d'un 'siècle' et d'un groupe. Dès lors, il semble légitime, du moins à titre d'hypothèse, de voir en Crébillon le témoin et le critique du tournant moral de la Régence et le juge sévère de la société aristocratique de son temps;[18] inutile d'ajouter que, de ce point de vue, le costume oriental,

---

[15] *Eg*, p.33. On songe à la lettre 28 des *Lettres persanes*, où Rica, décrivant le théâtre, croit que c'est dans les loges que la comédie est jouée.

[16] 'le jardin était rempli de monde. Madame de Senanges, qui ne m'y menait que pour me montrer, en fut charmée, et résolut de se comporter si bien, qu'on ne pût pas douter que je ne lui appartinsse' (*Eg*, p.127).

'Nous ne nous étions pas plus tôt montrés dans la grande allée, que tous les regards s'étaient réunis sur nous. Les deux Dames avec qui je me promenais n'étaient pas assurément un objet nouveau pour le public; mais j'en devenais un digne de son attention et de sa curiosité' (*Eg*, p.129).

[17] 'Le *monde* tend de plus en plus à devenir un concept séparé; il désigne un milieu homogène, spécifique, où l'homme, si on l'y plonge revêt comme une autre nature' (R. Mauzi, *L'Idée du bonheur dans la littérature et la pensée françaises au XVIIIe siècle* (Paris 1960), p.89).

[18] la-dessus, H.-G. Funke, dans sa conclusion, emploie des formules décidées: 'Die Contes und Romane Crébillons enthalten ein sittenkritisches Bild der "guten Gesellschaft", das die Absicht ihres Autors erkennen läßt, Laster und Torheiten des sozialen Verhaltens der "gens du monde" aufzuzeigen und durch Preisgabe an die Lächerlichkeit in Frage zu stellen [. . .] Die Interpretation seines Werkes erschließt das negative Urteil

féerique ou antique, que l'on voit dans plusieurs romans, ne saurait dépayser personne: il s'agit toujours du même monde parisien des années 20-30.[19] Il serait peut-être plus difficile de saisir exactement la position sociale d'où part le regard critique. La crise amèrement présentée dessine-t-elle en creux, comme le veulent les uns, le paradis perdu de la noblesse, l'idéal guerrier et chevaleresque qui se prostitue?[20] Ou au contraire, s'agit-il, comme prétendent les autres, de l'optique destructrice d'un représentant de la classe montante?[21] Cette question, qu'il convient de signaler ici, devra être reprise plus loin sous un jour différent.[22]

L'esquisse qu'on vient de faire est à notre avis indispensable comme fond d'une analyse du libertinage crébillonien. Car il est abusif, ici, d'aborder la critique de la dépravation amoureuse sans l'incorporer dans une perspective plus large. Les racines du libertinage plongent dans la décadence d'un milieu clos, dans la transformation générale d'une époque, enfin dans le mécanisme universel des défauts humains. Le domaine du vice est ici un système concentrique dont le noyau privilégié, constitué par les rapports amoureux, est enveloppé et éclairé par les couches extérieures qui situent la dégénérescence sur un plan supérieur où Eros peut être absent – psychologique, sociologique, voire économique: 'depuis que le luxe règne seul dans la république, le mérite et la vertu y ont perdu de leur réputation' (*LAt*, xiv.249). En ce sens, le

Crébillons über die führende Gesellschaftsschicht seiner Zeit' (*Crébillon fils als Moralist* p.302).

[19] presque tous les romans 'contemporains' de Crébillon furent pratiquement composés avant 1740 (cf. ci-dessous, p.113 note 59). La seule exception: les *Lettres de la duchesse* où pourtant l'auteur eut soin de préciser, dans la préface, que l'action se passe dans les années 1728-1730.

[20] voir les études de P. Rétat, 'Ethique et idéologie dans *Les Egarements*' et de H. Duranton 'Le libertin selon Crébillon, ou les égarements du Chevalier inexistant', in: *Les Paradoxes du romancier*. Cf. aussi l'article de M.-H. Huet, 'Roman libertin et réaction aristocratique', *Dix-huitième siècle* 6 (1974), pp.129-42.

[21] H.-G. Funke est proche de cette opinion (*Crébillon fils als Moralist*, p.297). Mais l'argumentation de E. Sturm n'est pas convaincante: il accentue l'appartenance et l'intention sociales de Crébillon, en rappelant quelques figures bourgeoises qui apparaissent dans ses romans (voir son édition critique de *L'Ecumoire* (Paris 1976), p.316, note 120, p.330, note 190). Sans parler du caractère exceptionnel de cet intérêt porté au Tiers Etat, il faut remarquer que dans les exemples cités (surtout *LMa*, lettres 32, 48), les robins sont présentés sur un ton ironique.

[22] voir ci-dessous, chapitres 5 et 6 pp.198-206, 210-12.

libertinage proprement dit n'est qu'un reflet de tout un contexte de dépravation, ou, si l'on veut, tout écart d'une norme peut être considéré sous l'angle 'libertin'.

D'autre part, nous l'avons montré, ce contexte enveloppant est un système d'exclusion et de purification: il n'a jamais d'épaisseur, il n'est jamais un riche réseau de 'conditions' et d'"influences'; passant, à l'arrière-plan, d'une conception sceptique de la nature humaine à la corruption générale d'un corps social rigoureusement enfermé, il ne fait que délimiter et stériliser un champ d'investigation choisi, celui des relations amoureuses. Car c'est cette décadence particulière qui, d'emblée, intéresse Crébillon: 'Ce qu'alors les deux sexes nommaient amour, était une sorte de commerce où l'on s'engageait, souvent même sans goût, où la commodité était toujours préférée à la sympathie, l'intérêt au plaisir, et le vice au sentiment' (*Eg*, p.15).

Les raisons d'un tel choix thématique peuvent être multiples. Dans le cadre de ce chapitre,[23] nous retiendrons la plus évidente, reprise souvent par les commentateurs: le transfert de tous les idéaux, chevaleresques et politiques, de la noblesse sur le plan étroit de l'amour mondain.[24] Celui-ci, dans sa version à la fois raffinée et abâtardie, devient le seul substitut du pouvoir et la seule occupation des cercles aristocratiques qui, repliés sur eux-mêmes, inventent et compliquent les gestes futiles du jeu érotique. Le libertinage naît du 'loisir dangereux' (*Eg*, p.13) de la noblesse et devient l'élément essentiel de son 'oisiveté occupée' (*Sy*, i.7).

Il est donc temps, après avoir parcouru ses périphéries, d'examiner en détail ce domaine central de la critique crébillonienne. Et d'entrée de jeu, on constate l'impossibilité de saisir là un tout homogène, même dans la perspective des intentions moralisatrices de l'auteur, acceptée comme parti pris provisoire.

D'abord, la confusion 'terminologique' signalée dans le chapitre précédent se confirme et s'aggrave chez Crébillon. Les termes 'libertinage' et 'libertin' sont relativement rares et semblent connoter surtout la poursuite peu offensive du plaisir, le penchant à satisfaire son désir. Clitandre commente son aventure avec Araminte: 'Nous sommes libertins: je n'avais rien dans le cœur pour me défendre d'elle. Elle

---

[23] nous reviendrons à ce problème dans le chapitre 5.

[24] voir, par exemple, les études citées de P. Rétat et de H. Duranton, ainsi que les observations (peut-être un peu sommaires) de E. Sturm dans *Crébillon fils et le libertinage*, pp.49-51.

ne me toucha point, mais elle me tenta' (*NuM*, p.209). Pour la Marquise du *Hasard du coin du feu*, ce n'est pas cela qui est dangereux dans les hommes et dans Clerval en particulier: 'le goût du plaisir ne s'use en eux que par le plaisir même. [...] il n'est que libertin' (*Ha*, p.284). Mais ailleurs, au contraire, le mot exprime vaguement un comportement plus sophistiqué, opposé à l'impératif des sens, comme dans cette scène entre Abdalathif et Amine: 'il prit avec elle toutes les libertés qu'il voulut, mais comme il avait plus de libertinage que de désirs, elles ne furent pas excessives' (*So*, p.60). D'une manière moins définie encore, il peut se rattacher à l'aspect physique du personnage (l'air 'libertin' de la fée dans la romance de Taciturne – *QCo*, vi.252), ou, surtout, caractériser son esprit. Dans le second cas, 'l'esprit libertin' (*Eg*, p.136), ou 'le libertinage de [l']imagination' (*LMa*, p.151), désigne en général le dérèglement vicieux de la pensée. Mais 'le séduisant libertinage' de l'esprit d'Alcibiade, que vante Léosthène (*LAt*, xiv.94), signifie de toute évidence une 'légèreté d'esprit', et connote plutôt les agréments d'une conversation brillante que des goûts pervers.[25]

D'autre part, suivant la nomenclature du siècle, la licence et la débauche, l'amour fondé sur le désir, sont souvent qualifiés de 'philosophie'. En ce sens, le terme équivaut au 'libertinage' dans l'acception étroite du mot. La Duchesse de *** s'entend bien, quand elle reproche au Duc de *** son goût pour 'les femmes qu'aujourd'hui l'on n'appelle plus que *philosophes*' (*LDu*, x.92; italiques dans le texte). Un échantillon typique des femmes philosophes, et présenté comme tel, c'est Mme de Senanges des *Egarements*, débauchée, ne sachant jamais se contenir (*Eg*, p.87). Et Nassès, parlant des 'amusements passagers' de Zulica, généralise: 'Sorte de philosophie qui [...] n'a pas laissé de faire quelque progrès dans ce siècle-ci' (*So*, p.265). Mais parfois le sens indique moins un comportement qu'un ensemble de convictions cyniques et un scepticisme indifférent, qui servent de règle de conduite. Le génie Jonquille, rejetant les scrupules sentimentaux de Néadarné, constate qu'il est 'devenu philosophe là-dessus' (*TaN*, p.226). Le terme peut être doublé de celui de libertinage: 'Je pardonne généreusement à mon ingrat [le mari] son libertinage [...] Je le con-

---

[25] sur ce point, les classifications de L. Versini paraissent trop rigides. Il interprète uniformément, chez Crébillon aussi, le 'libertinage d'imagination' ou 'd'esprit' comme 'une puissance d'invention pervertie', réservée aux calculations et aux méchancetés des libertins conscients (*Laclos et la tradition*, pp.465-67). Cependant, dans l'œuvre de Crébillon, le sens du terme est à la fois moins conséquent et moins fort.

nais, il est philosophe, rien ne l'inquiète' (*LMa*, p.46).[26]

Enfin, l'amour comme satisfaction de la vanité, comme domaine du mensonge et de la perfidie, comme stratégie froidement calculée, est le fait des 'petits-maîtres' et des 'fats'. La fatuité peut s'associer au libertinage, quoiqu'elle semble s'en distinguer. La Duchesse de *** écrit sur son petit cousin: 'Dieu veuille que quelque dame sans principes [...] ne nous en aille pas faire un fat et un libertin' (*LDu*, xi.109). Il est à remarquer que la catégorie du fat ou du petit-maître (les deux termes sont souvent interchangeables) se colore quelquefois chez Crébillon de plus de noirceur qu'elle n'en a dans l'usage courant qui met en relief des éléments tels que la fausse renommée de séducteur, la sotte suffisance et le jargon intolérable.[27] Versac, qui 'trompait et déchirait' toutes les femmes, est présenté comme 'le plus audacieux petit-maître qu'on eût jamais vu' (*Eg*, p.72). Et Chester, énumérant différentes occupations dont parlent ses 'mémoires d'un fat', y distingue aussi 'un amas de méprisables ruses et d'atroces perfidies' (*HOr*, viii.44). Tout en gardant leurs ridicules familiers, les 'agréables', les 'fats' et les 'petits-maîtres' sont capables de devenir des 'scélérats méthodiques'.[28]

Déjà cette diversité et ces inconséquences du vocabulaire montrent clairement que la corruption sentimentale n'est pas un objet uni et à contours nets. Tour à tour débauche souriante et perfidie préméditée, sensualité et raffinement intellectuel, cynisme ouvert et dissimulation, théorie élitiste et pratique sociale, elle présente un ensemble hétérogène où plusieurs niveaux s'enchevêtrent.

Or, la plupart des commentateurs paraissent simplifier le problème, quand ils privilégient une tendance au détriment des autres. Souvent les rapports amoureux sont mis dans la case de la 'séduction'. C'est le cas de H.-G. Funke (pp.217-21) et de L. Versini: ce dernier, en étudiant dans sa thèse magistrale tout ce que les 'fauves' des *Liaisons dangereuses* doivent à l'école de Crébillon, emploie même l'étiquette 'roman de

---

[26] l'ambiguïté du vocabulaire est ici d'autant plus sensible que Crébillon emploie souvent le terme de philosophe dans un sens positif, diamétralement opposé au libertinage (voir ci-dessous, chapitres 3 et 4, pp.119-20, 143-44).

[27] qu'on songe, par exemple, au *Petit-maître corrigé* de Marivaux, où ces défauts rendent Rosimond ridicule, mais jamais dangereux. Cet emploi courant se rencontre aussi chez Crébillon. La Duchesse de *** parle avec dédain des 'petits-maîtres, gorgés de bonnes fortunes, et qui ne peuvent pourtant encore se vanter que de Mesdames *** et de quelques filles d'Opéra' (*LDu*, xi.7).

[28] cf. L. Versini, *Laclos et la tradition*, surtout pp.40-42, 118-25. Voir aussi les conclusions du présent chapitre.

séduction' (p.184). Ph. Stewart, polémiquant avec Versini, refuse le thème de la séduction et constate que dans l'univers dominé à la fois par la poursuite du plaisir et le faux langage il n'y a ni séducteurs, ni séduits: tout le monde jouit sous le masque des paroles prescrites et convenues (Le Masque et la parole, p.33). Dans l'optique de E. Sturm, il s'agirait d'une doctrine révolutionnaire du plaisir, formulée et pratiquée par les plus 'libertins' des protagonistes, et de son échec: les différences d'attitudes s'expliqueraient par l'évolution historique qui fait dégénérer le libertinage hédoniste souriant (le Sylphe, Clitandre) en une stratégie cérébrale et cruelle (Chester, Alcibiade).[29] Plus diversifiée, mais en revanche moins systématique et dépourvue de conclusion, est l'approche de C. Cherpack qui, sans parti pris préalable, se contente d'accumuler les exemples, souvent contradictoires, de différents 'chemins de l'amour' (*An essay*, pp.15-33).

Nous allons essayer de voir le noyau de la peinture crébillonienne comme une sphère à plusieurs entrées. Là aussi, il faudra ôter des couches, établir une hiérarchie de plans, dessiner de grosses lignes d'abord, et ensuite les nuancer.

Les premiers contours sont fixés par la conception élargie du libertinage, que nous avons déjà introduite en associant les deux éléments génériques: la loi de l'inconstance et le masque du jeu social. Dans un sens si général, le terme couvrirait globalement toutes les fonctions qu'il a chez Crébillon et absorberait celles des mots 'philosophe', 'petit-maître' et 'fat', en se matérialisant de diverses manières et en parcourant différents niveaux.

Les deux principes complémentaires se dégagent, sous forme succincte, de la célèbre tirade de Clitandre, citée obligatoirement par tous les critiques, et qui peut constituer notre schéma de départ (*NuM*, p.200):

On se plaît, on se prend. S'ennuie-t-on l'un avec l'autre? On se quitte avec tout aussi peu de cérémonie que l'on s'est pris [. . .] Il est vrai que l'amour n'est entré pour rien dans tout cela; mais l'amour, qu'était-il qu'un désir que l'on se plaisait à s'exagérer, un mouvement des sens, dont il avait plû à la vanité des hommes de faire une vertu? On sait aujourd'hui que le goût seul existe; et si l'on se dit encore qu'on s'aime, c'est bien moins parce qu'on le croit, que parce que c'est une façon plus polie de se demander réciproquement ce dont on sent qu'on a besoin. [. . .] il y a bien de la sagesse à sacrifier à tant

---

[29] *Crébillon fils*, pp.77-88, 107-13. L. Versini signale aussi cette évolution des héros de Crébillon (*Laclos et la tradition*, p.121).

de plaisirs quelques vieux préjugés qui rapportent assez peu d'estime et beaucoup d'ennui à ceux qui en font la règle de leur conduite.

Fondée sur un 'mouvement des sens', sur le 'désir', sur le 'goût' – mots qui reviennent sans cesse sous la plume de Crébillon – l'inconstance devient une règle générale. Tous ces romans peuvent être interprétés comme panorama d'inconstants. La vie de Versac, de Mazulhim, de Chester, d'Alcibiade – mais aussi celle de Mme de Senanges, de Zulica, de la fée Tout-ou-rien, de la Reine Grue – n'est qu'une suite d'engagements et de ruptures. Les interlocuteurs de *La Nuit* et du *Hasard* énumèrent leurs aventures passées avant d'ajouter au compte leur propre liaison. Le Sylphe est un esprit de l'inconstance, voyageant d'alcôve en alcôve et faisant l'essai de toutes les catégories des femmes. C'est l'occupation principale de toute la bonne société: à la cour de Chéchian l'unique affaire des femmes 'était d'exciter les désirs et de les satisfaire' (*TaN*, p.109), et à Paris 'les infidélités courent [...] prodigieusement, c'est comme une maladie épidémique' (*LMa*, p.213). C'est aussi, en retour, un important sujet de conversation; le Duc de Clerval, revenu de Versailles, raconte 'ce qui est arrivé en inconstance' (*Ha*, p.291), tout comme Versac à son arrivée chez Mme de Meilcour (*Eg*, pp.73-74).

Le mouvement 'on se plaît – on se prend – on se quitte' se fait selon un rythme de plus en plus rapide. On se rappelle l'amère image des *Egarements*, où les contacts amoureux deviennent des 'cas pressés': 'La première vue décidait d'une affaire, mais en même temps, il était rare que le lendemain la vît subsister; encore, en se quittant avec cette promptitude, ne prévenait-on pas toujours le dégoût' (*Eg*, p.15). Alcibiade y fait écho dans les portraits cyniques des femmes qu'il a connues. Sur Pholoé: 'C'est le plus ordinairement l'affaire d'un souper. L'on n'y répond pas du lendemain' (*LAt*, xiv.100). Sur Thargélie: 'On peut s'arranger avec elle en moins d'un jour et y tenir une semaine' (*LAt*, xiv.100). Puisqu'il est rare, de par leur définition ('le goût seul existe') que les commerces amoureux engagent pour longtemps, dans le cadre clos de la bonne companie on ne fait que multiplier les combinaisons qui relient les mêmes participants, si bien que personne ne peut rester en dehors du manège. La chouette de l'île des Cousins prévient Tanzaï: 'vous aimez les conquêtes neuves; je vous conseille cependant de n'être pas si délicat dans le monde, vous courriez risque d'y demeurer oisif' (*TaN*, p.150).

L'inconstance doit bafouer la constance, l'amour-goût[30] se rit de l'amour-passion, du sentiment, de la vertu: ce sont là, nous disait Clitandre, de 'vieux préjugés' inutiles. Un autre mot clé dont la société dissolue se sert volontiers. 'Préjugés', les naïvetés du jeune novice qu'est Meilcour (*Eg*, p.151); 'préjugés', la décence et la vertu des Anglaises (*HOr*, viii.7). Célie résume cyniquement: 'se rendre promptement; se rendre tard; estimée à cause de l'un, méprisée par rapport à l'autre; tout cela, dans le fond, pure affaire de préjugé' (*Ha*, p.281). Les valeurs traditionnelles sont supprimées. Versac: 'de l'amour, il n'y en a plus' (*Eg*, p.78); Nassès; 'de passions [. . .], on n'en voit guère' (*So*, p.212). Alcibiade s'écrie dédaigneusement: '*l'amour*! . . . quelle misère! . . . *l'estime*! . . . quelle absurdité!' (*LAt*, xiii.131; italiques dans le texte). Dès lors, ceux qui ne s'adaptent pas à l'univers de l'inconstance, les hommes 'à sentiment' (*LAt*, xiv.99; *QCo*, v.64), ont du même coup l'âme triste et l'esprit pédant, et leurs mœurs sont taxées de 'gothiques' (*LDu*, xi.131; *Ha*, p.331). Un libertin ne peut pas permettre qu'on lui donne 'le ridicule d'aimer' (*LAt*, xiv.230).

D'un autre côté, la tirade de Clitandre fait entrevoir le second principe du libertinage: le masque mondain ('si l'on se dit encore qu'on s'aime, c'est bien moins parce qu'on le croit, que parce que c'est une façon plus polie'). Le désir et l'inconstance se présentent sous le voile de formes conventionnelles, surtout celles du langage. Les serments d'amour sont fréquents, mais ils ne valent que comme 'un propos galant qui n'a que force de madrigal' (*Eg*, p.78), ou comme 'de simples formules de politesse' (*LAt*, xiii.104). Dans les *Lettres athéniennes* surtout, on s'indigne à tout instant de ce que quelqu'un prend à la lettre le langage d'amour et exige qu'on tienne ses promesses (lettres 22, 68, 120). La Duchesse de *** n'est pas dupe du 'jargon de sentiment' dont le Duc de *** masque son désir (*LDu*, x.131). Ailleurs, on parle d'un 'jargon de roman' (*Eg*, p.149) et d'un 'jargon d'usage et de convention' (*LAt*, xiii.104). Les mots fuient toute signification réelle; le masque est entièrement hermétique pour les non-initiés et transparent pour les joueurs.

Peu à peu, il devient une seconde nature. L'habitude de feindre ses sentiments, que la Marquise de M*** reproche au Comte de R***, est générale (*LMa*, lettre 12). D'où, sur le plan de l'amour, le règne de la

---

[30] ce terme est employé, on le sait, par Stendhal dans *De l'amour*: c'est là qu'il est appliqué pour la première fois à Crébillon (chapitre 1). Depuis, les critiques s'en servent volontiers comme d'une formule magique qui révélerait l'essence du monde crébillonien. Voir, par exemple, l'édition citée de P. Lièvre (iv.I-VI).

mauvaise foi et du mensonge. Dans l'affrontement direct de deux hypocrites, il se crée un enchevêtrement de feintes et de ruses qui s'enchaînent en cascade, rendant impossible une vérité quelconque. En voici l'excellent exemple dans le jeu de Chester et de Mme de Rindsey:

Je m'étais flatté que je ne lui plairais pas en *affectant* de la froideur; et ce fut avec plaisir que je m'aperçus que j'avais réussi. Elle voulut cependant me *cacher* l'embarras que lui causait ma conduite; et, pour me le *masquer*, elle me parla de son livre. Je lui dis que j'en avais lu le matin; et comme elle *feignit* de ne le pas croire, je fus obligé d'appeler Buttington en témoignage.[31]

L'ébauche du monde libertin ainsi présentée n'est qu'un premier décrochage. Elle révèle vite son insuffisance et, par là même, indique la direction d'une analyse plus nuancée. Car elle suggère que l'inconstance et le masque organisent cet univers toujours de la même façon, que le mécanisme du libertinage – tout complexe qu'il est à cause de l'hétérogénéité de ces deux principes – met en marche les mêmes pièces et les mêmes engrenages. Cependant une lecture plus attentive montre bien que l'inconstance n'est pas toujours régie par l'attirance sensuelle, que le masque n'est pas toujours un simple alibi. Il faudra élargir le schéma initial, et surtout creuser en profondeur, pour apercevoir tous les aspects de la sphère en question.

Les critiques ne semblent pas faire une distinction bien nette entre libertinage comme *état moral* d'une société et libertinage comme *théorie et pratique réfléchies*. Or, cette distinction sera pour nous fondamentale. Le premier se conçoit comme un fonctionnement inconscient à l'intérieur d'un *ethos* dont on accepte involontairement les règles; le second suppose une prise de conscience qui permet au libertin de s'aliéner et en même temps de contrôler et de manier les mécanismes de cet *ethos*. De ce point de vue, les réflexions de Clitandre et de certains de ses confrères peuvent signifier simplement: 'tout le monde fait ainsi, tel est l'état des choses'; mais elles peuvent signifier également: 'je sais que tout le monde fait ainsi, et j'agis en conséquence' (ce qui ne veut pas dire: de la même façon).

Ce sont ces deux niveaux qu'il faudra maintenant élaborer; d'abord

---

[31] *HOr*, viii.84-85; c'est nous qui soulignons. Un autre exemple typique: la scène du *Sopha*, où Zulica vient de raconter à Nassès comment Mazulhim l'a 'séduite' (la première étape de la mauvaise foi se trouve déjà dans le récit mensonger de la 'chute'): 'elle avait les yeux à demi-mouillés de larmes qu'elle *s'efforçait* de répandre. Nassès, qui *paraissait* prendre à sa douleur la part la plus sincère, en *feignant* de la consoler, lui disait les choses du monde les plus propres à la désespérer' (*So*, p.203; c'est nous qui soulignons).

celui du manège général qui engage tous sans distinction, ensuite celui où se découpe le champ d'activité spécifique de quelques privilégiés. L'inconstance et le masque, principes de base, demeureront toujours notre point de repère, mais ils fonctionneront dans ces deux domaines, et à l'intérieur de chacun d'eux, de manières différentes.

Dans le premier sens, le libertinage est une attitude essentiellement passive. Non, certes, qu'il s'agisse d'immobilité ou de manque d'activité; au contraire, le tourbillon mondain ne laisse pas de répit. Mais les personnages entrent dans l'orbite de la dépravation sans y réfléchir et participent au jeu toujours soumis à des facteurs, intérieurs ou extérieurs, qui les commandent. Amanzéi, dans *Le Sopha*, l'exprime bien, quand il se souvient du temps où son âme se trouvait dans un corps féminin: 'j'étais tour à tour ce qu'on voulait que je fusse, ou ce que mes intérêts et mes plaisirs me forçaient d'être' (*So*, p.36). Plus tard, effectuant son voyage à travers le 'monde', il portera un jugement plus général: 'Ici l'on se rendait par vanité; là, le caprice, l'intérêt, l'habitude, même l'indolence étaient les seuls motifs des faiblesses [...] Je rencontrais assez souvent ce mouvement vif et passager que l'on honore du nom de goût' (*So*, p.98). Mme de Senanges va jusqu'à dire qu''on prend quelqu'un sans savoir pourquoi' (*Eg*, p.130). D'habitude on est 'entraîné', 'livré', 'porté' au vice (*LMa*, p.151; *So*, p.103). L'exemple classique est celui d'un jeune novice, ouvert à l'initiation, obéissant à toutes sortes d'impulsions comme Tanzaï et Néadarné, Meilcour, le prince Schézaddin.

La pression s'exerce, Amanzéi l'a dit, par des canaux différents. On peut distinguer en gros deux facteurs, facilement repérables dans ces fragments qui à la fois se ressemblent et s'opposent (*Eg*, p.13; *NuM*, p.245):

Le peu d'occupation que se font communément les gens de mon rang et de mon âge, le faux air, la liberté, l'exemple, tout m'entraînait vers les plaisirs: [...] j'avais l'imagination ardente, et facile à se laisser frapper.

On est dans le monde, on s'y ennuie, on voit des femmes qui, de leur côté, ne s'y amusent guère; on est jeune; la vanité se joint au désœuvrement. Si avoir une femme n'est pas toujours un plaisir, du moins c'est toujours une sorte d'occupation.

Dans les deux cas, il s'agit de l'acceptation irréfléchie d'un *ethos*: il n'y a ni résistance, ni contrôle quelconques. Mais si c'est le plaisir qui 'frappe' Meilcour au milieu de son oisiveté, il n'est qu'accessoire dans le commentaire de Clitandre. D'un côté, le libertinage 'passif' est une soumission aux impératifs de la nature, de l'autre, il suit surtout les exigences des formes sociales. On pourrait imaginer comme deux extrémités une 'pure' satisfaction du désir, sans aucun support de convenances, et un 'pur' jeu amoureux, sans aucun support d'attirance sensuelle.

Il importe de décrire successivement les champs de gravitation de ces pôles, en signalant chaque fois le rôle des deux principes élémentaires. On verra que l'inconstance naturelle peut faire place à une inconstance artificielle, prescrite par les règles; de même, le masque qui couvre le 'goût' peut aussi l'éliminer et le remplacer.

Voyons d'abord, et d'une manière plus détaillée que notre schéma de départ ne le permettait, le domaine familier du plaisir. Envisagé sous cet angle, l'univers libertin est celui de la jouissance sexuelle éhontée. Les milieux qui servent de cadre aux histoires s'annoncent comme des foyers libidineux du désir et de l'assouvissement, rebelles à toute contrainte. A la cour de Tanzaï, 'tout respirait le plaisir' (*TaN*, p.109); on sent la même atmosphère voluptueuse aux cours de Schézaddin, du Roi Autruche et de la Reine Grue dans *Ah, quel conte!* Amanzéi se plaint du 'goût effréné des plaisirs', régnant à Agra-Paris, et accompagné de 'ce mépris des principes qui y est si généralement répandu' (*So*, p.99). Dans la société décrite par le narrateur des *Egarements*, on est plus flatté d'inspirer le désir que le respect (*Eg*, p.15).

A cela, plusieurs conséquences. D'abord, obéissant à tous les mouvements du désir, on multiplie les tentatives de l'assouvir. Qu'on soit satisfait (alors le goût change d'objet), ou qu'on veuille l'être, on est à la poursuite, vraiment 'effrénée', de la jouissance. La leçon de Don Juan, malgré toutes ses transformations, ne cesse d'être appliquée, du moins à son niveau primaire.[32] Mais elle devient générale, de sorte que tout le monde, hommes et femmes, participent à un accomplissement sexuel gigantesque. Le cas fabuleux de la Reine Grue est caractéristique: punie par une fée, elle est condamnée à éprouver un désir violent et à rendre impuissants les amants qui voudront l'approcher. La chaîne vertigineuse s'allonge à l'infini: 'les dieux, dit-elle, [...] me laissèrent toujours mon inépuisable curiosité, et l'impuissance de la satisfaire'.[33] Taciturne

---

[32] 'Il n'est rien qui puisse arrêter l'impétuosité de mes désirs' (Molière, *Dom Juan*, I.ii). 'j'ai une pente naturelle à me laisser aller à tout ce qui m'attire. Mon cœur est à toutes les belles, et c'est à elles à le prendre tour à tour, et à le garder tant qu'elles le pourront' (III,v).

[33] *QCo*, vi.64. Alcibiade dit la même chose en faisant le portrait de Myrto: 'Nous ne connaissons point de femme qui pût compter plus d'hommes et moins d'amants [...]

remarque malicieusement que, peut-être, la fée n'est entrée pour rien dans tout cela, et il ajoute: 'si c'est là sa façon de se venger des femmes qui lui déplaisent, il pourrait être permis de croire qu'il y en a dans le monde à qui elle en veut terriblement!' (*QCo*, vi.38). La même 'curiosité', euphémisme fréquent, gouverne la vie de Zulica du *Sopha*. Nassès lui rappelle son passé: 'Née peu tendre, mais excessivement curieuse, tous les hommes que vous vîtes alors piquèrent votre curiosité, et autant que vous le pûtes, vous les connûtes à fond' (*So*, p.263). Une constatation analogue vaut pour les hommes. Le narrateur du *Hasard du coin du feu* sait combien 'de nouveaux plaisirs leur sont précieux et tout ce qui peut sur eux la curiosité, prise dans toutes ses acceptions' (*Ha*, p.343). Les libertins les plus conscients n'échappent pas aux impulsions du désir toujours renouvelé: Alcibiade avoue qu'il se laisse emporter par les premiers mouvements, tout en les sachant trompeurs (*LAt*, lettre 59).

Deuxième conséquence: le prestige du 'moment' et de l''occasion'. Comme celle du 'goût', la fonction du 'moment' chez Crébillon a été souvent discutée par les commentateurs: on l'associe à toute une théorie psychologique de l'amour (Lièvre, iv.vi-x), on le croit, au contraire, une sorte de plaisanterie ironique (Stewart, p.157), ou on y voit surtout un élément du schéma de la séduction (Funke, pp.219-21). Sans dégager maintenant toute la portée du problème,[34] nous dirons qu'au niveau fondamental, le 'moment' signifie un instant propice au plaisir des sens, mais instant qui engage et captive l'être, et qui, aussi, est très faiblement motivé. La situation érotique du *Hasard*, exemple éloquent, n'est ni tout à fait provoquée par Célie (le narrateur se demande si elle a vraiment pressé le bout des doigts au Duc, et si c'est exprès qu'elle a découvert sa jambe), ni surtout préméditée par Clerval. L'atmosphère s'alourdit imperceptiblement; le Duc se met à regarder Célie 'avec une sorte d'émotion et d'intérêt qui, pour n'être ni l'émotion ni l'intérêt que donne l'amour, tels qu'ils sont suffisent au moment' (*Ha*, p.336). Tout à coup, le désir se précise et est assouvi dans une attaque insolente. Les femmes subissent encore plus facilement l'influence du 'moment' (*Eg*, p.70; *Ha*, p.312), et les plus dépravées n'hésitent pas à le signaler au partenaire pour qu'il en profite, comme le fait Mme de Rindsey: 'elle avait une crainte si vive que je ne manquasse ce que l'on appelle le moment, que jamais peut-être on ne l'a plus indécemment annoncé' (*HOr*, viii.120).

Nous soupçonnons depuis longtemps que les dieux l'ont condamnée à chercher en vain toute sa vie, ce qu'elle cherche encore' (*LAt*, xiv.104).

[34] cf. ci-dessous, chapitre 4, pp.169-74.

Les titres des deux dialogues de Crébillon sont en quelque sorte symboliques: tout roule sur une rencontre instantanée de deux désirs. 'Moment', 'hasard', 'occasion', 'inopiné': autant de mots pour exprimer l'éparpillement et la contingence du plaisir. En ce sens, C. Cherpack à raison de faire un rapprochement entre le moment crébillonien et les remarques judicieuses de Georges Poulet sur le temps au dix-huitième siècle: la discontinuité de l'existence ne peut être compensée que par l'intensité et la multiplication des sensations momentanées.[35]

Troisième conséquence, enfin: le divorce extrême entre les impulsions du désir et l'engagement amoureux. Chester approuve la logique sexuelle des Françaises: 'En France une femme que le simple désir conduit et détermine a la bonne foi de ne pas exiger plus qu'elle ne donne. On s'arrange avec elle, quelquefois sans lui avoir dit seulement qu'on l'aime' (*HOr*, viii.6). Il se crée une tension bipolaire sens-sentiment, qui montre toujours l'hétérogénéité des deux éléments. D'une part, ils sont jugés foncièrement incompatibles, quand ils s'adressent à un même objet. C'est le sens du reproche que Mme de Lursay fait à Meilcour: 'vous ne paraissiez jamais vous livrer moins au sentiment, que lorsque vous vous laissiez le plus emporter à vos désirs' (*Eg*, p.183). De même, dans *Les Heureux orphelins*, la sensualité de Chester donne à la Duchesse de Suffolk les premiers doutes sur la vérité de ses sentiments. D'autre part, le désir et l'amour peuvent parfaitement coexister dans un même homme, s'ils se concentrent, chacun, sur des personnes différentes. La Marquise du *Hasard du coin du feu* tolère l'inconstance de Clerval, parce qu'elle sait qu'on peut être infidèle et n'en pas moins aimer: 'je ne confonds pas avec ses sens les sentiments de celui que j'aime' (*Ha*, p.283). On multiplie les expériences paradoxales qui prouvent qu'on cède souvent au désir, tout en gardant intact son amour pour le 'vrai' partenaire. Dans *La Nuit et le moment*, Clitandre, à l'instant même où il est comblé des faveurs de Bélise, sent tout l'empire qu'Aspasie a sur son cœur (*NuM*, p.243); plus tard, changeant de rôle, il soumettra Luscinde à la même épreuve: 'en faisant à Oronte une si tendre déclaration, elle m'accablait des plus ardentes caresses' (*NuM*, p.270). Meilcour, en cédant à Mme de Lursay, aurait voulu ne pas bannir Hortense de sa mémoire et se livrer 'à tous les charmes de l'occasion,

---

[35] voir C. Cherpack, *Essay*, pp.28-33 et G. Poulet, *Etudes sur le temps humain* (Paris 1949), i.XXII-XXX. Rappelons une évidence: sur le plan général de la pensée du dix-huitième siècle, le plaisir instantané et constamment renouvelé est un des aspects fondamentaux de la conception du bonheur (voir R. Mauzi, *L'Idée du bonheur*, pp.386-91).

sans pouvoir courir le risque d'être infidèle' (*Eg*, p.187).

Ainsi, l'inconstance due à la recherche du plaisir sensuel se place sous le triple signe de la performance sexuelle multiple, de l'impulsion du 'moment' et de l'hiatus entre les sens et les sentiments. Mais le domaine du plaisir est en même temps la réalité du 'monde' et du 'public': c'est elle qui impose à tous ces impératifs du désir vulgaire un système d'apparences auquel on obéit. L'inconstance n'apparaît qu'à travers le filtre du masque social dont le rôle et l'intensité varient.

Non que le désir nu soit tout à fait absent. Il y a un niveau élémentaire où il agit sans contrainte, mais alors il se situe en dehors des relations mondaines. Des filles de spectacle (*LMa*, lettre 33; *LDu*, lettres 33, 34), de belles lingères (*HOr*, lettre 1), des courtisanes (*LAt*, lettres 2, 13, 101), des esclaves vigoureux (*So*, chapitre 3), permettent aux libertins de se satisfaire en dehors de l'espace clos où ils vivent et dont ils respectent les règles. Comme Alcibiade, certains sont 'plus voluptueux que délicat[s]' (*LAt*, xiii.48), et préfèrent parfois une débauche ouverte au manège fatigant de la bonne compagnie. Mais, extérieures, ces orgies ne se matérialisent jamais dans l'univers crébillonien.

De temps en temps, malgré tout, le désir sans masque pénètre dans le cadre du 'monde'. Dans ce cas, chose significative, il est assouvi sans l'intermédiaire d'aucun contact social – dans le silence, quelquefois en cachette, dans l'ombre – ou, à la limite, avec l'accompagnement du mépris général. Le Duc de Clerval explique pourquoi il n'y avait pas d'explications préliminaires entre lui et Mme d'Olbray: 'à l'âge que j'avais, on jouit toujours plus qu'on ne discute' (*Ha*, p.302). Alcibiade fait un arrangement significatif avec Callipide: ils se satisferont sans 'préliminaires' et quand l'envie leur en prendra, mais en dehors de leurs engagements actuels, sans se brouiller avec les partenaires qui jouent chez eux 'des honneurs de la représentation' (*LAt*, xiii.137). Dans la même lettre (73), il raconte une histoire où l'anonymat du désir nu est poussé à l'extrême: dans les jardins de Callipide, la nuit, il trouve une femme étendue sur un lit de gazon; croyant que c'est l'hôtesse même, il l'attaque et triomphe, mais s'aperçoit enfin de son erreur. La dame aussi attendait quelqu'un d'autre, mais pour éviter toutes les explications – et tout le code amoureux – ils gardent le silence; les présentations ne se font qu'après.

Ainsi, si le goût 'pur' entre en jeu, les personnages, du même coup, ne se parlent pas, s'effacent, peuvent se substituer les uns aux autres, leur liaison devient périphérique par rapport aux amours proprement mondaines. Et du moment qu'il veut braver tout et s'affirmer avec éclat, il est paradoxalement répudié par la bonne société. Le mépris ne frappe pas ceux qui courent sans honte après les plaisirs (tout le monde le fait), mais ceux qui le font sans obéir à certaines formes. C'est pourquoi le comportement de la Senanges, qui 'n'avait su masquer ses vues' (*Eg*, p.125), pour qui – chose grave – 'le public n'a jamais rien été' (*Eg*, p.87), et qui allait au but sans ambages (rappelons, chez elle aussi, l'impatience d'abréger les 'préliminaires' – *Eg*, p.123), paraît révoltant aux autres.

Le masque est donc indispensable. 'Les plaisirs gagnent toujours à être ennoblis', dit Clerval (*Ha*, p.308). On croit 'fort difficilement' à la vertu (*LAt*, xiv.46) dont on ne comprend pas la nécessité (*QCo*, vi.29), qui est une 'balivernière' (*TaN*, p.190), qu'on n'a 'qu'en raison du plus ou du moins de goût' qu'on ressent (*LDu*, xi.28), mais on s'en pare volontiers pour offrir le désir sous un emballage propre.

Et d'abord, cette couverture peut avoir l'air imposante. C'est le cas des 'prudes' et des 'dévots'. On assiste là au schéma suivant de l'hypocrisie: sévérité des principes en public – déchaînement du désir en privé (à condition pourtant que le statut public reste intact). Les personnes de cette espèce 'peuvent être tentées, mais elles voilent leurs mouvements plus qu'elles ne les combattent, et ne s'opposent à leur chute qu'autant qu'elle ne peut point être ignorée' (*TaN*, p.110). Et le Sylphe constate que les femmes prudes 'se feraient bientôt un délice de la tentation qui les tourmente, si elles pouvaient être sûres que leurs faiblesses fussent ignorées' (*Sy*, i.14). Il n'y a que l'âme d'Amanzéi, dans *Le Sopha*, qui puisse surprendre les autres dans une intimité parfaite, et sans en être vue. Aussi l'exemple de Fatmé montre-t-il toute la monstruosité du contraste entre les vertus affichées (conversation avec le bramine et deux femmes), et le vice dans toute sa vulgarité (l'acte animal avec l'esclave Dahis). La méprisable Mme de Rindsey des *Heureux orphelins* est une 'presbytérienne'; Zulica, que tout le monde peut avoir, à son entrée dans le monde cachait sa 'curiosité' 'sous un air prude et froid' (*So*, p.263). Chez Crébillon, d'une prude à une catin il n'y a qu'un pas, et ce pas consiste à déchirer le voile. Le masque des 'prudes' est donc soit tout à fait imperméable (et alors il trompe efficacement le 'public'), soit tout à fait anéanti (les désirs primitifs apparaissent).

La dissimulation vertueuse et sentimentale agit autrement, quand elle devient l'élément d'un code où tout le monde se reconnaît. Il faut se satisfaire – le fond ne change pas – mais il faut le faire en exécutant les figures consacrées au sens desquelles personne ne croit. Le paradoxe est poussé à l'extrème dans *La Nuit et le moment* où Clitandre, étendu presque nu à côté de Cidalise, ne peut pas aller droit au but, mais est obligé de jouer les préliminaires (aveu, promesses etc.), si absurde que cela soit dans cette situation. Le même mécanisme agit dans le sens inverse, quand Meilcour, qui n'est pas encore 'formé', doit essuyer le refus de Mme de Lursay qui s'indigne de ses façons cavalières non parce qu'elle ne veut pas céder (c'est au contraire son souhait le plus ardent), mais parce qu'il ignore le rite. Ce rite consiste, pour les femmes, à revêtir un 'appareil de décence' qui doit offrir aux hommes 'toute l'apparence du triomphe' (*LAt*, xii.151). D'un côté, une lutte vertueuse dont les étapes sont connues d'avance, de l'autre, un triomphe qui n'en est pas un. Voici le modèle de la 'chute': 'Il est de règle en pareil cas [. . .] qu'une femme paraisse avoir été emportée par un sentiment plus fort que tous ses principes; et il ne l'est pas moins que, quelque mal que ces scènes soient jouées, nous ayons la politesse de paraître nous y tromper' (*HOr*, viii.196-97). Il s'agit des *règles*, mot clé qui implique la notion de jeu: les partenaires sentent l'arbitraire et le vide des procédés prescrits, mais ils n'en sont pas moins obligés de les appliquer, s'ils veulent jouer, et hors du jeu mondain il n'y a pas d'existence.[36] De ce point de vue, contrairement à la fausseté des prudes, le masque ne s'anéantit jamais; en revanche, il est transparent.

'Tomber décemment' (*TaN*, p.230), voilà la règle principale dont tout joueur doit tenir compte.[37] On voit bien sa contradiction interne: aussi tous les signes du code sont-ils marqués par l'opposition fondamentale entre le fond et la forme, et doivent être interprétés exactement à l'envers. L'homme ne témoigne son respect que pour attaquer, la femme résiste pour annoncer sa volonté de se rendre. Voilà ce qui se passe dans l'heureux songe de Schézaddin: 'La nymphe le trouva si barbare et se plaignit si amèrement de ce qu'il osait lui demander, que la fée ne douta point que des reproches si sanglants n'annonçassent de nouvelles

---

[36] cf. l'article de T. Sarr-Echevins, 'L'esprit de jeu dans l'œuvre de Crébillon fils', qui pourtant insiste beaucoup plus sur l'ironie des 'meneurs de jeu', que sur le manège général du 'monde'.

[37] 'elle [. . .] s'en croyait obligée [. . .] à ne céder, s'il le fallait, qu'avec toute la décence que je devais attendre d'elle' (*Eg*, p.17).

'Zulica céda enfin aux empressements de Zâdis, mais ce fut avec une décence! une majesté! une pudeur!' (*So*, p.188).

'la fée songeait moins à être cruelle qu'à trouver les moyens de se rendre avec décence' (*QCo*, v.77).

bontés' (*QCo*, v.23). Lorsqu'on a cédé un peu trop vite, il faut résister après coup, pour 'ennoblir' la jouissance (Tout-ou-rien et Schézaddin – *QCo*, v.93); et quand la liaison est rompue, il faut poser en amoureux tragique et jouer tour à tour les larmes, la fureur et l'abattement (Zulica et Mazulhim – *So*, p.194). Le paradoxe des signes prend souvent un aspect grotesque: songeons à la jolie scène du *Hasard*, où Célie, après avoir cédé à Clerval, se couvre pathétiquement le visage de sa main, tout en exposant le reste de son corps nu à l'admiration et aux outrages du Duc (*Ha*, p.338).

S'il est dangereux d'ignorer et de supprimer le rite, il l'est bien davantage de le prendre à la lettre. Quand la femme exige du respect, l'homme doit se garder de lui en montrer trop, et trop longtemps. Le timide Schézaddin, qui craint le courroux de la fée Tout-ou-rien et la réveille de son sommeil (feint, bien entendu) 'avec si peu de satisfaction pour tous deux', ne sent pas que 'son respect ne pouvait être qu'une injure pour elle' (*QCo*, v.81). De manière analogue, Meilcour est souvent dupe des grands airs de Mme de Lursay, ne sait pas déchiffrer le code, et croit, en formulant un beau paradoxe, 'qu'elle ne se livrait tant à [lui] que parce qu'elle était sûre de [son] respect, et qu'un moment d'audace ne [lui] serait jamais pardonné' (*Eg*, p.70). Schah-Baham, dans *Le Sopha*, semble résumer cette sorte de situations, quand il dit que 'les femmes n'aiment point qu'on ne les devine pas' (*So*, p.84). En jouant selon les règles, il importe de 'deviner' les intentions véritables et d'amener adroitement la satisfaction réciproque: être décent, mais sans jamais perdre de vue l'indécence de base. A la limite, même si quelque téméraire brusque un peu les formes, la femme lui saura gré de lui épargner 'le double désagrément de voir sa vertu l'abandonner [...] pièce à pièce, et de courir après toutes' (*Ha*, p.316). Dans les 'cas pressés', la casuistique libertine va jusqu'à considérer le manque de respect comme une preuve qu'on en a.

On voit donc que le code de la décence, malgré sa transparence essentielle, n'en est pas moins difficile. La mauvaise foi qui le fonde, le menace sans cesse. Car il faut penser constamment à doser avec adresse désir et décence: en insistant trop sur l'un ou sur l'autre, on risque d'être mal compris et de perdre la partie, c'est-à-dire de rebuter le partenaire. Le reproche que la Reine Grue adresse au prince étranger est d'un rare raffinement: 'je me plaignis de ce qu'il m'avait si peu respectée, assez pour qu'il vît que je voulais paraître fâchée, et trop peu pour qu'il crût que je le fusse' (*QCo*, vi.98). Les joueurs doivent faire attention aux moindres signaux et les interpréter convenablement, surtout lorsque l'entente mutuelle n'est pas encore formée. Grâce à la duplicité du jeu les figures proposées peuvent toujours s'esquiver dans leur signification apparemment anodine:

Avec un homme déjà expérimenté, un mot dont le sens même peut se détourner, un regard, un geste, moins encore, le met au fait s'il veut être aimé; et supposé qu'il se soit arrangé différemment de ce qu'on souhaiterait, on n'a hasardé que des choses si équivoques, et de si peu de conséquence, qu'elles se désavouent sur-le-champ.[38]

Or, cette expérience, cette orientation dans les subtilités du code, c'est l''usage du monde' qui les donne; elles ne sont pas le privilège de quelques initiés, mais le fruit d'une éducation générale et nécessaire qui accepte le masque comme règle. La fée Moustache, dans *L'Ecumoire*, constate à propos de son manège avec le prince Cormoran: 'voilà à quoi sert l'usage du monde; sans paraître le souhaiter, je l'amenai au point de me faire une déclararation' (*TaN*, p.195). Les novices, par définition, n'ont pas encore contracté ces habitudes. Meilcour-narrateur rappelle, en racontant ses bévues, qu'il avait 'peu d'usage du monde' (*Eg*, pp.26-27), et Almaïde et Moclès, le couple des casuistes du *Sopha*, sont complétement bloqués, quand il s'agit d'entamer les entreprises amoureuses sans risquer de se compromettre: 'Cette situation, pour deux personnes qui auraient eu un peu d'usage du monde, n'aurait pas été embarrassante' (*So*, p.117). En ce sens, la dissimulation libertine est un avatar des règles de conduite laissées par la tradition de la mondanité: les principes de bienséance et de politesse se prostituent, se vident de leur sens et deviennent le véhicule universel du vice.[39]

La structure démontrée est visible surtout au niveau de la parole. C'est le langage qui constitue la forme privilégiée du masque; c'est à travers lui pratiquement que se réalise le code de la fausse décence avec

---

[38] *Eg*, p.19. L'idée analogue dans *Ah, quel conte!* et dans *L'Ecumoire*:

'Un air tendre, des souris, tous ces riens qui encouragent un amant déjà instruit sans commettre trop la beauté qui veut bien se les permettre, n'auraient pas été convenablement interprétés par un homme qui n'avait encore aucune expérience de l'amour' (*QCo*, v.42-43).

'Il ne me convenait pas d'y répondre [à la déclaration de l'amant] tout d'un coup: mais aussi, ne voulant pas le désespérer, je lui serrai la main, geste indifférent dans le fond, sur lequel on peut toujours s'excuser quand il ne réussit pas' (*TaN*, p.195).

[39] sur la notion d''usage du monde' chez Crébillon, voir H.-G. Funke, *Crébillon fils als Moralist*, pp.271-72. Sur le rapport du masque libertin avec la tradition mondaine, voir G. Macchia, *Il Paradiso della ragione*, et L. Versini, *Laclos et la tradition*, pp.187-207.

ses subtilités. Les commentateurs ne se trompent pas, quand ils considèrent le problème de la parole comme la clé de l'univers crébillonien: dans ce monde essentiellement verbal, la langue de la bonne société est à la fois le signe le plus manifeste et l'instrument le plus commode de la corruption.[40] C'est à cet aspect du problème que nous nous bornons dans le cadre du présent chapitre.[41]

Pas plus qu'aux attitudes et aux gestes, personne ne croit aux mots; mais personne non plus n'en est dispensé: on a déjà signalé la fonction du 'jargon de sentiment'. La nullité et la rigidité des formules sont telles qu'on peut, par exemple, répondre à une lettre d'amour avant de la lire ou même sans s'en donner la peine (*HOr*, lettre 8; *LDu*, lettre 26). En conséquence, il se crée, pour employer le mot de Michel Foucault, un décalage entre le 'dire' et le 'faire'.[42] Alcibiade affirme qu''il faut toujours parler aux femmes comme si on leur croyait de la vertu, et agir avec elles comme ne leur en croyant pas' (*LAt*, xii.111). Parallèlement, les femmes parlent le langage de la vertu et du sentiment au moment même de leur 'défaite', comme la fée Tout-ou-rien, en cédant à Schézaddin: 'sa bouche lui refusait encore tout, qu'il ne lui restait presque plus rien à lui défendre' (*QCo*, v.139). Comme Araminte, en se donnant à Clitandre: 'En me priant le plus poliment du monde de finir, elle me laissait continuer avec une patience admirable' (*NuM*, p.210). Là encore, le grotesque et la caricature apparaissent: dans *L'Ecumoire*, la repoussante fée Concombre interrompt l'épreuve herculéenne de Tanzaï pour lui dire qu'aux 'voluptés honteuses' elle préfère 'une conversation tendre que le sentiment anime' (*TaN*, p.159). La forme verbale jure ici d'une manière particulièrement forte avec la crudité monstrueuse du fond.

La fausseté de ce langage est encore celle des sens inversés. 'Non' veut dire 'oui'; 'je vous respecte' signifie 'cédez-moi'; 'je vous aime' – 'vous n'êtes qu'une nouvelle occasion'.[43] Le déchiffrement est relative-

---

[40] sur ce point, voir surtout l'ouvrage cité de Ph. Stewart, chapitre 'Crébillon: une dénonciation scandaleuse' (pp.148-84), et celui de H.-G. Funke, chapitre 'Die Sprache der "guten Gesellschaft" (pp.244-67). Le seul ouvrage entièrement consacré aux problèmes du langage chez Crébillon, c'est la thèse de B. Fort.

[41] nous verrons plus loin la complexité de cette problématique: cf. ci-dessous, chapitre 6.

[42] M. Foucault, 'Un si cruel savoir', *Critique* 18 (1962), p.600, compte rendu de: 'Claude [sic] Crébillon, *Les Egarements du cœur et de l'esprit*, texte établi et présenté par Etiemble (Paris 1961); J. A. Reveroni de Saint-Cyr, *Pauliska ou la perversité moderne* (Paris 1798)'.

[43] c'est chez Marivaux, son frère ennemi, que Crébillon pouvait trouver de nombreux exemples d'un langage équivoque et chiffré. N'en voilà-t-il pas la préfiguration, sous forme d'un badinage encore innocent, dans *Arlequin poli par l'amour* où Silvia dit à

ment simple pour les participants, mais souvent impossible pour ceux qui ignorent le contexte. Car le langage trompeur cache et éloigne la réalité; si l'on ne connaît pas celle-ci, on risque de donner dans le piège de la parole, toujours la même sous sa forme honnête.[44] Amanzéi commente la 'conversation fort tendre' entre Fatmé et un bramine débauché: 'Sans leurs actions, je doute que j'eusse jamais compris leurs discours' (*So*, p.53). Seuls les commentaires 'scéniques' du narrateur indiquent ce que *font* les protagonistes de *La Nuit et le moment*, tant leurs échanges camouflent l'état des choses. Les rares personnages qui refusent le jeu libertin dénoncent en même temps la fonction corruptrice du faux langage. Telle la Duchesse de ***, s'adressant aux hommes: 'votre pernicieux jargon ne déguise pas le seul but que vous ayez auprès de nous' (*LDu*, x.112-13).

Cependant, le jargon dont parle la Duchesse a aussi un sens plus général, dépassant les étiquettes élémentaires du jeu érotique. Il peut consister moins à singer cyniquement le langage de la vertu et de l'amour qu'à employer des formes spéciales et concurrentielles. A la place du sentiment, Chester met 'cette sorte de badinage vif, léger et continu, qui doit prouver bien de la passion à une femme qui n'en a point' (*HOr*, viii.186). Il s'agit de la parole subtile et recherchée qui est à l'opposé du langage naturel, et qui sera si violemment attaquée par Rousseau. Elle constitue le fonds verbal du mondain, un ensemble de clichés dont le libertin se sert en toute occasion, et qui ne sont pas toujours appliqués à une 'affaire'. Meilcour dit qu'il avait 'l'esprit badin et porté à manier agréablement ces petits riens qui font briller dans le monde' (*Eg*, p.34). La Duchesse de *** parle d'une conversation où l'on a 'cent fois épuisé et repris tous ces riens qu'on se dit, quand on n'a rien à se dire, et qu'on a la sottise de vouloir se parler' (*LDu*, xi.8). Une bonne partie de la leçon que Versac donne à Meilcour est consacrée au 'ton de la bonne compagnie', persifleur, maniéré et stérile (*Eg*, pp.159-63). Qu'on se rappelle aussi le 'maussade jargon' de la fée Moustache dans *L'Ecumoire*, à travers lequel Crébillon vise non seulement le raffinement

---

Arlequin: 'faisons un marché, de peur d'accident: toutes les fois que vous me demanderez, si j'ai beaucoup d'amitié pour vous, je vous répondrai que je n'en n'ai guère, et cela ne sera pourtant vrai; et quand vous voudrez me baiser la main, je ne le voudrai pas, et pourtant j'en aurai envie' (sc.11).

[44] une femme perdue parle exactement comme une femme vertueuse. Zulica à Zâdis, dans *Le Sopha*: 'Que vous êtes incommode avec vos désirs! [. . .] Ne me les sacrifierez-vous donc jamais? Si vous saviez combien je vous aimerais, si vous étiez plus raisonnable' (*So*, p.187).

excessif du style marivaudien,[45] mais aussi celui du parler mondain en général.

Il est à remarquer que des qualificatifs tels que 'brillant', 'élégant', 'léger', connotent presque toujours la parole du vice. Celle-ci est aussi obligatoirement un langage 'affecté', 'entortillé', et surtout 'précieux' (*Eg*, p.160; *QCo*, vi.8). Globalement, à la langue naturelle de la raison (de la vertu, de la sincérité) s'oppose celle de l'*esprit*. Pour Moustache, comme pour tous ceux qui participent à la conversation universelle, la raison est pesante, vulgaire et 'bourgeoise', tandis que l'esprit est 'd'un caractère plus sociable', car 'son éducation a été soustraite aux préjugés' (*TaN*, p.192). Crébillon, d'une part, ne manque pas de ridiculiser le langage 'spirituel': ainsi, les femmes dont parle Taciturne dans *Ah, quel conte!* ne pouvaient pas avoir le sens commun, car elles passaient pour avoir bien de l'esprit (*QCo*, vi.149). D'autre part, le caractère pernicieux de cette parole est flagrant. Alcibiade profite à sa manière des leçons de Socrate, en se sentant 'attiré par l'esprit qu'il lui trouve' et 'repoussé par la vertu qu'il lui croit' (*LAt*, xii.14). Le libertin mondain se montre spirituel *contre* le langage des 'préjugés'. Le badinage léger, le raffinement précieux, sont le reflet – peut-être le plus lointain – d'un même contexte de dépravation.[46]

Ces dernières remarques permettent de faire le pas suivant dans la description du libertinage irréfléchi. Dans les cas analysés jusqu'à présent, l'élément de l'inconstance fondée sur le désir dominait. Le masque sous ses différentes formes – respectabilité des prudes, rite de la 'séduction' mutuelle ou chiffre linguistique – ne faisait que dissimuler ou canaliser les impulsions naturelles. Cependant, on vient de le voir, les raffinements du langage auxquels s'adonne toute la bonne société ne sont pas tous empreints de l'intention érotique; le 'bon ton', bien que dérivant de la parole de l'amour corrompu, ne fonctionne pas exactement au même niveau. Le masque des mots peut alors cesser d'être un alibi et tendre à s'émanciper comme un jeu autonome. Il ne s'agit

[45] sur le pastiche du style de Marivaux dans *L'Ecumoire* et sur la polémique entre les deux auteurs, voir surtout l'édition critique de *L'Ecumoire*, procurée par E. Sturm (pp.62, 77-81, 340-42 note 238, p.346 notes 260, 261).

[46] Rousseau consacre à tout ce problème quelques belles pages de la *Nouvelle Héloïse* (lettres 14 et 15 de la 2e partie). On trouve aussi dans la *Lettre à d'Alembert* une remarque significative à propos du langage naturel régnant dans les 'cercles' de Genève: quoiqu'il arrive qu'il soit même grossier, 'ce langage un peu rustaud est préférable encore à ce style plus recherché dans lequel les deux sexes se séduisent mutuellement et se familiarisent avec le vice' (*Du contrat social et autres œuvres politiques*, p.208).

plus du désir masqué, mais d'un masque sans désir. Nous abordons le deuxième complexe du libertinage passif.

Sans être uniquement le code conventionnel de la volupté, la dissimulation mondaine relève aussi d'un autre type d'obligation. Généralement parlant, elle est une façon de se prêter au regard pénétrant du 'public'. C'est le lieu commun de l'être et du paraître, mais qui, chez Crébillon, prend des proportions gigantesques. Versac dit que dans le monde 'tout [. . .] est mode et affectation' (*Eg*, p.151). Thargélie, dans les *Lettres athéniennes*, en précise la raison: 'c'est moins sur ce que nous faisons, que sur ce que nous paraissons faire, que le public nous juge et nous apprécie' (*LAt*, xii.158). On comprend dès lors la distinction curieuse établie par Mme de R*** dans *Le Sylphe*: 'j'étais couchée d'une façon modeste pour quelqu'un qui se croit seul, mais qui ne l'aurait pas été, si j'eusse cru avoir des spectateurs' (*Sy*, i.9). Aux yeux du public on revêt une 'autre' modestie, une autre vertu, une autre fonction dans le système des rapports.

Or, dans le système concret des rapports amoureux chacun joue son rôle. On endosse l'uniforme prescrit par le public. Et puisque les occupations de ce milieu étroit et dépravé consistent surtout à multiplier les bonnes fortunes, à cultiver l'art de 'se prendre' et de 'se quitter', c'est ce costume qu'on doit choisir. Maintenant, c'est la *vanité*, facteur puissant, qui commande les mouvements du libertin, mais vanité éminemment sociale qui sacrifie à la mode obligatoire. Souvent, on ne veut pas conquérir réellement, mais s'en donner l'apparence, comme Mme de Mongennes dans *Les Egarements*: 'si elle ne voulait me plaire, elle voulait du moins qu'on pût penser qu'elle me plaisait' (*Eg*, p.128). Le fond importe peu, l'essentiel, c'est de *montrer* une liaison: 'Lorsque vous crûtes avoir assez montré que vous n'étiez là que pour Madame de R., et qu'elle eut à son tour assez prouvé qu'elle vous en savait tout le gré possible, vous disparûtes' (*LDu*, xi.186).

Le mécanisme de l'inconstance change: il n'est plus réglé par la chasse au plaisir. Le manège se vide de son support naturel et n'offre pas l'enjeu de la satisfaction physique. En ce sens, le libertinage se présente comme une aliénation totale: tout geste amoureux, si intime soit-il, est fait pour les autres, tout élément spontané (comme l'impulsion du désir, du 'moment') est éliminé. Voyons de près quelques manifestations typiques de ce jeu où le plaisir cesse d'être puisé dans les mouvements des sens.

En premier lieu, il s'agit du phénomène de la double dissimulation. Le masque ne consiste plus à voiler hypocritement le but que l'on veut atteindre, mais à faire semblant de le vouloir. La fausseté est complexe: on pratique le code d'une 'affaire' (lui-même artificiel), en feignant le goût qui devrait la fonder. On se laisse entraîner, en gardant, au fond, une indifférence complète. Clitandre commente sa passade avec Araminte: 'Le sentiment, le goût et le plaisir ne sont entrés pour rien dans notre affaire' (*NuM*, p.216). L'entreprise amoureuse devient un artifice achevé, produit symétrique de l'anti-nature. Némée caractérise les partenaires d'Alcibiade: 'ou l'on vous montre tant de choses que l'on ne sent pas, ou l'on cherche à vous cacher ce que l'on sent!' (*LAt*, xiv.173). Et Alcibiade généralise, en avouant que sa maison du Céramique est 'témoin [...] de prières sans désirs, de résistances sans vertu, de défaites sans amour, de transports sans ardeurs' (*LAt*, xiv.173). Si les résistances sans vertu et les défaites sans amour appartiennent surtout au registre de l'inconstance naturelle masquée par les figures prescrites, les 'prières sans désirs' et les 'transports sans ardeur' ne renvoient à rien, sinon au rôle imposé.

C'est donc un masque stérile et gratuit, un geste tautologique, car il ne dégage que l'automatisme de son propre mouvement. La motivation qu'on évoque est significative. La Marquise de M*** écrit à son amant: 'si quelquefois vous feignez des désirs, ce n'est que par vanité ou par ennui' (*LMa*, p.149). Clitandre sur l''ardeur' d'Araminte: 'C'était une galanterie qu'elle me faisait gratuitement; pure générosité de sa part, ou pour parler plus juste, habitude et fausseté' (*NuM*, p.214). 'Ennui', 'désœuvrement', 'habitude', 'bel air' et surtout 'vanité', voilà le faisceau des motifs les plus fréquents qui traduisent d'une part l'indolence des joueurs, et d'autre part, la nécessité absolue du jeu libertin pour lui-même. A ce niveau, le libertinage devient une participation exclusivement intellectuelle, un mouvement de 'tête', d''esprit' ou d''imagination', où le plaisir amoureux manque, ou se conçoit tout au plus comme 'idée' (*So*, p.254; *NuM*, p.244; *LAt*, lettre 124). Remarquons pourtant que cette froideur ne relève pas, comme le suggère L. Versini, de schémas proprement psychologiques, dans la mesure où elle se réduit, en dernière instance, à l'automatisme de la pression mondaine: le 'libertinage des sens' se mue facilement en 'libertinage d'esprit', pourvu que le masque social perde jusqu'à son dernier alibi et se replie sur lui-même.[47]

[47] cf. le classement ternaire sens-tête-cœur proposé par L. Versini, *Laclos et la tradition*, 3e partie, chapitre 1, surtout pp.462, 465-73.

Le type qui incarne la dissimulation à double registre est celui de la 'coquette'. Il fonctionne comme l'opposition symétrique de la 'prude': ce sont là deux chemins concrets du libertinage passif. Une prude masque son désir dans le monde et l'assouvit en cachette. Une coquette, au contraire, paraît résister peu, mais en fait n'est pas prompte à céder; ou, plus exactement, elle feint tour à tour décence et indécence (masque au premier degré) pour prolonger les apparences d'une affaire et leur donner une signification publique (masque au second degré). La prude est sensuelle, obéit au goût, son masque est banal et facile à déchiffrer; la coquette, froide, n'obéit qu'à la vanité et à l'absolu du jeu social: du même coup, son masque est moins vulnérable. Dans *Les Heureux orphelins*, Chester le voit bien, quand il se met à séduire parallèlement la prude Mme de Rindsey et Mme de Pembroock, coquette achevée. Tous les pas, toutes les réactions de la première sont à prévoir, une fois connu le mécanisme de sa pruderie. En revanche, la Pembroock, feignant les bontés aussi bien que les rigueurs, est une partenaire difficile: c'est l'effet de spectacle, avantageux pour elle, qui l'intéresse, et non pas la réalité de l'aventure. C'est pourquoi Chester, bien que joueur génial, est plusieurs fois mis en déroute. Il n'y a rien de paradoxal dans l'idée qui revient souvent chez Crébillon, qu'une femme vertueuse (la Duchesse de Suffolk dans *Les Heureux orphelins*!) cède plus vite qu'une coquette. La fée Moustache a ce joli mot: 'une coquette peut seule se garantir des transports d'un amant' (*TaN*, p.203). Qu'on relise, enfin, pour se représenter la complexité du masque de la coquetterie, le portrait de Mme de *** des *Lettres de la Marquise*, odieux objet de la vengeance du Marquis de M*** (*LMa*, p.152):

artificieuse même dans des moments où il semble qu'on doive tout oublier, ses transports sont aussi étudiés que ses discours. Ses gestes, ses regards, ses soupirs, ses plaisirs mêmes, tout en elle est plein d'un art d'autant plus dangereux qu'il est caché sous les apparences de la plus parfaite naïveté.

Si le masque se rapproche du moule universellement admis dans la société, et s'il ne cache plus, à proprement parler, de penchants personnels, il peut dans certains cas s'asservir l'individu et même se tourner contre lui: c'est la deuxième manifestation de la dissimulation gratuite. Le monde et le public élaborent le scénario qu'il faut jouer malgré soi. Les liaisons ne sont pas seulement approuvées ou désapprouvées: elles sont aussi 'données', surprenant parfois ceux qu'elles doivent concerner. Mme de Senanges et Mme de Mongennes, chacune à son tour, apprennent à Versac deux affaires qu'il est censé avoir, et dont le monde parle depuis longtemps (*Eg*, pp.94, 135). De même, on 'donne' à Alcibiade la vieille Elpinice, sur quoi il se récrie violemment dans les premières phrases des *Lettres athéniennes*. La fameuse 'médisance' qui alimente les conversations mondaines n'est pas seulement l'illustration de la méchanceté des libertins. Fondés ou non, les ouï-dire divulgués fixent les rôles dont il n'est pas facile de se débarrasser. Dans *Le Hasard*, Célie est 'programmée' par la Marquise qui révèle à Clerval ses affaires supposées – passées, actuelles et futures – et le Duc saura enfermer sa partenaire dans la construction proposée.

Il arrive que le scénario prescrit pèse aussi dans les situations intimes. Les partenaires, coexistant par la seule force des choses, se sentent obligés d'accomplir les gestes amoureux sans en avoir envie. Alors l'amant ennuyé 's'excite par bienséance' (*Sy*, i.23). Ce n'est que par 'bienséance' aussi – mot exquis dans ce contexte – que Mazulhim conduit Zulica du côté du sopha (*So*, p.176). Leur rendez-vous, surtout après l'échec sexuel de Mazulhim, devient un tourment qu'on est forcé d'endurer. Le jeu tyrannise les joueurs (*So*, p.174):

ils se mirent à se promener dans la chambre, tous deux fort embarrassés l'un de l'autre, sans amour, sans désirs, et réduits, par leur mutuelle imprudence et l'arrangement qu'entraîne un rendez-vous dans une petite maison, à passer ensemble le reste d'un jour qu'ils ne paraissaient pas disposés à employer d'une façon qui pût leur plaire.

Troisième symptôme du masque sans désir: l'impératif de la 'réputation' et de la 'liste'. Il s'agit de la multiplication de conquêtes, mais, à ce niveau, ce n'est pas la poursuite de la jouissance qui en est la source. On obéit à la loi des règles mondaines qui font dépendre le mérite personnel du nombre des liaisons: 'Nous voulons satisfaire notre vanité, faire sans cesse parler de nous, passer de femme en femme, pour n'en pas manquer une' (*So*, p.244). Mme de Senanges, 'pour se prouver son mérite, pensait plutôt au nombre de ses amants qu'au temps qu'ils avaient voulu demeurer dans ses chaînes' (*Eg*, p.89). Ceux qui entreprennent une nouvelle conquête doivent surtout veiller à ce qu'on ne puisse pas leur donner 'le ridicule de la manquer' (*LDu*, x.128), chose grave et compromettante. Souvent, les liaisons dont on se vante n'ont jamais existé. Le mythe, une fois établi dans le monde, ne se nourrit pas des faits réels, mais des apparences dont il faut avoir soin. C'est un des secrets de la célébrité de Versac: 's'il lui était arrivé de ne pas réussir, il avait toujours su tourner les choses si bien à son avantage, que la Dame n'en passait pas moins pour lui avoir appartenu' (*Eg*, p.72). Chester réfléchit ainsi sur son aventure avec Mme de Pembroock: 's'il n'était pas bien intéressant pour mon bonheur de la soumettre, il l'était pour ma vanité qu'on crût que je l'avais conquise' (*HOr*, viii.31). Zulica prévient Zâdis, son amant attitré, que Mazulhim ne manquera pas de se vanter publiquement de l'avoir eue, sans qu'il soit en droit de le faire; en fait, elle a cédé, mais elle peut jouer l'innocente, en rappelant l'usage qui consiste à se forger des affaires fictives.

C'est ainsi que se forme la 'réputation'. Le nombre suffisant d''aventures d'éclat' a 'bien fondé' celle du Duc de *** (*LDu*, xi.182). Par contre, l'histoire du jeune D***, citée dans les *Lettres de la Marquise,* montre les difficultés: voulant 'se faire une réputation', il choisit le cœur de Mme de L*** 'comme celui de tout Paris le plus propre à faire connaître un jeune homme'; mais puisque, remplacé par un autre, le soupirant est vite congédié, 'voilà tout d'un coup un homme perdu de réputation' (*LMa*, p.146). En s'exécutant de mieux en mieux, on aboutit enfin à la 'liste' qui agit de manière quasi magique, fixant le rang dans la hiérarchie des libertins.[48] Les listes du Duc de *** et d'Alcibiade sont un fait connu (*LDu*, lettre 13; *LAt*, lettres 62, 110); les femmes, elles aussi, sacrifient à cette pratique (Mme de *** – *LMa*, lettre 46; Mégiste – *LAt*, lettre 135). Vu sous cet angle, le libertinage consiste à *nommer* le plus d'aventures possible.

Pour finir, il faut encore relever un cas limite où la distorsion entre les impulsions naturelles et le masque de convention est particulièrement spectaculaire. Il s'agit de l'impuissance et de la frigidité: les personnes qui en sont atteintes ont du mal à consommer leurs conquêtes, mais leur 'réputation' n'en est pas moins intacte, ni leur libertinage moins réel. Célimène, dont Clitandre se souvient dans *La Nuit*, ne connaît pas le plaisir que donne la nature, mais cela 'n'empêche pas sa tête de s'animer' et de lui faire éprouver 'une sorte de volupté qui n'existe [...] que dans les idées' (*NuM*, p.244). Le plaisir de tête peut éliminer complètement la débauche des sens. L'exemple éloquent est celui de Mazulhim, petit-maître du *Sopha*, dont la renommée est établie malgré ses faiblesses. Son cas prouve bien que, dans le manège des amours mondaines, l'accessoire – les raffinements du jeu, le prestige du jargon, la publicité – l'emporte souvent sur l'essentiel, ou même le

---

[48] sur la 'liste', voir L. Versini, p.119, et Ph. Stewart.

remplace.⁴⁹ C'est ainsi que notre éventail d'attitudes libertines s'est déployé jusqu'au bout, en recouvrant l'espace situé entre deux extrêmes: la jouissance sexuelle élémentaire, et son contraire, l'ornementation compliquée des gestes publics.

Sur le fond de cet espace se détachent quelques figures lucides, particulièrement dangereuses, qui savent analyser et contrôler le mouvement général, tout en y participant. La plupart des romans de Crébillon ont leurs grands libertins: le Sylphe dans son premier récit, Jonquille dans *L'Ecumoire*, Versac dans *Les Egarements*, Mazulhim et Nassès dans *Le Sopha*, Clitandre dans *La Nuit et le moment*, le Duc de Clerval dans *Le Hasard du coin du feu*, Chester dans *Les Heureux orphelins*, Alcibiade dans les *Lettres athéniennes*, jouent ce rôle privilégié. Plusieurs traits rapprochent de cette élite les destinataires des *Lettres de la Marquise* et des *Lettres de la Duchesse*, mais ces personnages s'affirment seulement, ou surtout, par le biais de la parole des amantes, ce qui obscurcit le tableau.⁵⁰ De temps en temps, certains éléments du libertinage 'actif' apparaissent chez des personnages secondaires (le Marquis de M*** dans les *Lettres de la Marquise*, Taciturne dans *Ah, quel conte!*), souvent chez ceux qui sont émules et acolytes des grands maîtres, comme Pranzi dans *Les Egarements*, Buttington dans *Les Heureux orphelins*, et la suite d'Alcibiade dans les *Lettres athéniennes* (Thrazylle, Axiochus, Adymante); mais ces éléments épars, sans parler de leur peu de relief, ne font que prouver la supériorité des meneurs de jeu.

Ces silhouettes choisies sont dessinées de manière inégale, à beaucoup d'égards, surtout en ce qui concerne le dosage de la théorie et de la pratique. Le Sylphe et Versac se révèlent avant tout dans l'exposé de leur doctrine. En revanche, c'est en action et d'une façon parfois inconséquente qu'apparaît le libertinage d'un Mazulhim, d'un Clitandre, d'un Clerval. Enfin, Chester et Alcibiade semblent garder l'équilibre entre les principes théoriques et leur mise en œuvre. Pour élaborer le niveau du libertinage actif, nous reconstruirons ses caractéristiques sans tenir compte, en ce moment, de ces disproportions.

Au départ, la prise de conscience primordiale: ce libertin voit bien

---

⁴⁹ Fatmé, la fausse prude du *Sopha*, le sait bien, quand elle préfère le contact avec un esclave grossier et ignorant la galanterie, mais 's'occupant essentiellement de tout', 'aux éloges les plus outrés et aux plus fougueux transports d'un petit-maître' (*So*, p.51).

⁵⁰ cf. ci-dessous, chapitres 4 et 5 pp.177-79, 192-94.

l'immoralité du 'monde' et consent à suivre ses règles, mais il les accepte en toute lucidité, en sachant pourquoi et en gardant toujours la possibilité de s'extérioriser.

Versac, dans sa fameuse profession de foi, développe bien ces phases. Entré dans le monde, il y a vu 'les qualités solides proscrites, ou du moins ridiculisées' (*Eg*, p.156), et a remarqué que le monde et la morale s'accordent si mal que 'le plus souvent, on ne réussit dans l'un qu'aux dépens de l'autre' (*Eg*, p.159). Dans ces conditions, il vaut mieux 'suivre le torrent' qu'y résister, 'prendre les erreurs de son siècle [. . .] que d'y montrer des vertus qui y paraîtraient étrangères' (*Eg*, p.159), se créer des vices dont on a besoin pour plaire. Mais, distinction capitale, il ne faut pas se confondre avec la foule libertine qui suit le torrent sans y réfléchir: 'il ne faut pas croire [. . .] qu'un homme qui est fat de bonne foi et sans principes, aille aussi loin que celui qui sait raisonner sur sa fatuité, et qui [. . .] ne s'enivre point dans ses succès, et n'oublie point ce qu'il doit penser de lui-même' (*Eg*, p.157). Le libertin passif, étant 'de bonne foi' et 'sans principes', se soumet aveuglément au désir ou à la mode: le libertinage équivaut à son existence dont il ne peut jamais sortir. Le vrai libertin, lui, va 'raisonner' sur son activité, la problématiser, c'est-à-dire prendre ses distances, fonctionner sur deux registres. Sa participation au manège commun est ainsi, d'entrée de jeu, faussée: il sait ce que les autres ne savent pas, et il ne veut pas le montrer. Dès lors, il doit apprendre 'à déguiser si parfaitement [son] caractère, que ce soit en vain qu'on s'étudie à le démêler' (*Eg*, p.163), il lui est 'd'une extrême conséquence qu'on ne sache pas ce qu'[il est]' (*Eg*, p.163). En revanche, en feignant d'être comme tous les hommes, il peut d'autant mieux les pénétrer et dénoncer leurs ridicules: 'Paraissons quelquefois leurs imitateurs, pour être plus sûrement leurs juges.'[51] Mais au fond de l'âme, le libertin lucide veut rester indépendant, persuadé de sa supériorité sur les autres, enfermé parfois dans un narcissisme méprisant. Alcibiade conseille à Diodote de ne pas se soumettre à la 'multitude légère, envieuse, insensée' (*LAt*, xiv.149): 'vous seriez

---

[51] *Eg*, p.154. On songe au Neveu de Rameau qui, malgré son statut social différent, s'apparente sur tous ces points au libertin actif. Comme lui, il prend conscience de l'immoralité sociale, comme lui, il se crée des vices qui payent, comme lui, il se masque de manière à être à la fois imitateur et dénonciateur des autres qu'il méprise: 'ils restent ridicules en dépit d'eux, au lieu que je ne le suis que quand je veux, et que je les laisse alors loin derrière moi: car le même art qui m'apprend à me sauver du ridicule en certaines occasions, m'apprend aussi dans d'autres à l'attraper supérieurement' (Diderot, *Le Neveu de Rameau*, in: *Œuvres romanesques*, éd. H. Bénac (Paris 1962), p.448).

assez peu philosophe pour compter les hommes pour quelque chose et pour vous sacrifier à leur opinion, lorsque vous avez tant de motifs de ne vous déterminer que par vous-mêmes!' (*LAt*, xiv.148).

Il s'ensuit de là que le libertin détient un savoir exceptionnel sur la société et sur l'homme. Chester voit bien ses facultés privilégiées: 'la nature n'a pas donné à tout le monde de quoi percer la profondeur du cœur humain' (*HOr*, viii.46). Comme lui, Alcibiade a une 'profonde connaissance' du cœur humain et un 'talent particulier et si rare [. . .] d'en développer les replis les plus cachés' (*LAt*, xii.67). Jonquille s'est fait de ses connaissances un 'système' (*TaN*, p.207), celles de Versac renferment 'la science du monde' (*Eg*, p.150). Aussi les grands libertins s'érigent-ils en maîtres à penser, en donnant des préceptes cyniques à quelques élus qu'ils jugent dignes de leurs leçons. Toute la visite du Sylphe chez Mme de R*** est consacrée à la présentation d'une conception hédoniste et relativiste de l'amour; Jonquille, en tant que 'philosophe', essaie de déniaiser la vertueuse Néardané; le rôle didactique de Versac est annoncé dès le début et soutenu tout au long des *Egarements*, surtout dans la célèbre leçon de l'Etoile;[52] Chester, lui-même élève brillant d'un duc français auquel il adresse ses lettres, parle plusieurs fois de la fonction pédagogique de ce qu'il écrit; Alcibiade dévoile la science du monde au jeune Théramène à qui il donne, selon ses propres termes, un 'cours de perfidie' (*LAt*, xii.154).

De la théorie, consciemment élaborée et professée, on passe sur un terrain d'application. Il faut commencer par bien connaître 'l'esprit du siècle'; mais il faut savoir aussi 'jusques à quel point ce même esprit a pu influer sur les femmes en général, et en particulier sur celles que nous attaquons' (*LAt*, xiv.97-98). Définie ainsi, la pratique est un art difficile, et non pas un passe-temps mondain, une activité réfléchie, et non pas instinctive. Chester déclare (*HOr*, viii.42-43):

Si ceux [. . .] qui nous accusent de ne faire que des riens [. . .] savaient combien il nous faut de manège, de méditations profondes, de sagacité, pour pénétrer les différents caractères des femmes, en profiter, les conduire selon nos vues et nos désirs, et combien tant de soins divers rendent notre vie active et agitée, ils prendraient bientôt de nous une autre opinion.

Et le libertin des *Heureux orphelins* fait preuve de sa noire virtuosité, en 'pénétrant' infailliblement les caractères des trois femmes qu'il se propose

---

[52] voir l'étude de J. Garagnon, 'Le maître à penser Versac ou les égarements philosophiques', in: *Les Paradoxes du romancier*.

de séduire, et en louvoyant entre elles sans rebuter aucune. C'est aussi la virtuosité de Versac qui sait toujours 'voir une femme telle qu'elle est' (*Eg*, p.157), et qui, d'un seul coup d'œil, saisit les vues de Mme de Lursay sur Meilcour; ou celle de Clitandre qui, en 'connaisseur', comme il dit, ne se trompe jamais sur les marques des femmes sensibles (*NuM*, p.244).

Ainsi, l'activité du libertin conscient se concentre exclusivement sur les femmes, malgré l'étendue de sa formation théorique 'sérieuse'. Rien d'étonnant, puisque l'occupation principale de la société qu'il dissèque se réduit à nouer et à dénouer les liaisons amoureuses. C'est cette matière qu'il a devant lui, c'est elle qu'il doit manier pour l'approprier à ses fins. Essentiellement misogyne, s'il s'engage dans le jeu commun avec les femmes, c'est pour les tromper.[53] L'hypocrisie de la femme est d'après lui un phénomène constant: il ne faut croire ni 'à la fausse vertu que souvent elle oppose', ni 'à l'envie qu'elle témoigne de vous garder, lorsqu'elle s'est rendue' (*Eg*, p.157). Il se plaît à tromper les femmes, parce qu'elles le méritent. Alcibiade constate: 'Quand, après avoir éprouvé tous les désagréments qui y sont attachés, on croit le plaisir d'aimer sincèrement une femme préférable au plaisir de la tromper, on doit, en effet, faire présumer de soi qu'on n'est point éloigné de s'en laisser tromper encore' (*LAt*, xii.153).

La femme est l'*objet* de l'entreprise libertine, et cela au sens propre du terme: objet qu'on manipule, objet qu'on domine. C'est là surtout que le libertinage actif rompt avec le libertinage mondain au niveau duquel chacun est toujours *agi*, jamais *agissant*. Or, le libertin lucide a le plaisir unique 'de régler une âme comme on le veut, de ne la déterminer que par ses ordres, d'y faire naître tour à tour les mouvements les plus opposés; et, du sein de son indifférence, de la faire mouvoir comme une machine dont on conduit les ressorts, et à laquelle on ordonne à son gré le repos ou le mouvement' (*HOr*, viii.39). 'Régler une âme', 'faire

[53] chez Crébillon, le rôle du maître libertin est réservé à l'homme (exceptionnellement, une figure féminine 'active' se dessine à l'arrière plan, comme Mégiste dans les *Lettres athéniennes*, qui sait même rivaliser avec Alcibiade – lettre 135). On ne voit pas, à plus forte raison, de couple libertin, préfigurant celui des *Liaisons dangereuses*; signalons pourtant son amorce, à peine mentionnée, qui apparaît dans la liaison cyniquement sincère entre Alcibiade et Callipide, et dans leur complot dirigé contre Thrazyclée: 'moins on met de sentiment dans ces sortes de liaisons, plus il y entre de confiance. Je ne lui avais donc caché ni les raisons que Thrazyclée m'avait données de me venger d'elle ni le besoin que j'en avais; et moins peut-être encore par intérêt pour moi, que pour se procurer le plaisir de voir tomber Thrazyclée dans un piège si cruel, Callipide s'était engagée à servir mon ressentiment' (*LAt*, xiv.14).

naître', 'faire mouvoir', 'conduire les ressorts', 'ordonner': on voit à la fois un maître absolu et un objet qui en dépend. Némée n'est pour Alcibiade 'qu'un objet fait seulement pour amuser [ses] loisirs' (*LAt*, xiii.201). Clitandre, qui ne veut pas d'affaire en règle avec Araminte, 'la jug[e] bonne pour une passade' et résout de '[s']en amuser tant qu'elle resterait chez Julie' (*NuM*, p.209). Même de loin, le libertin surveille et déplace les pions de son échiquier: Alcibiade, qui vient de quitter la courtisane Glycérie en la 'sacrifiant' à Aspasie, charge Adymante de parler à la première de façon à faire augmenter sa fureur: il présume qu'elle ne manquera pas de divulguer un peu la liaison avec Aspasie, et qu'elle deviendra ainsi l'instrument de sa vanité.

Il n'est donc pas question de partager réellement les plaisirs d'une affaire. La participation effective est une soumission, et il s'agit de dominer. C'est cet objectif que le libertin réalise, quand il se lance à la poursuite des femmes; la pratique de la 'liste' signifie ici autre chose qu'une obéissance automatique à la convention sociale. Alcibiade a formé le dessein 'de séduire toutes les femmes et de n'en aimer aucune' (*LAt*, xiii.99), ou, comme il le précise ailleurs de manière plus adéquate, 'de les subjuguer toutes et de n'être dominé par aucune' (*LAt*, xiv.69). Zéphis dit la même chose à Mazulhim: 'vous ne cherchez qu'à vaincre, et vous ne voulez pas aimer' (*So*, p.135). Enfin, Versac est un 'vainqueur né des femmes, honoré de tant de triomphes, et dans son genre le premier des conquérants' (*Eg*, p.92).

C'est que le vrai libertin va toujours 'au grand' (*Eg*, p.157). Sa vanité démesurée n'est pas celle du petit-maître ordinaire; sa fureur des conquêtes, comme l'explique Alcibiade, n'est pas uniquement un vice de caractère, mais l'effet d'une corruption particulièrement raffinée du cœur (*LAt*, lettre 70). Mutation paradoxale et logique de la 'vertu' du généreux cornélien, la sienne lui impose des lois impérieuses et l'oblige à aspirer à la 'gloire', mot fréquent à la bouche d'Alcibiade (*LAt*, xii.9, 53; xiv.97). Car il ne s'agit pas seulement de multiplier les engagements perfides et d'y dominer: il faut chercher le difficile, braver des obstacles, bref, faire des choix méritoires.[54] Chester forme le projet 'de subjuguer toutes les femmes de la cour et de la ville, dont la conquête pourrait

---

[54] Valmont, bien entendu, se souviendra de tout cela. Voici comment il exprime ses vues sur Mme de Tourvel: 'J'aurai cette femme; je l'enlèverai au mari qui la profane: j'oserai la ravir au Dieu même qu'elle adore. Quel délice d'être tour à tour l'objet et le vainqueur de ses remords! Loin de moi l'idée de détruire les préjugés qui l'assiègent! Ils ajouteront à mon bonheur et à ma gloire' (Laclos, *Les Liaisons dangereuses*, in: *Œuvres complètes*, éd. M. Allem, Bibliothèque de la Pléiade (Paris 1951), lettre 6, p.22).

[lui] faire honneur' (*HOr*, viii.11). S'élevant dans ses ambitions, le libertin prend figure d'un démiurge omnipuissant et prétend au rôle historique: Némée imagine une chronique future racontant les faits et gestes d'Alcibiade (*LAt*, lettre 62), et Chester affirme tout net: 'Je veux que toute l'Angleterre change de face entre mes mains, et être enfin pour elle un autre Henri VIII' (*HOr*, viii.10). Valmont, lui, se comparera à Turenne et à Frédéric...

Pour s'accomplir, on met en œuvre tout une tactique dont la dissimulation est le fondement. Chester peut dire qu'il n'a pas à se reprocher d'avoir été une seule fois en sa vie sincère avec les femmes (*HOr*, viii.193). Et Versac enseigne à Meilcour les différents masques qu'il doit manier conformément aux circonstances pour être 'tendre avec la délicate, sensuel avec la voluptueuse, galant avec la coquette. Etre passionné sans sentiment, pleurer sans être attendri, tourmenter sans être jaloux: voilà tous les rôles que vous devez jouer, voilà ce que vous devez être.'[55]

Ce ne sont là, pourtant, que des règles générales qui ne rendent pas compte de toute la richesse de la tactique libertine. En pratique, les objectifs concrets, bien que toujours subordonnés à celui de la 'gloire', peuvent être divers, et avec eux les moyens. Il y a deux voies principales qui s'ouvrent devant le maître-libertin de Crébillon; là aussi, les critiques négligent de circonscrire clairement ces champs distincts.

Ces deux voies, Alcibiade les présente succinctement dans une lettre à Axiochus (*LAt*, lettre 93), où il parle de deux sortes de plaisir raffiné: celui de voir le combat de l'amour et du devoir d'une femme vertueuse qui aime vraiment, et celui de provoquer et d'observer malicieusement le manège 'décent' d'une femme habituée à se rendre. Dans le premier cas, le libertin s'exécute face à la vertu, dans le second, face au vice que lui-même cultive; et ce n'est pas de la même façon, ici et là, que les principes généraux, l'inconstance et le masque, vont agir.

La deuxième perspective, bien que moins méritoire dans la hiérarchie des exploits glorieux, est de loin plus fréquente dans l'univers crébillonien. Rien d'extraordinaire en cela, si l'on pense à la dépravation générale du 'monde' et à la rareté de la vertu: le libertin, en premier lieu,

---

[55] *Eg*, p.157. Chester semble mettre en pratique les principes de Versac: 'Vif, léger, galant, bruyant même avec madame de Pembroock, je ne lui parlai que d'elle, de ses agréments, des modes, des plaisirs et des usages de Paris. Sérieux et sensé avec madame de Rindsey, je gémis du débordement qui commençait à se glisser dans les mœurs' (*HOr* viii.33).

est un vicieux parmi les vicieux, sa perfidie se nourrit de la dégénérescence des autres. On l'a vu misogyne; ajoutons maintenant que, pour certaines catégories de femmes (celles, hélas, qui constituent la grande majorité), il cultive tout un art de méchanceté pour avoir 'le plaisir de [les] confondre' (*LMa*, p.158). Versac déclare: 'il est des femmes dont je pense on ne peut plus mal, dont je regarde le manège avec mépris, et auxquelles enfin je ne connais nulle sorte de vertu; qui n'ont pas de faiblesses, mais des vices' (*Eg*, p.99).

L'objectif réside dans l'humiliation impitoyable de la femme qui doit être battue par ses propres armes: il faut non seulement qu'elle se donne, mais qu'elle se donne avec ignominie. La difficulté qu'on s'invente, où l'on puise le plaisir et qui contribue à la gloire, consiste à amener des situations, parfois peu communes, et à adopter un comportement, qui mettent cette ignominie à nu, avant que (ou sans que) la femme s'en aperçoive. Quelques exemples clés suffisent pour voir les nuances de cette technique, mise en œuvre.

Dans *Le Sopha*, Mazulhim et Nassès l'appliquent à leur jeu avec la méprisable Zulica. Après avoir cédé à Mazulhim dans sa petite maison, elle y vient pour un autre rendez-vous et y trouve Nassès, envoyé pour excuser son ami. Suit un long entretien sinueux au cours duquel Nassès, successivement, la convainc de la trahison de Mazulhim, avoue sa propre 'passion' et l'oblige à lui céder, tout en feignant de l'estimer beaucoup et de croire à ses scrupules, à 'tout le manège qu'il lui laissait faire à son gré' (*So*, p.210). Ayant encore exigé son aveu, et la forçant toujours à de nouvelles faiblesses, Nassès passe à la phase décisive. Car 'avoir triomphé d'elle n'était rien pour lui: il la connaissait trop pour en être flatté' (*So*, p.232); or, de plus en plus, il rend clair son persiflage, en dénonçant la fausseté de Zulica, en lui rappelant son passé ignoble. Le coup final, c'est l'arrivée de Mazulhim qui a été retenu auprès de l'empereur, et dont la 'trahison' avait été inventée par les deux libertins pour avilir Zulica. En quelques heures, la femme est passée d'une main à l'autre, et maintenant elle va être partagée, lorsque l'envie leur en prendra: telles sont les clauses du 'honteux marché' que Mazulhim conclut avec elle (*So*, p.277), et que, menacée d'être livrée au public, elle doit accepter. La cruaté des meneurs de jeu surpasse encore la dépravation de la victime.[56]

[56] C. Cherpack indique l'aspect presque sadique de ce jeu: 'Mazulhim and Nassès are a little like the men who seek out a prostitute's services, and then beat her half to death in righteous disgust. More cool and subtle, they use sex as a means of punishing a woman for letting them satisfy their sexual desires in the first place' (*Essay*, p.70).

L'expérience de Clitandre avec Luscinde, dans *La Nuit et le moment*, est plus condensée. Luscinde, brouillée avec son amant Oronte, est accompagnée chez elle par Clitandre. Celui-ci lui conseille de se venger immédiatement sur l'amant ingrat et la possède dans le carrosse. Malgré son 'indignation', elle lui cède pour la deuxième fois, lorsqu'ils arrivent chez elle. Pour avoir une excuse, elle doit se donner les apparences d'une vraie passion pour Clitandre; il la fortifie malicieusement dans cette pensée, en exigeant toutes les gradations qui, normalement, précèdent une liaison: 'je voulus [...] que [...] nous suivissions toutes les progressions que notre affaire aurait eues, si nous eussions eu le temps de la filer' (*NuM*, pp.263-64). Mais ensuite, il la persuade de pardonner à Oronte et de renouer avec lui, si bien que son ancien amour 'revient', et elle recommence à 'haïr' Clitandre. Sur ce, il lui propose d'être son confident et de servir d'intermédiaire dans le raccomodement avec Oronte. Lorsque tout semble arrangé, il exécute son coup de maître: celui de l'avoir pour la troisième fois, en jouant sur le 'désespoir' de ne pas être aimé, et elle cède encore. La victime est avilie sans que même elle le sache. Mais le public, lui, sait: Clitandre met le point sur l''i', en racontant ces détails à Cidalise.

Dans *Le Hasard du coin du feu*, Clerval amène une situation où il prend Célie d'assaut, la viole presque, mais refuse la grâce de lui dire qu'il l'aime. Les tentatives de Célie – sa seule chance – de lui arracher ce mot magique sont inutiles. Le triomphe, pourtant, n'est pas là. Pour se débarrasser d'elle, et pour démontrer ce qu'elle vaut, il propose un arrangement final: ils pourront se voir, mais sans qu'il renonce à la Marquise (et à d'autres femmes); et pour cacher leur 'liaison', il faut qu'elle prenne Bourville (qui lui plaît d'ailleurs). Bien que le mépris ne soit pas verbalisé par Clerval, il n'en reste pas moins qu'en quelques heures la liaison est créée et dissoute, mais de manière à ôter à la femme tout alibi.

Des techniques d'humiliation analogues sont employées par les stratèges des *Heureux orphelins* et des *Lettres athéniennes*, à cette différence près qu'on y oblige la victime à faire toutes les avances, et qu'on renonce absolument aux apparences de l'amour. Telle est la conquête de Mme de Rindsey par Chester qui, cent pages durant, a le plaisir de la voir dévoiler elle-même sa corruption, le seul qui compte pour lui dans cette affaire: 'Tout assuré que j'étais de triompher d'elle en fort peu de temps, le triomphe ne m'en flattait pas davantage; et je ne voulais pas surtout avoir à me reprocher qu'il me coutât quelques soins ou quelque apparence de sentiment ou de désir' (*HOr*, viii.66-67). L'acte sexuel ne vaut que comme le couronnement de l'humiliation: 'je n'aurais sûrement pas cédé à ses désirs, si je n'avais pas cru, en la prenant, lui faire encore mieux sentir tout le mépris qu'elle m'inspirait, qu'en ne la prenant pas' (*HOr*, viii.92). Enfin, les dernières figures sont exécutées: il faut bien livrer la victime au public (lettres 6, 8) et trouver un digne successeur – Chester pense à Buttington, libertin de rang inférieur.

Les aventures d'Alcibiade offrent le même schéma, mais en raccourci, étant donné leur nombre et leur rapidité. Trois d'entre elles – avec Théognis, avec Praxidice et avec Thrazyclée (*LAt*, lettres 30, 39, 75, 94) – en sont les variations. Dans la remarque qui suit, on entend l'écho des paroles de Chester, et on retrouve l'intention implicite du duc de Clerval: 'je trouvais [. . .] plaisant de triompher d'elle [Théognis] sans qu'elle pût un jour être le moins du monde fondée à m'accuser d'y avoir mis les apparences de l'amour, quelque légères même qu'elles puissent être' (*LAt*, xii.136).

Que sont devenus, dans les cas décrits, l'inconstance et le masque? La première n'est ni l'effet de l'instabilité du désir, ni, à proprement parler, la prescription mondaine générale à laquelle on obéit. Confronté à une fausse prude ou à une femme excessivement galante, le libertin actif n'est pas leur *complice* dans le jeu commun. Il emploie la formule 'on se prend – on se quitte' comme un instrument de mortification: au dénouement d'une liaison il s'agit moins de se débarrasser platement de la partenaire, que de l'anéantir. Les engagements et les ruptures sont les points extrêmes d'un travail de dénonciation cruel. L'inconstance, c'est une manière de placer chaque femme que l'on conquiert dans la chaîne du vice, et de bien montrer ce rôle à la victime et au public.

Parallèlement, le masque ne sert pas de moyen conventionnel de reconnaissance ou de médiation. Particulièrement raffiné, il consiste à faire croire à la victime, au départ, qu'il s'agit d'une 'affaire réglée', à employer les calques reconnus et anodins comme moyen d'avilissement, bref, à tendre des pièges. S'avançant sans crainte sur le terrain familier, la femme sent que le sol, peu à peu, se dérobe. Elle croyait qu'on la secourrait dans le ballet d'amour, mais on la fait danser seule, et de façon de plus en plus compromettante. Et le libertin feint de ne pas être metteur en scène, pour ne pas l'effrayer trop tôt.

La situation du libertin face à la vertu et au sentiment sincère est,

pour ainsi dire, plus authentique. A la place de la concurrence de noirceurs réciproques, à la place du manège 'trompeur trompé' – une confrontation nette du bien et du mal, du ciel et de l'enfer. C'est à ce niveau-
là qu'on peut parler de *séduction*.

Dans l'univers crébillonien les exemples en sont peu nombreux, mais
suffisants: séductions à peine projetées (et avortées), ou seulement
esquissées dans leur déroulement – celle d'Hortense de Théville par
Versac dans *Les Egarements*, celle de Zéphis par Mazulhim dans *Le
Sopha*, celle de Diotime par Alcibiade dans les *Lettres athéniennes*;
séduction un peu faussée dans son dessin à cause de la situation forcée
de la victime – celle de Néadarné par Jonquille dans *L'Ecumoire*;
séduction visible plus dans ses conséquences que dans les préparatifs –
celle d'Aspasie par Alcibiade; séduction, enfin, la plus complète, la
plus détaillée et la plus noire – celle de la Duchesse de Suffolk par Chester
dans *Les Heureux orphelins*, racontée successivement par la victime et
par le bourreau.

L'enjeu est, ici, de triompher de la femme en la faisant céder. C'est
tout, et c'est beaucoup. Car, explique Chester, avec les femmes vertueuses on jouit 'du plaisir de triompher; et je le crois [. . .] plus flatteur
pour notre amour-propre que cette honteuse facilité que nous n'avons
peut-être jamais due à l'amour' (*HOr*, viii.8). L'objet vertueux constitue, par définition, le choix le plus méritoire et le plus grand obstacle.
Némée commente ainsi les vues d'Alcibiade sur Diotime: 'Ses vertus
et sa réputation qui rendent tout à la fois sa conquête plus difficile et
plus brillante ne feront que donner plus d'ardeur à vos poursuites' (*LAt*,
xiii.96). Les difficultés et le mérite grandissent encore, quand il faut
supplanter un rival heureux. C'est le cas d'Alcibiade qui, s'attaquant à
Aspasie, doit combattre aussi son amour pour Périclès et l'autorité de
ce dernier; c'est le cas de Jonquille pour qui Néadarné, indépendamment
de sa vertu et de son innocence, présente d'autres attraits: 'Il imaginait
un plaisir extrême à chasser Tanzaï du cœur dont il était maître; et plus
la victoire lui parut difficile, plus il fut flatté du triomphe' (*TaN*, p.240).

Une fois le choix fait, la séduction commence, et toutes ses étapes sont
soigneusement contrôlées par l'agresseur qui prévoit en détail et
arrange le combat intérieur de la victime, en le contemplant de l'extérieur. Ce qui est projet pour Versac ('il voulait, une fois du moins,
s'amuser du spectacle d'une jeune personne vaincue sans le savoir,
étonnée de ses premiers soupirs' – *Eg*, p.105), est réalisé par Chester
dans sa conquête de la Duchesse de Suffolk: 'tous ces petits débats d'une

femme contre elle-même, et cette alternative perpétuelle de faiblesse et de vertu, donnent à qui sait en jouir avec philosophie un fort agréable spectacle' (*HOr*, viii.22).

Puisant dans la tradition qui remonte à Ovide,[57] le séducteur se mue en chasseur expérimenté, stimulé par la fuite de l'animal et sûr de l'attraper. Alcibiade commente sa conquête d'Aspasie: 'Plus elle me fuit, plus, en me prouvant par là combien elle me trouve dangereux pour son cœur, elle m'invite à la poursuivre' (*LAt*, xii.36). Evoquons aussi les tentatives désespérées de la Duchesse qui refuse de voir Chester en s'enfermant chez elle, ce qui est un bon augure pour son persécuteur.

Mais, quoique allant droit au but, le libertin n'est pas pressé. Il veut donner toutes les chances à la vertu chancelante pour savourer sa lente chute: 'je voulais bien lui laisser la satisfaction de mettre dans sa chute toute la décence et la dignité qui pouvaient la satisfaire.'[58] C'est pourquoi il ne faut pas brusquer les choses, mais veiller à ce qu'aucun stade ne soit omis. Une maîtrise de soi absolue est ici nécessaire; il n'est pas question de céder à un goût momentané qui pourrait accélérer la victoire: la 'clémence' prématurée pour la victime, due à une 'surprise des sens', abrègerait les 'rigueurs' que la femme qui aime déjà doit endurer (*HOr*, viii.50).

Enfin, vient la chute, et peu de temps après, la rupture honteuse. Car le libertin se propose de vaincre la vertu en la déshonorant, en laissant à la femme la torture des remords. Encore, pour que le triomphe soit complet, faut-il le rendre public, ce que font Chester et Alcibiade. Surtout la situation finale de la Duchesse de Suffolk, malade et sur le point de mourir, obligée de quitter l'Angleterre, illustre bien la cruauté de cette dernière phase de la conquête.

Cruel, le libertin actif l'est tout au long de sa séduction méthodique. Le plaisir qu'il a est en effet celui de 'dompter' (*HOr*, vii.76) et de 'voir succomber' la vertu (*HOr*, viii.196). On le puise dans la faiblesse de la victime, voire même dans ses souffrances. Déjà Jonquille, apparemment peu barbare, trouve un charme particulier dans la possibilité de jouir de la femme qui doit se rendre malgré elle, qui n'a pas d'autre issue. Dans

---

[57] M. D. Ebel, dans une note importante de sa thèse, signale l'*Ars amatoria* d'Ovide, ouvrage tout à fait négligé par les critiques s'occupant de cette tradition (même l'ouvrage de L. Versini n'en dit mot) comme source probable des préceptes des séducteurs de Crébillon (*Crébillon fils, moraliste*, pp.298-99 note 16).

[58] *HOr*, viii.172. Cf. Valmont: 'Ah, qu'elle se rende, mais qu'elle combatte; que, sans avoir la force de vaincre, elle ait celle de résister; qu'elle savoure à loisir le sentiment de sa faiblesse' (Laclos, *Les Liaisons dangereuses*, lettre 23, pp.53-54).

les lettres de Chester, on croit entendre des notes sadiennes: 'Que sa douleur fut vive, et avec combien de délices j'en jouis!' (*HOr*, viii.38); 'Que je lui causai de tourments, et qu'elle me donna de plaisir!' (*HOr*, viii.51). En même temps, le libertin a conscience de l'impunité du mal et des avantages que les mauvais procédés ont sur la vertu. On pourrait trouver chez Crébillon plusieurs germes du thème de la 'prospérité du vice'. Après avoir fait une infidélité perfide à Aspasie, Alcibiade constate (*LAt*, xii.63-64):

quand je songe à tout ce qui s'arme contre l'innocence, je suis bien moins étonné de la voir si fréquemment tomber dans les pièges qu'on lui tend, que je ne le suis de la voir s'en sauver quelquefois. Tout crime, quoi qu'on en dise, ne porte pas avec lui son remords: j'ai revu ce matin Aspasie d'un œil aussi tranquille que si, par rapport à elle, je n'eusse rien du tout à me reprocher.

Dans le processus de la séduction, l'inconstance et le masque se présentent sous un jour nouveau. Le rôle de l'inconstance s'épuise dans la rupture. Une femme vicieuse, on vient de le voir, n'est pas tout simplement abandonnée par le libertin: celui-ci la sait trop habituée au changement, pour qu'il borne à cela son art destructeur. Mais ici l'abandon pur et simple suffit: à partir de là, la vertu, puisque essentiellement sincère, ne peut plus subsister dans son intégrité, et ce point marque la victoire complète du libertin.

La même 'pureté' caractérise la fonction du masque. Il ne s'agit plus de revêtir les apparences du jeu mondain, elles-mêmes équivoques, mais de feindre la vertu et le sentiment. Le masque devient un véritable instrument de conquête, dans la mesure où il doit être pris pour de la vérité. La femme honnête est *toujours* vraie, le séducteur doit *toujours* le paraître pour s'introduire dans l'univers de l'authentique: 'j'étais sûrement plus embarrassée que lui, mais il eut l'art de le paraître plus que moi' (*HOr*, vii.135). Aspasie lance cette plainte un peu tardive: 'Vos yeux ne sont que des trompeurs: les traîtres annoncent des mouvements dont vous n'êtes point susceptible: ce sont eux qui m'ont séduite' (*LAt*, xii.146). Mais l'art de paraître vrai exige les plus grands talents, ceux de l'acteur qui montre et exprime ce qu'il ne sent pas. On pense au *Paradoxe sur le comédien*, quand on voit ces libertins jouer le trouble et le désespoir, perfectionner la technique de regarder, de pleurer, même de se faire battre le cœur (*HOr*, viii.167; *LAt*, xii.239-40). Ainsi, n'est grand séducteur qui veut, d'autant plus qu'on joue son rôle non seulement devant la victime. Il importe de se faire, au moins sur un terrain nouveau, une 'réputation', cette fois positive: là encore, le maître-libertin se distingue nettement du libertin tapageur qu'une femme estimable reconnaît facilement et méprise. Chester est bien supérieur à Buttington (*HOr*, viii.175-76):

Ce n'était pas que, dans le fond, mes mœurs ne fussent beaucoup plus perverses que les siennes: je suis par principe ce qu'il n'était que par air; mais loin de m'afficher comme lui, je savais les masquer de toutes les vertus que je méprise.

Il faut, au terme de nos dernières analyses, et pour amener quelques conclusions plus générales, poser la question suivante: le libertin lucide de Crébillon subit-il une évolution? Certes, on ne saurait nier les différences qui séparent les personnages créés dans les années trente de ceux des années cinquante ou soixante: le Sylphe, Jonquille, même Clitandre paraissent plus souriants et moins offensifs dans leur cynisme que Chester et Alcibiade. Peut-on pourtant affirmer que nous avons là affaire à cette transformation importante qui fait dégénérer l'hédoniste, somme toute inoffensif, de la Régence, en un méchant calculateur, cruel et misanthrope, peint dans l'œuvre de Laclos et de Sade? Le passage du Sylphe à Alcibiade, reflète-t-il, comme le veut Ernest Sturm, le 'devenir social et éthique du siècle au cours duquel se décida le sort de la noblesse' qui perd ses dernières illusions et s'enferme dans un jeu froid et méchant (*Crébillon fils*, pp.83, 102-103)?

L'examen chronologique et thématique de l'œuvre crébillonienne ne confirme pas cette thèse, un peu trop répandue. Rappelons d'abord qu'entre 1735 et 1742 Crébillon compose, presque en même temps, quatre romans: *Les Egarements*, *Le Sopha*, *La Nuit et le moment* et *Le Hasard du coin du feu*.[59] Ainsi, peu après le Sylphe, ce n'étaient pas seulement Clitandre et Clerval, mais aussi Versac, Mazulhim et Nassès, qui parlaient 'pour la génération insouciante des années trente, dont la galanterie se teintait de panache, rarement de cruauté' (Sturm,

---

[59] *Les Egarements*: à partir de 1736, *Le Sopha*: 1735 ou 1737, *La Nuit*: en 1737-1740, *Le Hasard*: entre 1737 et 1742. Les dates de composition des trois dernières œuvres sont hésitantes, parce que leur publication fut très postérieure à la rédaction (respectivement: 1742, 1755, 1763). Mais les témoignages des contemporains, et de l'auteur lui-même, permettent de les fixer avec quasi certitude. Voir surtout: lettre de Crébillon à Feydeau de Marville, déjà citée; *Correspondance littéraire* (avril 1755), iii.16; Ch. Palissot, 'Eloge de Monsieur de Crébillon', in: *Nécrologe des hommes célèbres de France*, Année 1778 (Maëstricht 1778), p.xxiv. La chronologie crébillonienne actuelle est mise au point par H.-G. Funke (*Crébillon fils als Moralist*, pp.32-42, 304-11) qui ajoute une trouvaille heureuse: l'allusion, dans *Le Hasard du coin du feu*, à la 'retraite de Prague', épisode de la guerre de la succession d'Autriche, indique que le dialogue ne put être achevé avant 1742 (p.34).

Crébillon fils, p.83). Or, on a vu l'immoralité systématique de Versac, considéré souvent comme ancêtre de Valmont, et la cruauté pratique des libertins du *Sopha*: qui plus est, nous avons montré que les joyeux épicuriens de *La Nuit* et du *Hasard* emploient volontiers la stratégie de mortification, malgré leur refus, hautement proclamé, d'humilier la femme (*NuM*, p.213; *Ha*, p.346).

D'autre part, remarquons que le diabolique Chester et Alcibiade sont séparés par la distance de dix-sept ans (1754, 1771) au cours desquels la 'scélératesse méthodique' perd de sa force: le héros des *Lettres athéniennes* conserve de forts appétits sensuels qui l'apparentent, par exemple, à Jonquille. De plus, ces deux romans sont chronologiquement accompagnés de deux autres où n'apparaît, au moins directement, aucun libertin 'actif' (*Ah, quel conte!*, 1754; *Lettres de la Duchesse*, 1768), et dont le second reprend curieusement la thématique de l'amour malheureux et impossible, celle du chef-d'œuvre de jeunesse (*Lettres de la Marquise*, 1732).

Les silhouettes des grands libertins de Crébillon ne fixent pas, à notre avis, l'orientation évolutive de ses romans: le fil conducteur ne passe pas par là. Il y a erreur à cumuler tout le potentiel de l'œuvre dans ces quelques figures de choix qui, à elles seules, ne remplissent pas l'univers en question. Elles en émergent, on l'a vu, mais elles y plongent en même temps, on l'a vu aussi. C'est dans un organisme plus vaste qu'il faut chercher des idées force et des principes de cohésion.

Cet organisme, nous avons voulu le décrire, en une première approche, dans le présent chapitre. Acceptant l'intention moralisatrice de l'auteur, nous avons circonscrit, par une découpe temporelle, sociale et spatiale, le champ du vice qu'il explore: la décadence des rapports amoureux. La catégorie du libertinage, trop générale, n'a pas tardé de se nuancer en plusieurs couches où le mal se concrétise: celle du libertinage comme *manière d'être* sociale irréfléchie, et celle d'une activité lucide et dominatrice, toutes les deux, à leur tour, différenciées par le fonctionnement changeant de l'inconstance et du masque, deux principes de base.

Or, en parcourant tous ces niveaux, nous avons découvert des attitudes contradictoires et des distorsions. Prévenons le danger d'un malentendu: les cases statiques que nous avons élaborées ne sont nullement des alternatives rigoureuses, des catégories qui s'excluent; bien au contraire: elles représentent différents aspects d'une même activité mondaine.

Le libertinage est une échelle mobile où chacun peut occuper plusieurs positions. Les uns ne dépassent pas le niveau du désir masqué, les autres tâchent de s'émanciper et de dominer. Toujours est-il que tous sont empreints, quoique à des degrés différents, du même manège social que personne – grand paradoxe libertin – ne peut quitter. Dans nos nombreux exemples, nous avons vu certains personnages tantôt se prêter avec complaisance au ballet commun, tantôt assumer le rôle dominateur. Les plus indépendants peuvent être des opportunistes soumis à la mode ou animés par le désir; et, à l'intérieur du libertinage passif, chacun, conformément aux circonstances, peut réaliser différentes combinaisons de l'inconstance naturelle et artificielle, du masque alibi et du masque gratuit.

Privilégier un canal quelconque ne sert donc à rien: le roman de Crébillon n'est pas un 'roman de séduction', car il présente souvent le jeu général de la mauvaise foi et de 'chutes' illusoires; mais inversement, l'idée défendue par Philip Stewart qu'il n'y a aucune séduction dans ce monde des petits-maîtres est visiblement inexacte: nous avons rencontré des échantillons de conquêtes tout à fait valmontiennes, qui pourraient même illustrer les passes de la 'corrida', élaborées (de manière un peu hâtive, il est vrai) pour l'œuvre de Laclos par Roger Vailland (*Laclos par lui-même*, pp. 51-134).

Crébillon moraliste dénonce le mal, mais on s'aperçoit vite que l'image qu'il en donne n'a ni la clarté, ni la consistance des rubriques des autres moralistes, malgré leur inspiration évidente. Le 'libertinage', objet magique, se complique et s'étiole, à mesure qu'on le dissèque: à tout moment il souffre du double impact du vice naturel (désir effréné) et du vice social (dissimulation mondaine). Le 'libertinage' serait donc l'état moral de la société mondaine avec toutes ses contradictions; les cas, d'ailleurs différenciés, des 'fauves' les plus corrompus ne vaudraient que comme un niveau de recherche parmi d'autres, et qui dépend des autres. La critique crébillonienne opère ainsi sur tout le champ complexe d'une existence sociale déterminée, et non pas sur un terrain occupé par quelques êtres abjects qu'il suffit de foudroyer. Aussi notre auteur doit-il se heurter à des problèmes qu'une morale platement réparatrice ne saurait résoudre. C'est vers cette complication croissante de l'image du vice qu'il faudra pousser nos analyses ultérieures. Mais d'abord, il faut se tourner vers le pôle opposé et parcourir le paradis de la vertu et du vrai amour.

3

Le pôle de la vertu et de l'amour

⚬⚬⚬

SUR la mer du vice, on voit quelques îlots dont les rochers orgueilleux ne se laissent pas submerger. Telles sont, chez Crébillon, les proportions du mal et du bien. Etiemble est trop emporté par son zèle, lorsqu'il affirme, après avoir compté les couples vertueux du *Sopha*, que l'auteur sauve de l'opprobre un tiers de l'humanité.[1] Mais plus fausse encore est l'attitude contraire: celle qui fait rayer de l'univers crébillonien le domaine de valeurs positives, procédé courant, même parmi ceux qui ne nient pas le sens implicitement moral et critique du 'tableau' en question.[2] De manière ou d'autre, on oublie trop souvent de reconstruire les éléments de l'idéal par rapport auquel le libertinage fonctionne comme déviation.

Cet idéal est pourtant nettement annoncé par l'auteur. L'objet des *Egarements du cœur et de l'esprit* se dessine dès le départ comme l'histoire exemplaire de la dépravation d'un jeune homme qu'on verrait finalement 'rendu à lui-même, devoir toutes ses vertus à une femme estimable' (*Eg*, p.11). Crébillon est plus explicite dans la préface des *Lettres de la Duchesse*, où il semble répondre d'avance aux critiques de Grimm (*LDu*, x.xv):

nous ne pensons point assez mal de notre siècle, pour croire qu'on ne puisse lui plaire qu'en lui présentant la peinture de la corruption du cœur humain; et nous osons nous flatter que, s'il y a des lecteurs qui nous reprochent de leur avoir donné un livre où rien n'aura pu amuser la leur, il y en aura beaucoup d'autres qui nous sauront gré de leur en avoir offert un où les mœurs sont respectées.

---

[1] voir, parmi ses différentes éditions des *Egarements*, celle de la Bibliothèque de Cluny (p.xvi) ou celle, la plus récente, de la collection Folio (p.21).

[2] cette tradition est bien établie dès le dix-huitième siècle. Voici le jugement de Linguet: 'Il n'a presque crayonné que des vices. S'il a mérité par là le nom de peintre fidèle, il s'est banni du nombre des auteurs utiles' (*Mélanges*, p.239). Le reproche de Grimm va dans le même sens: 'il ne sait pas que plus le siècle est corrompu, plus on rend hommage à la vertu et plus on en aime l'image au moins dans les livres. Cette image ne se trouvera jamais dans les livres de Crébillon' (*Correspondance littéraire* (novembre 1768), viii.207).

La critique virulente du vice doit être logiquement complétée par une perspective positive. L'image du bien, si minime soit-elle, se projette sur l'œuvre et elle peut y être cernée. Elle est d'ailleurs appelée par l'univers libertin lui-même, car celui-ci ne se conçoit qu'en fonction des valeurs bafouées. Clitandre a ce mot révélateur: 'à quelque point que ce qu'on appelle *mœurs* et *principes* soit discrédité, nous en voulons encore' (*NuM*, p.264; italiques dans le texte).

D'une manière générale, Crébillon, en se tournant vers l'idéal, établit une structure bipolaire qui doit faire ressortir la supériorité de la vertu et de la sincérité sur toute forme du libertinage. L'éclairage moral qui apparaît dans des contrastes symétriques ne laisse aucun doute, comme dans cette comparaison qui oppose Hortense de Théville à Mme de Senanges (*Eg*, p.89; c'est nous qui soulignons):

Je réfléchissais avec étonnement sur la *distance* prodigieuse qui était entre elle et Madame de Senanges, sur ces grâces si *touchantes*, ce maintien si *noble*, *réservé* sans contrainte, et qui seul l'aurait fait *respecter*, sur cet esprit *juste* et précis, *sage* dans l'enjouement, libre dans le sérieux, placé partout. Je voyais de *l'autre côté* ce que la nature la plus *perverse*, et *l'art* le plus *condamnable* peuvent offrir de plus *bas* et de plus *corrompu*.

Un jeu d'antithèses analogue montre les avantages que Zéphis a sur Mazulhim (*So*, chapitre 10) ou le Duchesse de Suffolk sur Chester et sur Mme de Rindsey (*HOr*, lettre 7). Certes, l'auteur est tout à fait conscient du caractère exceptionnel et de la fonction socialement réduite de ses personnages vertueux: dans *Le Sopha* surtout, sur le fond exaspérant du mouvement perpétuel du vice, la femme estimable anonyme (chapitre 4) ou Phénime (chapitres 7, 8) font figure de prodiges, et le narrateur méfiant ne croira leur vertu réelle qu'après l'avoir mise à l'épreuve du temps. Mais plus cet isolement s'aggrave, plus cuisant est le contraste. Dans sa singularité, le héros vertueux se détache du monde libertin, s'y sent dépaysé, et, tel un Persan à Paris, fait état de l'absurdité et de la monstruosité de son entourage. Lucie, l'héroïne ingénue de la première partie des *Heureux orphelins,* est aussitôt frappée par les ridicules de Chester, et pense dans sa naïveté réconfortante que 'si tous les hommes de la cour ressemblent à celui-là, la vertu des femmes y doit être bien en sûreté' (*HOr*, vii.82). Le détachement de la Duchesse de *** lui permet de déceler le véritable ordre des choses et de le rendre tout d'un coup évident, comme dans ce jugement sur Mme de Vo...: 'Grand Dieu! se peut-il qu'on soit parvenu à se faire honneur, et à ce point encore, du manque de mœurs, et que l'on prenne pour des moyens de plaire ce que l'indécence peut offrir de plus dégoûtant! L'horrible femme!' (*LDu*, xi.142).

L'idéal se réfugie et rayonne autour de quelques êtres dont la liste est limitée mais réelle; ainsi, pour les personnages importants: l'héroïne et la narratrice des *Lettres de la Marquise*, Tanzaï et Néadarné dans *L'Ecumoire*, Meilcour (avant qu'il ne devienne apprenti libertin) et Hortense dans *Les Egarements*, Phénime et Zulma, Zéphis, Zéïnis et Phéléas dans *Le Sopha*, Rutland, Lucie et la Duchesse de Suffolk dans les *Heureux orphelins*, Schézaddin et la princesse Manzaïde dans *Ah, quel conte!*, l'héroïne des *Lettres de la Duchesse*, Aspasie et Périclès dans les *Lettres athéniennes*. Bien qu'exceptionnels et uniques, ces protagonistes sont plus nombreux que les libertins 'actifs'. En les considérant de près, on voit ce qu'il y a de hâtif dans les opinions selon lesquelles Crébillon n'introduit les vertueux que pour démystifier 'les notions élevées de chasteté et de décence' et refuser, à l'instar de ses libertins, leurs 'principes anachroniques'.[3] Croire, tout uniment, que la Marquise de M*** ou la Duchesse de***, Néadarné ou Phénime, sont jugées en fonction d'un traditionalisme timoré et conservateur, ou au contraire, en fonction d'une mauvaise foi libertine, cachée sous la façade de la décence, ce sont là deux manières d'appauvrir ou même de réduire à néant le domaine de la vertu.[4] Le même regard attentif porté sur les personnages cités devrait relever le rôle de la femme dans le système des valeurs positives et nuancer l'étiquette d'antiféministe qu'appliquent

---

[3] E. Sturm, présentation des *Lettres de la Marquise de M*** au Comte de R****, pp.16, 32.

[4] le premier point de vue se dégage des différents travaux de E. Sturm. A l'édition citée des *Lettres de la Marquise*, il faut ajouter: *Crébillon fils et le libertinage*; article 'Crébillon', in: *Dizionario critico della letteratura francese* (Torino 1972), t.i; édition critique de *L'Ecumoire*. La deuxième perspective domine dans l'étude, par ailleurs pénétrante, de Ph. Stewart (sur Crébillon, voir chapitre 5, pp.148-84). Dans une optique simplifiée, la lecture des textes ne manque pas de devenir tendancieuse, ou simplement inattentive et erronée. Stewart constate à propos du *Sopha*: 'Puis il y a la très vertueuse Phénime qui s'exaspère, devant un jeune timide semblable à Meilcour, du "respect" qu'il s'entête naïvement à lui témoigner: autre fausse alerte, cette femme n'était pas moins lascive qu'une autre. Il n'y a que les dehors qui varient' (pp.180-81). Citons Crébillon: 'Il n'est pas douteux [...] qu'avec une coquette, Zulma n'eût été perdu, mais Phénime, qui réellement désirait de n'être pas vaincue, tenait compte à son amant de sa timidité' (*So*, p.83). Et lorsque l'amour est consommé: 'Que de vérité! Que de sentiment dans leurs transports! [...] Tous deux, enivrés, semblaient avoir perdu tout usage de leurs sens. Ce n'étaient point ces mouvements momentanés que donne le désir, c'était ce vrai délire, cette douce fureur de l'amour, toujours cherchés et si rarement sentis' (*So*, p.94).

à Crébillon de nombreux critiques, habitués, dès le dix-huitième siècle, à voir en chacune de ses héroïnes une Zulica ou une Senanges.[5]

Il importe donc de décrire l'idéal crébillonien, de nommer ses différentes composantes. Car on voit bien, ne serait-ce que d'après les héros qui l'incarnent, qu'il ne fonctionne nullement sur un registre unique. Par exemple, Hortense et Lucie ne s'inscrivent pas exactement dans le même champ que la Marquise de M*** ou la Duchesse de ***, et celles-ci, à leur tour, constituent deux cas distincts à l'intérieur d'une perspective globale commune. La vertu, comme le libertinage, n'est pas un concept compact et homogène.

Elle se conçoit d'abord comme un champ défini par les notions d'innocence, de pureté et de simplicité, qui toutes connotent l'idée d'équité naturelle et originelle.

Le sentiment de détérioration morale, dont nous avons déjà parlé, suppose l'idéal latent d'un âge d'or où la pureté s'épanouit sans entraves, d'un bon vieux temps rappelé par 'd'anciens Mémoires' (*Eg*, p.15). On l'aperçoit surtout dans les *Lettres athéniennes*, le seul roman qui montre parallèlement une dégénérescence de mœurs et une décadence politique, en recouvrant une période considérable (20 ans environ). Derrière les exploits érotiques d'Alcibiade et le conformisme d'un public de moins en moins exigeant, on peut suivre par degrés l'abandon des grands idéaux de la démocratie athénienne et entrevoir sa chute. Il est significatif que ceux qui défendent les principes anciens – Périclès, Socrate, Diodote, Léosthène – opposent aux sophismes équivoques un raisonnement sain et simple, au luxe, la frugalité, au raffinement, la robustesse (lettres 2, 9, 16, 38, 102, 122). A leurs yeux, le nouvel état des choses pervertit la nature et fait perdre l'innocence primitive.

Mais le mouvement malheureux est irréversible: nous voyons la déposition, puis la mort de Périclès; et derrière le procès absurde d'Aspasie se profile le sort tragique de Socrate. Certains cessent de lutter et, dans un acte désespéré, veulent préserver l'idéal dans l'isolement (Léosthène, Diodote). Une vie simple et détachée, de préférence rustique, favorable à l''étude de [soi]-même' (*LAt*, xiv.54), est le dernier

---

[5] 'Il a surtout trop avili les femmes' (Linguet, p.239). Voir sur ce problème les discussions de C. Cherpack, pp.37-40, de L. Versini, pp.564-66, et de H.-G. Funke, pp.237-44.

refuge du 'philosophe': par un revirement curieux, le mot signifie alors non plus un libertin, mais un sage vertueux.[6]

Le plus souvent, le rêve de la première pureté se concrétise en l'image d'un jeune novice qui reste encore 'tout près' de la nature. C'est le cas de Meilcour et d'Hortense, de Tanzaï et de Néadarné, de Zéïnis et de Phéléas, de Lucie, de Schézaddin et de Manzaïde. 'Simple et sans art', c'est le refrain symptomatique qui revient à propos de ces personnages (*Eg*, p.11; *So*, p.290). Dans sa recherche spontanée d'une épouse, Tanzaï 'voulait une beauté modeste, simple, qui ne tînt rien de l'art' (*TaN*, p.110). Néadarné, bien entendu, répond exactement à cet idéal (*TaN*, p.114). Lucie ne cesse d'étonner tout le monde par ce genre de qualités, et dont Rutland même est surpris: 'Quelle candeur! quelle simplicité! quelle vérité brillaient dans ses yeux!'[7] L'individu, comme une société, a son âge d'or. Il arrive aux plus cyniques de l'évoquer sur un ton de nostalgie. Clerval constate, avant de rappeler son initiation par Mme d'Olbray: 'j'étais né avec une simplicité singulière' (*Ha*, p.303).

En tant que contrepoids du masque libertin, les notions de simplicité et d'innocence peuvent signifier une franche naïveté. Naïveté sentimentale de Meilcour ou de Schézaddin, qui, prenant tout à la lettre et croyant en un amour authentique, ne connaissent pas le rite. Naïveté niaise et désarmante de Néadarné qui ignore les détails physiologiques essentiels et a du mal à comprendre la fatalité qui pèse sur son bonheur conjugal. Naïveté robuste, un peu sauvage, de l'impétueux Tanzaï qui, à peine retenu par le respect des lois, aurait bien voulu 'épouser' toutes les princesses candidates (*TaN*, p.111), annonçant en quelque sorte le bon Huron de Voltaire, qui tentera d''épouser' sans préliminaires Mlle de Saint-Yves.

D'un autre côté, la pureté originelle s'oppose à l'impudence éhontée et extravagante, et alors elle s'associe à une grâce naturelle et à la noblesse des principes moraux. Toutes les actions et tous les discours de Néa-

---

[6] Léosthène: 'J'aime à croire que je suis devenu philosophe' (*LAt*, xiv.52). Une qualification analogue pour Rutland: 'il était devenu assez philosophe pour être las du tumulte et du vide qui règnent dans les cours, et des peines ou des dégoûts que le ciel semble avoir attachés aux plaisirs' (*HOr*, vii.5-6). Le sens positif du terme est particulièrement net dans cette opposition: 'on ne guérit pas quelqu'un d'un vice aussi aisément qu'on lui fait changer de système; et il en doit moins coûter pour subjuguer le philosophe, que pour triompher du petit-maître' (*QCo*, v.16).

[7] *HOr*, vii.47. La 'bonne Pikring' s'exclamera d'une façon tout à fait analogue: 'quelle innocence! que de candeur et de bon naturel!' (*HOr*, vii.63).

darné 'avaient une grâce inexprimable' (*TaN*, p.114). 'Des grâces sans apprêt, libres, et tout à la fois modestes; un air *noble et ingénu*' (*HOr*, vii.18; c'est nous qui soulignons) – voilà le portrait de Lucie. Ici, l'ingénuité n'implique plus une naïveté gauche et spontanée, mais une vertu naturelle, gravée au fond de l'âme comme précepte infaillible. Mme Pikring dit à Lucie: 'Je ne puis, en vous entendant, admirer assez à quel point la vertu seule vous a bien conduite, et de combien sa lumière est plus sûre que toutes celles que nous pouvons tenir de l'âge et de l'expérience!' (*HOr*, vii.64). Le héros des *Egarements* est instinctivement repoussé par l'indécence de la Senanges et marque ainsi l'abîme entre les bonnes impulsions d'un cœur innocent et la dépravation mondaine (*Eg*, p.88; c'est nous qui soulignons):

J'avais *encore* ces principes de pudeur, ce goût pour la modestie que l'on appelle dans le monde sottise et mauvaise honte, parce que, s'ils y étaient encore des vertus ou des agréments, trop de personnes auraient à rougir de ne les point posséder.

L'*'encore'* de Meilcour est important. Puisque la corruption est générale et contagieuse, il faut construire autour de l'innocence un système de protection, il faut la maintenir en dehors du cercle maudit. Dans ce contexte, toute retraite, toute séparation, toute cloison, prennent un sens symbolique. Tanzaï, voulant obéir à la fée Barbacela et rester puceau jusqu'à sa vingtième année, évite le 'séjour très pernicieux' de la Cour, s'enferme dans un palais éloigné et en fait défendre l'entrée aux femmes (*TaN*, p.109). La vie de Lucie n'est qu'une succession de fuites au terme desquelles l'innocence menacée trouve un asile provisoire: dans l'atelier de la Yielding, où elle essaie d'éviter tout contact avec Chester et se réfugie dans une chambre à part; dans l'appartement de la Pikring qui la dérobe aux yeux du lord libertin; à Bristol, chez Mme Hépenny, où la crainte d'être repérée la retient dans sa chambre. L'effort pour sauver et cloisonner la pureté est bien évident dans le système de relations qui s'instaure entre les personnages des *Egarements*. Des deux innocents, Meilcour et Hortense, l'un est prédestiné à une chute exemplaire, l'autre doit conserver sa vertu intacte. Aussi, au cours du fameux souper, Meilcour est-il mis 'd'autorité' entre Mme de Senanges et Versac, tandis que Mme de Lursay et Mme de Théville gardent 'soigneusement' Hortense entre elles.[8] Cette disposition se reproduit,

[8] *Eg*, p.95. Sur la disposition des personnages dans la scène de souper, cf. Ph. Berthier, 'Le souper impossible', in: *Les Paradoxes du romancier*, pp.78-80.

légèrement modifiée, dans l'épisode des Tuileries où Meilcour, au bras de la Senanges et de la Mongennes accompagnées de Versac, croise Hortense qui se promène avec sa mère et Mme de Lursay. La symbolique de ces scènes est particulièrement nette: d'un côté, l'innocence est littéralement accaparée, absorbée par les démons du vice, de l'autre, des mains protectrices ne cessent de l'isoler et de la défendre.

Il n'y a pas que l'innocence et le naturel qui définissent la vertu dans le monde crébillonien. L'orbite privilégiée à l'intérieur de laquelle elle se découpe est celle des rapports amoureux. En ce sens, la vertu est un refus *authentique* et conscient de succomber, de se laisser emporter par une passion, d'aimer tout court. L'auteur du *Sopha*, comme l'abbé Prévost, comme Mme de Lambert et Mme de Tencin, se montre largement tributaire de la tradition sentimentale du siècle précédent: en étudiant son œuvre, on oublie trop souvent que l'amour au dix-huitième siècle n'est pas, en tout et pour tout, une réhabilitation des sens et des grandes passions instinctives.[9]

Le grand jeu de la vertu est confié à trois personnages, nécessairement féminins: la Marquise de M***, la Duchesse de Suffolk, la Duchesse de ***. Phénime et Aspasie jouent à peu près le même rôle, mais dans un espace beaucoup plus restreint. Il ne s'agit plus de novices, vertueuses de par leur pureté naturelle. Maintenant, la vertu repose sur l'effort bien cartésien de la raison et de la volonté. Mme de Suffolk 'est toujours asservie à la décence et à la raison' (*HOr*, viii.13). Phénime avoue à Zulma: 'Mon cœur s'est déterminé promptement pour vous [. . .]; mais ma raison s'est longtemps opposée à mes sentiments. Plus je me sentais capable de la passion la plus sincère, plus je craignais de m'engager' (*So*, p.95). Le même principe anime l'appel que la Marquise de M*** lance à son correspondant: 'pendant qu'il nous reste un peu de raison, profitons-en pour vaincre un penchant qui, sans son secours, pourrait devenir condamnable' (*LMa*, p.71). On affiche – et malgré les résultats peu probants, on ne saurait nier la sincérité de ces convictions – une domination de l'amour par des actes de volonté conscients. La Marquise de M*** déclare: 'je me connais, et je suis sûre d'accorder toujours mon amour et ma vertu' (*LMa*, p.79). Plus loin, elle écrit cette phrase qui

---

[9] sur l'image complexe de l'amour au dix-huitième siècle, voir les pages importantes que R. Mauzi a consacrées au problème dans *L'Idée du bonheur* (chapitre 11 'Le mouvement et la vie de l'âme': 2 – 'Le sentiment de l'amour', pp.458-84).

aurait pu être celle de Mme de Clèves: 'les mouvements du cœur ne sont pas soumis à la réflexion; mais il dépend de moi d'être vertueuse, et l'on ne cesse de l'être malgré soi.'[10] La volonté lucide est inébranlable dans le cas de la Duchesse de *** qui, dans son refus impérieux, ne cesse de répéter: 'je ne veux point d'amour' (*LDu*, x.108), ou, plus nettement encore: 'Je me défends du sentiment, parce que toutes sortes de raisons m'en interdisent l'usage' (*LDu*, xi.88).

Ces raisons, il faut les chercher dans les dérèglements du temps, certes, mais aussi et surtout dans toute la tradition post-cartésienne et post-cornélienne, où madame de La Fayette occupe une place de choix. A l'instar de la princesse de Clèves, les vertueuses de Crébillon ne peuvent pas accepter dans l'amour sa force aliénante: elles craignent surtout d'être dépossédées d'elles-mêmes, de ne plus se reconnaître dans leur intégrité. Certaines expressions sont caractéristiques: dans *Les Heureux orphelins*, la retenue de Mme de Suffolk contraste avec les '*écarts*' de ceux qui 'semblent s'imposer la loi d'être toujours *hors d'eux-mêmes*' (*HOr*, viii.13; c'est nous qui soulignons); en se refusant à l'amour, la Duchesse de *** précise: 'qui, libéré du joug de cette passion, peut, sans en mourir de honte, se rappeler à quel point elle *l'a emporté loin de ses principes*'.[11] Cette même héroïne ne sent jamais mieux la nécessité de ne pas aimer, que quand elle voit les autres 'dans les accès de la passion' (*LDu*, x.85). 'Accès de la passion' équivaut à 'accès de la folie': l'amour offusque la vue, dérange l'esprit, échappe au contrôle de la morale rationnelle. La naïve Lucie l'exprime bien, quand elle raconte la violence que le vertueux Rutland voulait lui faire: 'il faut, pour en être venu à une extrémité si contraire à ses principes, que ce sentiment qu'il appelle amour soit un sentiment bien pernicieux, et qui dérange cruellement la tête' (*HOr*, vii.62). Aussi travaille-t-on avec franchise et dignité à 'détruire un amour qui ne peut avoir que des suites funestes' (*LMa*,

---

[10] *LMa*, p.81. Cf. la célèbre réplique que Mme de Clèves fait à Nemours: 'les passions peuvent me conduire; mais elles ne sauraient m'aveugler' (madame de La Fayette, *La Princesse de Clèves*, p.306). On trouve dans les *Lettres de la Marquise* d'autres exemples analogues: 'nous devons nous savoir d'autant plus gré d'être vertueux, qu'il dépend de nous de ne l'être pas' (*LMa*, p.78); 'en pareille occasion [lorsqu'une femme résiste à son amant] on a des forces tout autant qu'on en veut avoir; jugez de ma volonté par les miennes' (*LMa*, pp.93-94).

[11] *LDu*, x.125; c'est nous qui soulignons. De même, la princesse de Clèves est alarmée surtout par l'inefficacité de ses actes volontaires et par la perte de son identité contrôlée: 'Je suis vaincue et surmontée par une inclination qui m'entraîne malgré moi. Toutes mes résolutions sont inutiles; je pensai hier tout ce que je pense aujourd'hui et je fais aujourd'hui tout le contraire de ce que je résolus hier' (*La Princesse de Clèves*, p.237).

p.74). La Duchesse de ***, surtout, se tient sur ses gardes et prononce des formules définitives: l'amour lui fait 'une peur horrible' (*LDu*, xi.82), elle le regarde comme 'la plus cruelle infortune' (*LDu*, x.107), comme 'le plus grand mal de tous ceux qui sont attachés à la vie' (*LDu*, x.66). Bien entendu, aucun facteur religieux n'intervient ici: la longue liste des condamnations lancées par les prédicateurs chrétiens forme un héritage tout différent. Nous sommes beaucoup plus près qu'on ne le pense de l'éthique volontariste et rationaliste du *Traité des passions de l'âme*, du 'généreux' cornélien et des moralistes laïques, selon laquelle tous les états affectifs ('passions' au sens primitif du terme) doivent être canalisés et équilibrés par un mouvement rationnel qui garantit l'identité et la responsabilité du moi.[12]

On voit mieux cette filiation, quand on envisage de près les composants positifs de la vertu fondée sur la raison et la volonté. Qu'est-ce qu'elle offre à la place des passions supprimées? Parlant de son héroïne dans la préface des *Lettres de la Duchesse*, Crébillon interroge rhétoriquement (*LDu*, x.xiv):

Ne serait-ce pas [. . .] faire aux femmes la plus manifeste et la plus atroce des injustices, que de les croire toutes incapables de préférer le bonheur pur et paisible dont la vertu les fait toujours jouir, l'estime, la consolation même qu'elles y trouvent nécessairement attachées, aux plaisirs que leur promet l'amour...?

Amanzéi s'exprime en termes voisins, lorsque, plein d'admiration pour l'attitude de Phénime, il se permet quelques réflexions générales (*So*, p.88):

La vertu est toujours accompagnée d'une paix profonde; elle n'amuse pas, mais elle satisfait. Une femme assez heureuse pour la posséder [. . .] peut ne se regarder jamais qu'avec complaisance; l'estime qu'elle a pour elle est toujours justifiée par celle des autres, et les plaisirs qu'elle sacrifie ne valent pas ceux que le sacrifice lui procure.

Deux valeurs distinctes et complémentaires se dégagent de ces textes, et leur provenance classique ne fait aucun doute. La première, c'est l'*estime* à l'égard de soi-même. La 'femme estimable', étiquette fréquente chez Crébillon, reste fidèle à ses principes et se respecte. Il

---

[12] La Rochefoucauld, tout en constatant l'échec de cet idéal héroïque, ne s'en place pas moins dans la même tradition: 'Les passions ont une justice et un propre intérêt qui fait qu'il est dangereux de les suivre, et qu'on s'en doit défier, lors même qu'elles paraissent les plus raisonnables' (*Maximes et mémoires*, p.72, no 9); 'Toutes les passions nous font faire des fautes, mais l'amour nous en fait faire de plus ridicules' (p.113, no 422).

s'agit pourtant moins d'une chaste austérité érigée en système, que d'une dignité morale garantissant la cohérence du moi. L'estime joue avant tout un rôle existentiel, dans la mesure où, face à l'éparpillement mondain, elle consolide et défend le for intérieur. Elle constitue l'être comme tel, en lui faisant voir en même temps l'abîme du non-être: voilà le 'plaisir' et la récompense. C'est dans ce sens que les héroïnes de Crébillon emploient le mot, conjointement avec 'respect', 'honneur', 'devoir', 'gloire': le vocabulaire cornélien, que nous avons vu au service des exploits libertins, se rapproche ici de sa signification originelle. 'J'étais née vertueuse, et [. . .] accoutumée à me respecter moi-même' (*HOr*, vii.117), dit Mme de Suffolk. 'J'ai [. . .] l'inconvénient de n'être point assez philosophe pour me passer de ma propre estime' (*LDu*, x.116), affirme la Duchesse de ***. La Marquise de M*** et la Duchesse de *** ne doutent pas qu'il ne faille sacrifier l'amour le plus violent à la 'gloire' (*LMa*, p.81; *LDu*, x.192). En mesurant son propre degré d''estimabilité', l'individu peut se confirmer comme être intègre et intangible, ou au contraire, se voir plongé dans le néant. La Duchesse de Suffolk en parle ainsi, quand elle relate les rudes épreuves que sa vertu devait subir: 'dans quelque affreuse situation que me réduisît la mienne, je trouvais une secrète douceur à m'en trouver *encore* capable, et à croire que je pourrais *encore* m'estimer' (*HOr*, vii.122; c'est nous qui soulignons). L'obligation de la fidélité conjugale, qu'on évoque parfois, relève de ce même impératif intérieur et non pas du respect pour le mariage. Lorsque la Marquise de M*** se demande: 'Liée par le plus sacré des devoirs, ouvrirai-je mon cœur à des désirs qui me sont défendus?' (*LMa*, p.53), elle identifie le devoir imposé par les liens conjugaux (dont elle dénonce d'ailleurs la fausseté) avec le devoir envers son moi moral.[13]

La deuxième valeur qui apparaît ici se définit comme '*paix* profonde', comme 'bonheur pur et *paisible*'. On retrouve d'évidents échos du

[13] la crise générale du mariage au dix-huitième siècle (dont les romans de Crébillon sont une bonne illustration) abolit toute signification morale de la liaison institutionnalisée. Mme de Clèves semble encore distinguer deux facteurs complémentaires de son devoir: 'Veux-je m'engager dans une galanterie? Veux-je manquer à M. de Clèves? Veux-je me manquer à moi-même?' (*La Princesse de Clèves*, pp.236-37). Mais en réalité, l'héroïne de madame de La Fayette, comme le remarque dans son excellent article C. Vigée, fait preuve d'une 'égomanie' totale, en subordonnant tout, y compris sa loyauté conjugale, à l'exercice de sa liberté inconditionnelle (C. Vigée, '*La Princesse de Clèves* et la tradition du refus', *Critique* 159-160 (août-septembre 1960), pp.723-54). On retrouve chez les vertueuses de Crébillon les éléments du même égocentrisme moral.

'repos' classique, état d'équilibre où l'âme, dont les mouvements ne débordent pas, jouit d'une noble quiétude. Le sens de l'appel 'laissez-moi en repos' (*LMa*, p.94) n'est pas seulement littéral. La Duchesse de Suffolk fait un rapprochement typique, quand elle dit qu'il s'agissait 'de [son] honneur et de [son] repos' (*HOr*, viii.141). Et la Marquise de M*** déclare: 'Si ce n'était aux dépens de ma tranquillité, je serais charmée de vous rendre heureux' (*LMa*, p.49). Certes, le repos n'équivaut pas au bonheur joyeux, à la sérénité de l'âme. Le plus souvent, il est le fruit d'une privation, il n'a donc pas le caractère d'un rassasiement douillet. Il s'agit d'une plénitude paradoxale, parce que fondée sur le renoncement; d'une paix qui n'est pas une détente, mais une tension lucidement dominée. C'est là surtout qu'il faut évoquer, une fois de plus, l'inspiration de *La Princesse de Clèves*. Tel est le sens du mot laconique de la Marquise de M*** au commencement de sa correspondance: 'Je ne suis point heureuse, mais je suis tranquille' (*LMa*, p.53), et du conseil que la Dame des *Egarements* donne à Hortense: 'Si votre cœur n'est pas content, empêchez du moins qu'il ne soit déchiré' (*Eg*, p.52).

Jusqu'à présent, nous avons envisagé la vertu raisonnable et volontaire comme un principe de base, commun aux grandes héroïnes. Cependant, le fonctionnement pratique de ce principe, les conditions où il agit, et, par conséquent, l'horizon final qu'il dessine, varient. Tout lecteur sait que l'histoire de la Marquise de M***, l'histoire de Mme de Suffolk, ou celle d'Aspasie, n'offrent pas l'image d'une vertu triomphante. On a plutôt l'impression du contraire.

C'est que la vertu ne se réalise pas dans un refus statique et inconditionnel, mais dans une *lutte*. Nous avons déjà cité les postulats de 'vaincre' le penchant, de 'détruire' le sentiment pernicieux. En effet, le motif du combat – intérieur ou dirigé contre les entreprises de l'assaillant – revient sans cesse avec toute une terminologie guerrière. La Duchesse de Suffolk affirme: 'je n'ai pas cédé la victoire; on ne m'a pas trouvée vaincue dès l'instant qu'on m'a attaquée' (*HOr*, vii.98). Et plus loin: 'J'étais vaincue, à la vérité; mais comme je ne désirais pas de l'être, je m'armai de tout ce qui pouvait combattre ma faiblesse et en triompher' (*HOr*, vii.120). Lorsqu'on ne peut plus se fier aux forces de la raison et de la volonté, on essaie de s'imposer la séparation, la fuite: les héroïnes des *Heureux orphelins* et des *Lettres de la Duchesse* ont constamment recours à de tels moyens. Et dans un affrontement sexuel, si le moment de la chute définitive n'est pas encore venu, une femme vertueuse se défend avec tout l'acharnement possible, en faisant voir en quoi ce combat est différent de la 'résistance' consacrée par le rite libertin: 'Zéïnis se défendit si sérieusement, et il [Phéléas] vit tant de colère dans ses yeux, qu'il crut ne devoir plus s'opiniâtrer à une victoire qu'il ne pouvait remporter sans offenser ce qu'il aimait' (*So*, p.295).

Or, la tension intérieure dont il a été question résulte non seulement du renoncement maîtrisé, mais aussi des écueils qui menacent cet équilibre. Celui-ci se montre parfois plus fragile que ne l'affirmaient les hautaines déclarations. Loin d'être toujours une lutte victorieuse, la vertu est mise à de dures épreuves dont les conséquences dépendent de la situation individuelle.

Deux cas, en gros, sont à distinguer. Le premier, exceptionnel, est celui de la tentation vaincue, du devoir qui, malgré tout, triomphe de l'amour. Ce rôle incombe à l'héroïne-narratrice des *Lettres de la Duchesse*. Assiégée par un duc libertin qui lui fait des aveux réitérés, elle sait repousser les avances et prouver l'inviolabilité de ses principes. Ce n'est que dans la dernière lettre, écrite après un intervalle de deux ans, qu'on apprend les véritables sentiments de la Duchesse: elle avait aimé le duc dès le premier regard, et toute sa vie, dorénavant, consistait à étouffer le penchant, à ne rien laisser voir, à tenir l'amant à distance.[14] Les ressemblances avec le roman de madame de La Fayette sont nombreuses, et pas seulement sur le plan général: l'élimination (totale chez Crébillon) des tête-à-tête, le double jeu permanent de l'héroïne, et surtout le dénouement; celui de *La Princesse de Clèves*, célèbre par son originalité déroutante, correspond curieusement à la décision finale de la duchesse qui, veuve, libre et convaincue de la conversion morale du duc, rejette pourtant sa proposition de mariage et s'en va dans une terre éloignée.[15] Il ne s'agit pas, maintenant, d'explorer les différences entre les deux romans et d'élucider pleinement la portée morale des *Lettres de la Duchesse*;[16] le fait est que, en une première approche, nous avons là affaire à un refus conséquent de l'amour et à un combat qui ne se solde pas par une chute.

[14] non que la faiblesse de l'héroïne soit tout à fait invisible avant l'aveu final: sur ce point, voir ci-dessous, chapitre 4, p.162.

[15] J. Rousset est le seul, à notre connaissance, à avoir signalé le rapprochement, d'ailleurs général, entre ces romans (voir le chapitre consacré à Crébillon dans *Narcisse romancier*, p.121).

[16] nous y reviendrons dans le chapitre 5, p.204.

Mais plus fréquent est le cas contraire, où la vertu, après une lutte épuisante, succombe. De 'cornélien', le combat change en 'racinien': si paradoxal que cela puisse paraître, Crébillon se montre un grand peintre de la passion ravageuse qui consomme et anéantit l'individu. Le chef d'œuvre, trop peu connu, que sont les *Lettres de la Marquise de M*** au Comte de R**** en est la meilleure illustration.

Le même parti pris initial que dans les *Lettres de la Duchesse*: une vertu sûre d'elle et déclarée inébranlable devant les attaques d'un comte petit-maître, vertu qui, disent certains critiques, ne cède en rien à celle de Julie d'Etanges (Mylne, p.159). Mais, frappée par l'amour, elle chancelle, la tension équilibrée devient vite une crispation violente, impossible à soutenir: la femme naguère lucide n'est plus qu'une victime entraînée au bord du précipice. Toutes les étapes du malheur sont bien marquées. Forcée d'avouer sa passion et consciente du danger, la Marquise essaie de la combattre, mais, à ce stade déjà, elle prévoit l'échec fatal:

Ah! juste ciel! comment fuir, lorsque mes larmes, mes soupirs, jusqu'à mes efforts mêmes, tout irrite une passion malheureuse? [. . .] Est-il rien de plus affreux que de se combattre sans cesse, sans pouvoir jamais se vaincre? Le devoir est-il donc si faible contre l'amour? Malheureuse que je suis!'[17]

Vient la chute, mais l'amour, même consommé, continue d'être un tourment sans fin, où la raison s'égare complètement, où les sens surtout accomplissent leur œuvre satanique (*LMa*, p.171):

Ma passion devient fureur, rien ne la calme, tout l'irrite. Votre indifférence, vos transports vous rendent à mes yeux également aimable. Ce n'est pas assez du désordre de la journée, des songes heureux me séduisent. Quelles illusions! Quelles nuits! Quels emportements!

Au moment de la séparation, qui va être suivie de la mort, le trouble atteint son apogée: la victime de Vénus à sa proie attachée gémit sous le poids de la faut et voit déjà s'ouvrir les portes de l'enfer: 'Ce n'est pas la perte de la vie qui m'effraie; mais, juste ciel! que vois-je après moi! Quelle horreur! que de fautes et quel repentir!' (*LMa*, p.225). Mais le comble du tragique, c'est qu'au sein même des plus noirs remords la passion subsiste, jusqu'au tombeau: 'je m'abandonne à toute l'horreur que je m'inspire. Je me flatte quelquefois que mon repentir a pris la

---

[17] *LMa*, pp.71-72. L. Picard a certainement raison de voir dans ce passage un écho de la tragédie racinienne (voir l'édition des *Lettres de la Marquise* préparée avec E. Sturm, p.238 note 34).

place de mon amour; mais je ne puis vous oublier. Que dis-je? vous oublier! Vous régnez au milieu de mes plus tristes idées' (*LMa*, p.226).

Ce n'est plus le modèle de *La Princesse de Clèves* qui agit ici: le destin de la Marquise est celui que l'héroïne de madame de La Fayette a réussi (de justesse, il est vrai!) à éviter. On découvre, certainement, l'inspiration racinienne, évidente chez un auteur imprégné de théâtre. Mais une filiation plus nette s'impose: il s'agit des *Lettres portugaises* dont la vogue, à l'époque des débuts de Crébillon, est toujours énorme.[18] Abandon, par l'héroïne, des obligations morales et familiales; sentiment de faute – douloureux, mais étouffé par la passion irrésistible; plaintes dans lesquelles l'amant est accusé d'égoïsme ou d'insouciance;[19] incohérence et contradictions d'un cœur passionné;[20] enfin et sutout, déchirement mortel produit par la séparation: voilà les motifs essentiels qui relient les deux œuvres.

L'exemple des *Lettres de la Marquise,* bien que le plus éloquent, n'est point isolé. Songeons à la Duchesse de Suffolk qui succombe après un combat surhumain, et qui, délaissée, voit de près l'abîme où sa 'malheureuse passion' (*HOr*, vii.141) l'a jetée; tragédie d'autant plus

[18] le rapprochement est fait dès la parution de la deuxième édition des *Lettres de la Marquise* en 1734. A cette occasion, le *Journal littéraire* rappelle les *Lettres portugaises,* ainsi que celles d'Abélard et d'Héloïse, et constate que le roman de Crébillon en a 'le feu, l'esprit, le tour, l'air aisé' (*Journal littéraire* 21 (1734), pp.459-60). Parmi les critiques modernes, de brèves comparaisons sont établies par E. Henriot ('Crébillon fils', in: *Les Livres du second rayon,* p.189; même parallèle dans son édition des *Lettres de la Marquise,* pp.xx-xxi), C. Cherpack (pp.112-13), E. Sturm et L. Picard (*LMa,* p.33 note 1, p.238 note 33, p.241 notes 63, 70, p.246 note 115, p.248 note 137), J. Rousset (*Narcisse romancier,* p.115; voir aussi la préface à son édition du roman, Lausanne 1965).

[19] confrontons les textes, cités déjà par E. Henriot (*Les Livres du second rayon,* p.189): 'Ah, Dieu! qui vous forçait de m'aimer? Ne m'avez-vous choisie que pour me rendre malheureuse? Ne deviez-vous pas prévoir que vous ne seriez pas toujours à moi; et quand enfin ma passion a si bien répondu à la vôtre, n'avez-vous pas dû vous reprocher la douleur que votre perte me causerait?' (*LMa,* p.181); 'Je vous conjure de me dire pourquoi vous vous êtes attaché à m'enchanter comme vous avez fait, puisque vous saviez bien que vous deviez m'abandonner? Et pourquoi avez-vous été si acharné à me rendre malheureuse? que ne me laissiez-vous en repos?' (Guilleragues, *Lettres portugaises,* éd. F. Deloffre et J. Rougeot (Paris 1962), p.41).

[20] 'Je ne sais ce que je veux; je souhaite, je désire même que vous ne m'aimiez plus, je n'envisage qu'avec horreur ce que vous souffrez; et rien ne me fait cependant supporter mes maux que la certitude où je suis que vous les partagez' (*LMa,* p.220).

'Je ne sais ni ce que je suis, ni ce que je fais, ni ce que je désire: je suis déchirée par mille mouvements contraires [. . .] Je vous aime éperdument, et je vous ménage assez pour n'oser, peut-être, souhaiter que vous soyez agité des mêmes transports: [. . .] je ne puis suffire à mes maux, comment pourrais-je supporter la douleur que me donneraient les vôtres, qui me seraient mille fois plus sensibles? Cependant je ne puis aussi me résoudre à désirer que vous ne pensiez point à moi' (Guilleragues, *Lettres portugaises,* pp.48-49).

douloureuse que l'amant, au moment de la rupture, dévoile toute sa scélératesse, et que, malgré cela, la victime a du mal à renoncer à son amour humiliant. De même, dans les *Lettres athéniennes*, la sage Aspasie s'oublie dans sa passion pour Alcibiade; et lorsqu'elle voit enfin la perfidie du libertin, elle a la dignité héroïque de rompre, mais non pas celle de ne plus aimer: 'je vous aime encore; quelque honteux que cela me fût, je ne pourrais que vous le dire, et peut-être y joindrais-je encore l'affront de vous le prouver. Je ne vous verrai plus' (*LAt*, xiii.64). Même des héroïnes plus légères, une fois engagées dans une liaison sérieuse, constatent la même force destructrice de la passion et parlent le même langage. Pour la fée Tout-ou-rien, qui voit que l'amour de Schézaddin refroidit, 'tout se taisait ou avait disparu devant cette passion funeste par laquelle elle était entraînée. Tout douloureux, tout cruel qu'était pour son âme le sentiment impérieux qui la maîtrisait, c'était, cependant, le seul qu'elle pût y laisser régner' (*QCo*, v.114).

Il faudra donc dire que Crébillon est préoccupé beaucoup plus qu'on ne le pense des problèmes de la vertu en lutte, de la lucidité morale aux prises avec une force aveuglante. Il faut reviser le jugement de Pierre Lièvre qui, dans son édition des œuvres de Crébillon (où, d'ailleurs, on ne trouve ni les *Lettres de la Duchesse*, ni *Les Heureux orphelins*), parlait du caractère exceptionnel des *Lettres de la Marquise* où l''amour-passion' serait apparu pour la première et la dernière fois dans l'univers crébillonien: 'C'est du Crébillon sans crébillonage' (iv.1). Le 'crébillonage' dépasse peut-être le champ rebattu de l''amour-goût'. Il reprend volontiers, en la présentant dans une perspective qu'il faudra encore préciser,[21] la grande thématique de la passion et de la faute, qui, on le sait bien aujourd'hui, n'est pas étrangère au roman de l'époque, et cela bien avant les années soixante; là non plus, on ne peut pas parler d'exception: les *Lettres de la Marquise* paraissent presqu'en même temps que *Manon Lescaut* et les *Mémoires du Comte de Com-minge*.

Troisième domaine et troisième manifestation de l'idéal: la vertu peut se transformer en un mythe de l'amour. Car il existe un niveau où la vertu et le sentiment ne sont pas en conflit. Mythifié, l'amour cesse d'être une force immorale et aliénante. On trouve chez Crébillon maints éléments de l'idéalisation sentimentale qui, pré- ou post-rousseauiste,

---

[21] cf. ci-dessous, chapitre 5, pp.189-98, 201-204.

constitue l'un des deux pôles dominants de l'idéologie amoureuse du dix-huitième siècle. 'L'amour', écrit R. Mauzi, 'redevient plus que lui-même. Il représente à lui seul toutes les aspirations et toutes les vertus. Il n'est plus la passion qui divise en s'affirmant rebelle au contrôle de l'esprit, mais ce sentiment total qui vivifie l'âme, le rassemble, fortifie la raison au lieu de la dissoudre, et se montre encore plus clairvoyant, plus infaillible qu'elle' (*L'Idée du bonheur*, p.483).

Premièrement, l'amour vrai est mythifié dans sa naissance. Les êtres élus sont frappés d'un sentiment unique et inéluctable qui se cristallise dès (et dans) le premier regard. Tanzaï et Schézaddin sont obsédés par l'idée d'un 'enamourement' exceptionnel qui établisse un contact direct par-dessus les servitudes mondaines. Schézaddin croit 'que l'on n'aime point, lorsque l'on ne se sent pas, dès la première vue, entraîné par un penchant irrésistible' (*QCo*, v.7). Le coup de foudre de Meilcour qui admire Hortense à l'Opéra est typique: 'Je ne sais quel mouvement *singulier* et *subit* m'agita à cette *vue*' (*Eg*, p.33; c'est nous qui soulignons). Le cliché même, fruit de tout un héritage littéraire, n'étonne pas. Plus étonnante est sa présence sérieuse dans le monde crébillonien. Si l'on prolongeait jusqu'au dix-huitième siècle les fines analyses de M.-Th. Hipp, qui a essayé de rapprocher certains archétypes de l'amour médiéval du roman de madame de La Fayette, ne trouverait-on pas, chez Cré-billon aussi, des traces du mythe de la naissance de l'amour, celle-ci étant 'l'accord spontané de deux êtres dans l'éclair d'un regard'?[22]

En second lieu, le mythe se révèle pleinement dans la vision d'un amour épuré. Sur ce plan, l'empreinte de la tradition précieuse, de d'Urfé à madame de Lambert, ne laisse aucun doute. On reconnaît les mots clés dont Crébillon fait usage: 'cœur' et 'âme' comme siège du sentiment s'opposent à 'sens', 'désir' et 'vanité';[23] les adjectifs 'tendre', 'sensible' et 'délicat' caractérisent la nature du mouvement. L'être qui jouit d'un amour dépourvu de toute marque sensuelle se meut à l'in-térieur d'une région privilégiée et accède par là au bonheur suprême, bonheur d'élite, bien différent du plaisir primaire des libertins: 'rien ne peut peindre les délices de ces plaisirs qui confondent les sens et que les sens ne partagent pas. Ah! qu'il est vrai pour les cœurs sensibles

---

[22] M.-Th. Hipp, 'Le mythe de Tristan et Iseut et *La Princesse de Clèves*', *Revue d'histoire littéraire de la France* 65 (1965), p.407.

[23] la Duchesse de Suffolk décrit ainsi la différence entre ses propres sentiments et ceux de Chester: 'Ses sens [. . .] étaient plus émus que son âme, et sa vanité paraissait plus contente que son cœur' (*HOr*, vii.157).

qu'il y a une volupté bien supérieure à toute celle qu'ils peuvent faire éprouver!' (*HOr*, vii.147-48). La Marquise de M*** dit exactement la même chose: 'ne connaissant en amour d'autres plaisirs que ceux que les sens y attachent, vous traitez de chimère et d'illusion les mouvements qui portent à l'âme une volupté plus vive et plus délicate que celle dont vous faites votre unique objet' (*LMa*, p.102). Rien d'étonnant dès lors à ce qu'elle plaigne son amant de n'imaginer 'rien au-delà de [ses] désirs' et d'ignorer 'les soins délicats qui touchent tant un cœur sensible' (*LMa*, p.108). De même, Versac n'est point fait 'pour connaître ces mouvements tendres qui font le bonheur d'un cœur sensible' (*Eg*, p.104). La 'nouvelle précieuse' qu'est madame de Lambert formule les mêmes idées, et en termes quasi identiques.[24]

A partir de là, quelques-uns poursuivent le rêve de l'amour platonique. L'idéal est nettement défini et parfois accompagné du nom du philosophe (*LMa*, pp.186-87):

Ce ne sont pas vos transports, c'est votre cœur que je cherche, ce sont ces tendres épanchements de l'âme, auxquels on peut se livrer sans offenser la vertu. Je voudrais de cet amour qu'on dit que Platon connaissait si bien, et qu'après lui nous avons si mal connu: de cet amour dépouillé de toute impression des sens ...

La Duchesse de ***, bien qu'elle n'ait pas beaucoup de foi 'à ce qu'on appelle l'*amour platonique*' (*LDu*, x.131; italiques dans le texte), en souhaite et croit que les femmes en seraient plus capables que les hommes. La hantise reste permanente et se manifeste surtout à l'occasion d'un blocage sexuel insurmontable, lorsque tout intermédiaire des sens se trouve exclu (impuissance, castration provisoire). Néadarné soutient que la perte de virilité qui a frappé Tanzaï n'a pas de rapport avec leur amour: 'qu'avons-nous perdu? Ces transports si tendres que vous m'avez fait éprouver, que j'éprouve même encore auprès de vous, ne dépendent point de ce que vous n'avez plus' (*TaN*, p.138). Et quand

---

[24] 'Il y a des plaisirs à part pour les âmes tendres et délicates' (madame de Lambert, *Réflexions sur les femmes*, in: *Œuvres*, 2e éd. (Lausanne 1748), p.208). L'amour 'épure les plaisirs pour les faire recevoir aux âmes fières et il leur donne pour objet la délicatesse du cœur et des sentiments', il 'les sauve des abaissements de la volupté' (p.205). Une telle idéalisation se retrouve tout au long du siècle réputé frivole. Vauvenargues reprendra le thème: quoique, plus réaliste, il reconnaisse dans l'amour 'une inclination dont les sens forment le nœud', il précise qu'il doit exister 'un amour exempt de grossièreté', où l'on trouve 'quelque chose de plus que l'intérêt de nos sens'; c'est 'l'âme que nous cherchons' (Vauvenargues, *Introduction à la connaissance de l'esprit humain*, in: *Œuvres complètes*, éd. H. Bonnier (Paris 1968), i.234-35).

elle est atteinte du même mal, Tanzaï essaie de se consoler par la même idée: 'Je ne veux que votre cœur; et s'il est vrai que la possession du mien suffise à votre félicité, la nôtre sera entière.'[25] A Mazulhim impuissant, la généreuse Zéphis dit ceci: 's'il est vrai que vous m'aimiez, vous n'êtes pas à plaindre. Un seul de mes regards doit vous rendre plus heureux que tous ces plaisirs que vous cherchez' (*So*, p.144).

Ainsi, à la liaison honteuse des sens s'oppose l''union [...] de deux cœurs' (*TaN*, p.109; *LMa*, p.53), l'idéal d'un 'cœur sensible' qui en trouve un autre 'qui puisse [...] [l']entendre et [lui] répondre' (*QCo*, vi.163). A la limite, la purification peut confiner à une mystique: l'écran des corps disparaît entièrement, les âmes, libérées de toute contrainte matérielle, se meuvent de leur propre force et communiquent directement entre elles. C'est alors que les amants tombent 'dans cette délicieuse rêverie où l'âme toute entière se perd dans l'objet auquel elle est attachée'.[26] L'exemple le plus curieux est sans doute celui de l'âme désincarnée et vagabonde du *Sopha*. Indépendamment du faux costume religieux oriental et de l'objectif satirique qui est à la base de cette invention, on trouve à la fin du périple une tentative d'un caractère singulier: l'âme d'Amanzéi, amoureuse de Zéïnis, se colle à sa bouche et essaie de plonger dans le corps de la jeune fille endormie: 'Ah! si je pouvais soustraire mon âme au pouvoir de Brama, ou qu'il pût l'oublier, éternellement attachée à la tienne, ce serait par toi seule que son immortalité pourrait devenir un bonheur pour elle, et qu'elle croirait perpétuer son être.'[27]

Non que l'amour épuré soit toujours un sentiment éthéré et supraterrestre. On veut, au contraire, qu'il remplisse la totalité de l'individu réel, qu'il s'épanouisse, en les ennoblissant, dans toutes les régions de l'être. Il est donc une union de cœurs, mais aussi, telle l''honnête amitié' de d'Urfé, une 'confiance mutuelle', une 'amitié véritable', un

---

[25] *TaN*, p.209. La Marquise de M***, à l'étape où elle refuse encore l'amour physique, s'exprime en termes pareils: 'Votre cœur me suffit, pourquoi ne bornez-vous pas vos vœux à la possession du mien? Que vous êtes ridicules, vous autres hommes, avec vos désirs!' (*LMa*, p.78). Un personnage d'un roman de madame de Lambert parle ainsi: 'Tout ce que vous refusez aux sens tourne au profit de la tendresse' (*La Femme hermite*, in: *Œuvres*, pp.326-27).

[26] *QCo*, vi.163-64. On pense à cette phrase de *L'Astrée*: 'Aimer que nos vieux et très sages pères disaient AMER, qu'est-ce autre chose qu'abréger le mot ANIMER, c'est-à-dire faire la propre action de l'âme.'

[27] *So*, p.287. A.-M. Schmidt n'hésite pas à affirmer que cet épisode a dû ravir les théosophes du temps, et qu'il annonce les 'périples psychiques' de Cazotte (voir son édition du *Sopha*, p.18).

'désir toujours pressant de se plaire' (*LMa*, p.53). Il est une métaphysique de l'âme, mais *aussi* le plaisir des sens. Celui-ci, en effet, n'est pas condamnable, à condition qu'il participe au mouvement général qui porte les amants à la perfection. Le mélange 'pur' du sentimental et du sensuel apparaît nettement dans cette appréciation d'Amanzéi qui admire l'amour toujours croissant de Phénime et Zulma: 'ils avaient [. . .] joint à toutes les délicatesses, à toute la vivacité de la passion la plus ardente, la confiance et l'égalité de l'amitié la plus tendre' (*So*, p.97). Même l'abjection du partenaire et la chute évidente de la vertu peuvent ne pas souiller l'amour parfait. Il instaure, en la personne idéalisée, un ordre autonome qui la préserve de l'abaissement. C'est à cet ordre qu'est fidèle la Duchesse de Suffolk qui, assez curieusement, regarde son union avec Chester 'comme indissoluble' (*HOr*, vii.169), bien qu'elle ait compris tout le danger de l'engagement.[28]

Le troisième aspect de la mythologie amoureuse se présente comme une concentration exclusive sur l'objet aimé. L'amour ne se conçoit que comme un perfectionnement par l'autre et dans l'autre. 'Combien [. . .] ne s'élève-t-on pas quand on se rapproche de ce qu'on aime!' (*HOr*, vii.152). Ainsi, le sujet aimant devient une sorte d'ouverture permanente, tournée avidement *vers* le partenaire. Et cette ouverture est la seule possible; on se dépouille de tout ce qui pourrait y faire obstacle, on bouche d'autres issues. Aimer quelqu'un équivaut à vivre, respirer. Aspasie écrit à Alcibiade: 'C'est si naturellement que je vous aime, qu'il semble que de toutes les choses nécessaires à mon existence mon amour soit ce qui l'est le plus' (*LAt*, xii.102). L'aveu que Zéphis fait à Mazulhim est encore plus explicite: 'Vous voir, vous aimer toujours, c'est mon seul bien et mes uniques vœux' (*So*, p.134). D'où l'exigence, léguée par la préciosité, d''aimer bien', c'est-à-dire de se perdre entièrement dans l'autre, de soumettre son âme sans réserve. Puisqu'on vise l'absolu, toute avarice sentimentale, tout dosage de l'élan, sont impensables.[29]

---

[28] c'est à ce phénomène qu'on pourrait appliquer les remarques suivantes de R. Mauzi: 'Si, par aventure, l'amour provoquait la ruine de la vertu, rien ne serait encore perdu. Par une sorte de promotion révolutionnaire, l'amour se constitue alors comme légalité suprême. Hors de la vertu commune, il construit ses propres normes [. . .] Avant la chute, la vertu consiste à résister à l'amour. Après la chute, elle se transforme en un attachement héroïque à cet amour' (*L'Idée du bonheur*, p.479).

[29] il ne serait pas peut-être hors de propos de citer ici la définition de l'amour précieux telle qu'on la trouve dans le roman de l'abbé de Pure *La Précieuse ou le Mystère des ruelles* publié en 1656-1658: 'L'amour n'est point dans un cœur jusqu'à ce que la conviction de l'amitié l'ait asservi sous la chose aimée, que l'âme soit si persuadée et si captive sous le poids de son amour qu'elle n'ait point de liberté ni de mouvement que par l'ordre de son

C'est pourquoi 'aimer bien' sera toujours pour la personne aimée 'aimer trop' (*LAt*, xiii.108). 'La violence de mon amour vous étonne', écrit Diotime à Alcibiade (*LAt*, xiii.109). En effet, celui qui subit l'amour en est souvent débordé, incapable de comprendre et de participer. Et ces êtres imparfaits sont toujours, chez Crébillon, des hommes. Fréquent est le motif de l'âme féminine remplie d'un objet aimé qui, lui, n'aime que 'médiocrement': 'M'aimez-vous [...] autant que je vous aime? Ce n'est que dans un amour aussi violent que le mien, qu'on peut goûter une joie véritable. On s'ennuie quand on aime médiocrement' (*LMa*, p.111). Malgré sa position de victime, la femme sent l'avantage d'être *agente* du vrai amour. Extérieurement soumise aux entreprises humiliantes de l'amant, intérieurement, c'est elle qui 'agit', en s'élevant, dans sa recherche de la perfection, à l'état de plénitude sentimentale: 'Que, malgré les tourments que vous me causez, mon état est préférable au vôtre, puisque mon âme est perpétuellement remplie de ce qui ne vous a que si passagèrement affecté!'[30]

Une autre orientation de l'idéal: celle de la vérité absolue de l'amour. C'est sur ce plan surtout que la sincérité s'oppose au masque. L'amour, 'quand il est vrai' ne doit pas 'employer la ruse', 'avoir recours à l'artifice' (*LDu*, x.161). Face aux différents mensonges du jeu libertin, il refuse aussi bien 'ce manège dont se servent les coquettes', que 'ces dehors affectés qui rendent les prudes d'un accès si difficile' (*Eg*, pp.59-60). Il refuse paradoxalement la décence, du moment que la 'décence' est un code prescrit par les règles.[31] Un homme formé dans le monde, qui a 'plus de coquetterie que de sentiment' et 'plus de finesse que de naturel', aime 'avec plus de *décence*, mais il *aime moins*' (*Eg*, p.28; c'est nous qui soulignons). Quand on aime vraiment, on *montre* tout son amour, chose inconcevable pour un mondain. Zéïnis, dans sa franchise, 'se précipite' dans les bras de Phéléas (*So*, p.297), et Phénime ne cache rien de sa fougue à Zulma: 'Elle aurait rougi de s'armer de cette fausse

---

objet et pour l'intérêt de ce qu'elle aime. Ce n'est pas là une condition qui laisse des désirs imparfaits, qui fasse aimer faiblement et qui se contente de l'*assez*. Il faut aimer autant que l'âme peut aimer, qu'elle ait employé toute sa force, qu'elle se soit épuisée; à moins de cela, ce n'est point amour, c'est un masque d'amour.' Et l'abbé conclut: 'Si on n'aime pas comme cela, on n'aime pas, parce que jusqu'à ce qu'on *aime bien*, on n'aime pas' (nous citons d'après: R. Bray, *La Préciosité et les précieux*, pp.153-54).

[30] *LAt*, xii.146. On retrouve là l'idée chère à la religieuse portugaise: 'on sent quelque chose de bien plus touchant, quand on aime violemment, que lorsqu'on est aimé' (Guilleragues, *Lettres portugaises*, p.48).

[31] cf. ci-dessus, chapitre 2, pp.89-92.

décence qui si souvent gêne et corrompt les plaisirs. [...] elle mettait alors toute sa gloire à le bien convaincre de sa tendresse' (*So*, p.95). D'où le motif de la femme vertueuse et amoureuse qui, ne sachant dissimuler, cède plus promptement qu'une coquette: 'Vraie dans la résistance qu'elle a opposée aux désirs, elle ne l'est pas moins dans la façon de se rendre' (*Eg*, p.60). La Duchesse de *** se défend de l'amour; mais, assure-t-elle, si jamais on parvient à lui en inspirer, on la verra céder avec autant de franchise qu'elle aura mis d'opiniâtreté à le combattre (*LDu*, lettre 42).

Enfin, le mythe se manifeste quelquefois dans la hantise d'une fuite sentimentale. Pour se réaliser, l'amour idéal a besoin d'isolement. Il s'agit d'abord d'un simple éloignement pour éviter 'le tumulte de la ville' et les importunités du monde, désagréables aux amants (*LMa*, p.112). Mais bientôt apparaît le rêve d'une fuite totale et d'une solitude sans retour, où on vivrait un bonheur intemporel (*LMa*, p.210):

Que ne pouvons-nous dans un coin de l'univers, nous suffisant à nous-mêmes, libres de tous soins, inconnus à tous, ne voir renaître nos jours que pour les passer dans les plaisirs que donne une passion vive et délicate! Sûrs d'employer à nous aimer le jour qui succéderait, nous perdrions avec moins de regret celui que nous verrions s'écouler.

L'isolement amoureux consiste donc à jouir de soi-même par-dessus l'espace et le temps. Le déplacement réel n'est même pas nécessaire; dans le projet de la fée Moustache et de Cormoran, il n'est pas question de partir, et pourtant on reconnaît l'idée de 'fuite', analogue à celle de l'exemple précédent: 'Jouissons du plaisir de nous adorer, abandonnons-nous-y; que nos jours s'écoulent dans notre ardeur, qu'ils ne renaissent que pour nous y retrouver.'[32]

A tous les niveaux de l'idéal de la vertu et du mythe de l'amour, un postulat revient constamment: rendre le langage authentique. Indépendamment du domaine en question, le problème capital de la parole s'inscrit dans le tableau des valeurs défendues.

L'impératif d'imiter la nature dans toute sa spontanéité semble être prépondérant. Il est 'théorisé' dans deux lettres des *Lettres athéniennes*, consacrées à l'art d'écrire et de parler (38 et 40). Aspasie

[32] *TaN*, p.197. La Marquise de M***: 'jouissons seuls de nous-mêmes; l'amour remplira tous nos moments; faisons en sorte de ne pouvoir nous plaindre que du peu de durée des jours' (*LMa*, p.76); 'ce n'est que dans la tranquillité de la solitude qu'on jouit parfaitement de soi-même' (*LMa*, p.112).

critique un ouvrage d'Alcibiade, en y voyant trop d'éloquence raffinée, et en donnant comme modèle le ton 'mâle' mais 'touchant' et l''austère simplicité' des harangues de Périclès (*LAt*, xii.189). Ce dernier, à son tour, prévient Alcibiade, orateur débutant, que la facilité d'expression dont il est doué ne rend que verbeux un discours qui, au fond, ne signifie rien.

On retrouve l'opposition dont le premier élément a été abordé dans le chapitre précédent: entre le langage 'brillant', 'précieux', de l''esprit', et un langage naturel et authentique. Le contraste est clair dans cette remarque sur Schézaddin et Tout-ou-rien (*QCo*, V.97-98):

Ils n'avaient pas besoin, pour se plaire, de ces conversations brillantes et étudiées où l'on cherche toujours, et si vainement, à faire parler à l'esprit le langage du cœur, et où l'on ne trouve jamais ni la chaleur, ni la simplicité du sentiment.

La simplicité 'austère' se meut donc facilement en une simplicité 'chaleureuse' du sentiment: on n'est pas loin du rêve de Jean-Jacques. La parole du cœur se distingue surtout du 'jargon' – langue d'usage imposée par la convention libertine. Dans une conversation du *Sopha*, Zéphis met 'beaucoup de sentiment, et Mazulhim extrêmement de jargon' (*So*, p.148). Et Chester sent bien la supériorité du langage de Mme de Suffolk sur le sien (*HOr*, viii.200):

J'étais étonné, je l'avoue, qu'une femme qui sûrement parlait amour pour la première fois, l'emportât si hautement sur moi, malgré ce brillant jargon d'habitude que je possède, et ce recueil de phrases galantes avec lesquelles j'ai si souvent ébloui.

Les rapports amoureux constituent évidemment un domaine privilégié pour cette parole idéale. Elle se veut transparente: elle signifie ce qu'elle dit et défie tout détour, tout artifice, en devenant le message spontané de l'amour. On insiste sur l'acte naturel de formulation et sur le sens explicite des mots, comme pour se démarquer de la convention linguistique régnante: 'Je vous écris que je vous aime, je vous attends pour vous le dire' (*LMa*, p.76); 'je n'ai [...] jamais senti avec tant de vivacité le besoin de vous dire que je vous aime et de vous le prouver' (*LAt*, xii.69). Il va de soi que le répertoire rhétorique du langage du cœur est fort limité: plus le contact est transparent, plus on dit, littéralement, 'la même chose'. La Marquise de M*** en est consciente, lorsqu'elle craint l'ennui de son amant habitué au jargon varié des coquettes:

'la simplicité de mes discours vous dégoûte; je vous dis sans cesse que je vous aime' (*LMa*, pp.83-84). Diotime, dans les *Lettres athéniennes*, formule encore mieux le problème: 'Puis-je me flatter que vous lisiez sans ennui tout ce que mon cœur me dicte pour vous? Hélas! ce n'est jamais que lui qui vous parle' (*LAt*, xiii.110).

Quelques-uns pourtant se rendent compte que les mots, si spontanés qu'ils soient, ne sont jamais adéquats à l'intention du cœur. Schézaddin n'arrive pas à rédiger sa fameuse lettre à Manzaïde comme il l'aurait souhaité, et il ne peut pas comprendre qu'on exprime si mal ce qu'on sent si bien; sa bien-aimée, dans sa réponse, croit se heurter au même obstacle (*QCo*, chapitre 38). On a l'impression que tout langage étant irrémédiablement compromis, il ne saurait servir de véhicule au sentiment. Une tentation apparaît: celle d'une transparence immédiate, dépourvue de toute médiation verbale. Voyons comment communiquent Tanzaï et Néadarné au début de leur premier tête-à-tête: 'longtemps ses yeux seuls parlèrent de son amour, et la princesse les entendit mieux qu'elle n'aurait entendu ces discours impertinents et doux, que la sottise des hommes et la coquetterie des femmes ont depuis imaginés' (*TaN*, p.114). Même idée dans les *Lettres de la Marquise*: 'Quand on aime, l'amour perce au travers de la contrainte; un regard, un geste prouve plus en certaines occasions que les discours les plus étudiés' (*LMa*, p.97). Le manque d'expression signifie la perfection du contact. L'amour 'perce' de lui-même, l'âme ne sait pas parler: 'Ces paroles étaient suivies de ce silence délicieux auquel l'âme se plaît à se livrer, lorsque les expressions manquent au sentiment qui la pénètre' (*So*, p.94). A la différence du libertinage qui n'existe que dans et par la parole (songeons au dialogue incessant de *La Nuit et le moment* et du *Hasard du coin du feu*), le sentiment authentique tend à fuir le langage corrompu et, à la limite, à renoncer à tout langage.

Au terme de nos analyses, quelques conclusions s'imposent. Une nouvelle découpe que nous avons pratiquée dans l'univers de Crébillon montre l'existence réelle et le rayonnement non négligeable du pôle de valeurs positives. Si nous avons multiplié des exemples et des rapprochements insoupçonnés, c'est pour reconstruire l'idéal qu'une lecture traditionnelle ne dégage pas, et qui, incontestablement, est présent dans l'œuvre d'un bout à l'autre. La vertu, au sens général du terme (le contraire du vice), se différencie en trois domaines principaux:

vertu-innocence (état de pureté et d'honnêteté primitives), vertu-raison (refus de l'amour aliénant, état de paix intérieure, lutte contre la passion malheureuse), vertu-sentiment (mythe d'un amour heureux). Chez cet écrivain 'libertin', on découvre les images inattendues d'une franchise naturelle, de mœurs irréprochables, d'un amour qui ne se réduit pas au plaisir des sens ou de la vanité. Il est évident que Crébillon place à tous ces niveaux certaines nostalgies et certains modèles, qui percent, par un jeu de contraste, au travers de la corruption dénoncée.

Cependant, on l'a déjà signalé, l'idéal ne forme pas un bloc uni. Il est facile de constater que les champs que nous avons décrits ne se dirigent pas toujours vers un horizon commun: ils ne sont ni tout à fait complémentaires, ni tout à fait hiérarchiques. Bien plus, la triade innocence-raison-sentiment, étudiée de près, ne manque pas d'offrir des incompatibilités. L'innocence spontanée n'est pas du même ordre que la vertu raisonnable – fruit d'une expérience mondaine. A plus forte raison, l'effort de la raison et de la volonté contre le sentiment est difficilement conciliable avec une mythologie amoureuse quelconque. Des distorsions apparaissent également à l'intérieur de chaque ensemble: l'innocence est une innocence perdue ou traquée, le refus complet de la passion est rarement réussi, l'amour mythique est à la fois métaphysique et corporel. On glisse d'un niveau à l'autre, mais la dénivellation n'est point possible. On pointe dans différentes directions, mais une perspective qui les recouvre toutes est inconcevable.

Le phénomène peut être suivi sur l'exemple de la notion capitale d'amour que nous avons accolée, dans le titre de ce chapitre, à l'étiquette de vertu. Le mot est sujet à une singulière ambiguïté. En tant qu'élément positif, il s'oppose, dans un contraste fréquent, au 'goût', au désir: 'je pourrais me rendre à l'amour; mais je me mépriserais trop, si sûre comme je le suis de n'être plus aimée, je me livrais à vos désirs' (*QCo*, v.139). Il s'associe étroitement à la vertu, quand on déclare que l'amour 'ne naît ordinairement que de l'estime' (*HOr*, viii.153). D'un autre côté, dans une opposition non moins classique, l'amour et la vertu sont en conflit: 'le prince exigea qu'elle lui confirmât le baiser qu'il avait pris; la vertu ne le voulait pas, mais l'amour l'ordonnait' (*TaN*, p.115). A partir de là, le mot peut se trouver sur la pente inverse et signifier un sentiment pernicieux incompatible avec la 'bienséance' (*Eg*, p.44), ou même, par un renversement complet, les plaisirs grossiers des sens: 'vous cherchez moins les plaisirs du cœur et ses tendres épanchements, que ceux que l'amour peut procurer' (*LMa*, p.93).

Crébillon-idéaliste rencontre ainsi les mêmes difficultés que Crébillon peintre de la corruption. Comme le 'libertinage', la 'vertu' présente un certain nombre de traits hétérogènes qui ne se laissent pas réduire à une orientation morale unique. Le bien, dans sa totalité, est vague et glissant; découpé, il offre des contradictions. On devra voir ce mécanisme de plus près, parallèlement aux fluctuations complexes du vice.

4

L'ambiguïté du vice et les égarements de la vertu

La morale de Crébillon apparaît jusqu'à présent comme une structure bipolaire vice/vertu qui reflète un état de dépravation historiquement repérable. Le premier décrochage fait distinguer et opposer la sphère de la corruption libertine et la sphère des valeurs idéales: ce qui se trouve exposé, c'est la déviation de la mondanité, la critique, la dénonciation des mœurs, avec, à l'horizon, la ligne bleue du bien et de l'amour heureux. Doit-on arrêter là l'analyse, faire de Crébillon, tout uniment, un défenseur de l'innocence et de la vertu et un contempteur des petits-maîtres, et discuter seulement sur sa position de classe? Doit-on, comme nous l'avons fait jusqu'ici, identifier les vœux exprimés par l'écrivain *autour* de l'œuvre avec la dimension éthique de l'œuvre même? Les auteurs des thèses sur Crébillon moraliste, H.-G. Funke et M. D. Ebel, n'hésitent pas à répondre affirmativement à ce genre de questions.

Or, une telle réduction nous paraît excessive. Rappelons que la tradition de la mondanité ne constitue pas, en tout et pour tout, une pente de décadence: toujours ambiguë, elle projette une lumière incertaine sur n'importe quel horizon moral. Rappelons les opinions (d'où seraient-elles venues?) de ceux qui prêtent à Crébillon les théories hédonistes, voire le cynisme de ses libertins.[1] Rappelons enfin certaines distorsions qui nous ont empêché de considérer le pôle de l''univers libertin' et le pôle de la vertu comme deux ensembles cohérents et univoques.

Ces distorsions, il faut maintenant les étudier. Il peut arriver que la ligne de clivage entre l'éthique critiquée et l'éthique postulée soit difficile

---

[1] aux opinions citées dans notre introduction (voir ci-dessus, pp.20-21), ajoutons le commentaire de P. Lièvre selon lequel Versac serait le 'porte-parole de l'auteur': 'il en exprime ces théories sur l'amour qu'on lui connaît. Dandy impitoyable, professionnel de la bonne fortune, homme à la mode, il enseigne aux jeunes gens qui entrent dans le monde la bonne manière de se conduire envers les femmes. La sienne est fort rude, et ses comportements que l'auteur paraît toujours approuver nous révèlent ce qui subsistait de rudesse et de rusticité dans ces mœurs du XVIIIe siècle' (ii.xxxv).

à tracer, et que, regardée autrement, la polarisation perde beaucoup de sa netteté.

Tout d'abord, le vice trahit son ambiguïté, et cela dans les deux dimensions qui nous intéressent: l'inconstance et le masque.

A un niveau rudimentaire, l'inconstance – les principes et les activités qui la constituent et en résultent – ne relève peut-être pas d'une dégénérescence, mais d'une situation inhérente à l'individu. Versac dit: 'Comme moi, tous les hommes ne cherchent que le plaisir; fixez-le toujours auprès du même objet, nous y serons fixés aussi' (*Eg*, p.78). Et Nassès remarque que 'les hommes sont assez malheureux pour ne pouvoir pas jouir longtemps de l'objet même le plus aimable sans que leurs désirs se ralentissent' (*So*, p.204). Ces phrases sont moins un constat de l'état moral de la société qu'un principe ontologique. Constamment à l'affût du plaisir, l'homme est voué à la sensation, passagère et fugitive, qui ne cesse de façonner son existence. Il y a des 'nécessités du désir' (*LAt*, xii.60) qui commandent impérieusement nos actions. C'est la nature qui, en dernière instance, nous fait chercher la jouissance et invite au changement; et par conséquent, selon Alcibiade, l'amour 'n'est qu'une intention générale de la nature, que notre seule fantaisie applique à un seul objet' (*LAt*, xiii.195).

Le 'goût' n'est peut-être pas blâmable; bien au contraire: le plaisir sensuel est sans doute un but légitime, un besoin qu'il faut satisfaire avec joie. Inversement, la vertu et la mythologie amoureuse ne sont-elles pas par hasard une fausse sublimation du plaisir, un obstacle qui pervertit notre nature? Le refus des 'préjugés' sentimentaux, mot d'ordre des libertins, n'est-il pas un peu justifié? Le plaisir, explique Alcibiade à Théramène, c'est 'un bonheur réel' qu'il ne faut pas sacrifier 'à des chimères' (*LAt*, xiii.234). Le Sylphe voit bien certaines inconséquences de la plupart des femmes et précise que 'ce dérangement' durera 'tant que les femmes croiront la vertu idéale, et le plaisir réel' (*Sy*, i.15). Par contre, Thargélie des *Lettres athéniennes* a bien pris son parti là-dessus: 'je ne décore plus moi-même mes sensations du nom auguste de *sentiments* et je ne m'en trouve que plus heureuse' (*LAt*, xii.172; italiques dans le texte). Il ne faut jamais *gêner* les plaisirs: cette idée, dirigée contre toute atteinte aux penchants naturels, apparaît souvent dans le monde crébillonien (*Eg*, p.78; *NuM*, pp.204-205; *TaN*, p.190). Il faut surtout démystifier l'amour, en le rendant humain, en ôtant son auréole tragique et aliénante:

l'amour n'a le pouvoir de nous rendre malheureux que parce que nous ne l'avons pas laissé tel que nous l'avons reçu de la nature. Il nous suffisait de plaire: nous avons voulu être aimés, et qu'une simple préférence qui devait être aussi momentanée que le désir qui l'a fait naître, devînt un sentiment, et même un sentiment suivi.[2]

Nous rejoignons ainsi la tradition naturaliste et sensualiste. L'idéologie des débauchés, on l'a déjà dit, s'inscrit facilement dans la théorie du plaisir et, par extension, dans l'éthique relativiste, élaborées par les plus grands esprits du temps.[3] En tant que moraliste se fiant aux instincts naturels de l'individu, en tant que philosophe de l'instant et du mouvement, Diderot – le Diderot du *Supplément au voyage de Bougainville*, de *Jacques le fataliste* et du *Rêve de d'Alembert* – se place à côté des Versac, des Alcibiade et de leurs pairs.[4] Ceux-ci, tout corrompus qu'ils sont, manifestent la volonté de faire apparaître une morale et un bonheur nouveaux à la place des valeurs anciennes, jugées nocives. Ils veulent surtout faire comprendre le mécanisme de l'homme, et de ce point de vue, la loi de l'inconstance vaut comme explication: si la sensation est source du bonheur, source de la connaissance et source de l'être, la destinée humaine obéit au mouvement et au changement perpétuels qui s'effectuent dans l'univers.

En cela, ils sont bien 'philosophes', non pas dans l'un des sens contradictoires que nous avons déjà relevés chez Crébillon (cynique dévergondé – sage vertueux), mais dans le sens le plus apprécié à l'époque. Il s'agit de raisonner juste et de ramener l'inconnu au connu; de se servir de l'esprit critique qui élimine le mystérieux et le métaphysique; de faire appel à l'observation et à l'analyse des phénomènes

---

[2] *LAt*, xiii.231-32. Voir sur ce point les opinions de E. Sturm dans *Crébillon fils et le libertinage* (surtout le chapitre 'Le libertinage, dénonciateur de mythes', pp.88-93) et dans son introduction aux *Lettres de la Marquise*, pp.11-12.

[3] cf. L. Versini, *Laclos et la tradition*, pp.435-42.

[4] rappelons la fable, tant de fois citée par les critiques, de la Gaîne et du Coutelet de *Jacques le fataliste*, ainsi que le motif célèbre, présent dans *Jacques* et dans le *Supplément*, du serment de fidélité fait sous un ciel qui n'est jamais le même. Dans le *Supplément*, le thème est introduit par cette question d'Orou: 'Rien [. . .] te paraît-il plus insensé qu'un précepte qui proscrit le changement qui est en nous; qui commande une constance qui n'y peut être, et qui viole la liberté du mâle et de la femelle, en les enchaînant pour jamais l'un à l'autre; qu'une fidélité qui borne la plus capricieuse des jouissances à un même individu... ?' (Diderot, *Supplément au voyage de Bougainville*, in: *Œuvres philosophiques*, éd. P. Vernière (Paris 1956), p.480).

naturels. Le frivole Clitandre est tout à fait conscient des progrès de la 'philosophie moderne' (*NuM*, p.204) qui a permis de distinguer les ressorts de nos actions, en séparant les sublimes mensonges des besoins physiques (*NuM*, pp.204-205):

Avant [. . .] que nous sussions raisonner si bien, nous faisions sûrement tout ce que nous faisons aujourd'hui; mais nous le faisions entraînés par le torrent, sans connaissance de cause, et avec cette timidité que donnent les préjugés. Nous n'étions pas plus estimables qu'aujourd'hui; mais nous voulions le paraître; et il ne se pouvait pas qu'une prétention si absurde ne gênât beaucoup les plaisirs. Enfin, nous avons eu le bonheur d'arriver au vrai.

C'est dans le même esprit que Chester s'étonne de voir en Angleterre tant de préjugés, 'malgré la *philosophie* que l'on s'y croit et la *liberté d'esprit* dont tout le monde s'y pique' (*HOr*, viii.3; c'est nous qui soulignons); et Meilcour découvre avec stupeur un philosophe en Versac, lorsque celui-ci prend un ton grave et montre sa 'science du monde', fondée sur une réflexion sérieuse (*Eg*, pp.150-51). On a un goût expérimentateur très poussé, et les expériences, pour immorales qu'elles soient, ont aussi un aspect scientifique. On veut prouver que la 'machine' a son propre fonctionnement qui doit toujours l'emporter sur le sentiment (*NuM*, p.269); on affirme qu'il faut considérer ce genre de choses 'en bonne physique' (*Ha*, p.312). Le fait que les sens puissent être remués sans le secours de l'amour – divorce que nous avons vu sous le jour de la dépravation – est peut-être éthiquement indifférent: le sous-titre du *Supplément au voyage de Bougainville* prévient du danger 'd'attacher des idées morales à certaines actions physiques qui n'en comportent pas'. Jean Sgard a résumé cet aspect inattendu du crébillonage en disant, dans une phrase souvent citée, que 'Crébillon ramène l'amour à des mécanismes explicables; il le réduit à des phénomènes d'attraction, de gravitation; les mythes sont dissipés; c'est une révolution newtonienne'.[5]

Crébillon ou quelques-uns de ses personnages, à la fois cyniques et éclairés? Le doute n'est pas des moindres, et nous aurons encore l'occasion d'y revenir. Pour l'instant, remarquons que la réflexion sensualiste et relativiste ne préoccupe pas uniquement les meneurs de jeu, mais aussi les héros les plus vertueux à leurs moments de faiblesse ou d'hésitation. Ce n'est ni Versac ni Clitandre, mais la princesse Néadarné qui

[5] *Prévost romancier*, p.367.

a ce monologue que Diderot ou La Mettrie n'auraient pas désavoué (*TaN*, p.254).

> Puis-je répondre des mouvements de la nature? Sa sensibilité est-elle mon ouvrage? Si l'âme devait être indépendante des sentiments du corps, pourquoi n'a-t-on pas distingué leurs fonctions? Pourquoi les ressorts de l'un sont-ils les ressorts de l'autre? Ah! sans doute! Cette bizarrerie n'est pas de la nature, et nous ne devons qu'à des préjugés ces distinctions frivoles.

Et la Marquise de M***, modèle de la femme passionnée, peut parler ainsi:

> La constance n'est qu'une chimère, elle n'est pas dans la nature, et c'est le fruit le plus sot de toutes nos réflexions. Quoi! par un vain sentiment d'honneur, que nous ne concevons pas même en nous y soumettant, il faut que l'on ne puisse changer quand on est mécontent de son choix!'[6]

Un vain sentiment d'honneur . . . En effet, des conventions absurdes et un orgueil déraisonnable nous empêchent de nous livrer à l'impulsion naturelle: on sent bien le ridicule de l'austère Schézaddin qui, après avoir goûté les délices de la volupté amoureuse dans le songe où la fée Tout-ou-rien l'a plongé, continue, une fois réveillé, à s'en défendre: 'la vanité emporta sur la nature' (*QCo*, v.29). Puisque le plaisir est un 'bonheur réel', les conventions et l'honneur d'apparat pèsent, et ils pèsent surtout aux femmes dont la sexualité est socialement plus refoulée que celle des hommes. Les héroïnes de Crébillon se mettent souvent dans la lignée des revendications à la fois naturalistes et féministes qui montrent les impératifs de l'instinct et l'impossibilité de les satisfaire librement dans une société réglée par le code du mâle.[7] De ce point de vue, la différenciation morale est beaucoup moins claire, car une femme méprisable et une femme honnête peuvent lancer la même plainte. Ecoutons Zulica et la Marquise de M***:

> Que vous êtes heureux [. . .] de ne pas connaître cette dissimulation si nécessaire pour nous conserver votre estime, mais si pénible pour un cœur tendre!

> Que vous êtes heureux, vous autres hommes, de pouvoir sans honte vous livrer à votre penchant, pendant que, soumises à des lois injustes, il faut que

---

[6] *LMa*, p.206. Un peu plus tôt, elle formule ce principe dans une règle sèchement philosophique: 'Quelque chose qu'on dise de la constance, elle ne dure qu'autant que l'amour; et d'ordinaire il ne subsiste qu'autant que les désirs qu'il fit naître ne sont pas entièrement satisfaits' (*LMa*, p.202).

[7] cf. ci-dessus, chapitre 1, pp47-48.

nous vainquions la nature, qui nous a mis dans le cœur les mêmes désirs qu'à vous.[8]

Ainsi donc, l'inconstance se justifie par la mécanique universelle: ce sont plutôt les bases traditionnelles de la vertu et de l'amour qui ont besoin de justification. Cependant – et c'est un deuxième point à aborder – le libertinage, même sans cette projection philosophique et dans le cadre éthique établi, peut se montrer sous un jour favorable. La chasse au plaisir et l'inconstance sont-elles blâmables, si elles vont de pair, par ailleurs, avec une honnêteté à l'égard de soi-même et des autres? Versac déclare qu'il déteste les vertueuses hypocrites qui veulent en imposer au public, et conclut ainsi: 'J'estime cent fois plus une femme galante qui l'est de bonne foi. Je lui trouve un vice de moins' (*Eg*, p.76).

Etre galant de bonne foi et garder une probité élémentaire – plusieurs personnages fondent leur conduite sur ce précepte: la fée Moustache de *L'Ecumoire*, la fée Tout-ou-rien de *Ah, quel conte!*, ou le couple la Marquise – Clerval du *Hasard du coin du feu* dans leur liaison amicale et durable que les satisfactions passagères du goût ne peuvent jamais altérer. Mais c'est surtout la courtisane Némée des *Lettres athéniennes* qui est l'exemple le plus achevé du libertinage honnête. Elle respecte, dit-elle, la probité la plus exacte, et, tout artifice lui étant odieux, elle ne se permet aucun déguisement, même en amour; de tous les vices qui déshonorent le cœur humain, ce sont surtout le mensonge et la perfidie qui la rebutent (*LAt*, lettres 62, 132, 134). Quant aux plaisirs et à sa profession, elle fait une distinction importante entre les préjugés sexuels et les vertus fondamentales (*LAt*, xiii.59; italiques dans le texte):

Si je n'ai pas cru que les préjugés méritassent d'être respectés, je n'ai point pensé de même sur les principes [. . .] et je me console aisément de ne point porter le masque de ce qu'en nous on nomme *vertu*, par le plaisir de trouver dans mon cœur toutes celles et qui honorent le plus l'humanité et dont elle peut se passer le moins.

Et elle prouve ce qu'elle dit: il est normal qu'elle satisfasse les caprices des hommes, mais dans la mesure seulement où cela ne viole pas ses

---

[8] *So*, p.259; *LMa*, pp.75-76. Ce genre de plaintes retentissent souvent dès le début du siècle. Après la veuve philosophe de Chasles, on l'a dit, ce seront les femmes de sérail chez Montesquieu. Voilà encore la voix de Fatmé: 'Vous êtes bien cruels, vous autres hommes! Vous êtes charmés que nous ayons des passions que nous ne puissions pas satisfaire; vous nous traitez comme si nous étions insensibles, et vous seriez bien fâchés que nous le fussions' (*Lettres persanes*, in: *Œuvres complètes*, p.66).

principes d'honnêteté. Capable d'une liaison amoureuse plus profonde, et même d'une fougue passionnée,[9] elle refuse de se vendre et confond ses partenaires, lorsqu'ils font preuve de perfidie, de lâcheté ou d'ingratitude, ce qui arrive à Alcibiade et à Thrazylle. En revanche, sachant bien que l'assouvissement des appétits n'est pas un vice en soi, elle se rend à son grand ami Callicrate qui la désire vivement, mais en lui défendant d'être amoureux, ce qui pourrait nuire à leur saine amitié, 'le plus noble des sentiments' (*LAt*, xiv.119).

Qui plus est, des réflexes de noblesse caractérisent aussi les libertins dépravés. Il arrive souvent à Alcibiade de s'exalter devant les vraies valeurs humaines et de leur rendre hommage. Il s'indigne de l'odieux complot dirigé contre Aspasie, 'la femme la plus illustre de toute la Grèce', et Socrate, 'cet homme divin' (*LAt*, xiii.143). Après la déposition de Périclès, il lui propose de disposer de son bien (*LAt*, lettre 88). L'exemple le plus curieux est peut-être son éloge d'un ouvrage de Cléophon sur la vie de Périclès, ouvrage dont il admire l'impartialité, sachant l'inimitié qu'avait l'auteur pour son héros (*LAt*, xiv.56):

que, pour le pouvoir, il faut avoir dans l'âme de noblesse et d'élévation! Que j'ai [. . .] de grâces à rendre aux dieux de m'avoir fait naître dans un siècle qui donne de pareils exemples de vertu! Que mon amour pour la gloire me fait envier à Cléophon celle dont il vient de se couvrir; et qu'avec une occasion si sûre de me venger, il me serait doux de remporter sur moi-même une si digne victoire!'

La 'gloire' ne consiste plus dans l'art de conquérir les femmes. Le petit-maître parle comme un héros d'un autre siècle.

Au niveau le plus général, on pourrait peut-être parler de l'*utilité morale* de la dénonciation libertine. Il est certain que la connaissance profonde de l'homme et de la société, privilège des plus lucides, a une double signification: elle sert le vice, mais en même temps, elle le met ironiquement à nu, ce qui suppose l'existence implicite d'une norme. La pédagogie des 'maîtres à penser' a aussi une valeur positive: songeons au panorama impitoyable des mœurs présenté par Versac, à son mépris à l'égard des femmes du genre de Mme de Senanges; Chester le scélérat écrit une histoire qui est 'plus utile [. . .] que toute autre', car, en peignant les hommes, elle 'ne contient que les minutes de leurs erreurs' (*HOr*, viii.46). Les réflexions sceptiques et généralisantes, les portraits et

---

[9] une autre courtisane, Mysis, personnage éphémère, témoigne d'une semblable authenticité sentimentale (*LAt*, lettre 115).

maximes désabusés qui rappellent ceux des moralistes classiques,[10] sont faits souvent par les plus noirs des libertins qui appartiennent par moments à la même famille que Socrate ou le sage Léosthène.

Mais l'ambiguïté du vice, ce ne sont pas uniquement des circonstances atténuantes, des aspects positifs que l'on relève dans et autour de l'inconstance libertine, et qui peuvent aller jusqu'à renverser son sens moral. Le libertinage se montre ambigu aussi sur le plan indiscutablement négatif de l'affrontement cynique avec la vertu et le sentiment.

Il s'agit, en premier lieu, de l'inconséquence du libertin qui, tout en se riant de mœurs et préjugés, en demande souvent dans ses liaisons amoureuses: non, cette fois, pour exécuter le rite de la décence, ni pour se heurter aux obstacles, mais pour avoir l'illusion de l'amour et de l'honnêteté. Illusion paradoxale, car elle ne le trompe pas, mais néanmoins indispensable. Elle est en germe dans la discussion du *Hasard du coin du feu* sur la nécessité d''ennoblir' les plaisirs. Célie, qui pourtant refuse toute mythologie sentimentale, affirme que lorsque l'amour 'se présente aux yeux sous une forme qui l'avilit, on est en droit de le méconnaître', et Clerval, exceptionnellement, est tout à fait d'accord avec elle (*Ha*, p.308). Chose étonnante, il importe donc à l'inconstant, au débauché, que ses conquêtes ne soient pas une *vile* licence, et qu'il puisse y *reconnaître* un *ersatz* de l'amour! On sait bien quelle est la seule satisfaction que poursuit la Reine Grue qui n'a jamais de scrupules et qui n'est pas dupe du spectacle qu'elle donne, mais qui pourtant se plaint en ces termes de son premier amant (*QCo*, vi.36-37):

J'aurais voulu qu'il eût paru ignorer que tout était réglé entre nous; qu'il eût feint de croire à mes combats et qu'il ne m'eût pas avilie à mes propres yeux: mais sa fatuité ne lui permettait point ces égards délicats dont l'amour seul est capable.

'Les plaisirs ont toujours besoin d'un peu d'amour' (*LAt*, xiv.34), déclarent quelquefois les libertins de Crébillon en se contredisant. Alcibiade explique que les courtisanes, dépourvues d''appareil de décence' et renonçant aux protestations d'amour, ne peuvent le satisfaire autant que les femmes du monde (*LAt*, xii.151):

J'avoue [. . .] que si cette apparence ne m'abuse jamais, elle m'entraîne toujours. Soit vanité, soit délicatesse, il m'est impossible de me passer du bonheur de me croire aimé. Bonheur, au reste, qui ne tire pour moi à aucune conséquence, puisque je n'en aime pas davantage.

[10] cf. ci-dessus, chapitre 2, pp.69-70.

Ce bonheur est donc à la fois réel et irréel: on jouit mieux dans l'enveloppe de l'amour et de la vertu, mais on sait en même temps que cette enveloppe est inexistante. Illusion et désillusion, amour et désir s'enchevêtrent singulièrement dans l'activité libertine. L'inconstant, plus souvent qu'on ne le suppose, joue au sentiment, et, s'attrappant à son propre jeu, il tourne en rond. Némée demande à Alcibiade de lui montrer plus d'amour et moins de désirs, bien qu'elle sache parfaitement qu'elle sera payée d'un mensonge. Mais ce mensonge est précieux: 'Je veux [. . .] pouvoir ne *me* pas moins *tromper* sur ce que j'inspire, que je n'aime à *m'abuser* sur ce que je sens. Il y a des moments dont cette *double méprise* m'augmente les charmes' (*LAt*, xiii.229; c'est nous qui soulignons).

A travers ce genre d'inconséquences, on peut entrevoir des signes de la faiblesse et de la vulnérabilité du libertin. L'hédoniste cynique est moins fort qu'on ne le croirait face aux valeurs qu'il bafoue. En regardant de ce côté, on distingue clairement trois thèmes: échec, défaite ou confusion; insatisfaction et vide permanents; soumission et participation au sentiment authentique. Les faiblesses du roué que sera Valmont s'annoncent chez les héros de Crébillon.

Il est inexact de considérer l'activité libertine tout entière dans les catégories de supériorité et de contrôle. Même les plus lucides, les 'meneurs de jeu', ne sont pas toujours, comme le veut T. Sarr-Echevins, des virtuoses vainqueurs et ironiques qui triomphent de la vertu illusoire ou dénoncent l'hypocrisie, en se tenant toujours à distance; la domination et la possession intellectuelles, base de l'érotisme au sens moderne du terme, ne sont pas non plus évidentes.[11] On constate, au contraire, de nombreux échecs. Versac, le maître, ne réussit même pas à entamer la séduction de Mlle de Théville: il est d'abord 'surpris' par son indifférence (*Eg*, p.92), ensuite on le voit 'rougir malgré lui' (*Eg*, p.104), 'un accident si extraordinaire' le met 'presque hors de lui' (*Eg*, p.96) et il ne peut comprendre 'ce qui lui procurait un désagrément qu'il n'avait jamais éprouvé' (*Eg*, p.105). Plus loin, il est gauche et gêné (pour des raisons qu'on n'apprend jamais) devant Mme de Mongennes qui semble avoir sur lui 'cette supériorité qu'il avait sur toutes les autres femmes' (*Eg*, p.131). Peut-on dire que, dans *Le Sopha*,

---

11 'L'esprit de jeu dans l'œuvre de Crébillon fils', pp.369, 372, 380. Voir aussi l'article de P.L.M. Fein, 'Crébillon fils and eroticism', *Studies on Voltaire* 152 (1976), pp.723-28. Cette dernière étude renonce au moins à l'interprétation 'souriante' du libertinage, en constatant la solitude et le désarroi de l'être érotique (pp.724, 728).

Mazulhim triomphe vraiment de Zéphis, si l'on songe à son impuissance (thème qui reviendra dans l'histoire de la Reine Grue de *Ah, quel conte !*), forme très concrète de l'échec? De même, mais pour des raisons différentes, la cruelle victoire de Chester sur la Duchesse de Suffolk peut paraître problématique; il est confondu par la vertu et il l'avoue lui-même à plusieurs reprises: 'Il est peut-être donné à la vertu d'imposer, même dans l'instant qu'elle succombe'; 'Que d'âme! que de noblesse! que de vérité! [. . .] et que son sentiment lui donnait d'avantage sur moi!'[12] Enfin, Alcibiade lui aussi est confondu par Aspasie, surtout lorsqu'elle pénètre toutes ses feintes (*LAt*, lettre 47). Mais ce qui est plus important, c'est que le héros du dernier roman de Crébillon, malgré son activité brillante, se trouve, en fin de compte, mis en déroute: dans ses affaires 'sérieuses' (Aspasie, Némée), c'est lui qui est finalement quitté, et dans le jeu libertin proprement dit, il lui arrive, surtout à la fin, d'être battu par ses propres armes, lorsqu'il tombe dans les pièges que des femmes expérimentées lui ont tendus (Hégéside, Mégiste – lettres 126, 135).

La faiblesse de l'inconstant se traduit aussi par un état de désenchantement et de désarroi qui empêche de jouir. La chasse au plaisir et le changement ne provoquent paradoxalement que l'ennui et le dégoût. C'est ce qu'Aspasie explique à Alcibiade, en disant que son inconstance 'imprime le dégoût' sur tout ce dont il jouit (*LAt*, xiii.15). Il en est d'ailleurs bien conscient quand il fait cet aveu à Callicrate: 'vous concevriez difficilement combien, malgré le soin que je prends de les varier, du moins quant aux objets, mes amusements laissent de vide dans mon âme' (*LAt*, xiii.141). Perspicace qu'il est, l'insuffisance et la tristesse intérieure de sa vie ne lui échappent pas, et il voit de temps en temps 'qu'il y a bien moins à gagner qu'on ne pense à être un fat' (*LAt* xiii.3). Ce ton s'aggrave dans l'une de ses dernières lettres: 'si les hommes les plus jaloux de ma gloire savaient et ce qu'elle me coûte, et combien souvent elle m'ennuie, ils cesseraient bientôt de m'envier une si onéreuse célébrité' (*LAt*, xiv.196). Chester vit le même dilemme, peut-être plus intensément. Il lance une 'plainte de l'inconstant' où il montre toute l'absurdité de la 'gloire' libertine qui n'apporte pas de bonheur (possi-

---

[12] *HOr*, viii.169, 200. Citons encore ceci, pour nous habituer à une autre image du plus scélérat des libertins de Crébillon: 'je ne sais quelle décence qu'au milieu de son trouble elle conservait [. . .] enchaînait mon audace naturelle, jusques à ne pas oser même, par mes regards, lui exprimer mes désirs' (*HOr*, viii.171). Rappelons aussi que Chester échoue complètement, tout comme Versac avec Hortense de Théville, dans ses tentatives auprès de Lucie, dans la première partie du roman.

ble peut-être avec une femme estimable), et pour laquelle nous devons 'passer ennuyeusement notre vie à rendre des soins à des femmes qui souvent ne valent même pas la peine que nous prenons de les tromper' (*HOr*, viii.148). Dans des moments de répit et de réflexions, il pose sur lui un regard désabusé et considère avec mépris sa piètre existence (*HOr*, viii.93-94; italiques dans le texte):

Le nord-est souffle, j'ai du *spleen*; ma tête est en proie aux plus noires idées; j'en veux à toute la nature, à moi le premier, qu'ordinairement je ne prise guère, et de qui je fais aujourd'hui moins de cas encore que de coutume.

Nous sommes loin de la sensualité souriante et des triomphes d'alcôve. . .

Enfin, le libertin cède parfois à l'amour. Il y a des situations où il oublie ses principes, où il s'oublie lui-même, comme Jonquille qui, devant Néadarné, est 'dans une émotion qu'il n'avait jamais sentie' (*TaN*, pp.242-43), et qui monologue (l'aveu est donc sincère) ainsi (*TaN*, pp.240-41):

Ah, Néadarné! [. . .] Quel bonheur de vous inspirer tout l'amour que vous faites naître! Quoi! Je vous verrais entre mes bras, dépouillée de cette vertu sévère que vous opposez encore à ma flamme! Jonquille! l'heureux Jonquille! . . . Ah! il en mourrait de joie.

Animé brusquement par 'je ne sais quel mouvement' jusqu'alors inconnu, Chester se sent ému et plus engagé qu'il n'avait voulu avec Mme de Suffolk qu'il traite avec 'des égards qu'[il] n'avai[t] jusque là cru devoir à quelque femme que c'eût été' (*HOr*, viii.197-98). Alcibiade connaît les mêmes moments de faiblesse auprès de Diotime et il lui semble que 'ses charmes prennent plus sur [lui] qu'[il] ne croyai[t] [lui] même' et que 'la force et la vérité de son sentiment [lui] imposent' (*LAt*, xiii.172). A travers la victoire, on voit germer des impulsions incontrôlées qui peuvent la transformer en soumission et donner au libertin 'le ridicule d'aimer': la Marquise de Merteuil apercevra bien la vulnérabilité de Valmont au cours de la conquête exceptionnelle de Mme de Tourvel. Un pas de plus, et l'inconstant sera converti et fixé, comme l'est le Comte de *** de Duclos par Mme de Selve, comme aurait dû l'être Meilcour par Hortense, dans les parties non écrites des *Egarements*.

L'ambiguïté du second pilier du libertinage, le masque, reproduit bien chez Crébillon les équivoques de la tradition mondaine. Le schéma vice masqué (fausseté, artifice) – vertu (sentiment) sincère s'obscurcit, quand on songe aux antinomies de la sociabilité.

Il s'agit, avant toute chose, du problème du 'vice apprivoisé' et de la 'vertu traitable'. Le réquisitoire de Versac contre la fausseté mondaine a une signification critique évidente; mais l'opinion sur le désaccord fondamental entre la morale et la vie en société est autrement profonde. Il ne faut pas montrer, dans le monde, des vertus 'qui paraîtraient *étrangères*' (*Eg*, p.159; c'est nous qui soulignons). Etrangères, donc inadaptées, rigides, hostiles à l'assouplissement. Alcibiade, expliquant sa conduite à Diodote au début des *Lettres athéniennes*, dit qu'il 'tempère par un peu de volupté l'austérité de la sagesse', en jetant 'quelques fleurs sur les épines de la philosophie' (*LAt*, xii.28). On pense à la raison et la vertu 'civilisées' dont parlait Saint-Evremond. Il se peut que ces valeurs éternelles soient objectivement anachroniques (inexistantes?), si elles n'entrent pas dans le moule des usages sociaux, forcément relatifs.

La question est celle de l'*ornement* – vice ou nécessité? perversion ou esthétique de la sociabilité? superflu ou essentiel? Après avoir peint la repoussante Amine, l'âme d'Amanzéi se tourne vers des objets 'peut-être aussi méprisables, mais qui, plus ornés, la revoltaient moins et l'amusaient davantage' (*So*, p.81). Le fond moralisateur, bien que toujours présent, s'estompe un peu dans cette relativisation par la forme. On le voit mieux dans la phrase suivante où l'on trouve une telle présentation de la maison de Phénime (de Phénime, et non pas de Fatmé ou de Mazulhim!) (*So*, pp.81-82; c'est nous qui soulignons):

je [la] reconnus pour une de celles [. . .] où l'on trouve toujours le *plaisir* et la *galanterie*, et où le vice même, *déguisé* sous l'*apparence* de l'amour, *embelli* de toute la *délicatesse* et de toute l'*élégance* possibles, ne s'offre jamais aux yeux que sous les *formes* les plus séduisantes.

Le texte offre une ressemblance paradoxale avec la justification de Crébillon qui déclare avoir préféré 'plaire moins' plutôt que de montrer le vice 'sous des formes séduisantes'.[13] Est-ce ce projet qu'il a réalisé? N'a-t-il pas été lui-même 'séduit'? ou plus exactement, n'a-t-il pas bien vu – tout en dénonçant le ridicule et le danger du masque – l'impact inévitable et objectif des formes mondaines qui assimilent, nuancent,

---

[13] voir ci-dessus, chapitre 2, p.69. Cf. aussi la fin de la préface bouffonne de *L'Ecumoire*, où le 'traducteur' dit ceci: 'Horace prétend que la raison soit égayée, et n'ordonne pas qu'on ennuie ses lecteurs à force de sagesse. Je suis, au fond, très persuadé que ceux de nos auteurs que nous trouvons si arrangés, voudraient pouvoir l'être moins, et pêcher un peu plus contre les règles. Leurs ouvrages en seraient moins décents; mais plus agréables, et mieux lus' (*TaN*, p.104).

voire même transforment le vice? 'Tant qu'un ridicule plaît, il est grâce, agrément, esprit', dit Versac (*Eg*, p.153), et sa phrase n'a pas seulement un sens dérisoire.[14]

Nous retrouvons le faisceau des termes connus: 'élégance', 'délicatesse', 'grâce', 'esprit', et surtout 'galanterie'. Dans leur éclairage, la corruption sentimentale se présente sous un jour différent. Voyons comment le Roi Autruche peint les mœurs amoureuses de sa cour (*QCo*, v.207):

La galanterie des déclarations amenait bientôt l'aveu. L'ardeur des poursuites, la délicatesse dont l'amour venait de s'embellir, la guerre ingénieuse qu'il livrait aux préjugés, les images vives et flatteuses qu'il faisait des plaisirs, le faisaient bientôt triompher.

C'est le même univers libertin, le même monde d'inconstants, dont les premières pages des *Egarements* présentent l'image sarcastique. Pourtant, ici, à la place de la critique amère apparaît un regard bienveillant, sensible à la fois à l'épanouissement et à la *culture* de la vie affective. Le paradoxe va encore plus loin dans l'évocation, toujours dans *Ah, quel conte!*, de la cour natale de la Reine Grue, où la galanterie et l'enjouement étaient de règle: 'on n'y donnait pas, *comme dans l'ancienne cour*, tout aux *apparences*; et les mœurs, par cette raison, y passaient pour être fort corrompues' (*QCo*, vi.20; c'est nous qui soulignons). Curieusement l'ancienne cour' sert de repoussoir; c'est là que régnait un masque vraiment dangereux: les *apparences* guindées de la vertu; dès lors, la corruption de l'univers galant actuel est fort problématique.

Les personnages par ailleurs vertueux sacrifient à l'ornement mondain, parce qu'ils savent que c'est la seule façon dont leur existence (leur vertu aussi) puisse se réaliser. Sur le plan de la politesse des manières, Mme de Meilcour et Mme de Théville rencontrent les Versac et les Pranzi; il est nécessaire qu'elles aient 'du monde et de l'esprit' (*Eg*, p.113). La Marquise de M***, qui est bien de son temps, a vite perdu ses illusions sur l'amour conjugal: son mari libertin mène une vie indépendante. Mais un jour, raconte-t-elle, il est resté à sa toilette, 'où il a été le plus aimable et le plus galant de tous les hommes'; conclusion: 'j'ai presque eu envie de le prier de m'aimer encore' (*LMa*, p.110). La galanterie, la 'légèreté' et l''amabilité' sont un terrain de contact où le

[14] d'Alembert a fort bien vu le problème en disant que Crébillon avait peint 'les raffinements, les nuances, et jusqu'aux *grâces de nos vices*; [...] cette perversité de principes, déguisée et *comme adoucie* par le masque des bienséances' (voir son *Eloge* de Crébillon père, p.476; c'est nous qui soulignons).

vice se trouve résorbé ou occulté, où il n'est plus lui-même. Mais inversement, une vertu sans vernis ne peut accéder à ce contact et se
trouve paradoxalement réprouvée comme trop sévère et inutile. Celles
qui s'en piquent sont traitées de 'bégueules' (*LDu*, x.146): elles affichent
des 'dehors austères et guindés' (*QCo*, vi.23) et rendent la communication
mondaine impossible. Dans le domaine amoureux, le refus des formes
est lourd de conséquences: pris dans toute sa dignité inconditionnelle,
l'amour doit être 'triste', remarque la Marquise de M*** (*LMa*, p.45),
donc socialement intolérable. Le portrait de Zâdis, amant pourtant
honnête et indignement trompé par Zulica, ne trace sûrement pas une
silhouette positive (*So*, p.181):

Il était grave, froid, contraint, et avait toute la mine de traiter l'amour avec
cette dignité de sentiment, cette scrupuleuse délicatesse qui sont aujourd'hui
si ridicules, et qui peut-être ont toujours été plus ennuyeuses que respectables.

Le sentiment ne doit jamais être trop digne, ni la délicatesse trop 'scrupuleuse', sous peine de dégénérer en ridicule ou en une gravité ennuy-
euse. Compromission de valeurs ou compromis positif, que cette
vérité, formulée par le Roi Autruche, que 'la politesse de l'esprit ajoute
toujours au sentiment, et en le rendant plus agréable, le rend toujours
plus sûr de plaire' (*QCo*, v.206)?

On débouche ainsi sur le problème de la sincérité, du *naturel*, dans
les sentiments, dans le comportement, dans le langage. Qu'est-ce que
c'est que cette nature dont se réclament les vertueux? L'ambivalence du
terme ne cesse de nous frapper. Le noble Rutland donne ce conseil à
Edouard: 'La nature ne veut être ni trop parée ni trop nue. L'ignorant
dégoûte; le savant ennuie. Cultivez donc vos talents; mais encore une
fois, ne les chargez pas: ils sont rien sans les grâces; et les grâces ne
peuvent pas exister sans le naturel' (*HOr*, vii.15). L'idéal, bien classique,
se situe à mi-chemin entre la nature nue et la nature surchargée. On
corrige la nature par les 'grâces' qui pourtant – le cercle se ferme – ne se
conçoivent qu'à partir de la base 'naturelle'. Car le destin, qui dynamise
la nature immobile dans sa pureté élémentaire, est celui de plaire: 'qui
peut plus aimer les charmes que le désir de plaire! La nature fait la
beauté; mais ce n'est qu'à lui qu'on doit les grâces' (*QCo*, v.206-207).
Mais une fois orientée dans cette direction, la nature peut-elle éviter de
se transformer en son contraire, l'artifice, le mensonge, le masque? Ou,
autrement dit, le masque n'est-il pas par excellence 'naturel', si la nature
nue est inacceptable et impensable dans le champ social? Alceste eût

été désarmé par la constatation de Taciturne, à la fois conventionnelle et pertinemment dialectique, que 'la *finesse de l'art* ne consiste que dans l'*imitation la plus vraie* de la nature' (*QCo*, v.110; c'est nous qui soulignons).

Cette dialectique ou cette confusion, héritée du classicisme comme une structure encore équilibrée, doit se ressentir, surtout dans le roman mondain, des tâtonnements contradictoires du dix-huitième siècle qui louvoie, dans le domaine à la fois esthétique et moral, entre la 'vraie nature' et la 'belle nature', entre les attraits de la franchise spontanée et primitive et le vernis de la civilisation.[15] Dans ce siècle hanté par la nature brute et sans fard, mais qui la traduit par des formes qui lui sont radicalement opposées – dans le siècle de parcs et paysages savamment 'désordonnés', de salons avec des gazons en peluche et de sauvages déguisés – Crébillon, tout comme Marivaux, devait être préoccupé du problème des limites, de la possibilité même d'une vérité non masquée. Le postulat banal de l'existence naturelle révèle plus d'une fois son incohérence. La mère de Meilcour, qui, on le sait, était 'simple et sans art', 'trouvait ridicule tout ce qui n'était pas naturel' (*Eg*, p.73): c'est après la présentation de Versac, de ses manières étudiées, qu'apparaît cette remarque. Mais est-on sûr que la façon d'être de Versac blesse la nature? On lit à la même page que son jargon, 'tout *apprêté* qu'il était, avait cependant l'*air naturel*', et qu''il *semblait* que cette heureuse impertinence fût un don de la *nature*' (*Eg*, pp.72-73; c'est nous qui soulignons). Pour être naturel, il faut *ressembler* à la nature, et cela à force de l'apprêter. On peut dès lors demander ce que c'est que le naturel de Mme de Meilcour et ce que veut dire au fond être 'simple et sans art'.

Le dilemme est bien sensible sur le plan de l'amour. 'L'amour a-t-il besoin de manège?' (*Eg*, p.43), s'interroge Mme de Lursay et répond par la négative, supposant un fond sentimental authentique qui nous conduit toujours malgré nous. Pourtant, son comportement réel avec Meilcour (qu'elle aime vraiment) fait penser à une autre réponse. Elle est donnée par la fée Moustache dans *L'Ecumoire*: 'L'amour n'est que ce que nous le faisons: si nous le laissons comme la nature nous le donne, il serait trop uni: sans délicatesse, il serait sans volupté. Nous ne devons ce bien qu'à nous-mêmes' (*TaN*, p.199). C'est donc nous, par notre 'manège', par les formes que nous lui appliquons, qui appelons

---

[15] pour la présentation exhaustive de cette problématique, voir J. Ehrard, *L'Idée de nature*, surtout chapitre 5: 'Nature et beauté', chapitre 12: 'Nature et progrès': 1 – 'Les surprises du "primitivisme"'.

l'amour à exister. Celui qui ignore ces formes, celui donc qui est trop 'naturel', ne saurait bien aimer. Tel le novice, 'toujours tenté, n'aimant jamais', à qui, explique Nassès, tout l'essentiel échappe: 'esprit, délicatesse, sentiment' (*So*, p.253); triade étonnante, car elle met le sentiment dans le contexte de valeurs proprement mondaines. Tel le sauvage ou l'être sans culture qui se contente d'assouvir ses désirs, comme le fait l'esclave de Fatmé, 'peu délicat' et 'ignorant la galanterie' (*So*, p.50), puisque sa maîtresse n'exige pas 'ces tendres riens que la *finesse de l'âme* et la *politesse des manières* rendent *supérieurs aux plaisirs,* ou qui, pour mieux dire, *les sont eux-mêmes*' (*So*, pp.51-52, c'est nous qui soulignons). Alcibiade fait une expérience instructive: voulant goûter d'une beauté innocente et sans fard, il entretient une ingénue, pauvre et de basse naissance; mais la franchise stupide et sans apprêt de Lysidice le dégoûtent bien vite: il ne sait pas se passer d''élégance' et de 'finesse' (*LAt*, xiv.193).

Bien évidemment, le problème du faux langage, de la parole 'brillante' et 'précieuse', se pose dans la même perspective. Crébillon nous invite à rire du bon ton de la bonne compagnie, de la langue affectée de Moustache et de la Reine Grue. Mais à travers tous ces ridicules, on voit poindre des doutes sur le dilemme de l'expression authentique. La parole naturelle et spontanée est-elle souhaitable ou même possible? Après tout, il n'est peut-être pas absurde d'affirmer avec Moustache que le langage 'farouche' du bon sens a besoin d'ornement (*TaN*, p.192), et Chester a raison de s'étonner qu'on ne puisse parler aux austères Anglais d'un ton 'vif, varié, léger et brillant sans passer pour insensé, comme si la raison et l'esprit étaient incompatibles' (*HOr*, viii.5). L'artifice linguistique convenable est requis par tout contact mondain. La Reine Grue rétorque à Taciturne qui critique son jargon: 'croyez-vous qu'il vous convienne de blâmer un ridicule que l'on n'aurait point, si vous étiez aussi sensible au langage simple et vrai de la nature, que vous l'êtes à tout ce qui s'en éloigne!' (*QCo*, vi.12). Le langage orné, ridicule ou pas, établit des relations, tandis que le langage 'simple' risque de les enfreindre. D'ailleurs, où chercher celui-ci, comment le cerner? Les vertueux qu'on a cités dans le chapitre précédent disent qu'ils le parlent et qu'ils en exigent, mais on ne l'entend jamais. La Duchesse de *** reproche au Duc son ton trop léger en ces termes: 'de la galanterie où l'on n'aurait dû ne montrer que de l'amour! quelle méprise!' (*LDu*, x.130). L'ennui est que cette méprise semble inévitable et qu'on ne saurait parler amour sans être 'galant', 'délicat', 'spirituel' etc. Une autre fois, elle demande à son correspondant de guérir leur ami Cercey de l'habitude du 'persiflage', autre caractéristique du langage mondain: ce n'est qu'alors qu'on pourra le 'rendre à la société *tel qu'il doit être*' (*LDu*, xi.12; c'est nous qui soulignons). Mais, nous le savons déjà, être dans la société sans l'intermédiaire de la sociabilité est une chose impensable, et la langue est une médiation privilégiée. Cercey 'tel qu'il doit être', *doit* donc employer le persiflage ou un autre artifice de la parole.

Enfin, le dernier aspect de l'ambiguïté du masque relève de la clôture mondaine. Dans cet espace social, les apparences ne résultent pas seulement de la mauvaise foi ou de l'hypocrisie cynique, dans la mesure où elles fondent toutes ses configurations, tous les événements qui se produisent dans son enceinte. On dit le plus souvent que Crébillon *démasque* sa société; mais on oublie qu'il s'interroge en même temps sur la signification de la réalité prétendûment 'découverte'. En fait, arracher les masques est un travail de Sisyphe, car la vérité qu'on croit entrevoir n'en est pas moins voilée ou équivoque. Nous sommes condamnés à juger quelqu'un ou quelque chose d'après une 'vérité phénoménale', des 'flagrants délits',[16] mais dans le circuit rigide de regards, de paroles et de rapports, ces phénomènes se montrent toujours insuffisants, trompeurs, imprécis, empêchant l'observateur de les 'pénétrer'. Amanzéi évoque ainsi le temps où il était femme (*So*, pp.35-36):

J'étais vraie dans le temps que je passais pour fausse; on me croyait coquette dans l'instant que j'étais tendre; j'étais sensible, et l'on imaginait que j'étais indifférente. On me donnait presque toujours un caractère qui n'était pas le mien ou qui venait de cesser de l'être. Les gens intéressés à me connaître le plus, avec qui je dissimulais le moins, à qui même, emportée par mon indiscrétion naturelle, ou par la violence de mes mouvements, je découvrais les secrets les plus vrais de mon cœur, n'étaient pas ceux qui me croyaient le plus ou qui me saisissaient le mieux.

La réalité offre donc constamment des surfaces fuyantes et illusoires, parce que peut-être il n'y en a pas d'autres. Si bien qu'aucun fait, aucune situation n'existent objectivement: ils sont toujours polyvalents, susceptibles d'un *autre* sens, d'une *autre* interprétation, indépendam-

---

[16] les mots sont de R. Kempf, *Diderot et le roman ou le démon de la présence* (Paris 1964); voir surtout pp.199-202. Tout lointain qu'est le rapprochement, n'y a-t-il pas, à ce niveau, de points communs entre Crébillon et celui qui examinait 'l'inconséquence du jugement public de nos actions particulières'?

ment d'intentions 'véritables'.[17] Meilcour ne sait pas à quoi s'en tenir avec Hortense qu'il voit parler bas à Germeuil et se pencher familière-ment vers lui, car 'ces choses, qui, *toutes simples* qu'elles sont *en elles-mêmes*' (*Eg*, p.119; c'est nous qui soulignons), dissimulent un au-delà insaisissable. Toutes les solutions sont possibles: 'je n'avais pas trouvé de colère dans ses yeux, et quoiqu'elle ne m'eût répondu rien dont je pusse tirer avantage, je n'avais pas non plus lieu de penser qu'elle eût pour moi cette aversion dont jusque-là je l'avais soupçonnée' (*Eg*, p.117). Comment se retrouver dans l'entrelacement des attitudes et des signes que la Duchesse de *** essaie de déchiffrer en racontant l'histoire de Mme de T... et de P...? Un badinage amical peut dénoter l'ex-tinction de l'amour, tandis qu'une réserve froide et dédaigneuse laisse un espoir à l'amant (*LDu*, lettres 10, 11). Bien plus, les faits ne sont jamais innocents: gardant leur signification à double tranchant, ils peuvent toujours se renier, glisser au pôle opposé, sans qu'une stratégie quelconque entre en jeu. Le prince Cormoran est aux genoux de Mous-tache: 'c'est une attitude [...] qui n'est point du tout indifférente; si elle prouve du respect, elle met en même temps à portée d'en manquer' (*TaN*, p.196). Dans *La Nuit et le moment*, Cidalise renvoie, à l'in-stigation de Clitandre, sa femme de chambre. Mais elle est persuadée que Justine juge la situation, pourtant inattendue, comme un rendez-vous arrangé: ce qui est plaisant, c'est que cet *aspect* trompeur décidera de la chose même. Les apparences deviennent réalité.

Parallèlement aux hésitations du vice, la vertu elle aussi montre son inconsistance. On peut parler d'un mouvement de balance: si le mal, quelquefois, se justifie, s'amende ou s'éclaire, le bien s'assombrit et devient suspect. L'idéal n'apparaît jamais à l'état pur. L'innocence, la conduite raisonnable, l'amour vrai sont imprégnés d'un 'libertinage' latent.

On aperçoit d'abord le thème d'une certaine perversion originelle qui rend douteuse l'image de l'âge d'or et de la pureté. Ceux qui sont apôtres de la sagesse vertueuse cèdent souvent aux tentations de Satan. Une malédiction est liée à l'espace où ils existent et qu'on aimerait voir intact. Thrasybule, disciple de Socrate et sage imperturbable, s'humilie devant Alcibiade en lui avouant le désir qu'il ressent pour Némée,

---

[17] nous reviendrons à ce problème sur le plan de l'arbitraire de la parole romanesque (voir ci-dessous, chapitre 6, pp.222-31).

qui tient son âme 'dans une espèce de servitude', et qu'il doit assouvir à tout prix, dût-il un jour 'avoir à rougir de n'avoir pu [s'] en débarrasser qu'en [s']y livrant' (*LAt*, xiv.30). Le malheur est, remarque Alcibiade, qu'on ne peut pas rester 'philosophe' en cédant aux instincts (*LAt*, lettre 98). Le chevaleresque Rutland des *Heureux orphelins* en est la preuve, quand, après avoir vainement combattu l'amour pour Lucie, il se met à développer toute une stratégie pour 'l'amener à cette douce familiarité qui dispose le cœur à des impressions agréables' (*HOr*, vii.33). La séduction est à peine voilée, surtout lorsque, pressé par ses convoitises, il décide de ne pas être trop scrupuleux (*HOr*, vii.38):

il aimait mieux alors la posséder sans faire sur elle cette vive impression qui aurait été si nécessaire à son bonheur, que de vivre sans sa possession. Cette idée n'était pas digne de sa délicatesse; mais qui ne sait que si l'amour en exige, il n'est que trop ordinaire au désir de s'en passer?

Mais la pureté est la plus problématique chez les jeunes ingénus qui entrent dans le monde. Tanzaï, tout novice qu'il est, apprécie bien vite les charmes d'une infidélité et cède à cet 'aveuglement ordinaire des amants' (*TaN*, p.150). La Duchesse de *** s'étonne que son 'petit cousin' ait saisi avec une sagacité qu'elle ne lui aurait jamais crue, 'tout ce que les yeux de Madame de la Bli. . . se tuaient de lui dire d'obligeant' (*LDu*, xi.112). L'exemple clé, c'est Meilcour qui, chose qui a déjà parue singulière à Pierre Lièvre, se conduit exactement comme un roué consommé (*Œuvres de Crébillon fils*, ii.xxxvi). Juste au début de sa carrière, bien avant les commencements de son éducation, l'innocent, le timide héros des *Egarements* semble obéir aux principes classiques des libertins. La rencontre avec Hortense change son attitude envers Mme de Lursay: 'J'aurais voulu d'elle [. . .] ce commerce commode qu'on lie avec une coquette, assez vif pour amuser quelques jours, et qui se rompt aussi facilement qu'il s'est formé' (*Eg.* p.38). Songeons, en-suite, à son projet de vengeance, lorsqu'il apprend le passé de Mme de Lursay: il veut cacher son ressentiment, 'profiter de sa tendresse' pour lui, et lui marquer après, 'par l'inconstance la plus prompte et par tout ce que les hommes à bonne fortune ont imaginé de plus mauvais en procédés, tout le mépris qu'elle [lui] inspirait' (*Eg*, p.77). Il se prête aux agaceries de la Senanges, car il est 'comme tous les hommes du monde, qu'une conquête de plus, quelque méprisable qu'elle puisse être, ne laisse pas de flatter' (*Eg*, p.96). A la fin, c'est lui qui, après les premiers emportements, arrive à une attitude froidement cérébrale, et cela malgré l'amour violent de la Marquise. Celle-ci lui déclare qu''avec tous les défauts attachés à [son] âge', il n'en a 'ni la candeur, ni la sincérité' (*Eg*, p.182). On devrait dire plutôt que la candeur et la sincérité renferment nécessairement des vices.

On le voit mieux encore dans le cas de l'innocence féminine. Les jeunes héroïnes positives de Crébillon incarnent souvent l'ingénuité ambiguë, sensuelle et coquette, si bien représentée sur certains tableaux de Greuze et facile à trouver dans les personnages de Marivaux. La Reine Grue parle ainsi d'un de ses rendez-vous: 'J'avais tâché de réunir toutes les *grâces de l'indécence et de la modestie*; et ces deux choses si opposées se concilient quelquefois plus aisément qu'on ne le croit' (*QCo*, vi.91; c'est nous qui soulignons). Or, ce qui est stratégie préméditée chez une libertine, fonctionne comme un mouvement instinctif chez les naïfs. La 'pudeur indécente' est un mélange typique qu'on voit bien chez Zéïnis, Manzaïde et surtout Néadarné. C'est peut-être parce que l'imagination est 'naturellement vicieuse' (*So*, p.104), que ces ingénues se prêtent aux équivoques du négligé qui à la fois couvre et découvre,[18] et qu'elles se plaisent à l'ambiance lascive qui les entoure. Voici la chambre de Zéïnis qui est presqu'un enfant (*So*, pp.282-83):

Tout y respirait la volupté: les ornements, les meubles, l'odeur des parfums exquis qu'on y brûlait sans cesse, tout la retraçait aux yeux, tout la portait dans l'âme. Ce cabinet enfin aurait pu passer pour le temple de la mollesse, pour le vrai séjour des plaisirs.

La coquetterie et la complaisance règnent en maître dans les cœurs innocents. L'héroïne de *L'Ecumoire*, tout en aimant Tanzaï, cède un peu vite à Jonquille, et cela non seulement à cause d'une situation forcée. Elle est sensible aux charmes du génie, et d'autre part, comme toutes les femmes, 'elle a toujours sa vanité à satisfaire' (*TaN*, p.223). Sa vertu 'murmure' de temps à autre (*TaN*, p.265), mais en réalité Néadarné

---

[18] *TaN*, pp.115-16; *So*, chapitre 20; *QCo*, chapitres 40, 41. Cette ambiguïté du costume (du négligé surtout) et de la parure est une des constantes de la littérature et de l'art du dix-huitième siècle, indépendamment du parti pris moral et esthétique: sur ce plan, Watteau Fragonard et Greuze se rejoignent, tout comme Marivaux, Crébillon et Rousseau. Citons ce dernier qui peint ainsi sa Sophie idéale: 'Sa parure est très modeste en apparence, très coquette en effet; elle n'étale point ses charmes; elle les couvre, mais en les couvrant elle sait les faire imaginer. En la voyant on dit: Voilà une fille modeste et sage; mais tant qu'on reste auprès d'elle, les yeux et le cœur errent sur toute sa personne sans qu'on puisse les en détacher, et l'on dirait que tout cet ajustement si simple n'est mis à sa place que pour être ôté pièce à pièce par l'imagination' (J.-J. Rousseau, *Emile*, éd. M. Launay (Paris 1966), p.517).

ne cesse d'incarner le paradoxe d'Almaïde du *Sopha*, qui disait à propos de son initiation amoureuse: 'En rougissant de ce que je sentais, je brûlais d'en sentir davantage' (*So*, p.114). Les combats de la vertu innocente, sans doute authentiques, se montrent pourtant sous le jour de la même contradiction qu'offre le code hypocrite de la 'décence'. Zéïnis tâche de se débarrasser des bras de Phéléas, 'mais c'était avec tant d'envie d'y rester, que, pour rendre ses efforts inutiles, il n'eut pas besoin d'en employer de bien grands'.[19] Manzaïde, indignée, se met à renouer les nœuds du corset, que Schézaddin a défaits, mais elle regrette 'l'imbécile retenue' du prince qui le lui permet (*QCo*, vi.182-83). A l'occasion, elle ne manque pas d'employer une casuistique bien suspecte: 'comme il est vrai que je vous aime, j'ai cru qu'après vous l'avoir dit, il serait ridicule que je ne voulusse pas vous le prouver' (*QCo*, vi.162).

Si bien que l'innocence, la pureté et la modestie peuvent facilement se changer en ce qui leur est radicalement opposé, et cela sans aucun stade intermédiaire. En quelque sorte, elles *sont* perverses, dans la mesure où le champ d'ignorance où elles émergent ne comporte aucune différenciation morale. Le personnage innocent négatif, c'est Lysidice des *Lettres athéniennes*, objet naturel des expériences d'Alcibiade: elle permet qu'on fasse d'elle tout ce qu'on veut, parce que sa mère ne lui a jamais expliqué en quoi consiste la vertu, et, partant, la honte lui est inconnue.[20] Mais la charmante Néadarné fait aussi preuve d'une ignorance amorale, quand – forcée, certes, par les circonstances et par sa 'bonté', mais aussi goûtant aux nouveaux plaisirs – elle devient une petite dévergondée: après avoir été, à sa grande satisfaction, 'désenchantée' par Jonquille, elle pense à l'amant de Moustache, et pour le délivrer elle doit 'provoquer le génie au sommeil', c'est-à-dire l'épuiser sexuellement (*TaN*, p.265), pareille en cela à la Justine de Sade, qui, dans la scène avec M. et Mme de Gernande, devient 'catin par bienfaisance et libertine par vertu'.[21] Fréquentes sont, dans le roman du siècle, toutes ces jeunes beautés virtuellement offertes au vice: du libertinage indiscutable et 'plébéien' des Ursule et Lucette, on glisse plus aisément qu'on ne le croirait vers

---

[19] *So*, p.293. Cf. le comportement de Luscinde, femme galante, avec Clitandre dans *La Nuit et le moment*: 'Elle fit pour la retirer [sa main] quelques efforts dont, tout exagérés qu'ils étaient, je sentis aisément la mollesse' (*NuM*, p.259).

[20] un détail pourtant: indifférente sur l'essentiel, elle cache farouchement sa gorge devant Alcibiade; c'est là, lui a-t-on dit, qu'est le siège de la vertu. On pense à Cécile Volanges qui, elle, se concentrera sur la défense de la bouche.

[21] *Justine ou les Malheurs de la vertu*, éd. G. Lely (Paris 1969), p.212.

161

l'innocence, indignement corrompue mais facilement corruptible, d'une Cécile Volanges ou d'une Justine.

La situation de la vertu raisonnable et mûre qui s'affirme dans le refus d'aimer et dans la lutte malheureuse contre la passion, n'est pas non plus sans tache. Les héroïnes 'estimables' et sincèrement amoureuses sont également des femmes mondaines qui connaissent et emploient tous les manèges du jeu social. Celle qui est unique dans son refus conséquent, la Duchesse de ***, apparaît néanmoins dans un éclairage assez ambigu. En réalité, bien avant l'aveu final, elle laisse percer sa faiblesse pour le Duc (surtout dans la deuxième partie du roman, après l''Avis au lecteur', intermède important), mais d'une manière extrêmement raffinée: 'A l'égard du fond de mes sentiments, quand ils seraient pour vous tels que vous avez l'air de le désirer, je suis dans cet instant si peu sûre que vous m'aimiez encore que je n'oserais pas vous le dire' (*LDu*, xi.75). Ces aveux indirects ne sont possibles que dans un jeu complexe d'ironie et de persiflage qui leur permet d'apparaître tout en les rendant nuls (*LDu*, xi.76):

Ah! Monsieur le Duc, vous qui avez tant d'esprit! dites-moi, je vous prie, quand on se rappelle si fortement que l'on a vu quelqu'un, qu'on croit le voir encore, tout absent qu'il est, qu'on se souvient avec plaisir de tout ce qu'on lui a entendu dire, et qu'on se reproche les rigueurs dont on s'est crû obligé de l'accabler, quel signe est-ce?

Remarquons que ce jeu est pour ainsi dire doublement oblique du fait qu'au moment où elle formule ce genre de discours, la Duchesse aime violemment le Duc et lutte contre cette passion. Le grave aveu de la dernière lettre rend particulièrement équivoque le manège antérieur. D'ailleurs, l'héroïne est loin de renoncer à la coquetterie et se plaît à l'étaler devant son correspondant: il ne tiendrait qu'à elle, répète-t-elle obstinément, de séduire M. de Si. . . qui lui fait des avances, ou d'éduquer son 'petit cousin' (*LDu*, lettres 31, 45).

Chez la Marquise de M***, amoureuse tragique, un 'libertinage' va de pair avec sa vertu et sa passion. Au temps où elle semble encore rejeter l'amour du Comte, le refus, loin d'être définitif, ressemble plutôt à un encouragement: 'vous me priez de vous dire si vous devez espérer; je me suis consultée, je crois que non' (*LMa*, p.45). Quand l'amant doit l'accompagner, elle lui défend de faire des mines et de pousser des soupirs, mais il est autorisé à faire 'les réflexions les plus séduisantes sur ce que [lui] annonce la faveur qu'[elle lui] fai[t] d'être auprès d'[elle]'

(*LMa*, p.55). Après l'avoir prié de cesser de la voir – vœu qu'elle renouvelle bien des fois sans que cela tire à conséquence – la marquise accorde un rendez-vous en ces termes: 'Puisque vous le voulez absolument, je consens à vous revoir' (*LMa*, p.58). Comme le remarque Ph. Stewart, l'excuse qu'elle se donne est factice; l'adverbe 'absolument' n'ajoute rien au sens du 'puisque vous le voulez' (*Le Masque et la parole*, p.114): elle va revoir le Comte, parce que celui-ci le veut et qu'elle en a envie elle-même. Et lorsque l'amour s'épanouit, la fougue racinienne alterne avec les procédés classiques du ballet mondain (*LMa*, p.82):

Croyez-moi, renoncez à tous les petits manèges d'amour, les femmes en savent là-dessus plus que vous, et j'ai précisément la coquetterie qu'il faut pour vous rendre le plus malheureux de tous les hommes, quand vous voudrez me chagriner mal à propos.

La coquetterie, les feintes, les mauvais tours sont nécessaires pour assaisonner la passion qui, malgré sa violence et sa sincérité, ne saurait se maintenir dans le vide, en dehors du manège des hommes. Un besoin revient sans cesse, celui de ranimer l'amour qui s'épuise dans une constance continue; et les moyens qu'on propose ne sont pas tout à fait nobles: 'Un peu de perfidie est un raffinement d'amour: quand on ne craint pas de se perdre, on s'aime avec trop de langueur' (*LMa*, p.169). Il faut constamment inspirer cette crainte à l'amant pour le stimuler. L'amour, pour être sauvé, doit s'altérer dans ses principes immuables. 'Je ne suis pas fâchée que vous me soupçonniez un peu', dit la Marquise (*LMa*, p.110). Elle ajoutera plus tard qu'elle connaît l'effet funeste que les plaisirs continus ont sur la liaison amoureuse, et que, pour éviter l'inconstance du Comte, elle préfère qu'il se plaigne de la sienne: 'Je crois [. . .] que c'est l'unique moyen de réchauffer votre amour.'[22]

---

[22] *LMa*, p.130. Elle se contente, bien évidemment, de menaces. Mais toute la théorie de la coquetterie stimulante est là. Comparons une autre déclaration de la Marquise à celle de Moustache, personnage pourtant plus 'libertin'; les deux textes sont quasi identiques: 'Vous dites que je suis coquette, cela peut être vrai [. . .] J'ai remarqué [. . .] qu'il est bon d'éveiller votre amour. Hélas! quand il est content, il est si sombre, un peu de jalousie vous anime. Quand vous craignez un rival, vous me dites les plus jolies choses du monde, vous oubliez que vous êtes heureux, et vous vous remettez dans le moment dans le cas d'un homme qui voudrait le devenir. Sommes-nous bien ensemble? Assis nonchalamment dans un fauteuil, vis-à-vis moi, vous ne me dites rien, et quelquefois, je crois, vous n'en pensez pas davantage' (*LMa*, pp.117-18).
'Quels charmes ne trouveraient-ils pas [les hommes] bientôt insipides, si nous ne prenions le soin de réveiller leur cœur? Les aimons-nous toujours tendrement? Sûrs de

Généralement parlant, quel que soit le niveau de la vertu – pureté, raison ou amour véritable – ses fissures internes se montrent sous deux aspects qui la rapprochent dangereusement du domaine du vice. C'est d'abord la mauvaise foi, tout un enchevêtrement d'excuses faciles, de distinctions suspectes et d'arguments casuistes. Néadarné se justifie bien vite, lorsqu'elle 'cess[e] de se faire des reproches sur son infidélité, et trouv[e] d'aussi bonnes raisons pour l'autoriser, qu'elle en avait eues pour s'en défendre' (*TaN*, p.262). La princesse Manzaïde laisse admirer ses charmes à Schézaddin qui les a découverts, et cette audace la disculpe: elle peut goûter le plaisir de plaire 'sans être obligée de se faire trop de reproches' (*QCo*, vi.191). Même excuse dans les moments de distraction qui permettent aux amants de jouir du 'désordre' vestimentaire: c'est 'n'ayant pas le temps de mieux faire' que Néadarné consent à ce que Tanzaï remette sa jarretière (*TaN*, p.116); Phénime laisse voir sa gorge à Zulma, mais, pour qu'il ne puisse 'rien en conclure contre elle', elle feint 'd'avoir quelque chose à raccommoder dans sa coiffure' (*So*, p.90). Pour la casuistique, l'exemple le plus voyant est celui d'Almaïde et de Moclès du *Sopha*, qui se séduisent mutuellement sous prétexte que 'tant qu'on ne s'est point mis à portée de pouvoir faire une comparaison exacte du vice et de la vertu, l'on ne peut avoir sur l'un et sur l'autre que des idées fausses' (*So*, p.124). Les amants (Néadarné, Meilcour) font quelquefois des 'distinctions cruelles' entre le sentiment véritable et les plaisirs inopinés, prétendûment insignifiants, goûtés avec un autre partenaire, distinctions qu'on appelle 'quiétisme' de l'amour (*TaN*, p.187; *Eg*, p.187). Certains paradoxes d'argumentation auraient pu plaire aux pères jésuites, comme celui dont se servent – l'une et l'autre de façon identique – Phénime et Mme de Lursay: puisque l'amant paraît respectueux dans un tête-à-tête et pas assez prudent en public, il faut le voir en compagnie le moins possible (*So*, chapitre 7; *Eg*, p.63).

Le second aspect, ce sont les conséquences extrêmes de l'authenticité et de la vulnérabilité de la vertu. On a déjà vu qu'une femme vertueuse peut succomber plus facilement qu'une coquette libertine. Chester dit,

---

nous trouver dans une égalité constante, ils ne la désirent plus. Un caprice auquel ils ne s'attendaient point, les tire de leur léthargie; ils se voient avec désespoir sur le point de perdre un bien dont ils ne jouissaient plus qu'avec nonchalance: le mouvement qu'ils se donnent pour se le faire rendre, renouvelle leurs sentiments [. . .] Un amant n'a-t-il point de fantaisies à essuyer, point de rivaux à craindre? Il croit qu'il n'aime plus, ou du moins que ce n'est plus que par habitude, ou par reconnaissance. N'est-ce pas un service à lui rendre, que de lui ôter une erreur qui éteint ses plaisirs? L'amant tendre revient, quand la maîtresse sensible disparaît' (*TaN*, pp.198-99).

en commentant la chute de Mme de Suffolk, qu''avec moins de vertu, moins d'amour et de la fausseté, elle [lui] eût sans doute résisté davantage' (*HOr*, vii.191), et ce motif revient avec insistance toute particulière (*TaN*, pp.203, 245; *Eg*, pp.59-60; *So*, chapitres 6, 20). Pour Clitandre, les marques des femmes qu'on peut attaquer avec succès ne sont pas vivacité et inconduite, mais 'langueur', 'indolence' et (*sic!*) 'modestie' (*NuM*, p.224). Mais ce paradoxe, jusqu'où peut-il aller? Si la vertu est si fragile, si elle cède si vite à force de 'coups de témérité' qu'on évoque souvent (*TaN*, p.262; *LAt*, xiv.140), et surtout dans les discussions de *La Nuit et le moment* et du *Hasard du coin du feu*, est-elle vraiment réelle? Bien plus, il semble qu'à juger d'après les résultats, les faiblesses vertueuses côtoient le libertinage sensuel (celui des 'prudes', par exemple). Dans *Le Sopha*, la danseuse Amine endure le propos suivant qu'un de ses partenaires lui adresse: 'vous autres filles, tant soit peu publiques, vous vous piquez toutes de scrupules et vous en avez en général beauvoup plus que les femmes vertueuses' (*So*, p.72). Mais on pourrait renverser la constatation et dire qu'il arrive aux femmes vertueuses de se rendre aussi promptement que les filles publiques sans scrupules. Amanzéi raconte aussi l'histoire d'une femme dure et inaccessible qui n'avait point de faiblesses, mais qu'un premier petit-maître plus hardi a rendue sensible: 'elle se rendit plus promptement que les femmes même accoutumées à résister le moins' (*So*, p.86). Le comble du paradoxe, c'est qu'une libertine éhontée, qui se donne à qui veut l'avoir, trouve dans ces contradictions de la vertu une apparence d'excuse. C'est ainsi que Nassés traite Zulica de femme honnête, ironiquement bien entendu: 'Avec une femme moins estimable que vous, je ne serais pas si sûr de ma victoire. [...] les coquettes seules coûtent à vaincre. [...] de toutes les conquêtes la plus aisée c'est celle d'une femme raisonnable' (*So*, p.214). Et inversement, si la vertu résiste – et c'est pourtant là sa vocation principale – elle s'apparente à la coquetterie: tous les refus de la Duchesse de *** en font, aux yeux du duc, 'la coquette la plus dangereuse' (*LDu*, xi.180); lorsque Almaïde, au cours d'une aventure de jeunesse qu'elle raconte, résiste authentiquement à un jeune homme, celui-ci croit qu'elle cherche 'moins à lui dérober sa conquête, qu'à la lui faire valoir' (*So*, p.109). Le cas peut-être le plus singulier est celui de Théodote, dans les *Lettres athéniennes*, qui cède rapidement à son amant de peur de lui paraître coquette, et donc, comme elle le dit curieusement, 'pour ne lui point faire prendre d'[elle] une idée qui ne pouvait que [la] dégrader infiniment à ses yeux' (*LAt*, xiii.25). D'autres croient se dégrader quand elles cèdent. . . Le cercle est doublement vicieux. D'une part, la vertu, la modestie, le sentiment impliquent une chute imminente. D'autre part, lorsque ces mêmes qualités occasionnent un refus glorieux, il est comparable au manège mondain.

Cependant, Crébillon ne se contente pas d'indiquer ironiquement toutes les inconséquences de la vertu. Il explore surtout leur mécanisme intérieur, psychologique et physiologique, qui les situe dans un champ particulièrement nuancé, moralement indécis, ou peut-être extérieur à toute morale.

Or, le mal, le péché, la chute se montrent comme une nécessité qu'on ne peut éluder, inscrite dans le statut de l'individu. Il serait difficile de considérer ces aveux de la Duchesse de Suffolk comme des excuses hypocrites (*HOr*, vii.149, 170):

Je croyais me devoir la justice d'avoir succombé sans le vouloir, sans le chercher, et uniquement par la plus indispensable nécessité.

à qui me plaindre d'infortunes que je ne devais qu'à moi-même, s'il est vrai cependant que je dusse m'accuser d'une chose qui avait si peu dépendu de moi?

Non que la volonté et la raison soient toujours illusoires et inefficaces; mais à un certain niveau, dans certains moments, elles s'éliminent magiquement, et l'être se trouve sur une pente qu'il ne peut plus remonter. On déclare sa vertu invincible, mais, remarque le Sylphe, la passion dans ses commencements 'échauffe le cœur, éteint les réflexions' (*Sy*, i.17). Si bien que, sous le poids d'un mouvement impérieux, on voit parfois l'inutilité d'une lutte, comme Thémistée, entraînée vers Alcibiade 'par un sentiment dont [elle] serai[t] trop sûre de ne pas triompher pour essayer seulement de le combattre' (*LAt*, xii.184). De ce point de vue, le cas de la Duchesse de *** n'est pas exceptionnel, dans la mesure où elle n'a échappé au sort commun que parce qu'elle avait réussi – presque par miracle – à éviter tout contact direct avec le Duc. Si ce contact avait eu lieu, le cours des choses aurait été ordinaire et certain, ce qu'elle dit elle-même à la fin (*LDu*, xi.209; c'est nous qui soulignons):

vous auriez exigé de moi un aveu positif: je ne dois pas douter que vous ne l'eussiez obtenu; et comme *j'aurais été la seule femme qui m'en fusse tenue là*, et qu'*une première faiblesse est toujours le germe de toutes les autres*, il n'y a rien, peut-être, à quoi avec le temps vous ne m'eussiez conduite.

Sa victoire n'est peut-être que l'effet du hasard; ce n'est pas la sagesse qui la protégeait, car, vaincue, elle l'était depuis longtemps: 'ce n'est pas à ma vertu, mais à votre perfidie [. . .] que j'ai dû le bonheur de vous échapper' (*LDu*, xi.209).

La métaphore de la pente rend bien compte du mécanisme en question. On s'imagine qu'on évite le malheur, quand on ne fait rien, quand on garde le *statu quo*. Pourtant, l'inertie d'un objet mis en état de tomber n'en contribue pas moins à sa chute. Quoique 'fâché de [. . .] plaire' à Mme de Senanges, Meilcour la laisse faire et ne s'oppose pas à ses projets: il ne sait 'ni comment recevoir les soins qu'elle marquait pour [lui], ni le moyen de [s'] y dérober' (*Eg*, p.127). La Duchesse de ***, pourtant plus décidée, s'immobilise souvent dans une passivité qui lui paraît défensive, mais qui, en réalité, soutient le mouvement de la première impulsion. 'Restons donc comme nous sommes', écrit-elle au Duc (*LDu*, xi.77); et lorsque Cercey fait ses bons offices pour la convaincre de la vérité des sentiments du Duc, elle a ce mot innocent qui peut coûter cher: 'Je l'écoute donc: car que faire?' (*LDu*, xi.80).

Mais est-ce que le refus explicite est un obstacle efficace? Il faut en douter. Certes, les héroïnes vertueuses répètent sans arrêt: 'je ne veux point aimer' (*LMa*, p.45; *LDu*, x.108, xi.78), mais cela a bien l'air d'une incantation douloureuse et d'une défense désespérée. Car ces mêmes mots, dans leur contexte, font pressentir la chute. '*Quoique* ma vertu soit grande,' dit la marquise, '*ne l'exposez plus*, je vous prie, au péril qu'elle courut hier' (*LMa*, p.94; c'est nous qui soulignons). La duchesse constate que, si elle ne s'arme pas contre son soupirant 'avec la dernière sévérité', 'il n'est pas impossible' qu'elle réponde à ses sentiments (*LDu*, xi.117). Le malheur est que plus on est persuadé de l'imperturbabilité de ses refus, plus grand est le danger que l'on court: 'une femme n'est jamais plus exposée à succomber que lorsqu'elle se croit invincible' (*So*, p.203). L'héroïne des *Lettres de la Marquise* formule nettement le problème (*LMa*, pp.66-67):

toute femme qui se repose sur sa vertu, court toujours le risque de la perdre. Je ne compte pas assez sur la mienne pour la mettre à une épreuve aussi dangereuse que l'est celle de vous voir, et de vous entendre [. . .] En un mot, je ne veux point combattre.

En disant 'je ne veux pas combattre', on s'avoue, d'entrée de jeu, perdant. Qui plus est, la crainte qu'on manifeste, et surtout le projet de fuite, ne font que confirmer la faiblesse. Chester en est bien conscient, quand il analyse les réactions de Mme de Suffolk (*HOr*, viii.54, 23):

elle ne pouvait guère mieux me prouver combien elle craignait ma présence qu'en m'interdisant la sienne.

elle ne pouvait pas mieux m'instruire de ses sentiments qu'en me montrant qu'elle me croyait dangereux pour son cœur.

Ce qui est cependant le plus néfaste dans cette fatalité, c'est que le malheur, ou plutôt sa progression, demeure invisible. On y cède 'sans le savoir', 'imperceptiblement', 'sans qu'on s'en aperçoive', 'sans qu'on s'en doute' (*Eg*, pp.121, 168, 187; *LDu*, x.73; *LMa*, p.56). Sur ce point, il y a un texte essentiel pour la compréhension des régions profondes du crébillonage, à savoir les conseils que la Dame anonyme des *Egarements* donne à Hortense, et qui renferment le destin de la plupart des personnages vertueux (*Eg*, p.51; c'est nous qui soulignons):

L'amour dans un cœur vertueux se masque longtemps [. . .] Sa première impression se fait même *sans qu'on s'en aperçoive* [. . .] Ce goût s'accroît-il, nous trouvons des raisons pour excuser ses progrès. *Quand enfin* nous en connaissons le désordre, ou *il n'est plus temps* de le combattre, ou nous ne le voulons pas [. . .] Pour nous étourdir davantage, nous avons la vanité de croire que nous ne cèderons jamais, que le plaisir d'aimer peut être toujours innocent [. . .] Nous allons d'égarements en égarements *sans les prévoir ni les sentir*. *Nous périssons vertueuses encore, sans être présentes*, pour ainsi dire, au fatal moment de notre défaite; et nous nous retrouvons coupables *sans savoir*, non seulement *comment nous l'avons été*, mais souvent encore *avant d'avoir pensé* que nous puissions jamais l'être.

En démasquant, dans l'intention de les prévenir, les dangers de l'amour, on constate inconsciemment l'impossibilité de s'y soustraire.[23] Où donc commence la faute? Si les glissements progressifs du vice sont imperceptibles et imprévisibles, comment échapper à son pouvoir? 'Nous périssons vertueuses encore': dans cette phrase se concentre tout le dilemme de la vertu. Quoi qu'on fasse, on échoue, car on ne voit pas le danger. On multiplie, certainement, des remparts, en se rappelant quelquefois que la moindre complaisance, une gradation quelconque, équivaut pratiquement à la défaite complète, parce que 'l'on n'accorde

---

[23] le processus essentiellement *insaisissable* de la chute est très souvent évoqué. Mme de Lursay dit que le premier charme qui l'a attachée à Meilcour était 'trop faible dans sa naissance, pour qu'[elle] [crût] avoir besoin de le combattre' (*Eg*, p.178). Alcibiade intègre ce phénomène dans sa technique de séduction: il se conduit de manière à ne donner à Aspasie aucun soupçon sur ce qu'elle lui inspire, et il veut 'qu'elle ne sorte de cette sécurité que quand son cœur sera trop plein de [lui], pour qu'elle puisse avec avantage combattre la passion' (*LAt*, xii.8).

jamais rien impunément à l'amour' (*LDu*, xi.209): l'illusion de Moclès
et d'Almaïde qui, se proposent de ne tenter leur épreuve amoureuse que
'par degrés' (*So*, p.127) pour pouvoir au besoin retourner sur leurs pas,
est évidente; Cidalise connaît bien ce leurre des étapes intermédiaires et
elle répond lucidement à Clitandre qui veut obtenir 'quelques faveurs':
'Quelques faveurs! Ah! je n'en accorde pas, ou je les accorde toutes'
(*NuM*, p.230). Mais même en n'accordant rien et en se repliant derrière
un système de défense, on n'est nullement en sécurité. La chaîne de
protection a beau s'allonger à l'infini, elle ne sera jamais efficace face
à cette vérité vertigineuse: 'quelque vertu que l'on ait, on n'a jamais
toute celle que l'on devrait avoir' (*LDu*, xi.204). La situation est sans
issue: qu'on soit indifférent ou qu'on se révolte, le mal, ignoré, arrive,
et tel le cancer incurable, il se montre *toujours* trop tard.

Ce cul-de-sac, il faut l'étudier dans ses déterminations les plus
élémentaires et dans ses manifestations les plus concrètes; il paraît
certain, en effet, que Crébillon en fait voir toute une phénoménologie.
C'est sur ce plan qu'il faut revenir au problème du 'moment', du 'hasard',
de l''occasion'.

On périt, disait la Dame des *Egarements, sans être présent* au fatal
moment de la défaite. La psychologie et la physiologie de ces instants
particuliers où l'on cède malgré soi émergent un peu partout dans l'œuvre
crébillonienne. Rappelons la définition du 'moment' donnée par Clerval
qui en développe la théorie: c'est, d'après lui, 'une certaine disposition
des sens aussi imprévue qu'elle est involontaire' (*Ha*, p.312), une 'surprise', très dangereuse pour la vertu, qui a le mérite de 'suspend[re]
toute faculté' (*Ha*, p.310). Alcibiade revient sur le thème dans une lettre
où il donne des conseils savants à Adymante (*LAt*, lettre 25). Il admet,
bien entendu, la même perspective naturaliste, en parlant d''efforts
physiques' de l'amour, de la 'machine' de la femme, sur laquelle certaines circonstances peuvent influer. Mais les nuances qu'il apporte
montrent bien la complexité de l'état en question: premièrement, le
'moment' n'est ni tout à fait un mouvement instantané du désir, ni un
mouvement du cœur, mais relève d'un mélange difficilement définissable; deuxièmement, il faut distinguer deux types de 'moment': une
surprise des sens préparée et exploitée par le séducteur, et un rapprochement spontané, inattendu pour les deux partenaires.

En fonction de cette loi, les hommes, amoureux ou libertins, s'achar-
nent à 'saisir le moment', motif qui revient sans cesse (*TaN*, p.243; *So*,
p.84; *Ha*, p.312; *QCo*, vi.96; *LAt*, xii.47); les femmes, vertueuses ou

galantes, soulignent souvent le caractère strictement naturel, donc indépendant de la volonté, de certaines faiblesses. La Marquise de M*** parle de 'ces moments cruels où la nature nous livre à nous-mêmes, où tous les sens troublés agissent pour notre séduction' (*LMa*, p.104). La fée Moustache, qui connaît 'la marche du cœur', sait que la femme n'est fidèle que dans la mesure où les 'moments' l'ont épargnée: 'Dans une occasion fâcheuse, si elle s'y trouvait, la nature soufflerait sur le sentiment, et ne manquerait pas de l'éteindre. Il est vrai que quand il se rallume, on est bien étonné; mais la chose n'en est pas moins faite' (*TaN* p.219). L'innocente et l'ignorante Lucie des *Heureux orphelins* ne dira rien d'autre, quand elle affirmera qu'elle ne doit sa vertu qu'au bonheur de ne s''être pas trouvée dans les mêmes circonstances' que Mme de Suffolk (*HOr*, vii.99).

Lorsque Tanzaï doute amèrement que Néadarné se soit souvenu de sa vertu pendant son désenchantement, étant donné qu'il ne dépend pas d'une femme d'y penser 'dans ce moment-là', Moustache réplique: 'En ce cas, [...] quels reproches pourriez-vous donc faire à la princesse?' (*TaN*, p.268). C'est tout le problème moral du 'moment': est-il une justification authentique ou spécieuse? une loi inéluctable, éthiquement indifférente, ou un signe, même lointain, de la mauvaise foi? Il y a, dit Mme de R*** dans *Le Sylphe*, 'de ces fâcheuses occasions où la vertu ne sauve de rien' (*Sy*, i.11); la Duchesse de *** raconte que son 'trouble', son 'désordre', le 'bouleversement' de ses sens faisaient qu'elle se sentait 'entraînée' vers le duc avec une violence invincible (*LDu*, xi.184); les entreprises de Chester 'mirent tant de trouble' dans les sens de la Duchesse de Suffolk, 'qu'il ne [lui] fut plus possible de lui résister davantage' (*HOr*, vii.156): comment juger de pareils aveux?

Il est certain que le 'moment' peut fonctionner comme une excuse socialement convenue qui n'abuse personne. Versac ironise sur le 'trouble extrême', le 'coup de sympathie' imprévu auquel la femme ne saurait résister: c'est un 'prétexte assez bien imaginé [...] pour se rendre promptement sans donner mauvaise opinion d'elle' (*Eg*, pp.158-59). Nassès se moque intérieurement de Zulica, après qu'elle lui a cédé: 'il y a pour les femmes de terribles situations, et celle où je vous ai vue était peut-être une des plus affreuses' (*So*, p.240). Mais ce schéma vaut-il universellement? S'agit-il toujours, comme le veut Philip Stewart (pp.153-60), de l'*occasion* érotique qu'un homme et une femme, même les plus vertueux, trouvent commode et qu'ils justifient tant qu'ils peuvent? En vérité, le phénomène est, de loin, plus complexe.

Il faut, en premier lieu, vérifier l'opinion selon laquelle 'Crébillon refuse de croire qu'on ne sait pas ce qu'on fait', parce que 'le consentement est prouvé par l'acte' (Stewart, p.153). Une lecture attentive convainc du contraire: entre l'intention et l'acte il y a une distance énorme dont le parcours ne saurait être réductif. Crébillon essaie de la mettre en relief et de la détailler. Et tout d'abord, il signale avec une insistance singulière la difficulté qu'ont ses personnages de se saisir dans leurs mouvements intérieurs. Les vertueux et les libertins sont sujets à la même confusion psychologique. La Marquise de M***: 'je sens des mouvements que je n'ose démêler' (*LMa*, p.71); Almaïde: 'une confusion singulière régnait dans toutes mes idées' (*So*, p.113); Clélie: 'j'avais peine à vous dire tout ce que j'éprouvais en ce moment, tant mes sentiments étaient rapides et confus' (*Ha*, p.306); Thargélie: 'je me suis, sans doute, méprise trop souvent aux mouvements de mon cœur' (*LAt*, xii.169); Némée: 'Je voudrais vous expliquer ce qui se passe dans mon âme; mais je trouve tant de confusion dans mes sentiments que je ne sais si je pourrai parvenir à les débrouiller' (*LAt*, xiv.218-19).

Le 'moment' semble être une découpe favorite où cette confusion est la plus intense. On voit là un état vraiment exceptionnel qui captive et hypnotise l'être. Voici le 'moment' de Meilcour et de Mme de Lursay: 'Le feu que je voyais dans ses yeux [. . .], son trouble, l'altération de sa voix, ses soupirs doux et fréquents, tout ajoutait à l'occasion' (*Eg*, p.70) Voici celui de Schézaddin et de Manzaïde: 'si l'amour liait les mains à la princesse, la surprise lui glaçait la voix; et dans une occasion où les cris auraient été son unique ressource, elle ne pouvait former que des paroles mal articulés' (*QCo*, vi.190). Toute une gradation peut être observée dans un vocabulaire bien établi dont le réseau se répète dans des dizaines d'épisodes. La 'surprise', accompagnée d'une 'émotion', d'un 'trouble' et de la suspension des facultés, évolue vers un 'désordre' et des 'transports', pour culminer en 'fureur', 'délire' ou 'ivresse'. Un exemple typique de cette dernière phase – la deuxième tentative de Tanzaï de consommer son mariage avec Néadarné (*TaN*, p.178; c'est nous qui soulignons):

Agitée des plus ardents *transports*, elle livra tous ses charmes à son amant qui, dans un plus grand *désordre* qu'elle-même, s'amusa moins à les considérer que la première fois. [. . .] tous deux enfin possédés d'une douce *fureur*, l'âme dans ce *tumulte* heureux qu'elle se plaît encore à augmenter, se livrèrent à leur *ivresse*.

Le terme privilégié est celui d'égarement. Dans une excellente étude de cette notion, Jean Sgard a rappelé son double sens: elle implique, d'une part, une norme morale dont on s'écarte, et d'autre part, elle désigne un trouble instantané de la vie affective.[24] Les 'égarements' du cœur et de l'esprit annoncés dans le titre du roman, ou ceux dont la marche imprévisible est esquissée par l'amie d'Hortense, sont autre chose que l''égarement' de Néadarné au cours de son premier rendez-vous avec Tanzaï.[25] On pourrait cependant creuser plus profondément et dire que l'ambivalence s'affirme au niveau de la deuxième signification: de graves 'égarements' peuvent se produire à partir d'un 'égarement' singulier; mais celui-ci apparaît aussi dans l'éclairage plus favorable d'un épanchement amoureux. Chester, commentant les réactions de Mme de Suffolk, constate que 'ce n'était point cet égarement que le simple désir peut faire naître [. . .], et que nous méprisons si vivement' (*HOr*, viii.168); il devait plutôt ressembler à celui qui dominait Phénime et Zulma: 'ils se regardèrent, mais avec cette tendresse, ce feu, cette volupté, cet égarement que l'amour seul, et l'amour le plus vrai peut faire sentir' (*So*, p.93).

Le malheur est que l'égarement présente à la fois son envers et son endroit, et, par définition, il est méconnaissable dans sa structure ambiguë. Il est un microcosme où se reflètent tous les rêves et tous les pièges de la vertu. Dans les pages qui décrivent la première rencontre de Chester avec la Duchesse de Suffolk, apparaissent tous les thèmes caractéristiques de la phase initiale du 'moment': l'héroïne sent une 'émotion inquiète' qui 's'empare' d'elle, un 'mouvement singulier' qui lui 'trouble' à la fois 'le sang et le cœur', un 'désordre' dans lequel sa raison est 'comme anéantie' (*HOr*, vii.111). Mais la signification de cet instant unique est visiblement double: 'Mon âme se perdait dans ce *délicieux égarement*' (*HOr*, vii.106); 'j'étais, en ce moment, loin de penser que la honte et le malheur de ma vie étaient attachés à ce *funeste égarement*' (*HOr*, vii.112; c'est nous qui soulignons). Délicieux, l'égarement est un trouble heureux, porteur des plus grands sentiments; funeste, il est un état dégradant et irréparable. Sur la pente du 'moment', l'individu, qui ne sait plus déchiffrer ses propres mouvements, voit à la fois un

[24] 'La notion d'égarement chez Crébillon', *Dix-huitième siècle* 1 (1969), p.241,

[25] *TaN*, p.116. E. Sturm a sûrement raison de signaler dans l'emploi de ce mot chez Crébillon la différence entre le singulier et le pluriel, celui-ci ayant plus de force (voir l'édition critique de *L'Ecumoire*, p.304 note 73).

bonheur qui le tente et un abîme qui l'effraie. La 'machine' mise en branle, les capacités intellectuelles et physiques bloquées, la jouissance et la souffrance s'enchevêtrent dans un tourbillon inextricable. Et cela, on le voit bien, n'a rien à voir avec la mauvaise foi. Dire que les héroïnes de Crébillon ne résistent pas, parce qu'elles ne veulent pas résister (Stewart, p.152), c'est admettre leur lucidité permanente, ainsi que l'évidence de l'objet contre lequel l'éventuelle résistance pourrait se diriger. Or, décidément, ce n'est pas le cas; 'résister' et 'vouloir' requièrent ici une réinterprétation constante: il est difficile de résister et de vouloir, sans savoir exactement pourquoi, contre quoi et comment.

D'autant que la ligne de partage entre Satan et la vertu ne saurait être définie comme une frontière nette (point de repère facile) qui sépare les sens et les désirs du cœur et des sentiments. La machine fonctionne comme un tout. Le 'moment', Alcibiade l'a dit, bien qu'ayant une base physiologique, peut relever à la fois de l'ordre du corps et de l'ordre de l'âme: Mme de Suffolk se sent 'le sang et le cœur' troublés. Les proportions peuvent être diverses. Tantôt les sens ne sont qu'un premier tremplin à partir duquel l''égarement' mène à une 'ivresse' toute sentimentale, tantôt, au contraire, ils sont un centre de gravitation. Phénime et Zulma, Néadarné et Tanzaï, deux couples également vertueux, s'égarent chacun un peu autrement (*So*, p.94; *TaN*, p.115; c'est nous qui soulignons):

Tous deux, *enivrés*, semblaient avoir perdu tout usage de leurs sens. Ce n'étaient point ces *mouvements momentanés* que donne le *désir*, c'était ce vrai *délire*, cette douce *fureur de l'amour*.

Tous deux *troublés*, tous deux *enivrés* de délices, ne sentaient plus que leurs *désirs*.

Comme le remarque J. Sgard, 'l'amour naissant crée dans le cœur un "désordre" qui se répand dans tous les sens; mais le simple désir suscite un mouvement qui passe des sens jusque dans le cœur'.[26] Si bien que, dans le cadre de l'égarement, le plaisir 'vertueux' et le plaisir libertin ne sont pas toujours distincts. On retrouve les réflexions de Néadarné sur les 'sentiments du corps'. Mme de Suffolk formule cette déclaration paradoxale: 'Que mes plaisirs offensaient peu ma vertu et que la certitude que j'en avais même au milieu de mon trouble m'encourageait à m'y livrer!' (*HOr*, vii.149). Inversement, la sensualité libertine peut se

---

[26] 'La notion d'égarement', p.243.

concrétiser de la même manière que la vertu troublée. Dans l'épisode de l'opéra de *L'Ecumoire*, Jonquille est 'hors de lui-même', Néadarné plongée dans un 'désordre', tous deux 'égarés' (*TaN*, p.241). Les 'moments' de Zulica sont ridicules comme excuses ou comme manifestations de ses prétendus combats, mais personne ne peut prouver qu'au niveau des sensations élémentaires elle n'éprouve pas l'égarement dont elle parle: 'mon cœur s'est ému, ma tête s'est troublée. J'ai senti des mouvements qui prenaient sur moi . . . '[27]

On voit mieux maintenant les contradictions, déjà signalées, que comporte la notion d'amour. Entre le goût et le sentiment, s'instaurent des rapports multiples et incessants qui embrouillent les pistes. 'L'ouvrage de mes sens, dit Meilcour, me parut celui de mon cœur. Je m'abandonnai à toute l'ivresse de ce dangereux moment' (*Eg*, p.185). Le narrateur est-il sûr qu'il s'agit là d'une illusion? Peut-il distinguer ce qui entre dans l'espace bien circonscrit de l'amour? On sait que 'quelquefois le désir d'aimer et le trouble des sens ressemblent à l'amour' (*QCo*, v.96-97), qu'on prend facilement l'un pour l'autre, que l'un *est* facilement l'autre. Clerval fait une déclaration qui pourrait résumer les expériences de plusieurs vertueux: 'j'aime la marquise passionément, mais cela n'empêche pas que vous ne m'inspiriez un goût si vif qu'il m'est bien difficile de croire qu'il y ait entre ces deux mouvements toute la différence qu'on dit' (*Ha*, p.360).

Dans cette optique, avec 'amour' et 'goût', d'autres termes du vocabulaire sentimental de Crébillon révèlent leur incohérence. Et ceux surtout que nous avons vus au service d'élans éthérés, hérités de la préciosité. Ainsi, 'tendre' et 'sensible' semblent le plus souvent jouer sur le double registre du sensuel et du sentimental. Ils ne s'appliquent pas uniquement à la sphère la plus noble, épurée de plaisirs charnels. La courtisane Némée, assez éloignée 'de ce qu'on nomme vertu', est 'sensible et voluptueuse' (*LAt*, xiv.74). Le cliché du 'cœur sensible' est bien équivoque dans la constatation de la Marquise du *Hasard* que 'les principes ne triomphent point de la sensibilité du cœur' (*Ha*, p.281). C'est la

---

[27] *So*, p.203. Un autre exemple, peut-être plus convaincant, puisque Zulica parle de ses premières expériences amoureuses: 'Un *moment*, un seul moment suffit pour *troubler* mon cœur! [. . .] absorbée dans cette douce *émotion*, cette divine langueur qui avaient *surpris* tous mes sens, je n'osais *m'aider de ma raison* pour détruire des *mouvements* qui, tout *confus*, tout inexplicables qu'ils étaient pour moi, me faisaient déjà jouir de ce bonheur *qu'on ne peut définir* (*So*, p.258; c'est nous qui soulignons). Mêmes situations et même vocabulaire dans les 'moments' d'autres femmes galantes (voir par exemple la Reine Grue, *QCo*, vi.96; Théognis, *LAt*, xii.138).

'sensibilité' qui nous fait 'trop dépendre du moment' et nous expose 'à des faiblesses répétées' (*QCo*, vi.67). Parallèlement, un cœur 'tendre' peut aussi connoter une disposition à la faiblesse sous l'impulsion du 'moment' (*NuM*, p.227; *QCo*, v.139), un penchant au plaisir ou même à la galanterie. Cela est évident dans le cas de la Reine Grue qui est 'aussi prude que précieuse, et avec tout cela fort tendre' (*QCo*, vi.9). Il n'est pas donné à Versac, nous l'avons vu, de connaître 'ces mouvements tendres qui font le bonheur d'un cœur sensible', mais c'est lui-même qui renverse le sens du mot en parlant avec ironie de l'ignorance des femmes sur 'ce qui les a déterminées à la tendresse' (*Eg*, pp.104, 158-59). Disposant des clichés inadéquats du vocabulaire classique, Crébillon ne procède pas véritablement – comme le suggèrent certains commentateurs – à une systématisation et à une spécialisation capable de les nuancer. On assiste plutôt à leur bouleversement, à leur explosion face aux incertitudes de la vie affective. Comme l''égarement', comme l''amour', la 'sensibilité' et la 'tendresse' constituent un champ de fluctuations permanentes, où l'ange et le diable se donnent la main. Dans ce champ, la phrase qui qualifie la duchesse de Suffolk: 'la femme tendre ne sent que son amour' (*HOr*, viii.170), signifie tout et rien.[28]

L'égarement, on l'a dit, suspend toutes les facultés. Il confine alors à un 'état de stupidité' (*LMa*, p.104), à une 'rêverie' (*So*, p.90), à une 'léthargie' (*So*, p.298). Le 'moment' signifie ainsi l'absence, l'évacuation totale de l'être conscient. D'où, chez Crébillon, l'importance de l'image du *songe*: 'On ne peut répondre du moment: il en est où la nature agit seule, et où l'on se trouve précisément dans le cas d'un songe qui offre à vos sens les objets qu'il veut, et non ceux que vous voudriez' (*TaN*, p.208). Moclès revient 'étonné' et horrifié de son 'égarement': se voyant dans les bras d'Almaïde, 'il cherchait à en douter, à se flatter qu'un songe seul lui offrait de si cruels objets' (*So*, pp.128-29). Tout

---

[28] c'est L. Versini qui a le mérite d'avoir proposé une analyse exhaustive, accompagnée d'un tableau détaillé, du vocabulaire du sentiment chez Crébillon (*Laclos et la tradition*, pp.455-79). Il semble pourtant que l'effort de classification ait été poussé trop loin. Plus fréquente qu'on ne le pense est la fusion (confusion) des trois ordres distingués: 'sens', 'esprit', 'cœur'. L. Versini remarque l'ambiguïté du mot 'sensible', mais il confère à 'tendre', à quelques exceptions près, un sens bien déterminé. C'est qu'en général, il voit en tous ces termes leurs vertus clarifiantes et n'aperçoit pas ce qui nous paraît essentiel: leur tension intérieure qui les anéantit. Ce classement a paru également trop rigide à H.-G Funke qui propose à son tour un tableau plus souple où l'on voit plusieurs interactions et recoupements entre différentes composantes de l''amour' et du 'goût' (*Crébillon fils als Moralist*, p.207 et note 9, pp.207-208). Cf. aussi les observations de B. Fort sur 'l'ambiguïté polysémique' chez Crébillon (*Le Langage de l'ambiguïté*, pp.118-25).

l'épisode du *Sylphe*, le sous-titre l'indique, se déroule probablement dans un songe. Le songe permet les substitutions plaisantes et instructives de *L'Ecumoire*. Il apparaît dans le dénouement du *Sopha*. C'est sa médiation, très largement exploitée, qui établit le contact entre Tout-ou-rien et Schézaddin dans *Ah, quel conte!* Il n'y a pas jusqu'à Mme de Suffolk qui ne fasse un petit rêve bien significatif: 'je m'endormis. Sa fatale idée me suivit dans les bras du sommeil, et je le [Chester] vis plus tendre que je ne voulais croire, et plus heureux que je ne voulais qu'il fût' (*HOr*, vii.122). L'ironie de l'auteur se manifeste souvent: songe comme excuse, songe comme autoséduction et comme preuve de la mauvaise foi. Mais là encore, on ne saurait réduire le phénomène de 'n'être pas là' aux subterfuges de la sensualité pseudo-vertueuse (Stewart, pp.198-205). Le songe marque le point extrême de la confusion sentimentale, et montre ainsi, tout à fait sérieusement, comment la vertu se perd et se cherche dans ses différentes surprises.

L'image contrastée vice/vertu, qui était notre point de départ, s'est singulièrement brouillée. La division à laquelle Crébillon invite lui-même dans ses préfaces et commentaires se nuance à mesure qu'on découvre au sein de son univers des incompatibilités et des ruptures. Le libertinage, en principe condamné et rejeté comme état général de la société, peut se légitimer sur le plan théorique et pratique (inconstance comme principe ontologique et épistémologique: rôle de la sensation et de la physiologie; masque comme garant du contact social), et dans ses noirceurs les plus révoltantes, il se montre souvent incertain, prêt à se renier. La vertu, l'amour vrai, en principe postulés comme entités perdues mais évidentes, ne sont plus un abri sûr – inconcevables en dehors d'une sensualité primitive, du manège mondain, d'"égarements" qu'on ne peut ni éluder, ni déchiffrer moralement.

Du coup, le groupement des personnages, que nous avons entrepris, guidé par les 'intentions' de l'auteur, s'avère très approximatif. Les libertins lucides – pôle infernal du vice – ne sont jamais des scélérats achevés, parce que leur mal n'est jamais sans équivoque. Parallèlement, les êtres qui symbolisent l'idéal le compromettent aussi, parce que, *a priori*, leur vertu contient du 'libertinage', l'amour, du plaisir sensuel, la sincérité, du masque. Certains constituent des structures particulièrement hybrides: Meilcour, novice libertin; Tout-ou-rien, femme galante passionnée; Némée courtisane vertueuse. Le cas le plus voyant est celui de Mme de Lursay, personnage qui n'est entré – et pour cause – dans aucune de nos classifications. Au début des *Egarements*, elle semble incarner la fausse pruderie libertine et servir d'exemple au propos moralisateur proclamé dans la préface. Mais voici que, à mesure que le roman progresse, les vices de son caractère sont de moins en moins certains. La marquise, tout en jouant son jeu, a ses principes et paraît éprouver vers la fin un sentiment authentique. Cette question qu'elle pose à son amant maladroit ne manque pas de bon sens: 'quand il aurait été vrai [remarquons le tour hypothétique] que, par des éclats indécents, j'eusse déshonoré me jeunesse, aurait-il été impossible que je fusse revenue à moi-même?' (*Eg*, p.181). Qu'on relise son aveu à Meilcour, ou cette évocation de ses réactions naturelles et spontanées au cours du rendez-vous final (*Eg*, p.186):

Jamais amante n'a été moins vaine et plus timide. [. . .] était-elle forcée de convenir que je l'aimais, elle n'en était pas plus tranquille. Après s'être abandonnée aux craintes, elle revenait aux transports; l'enjouement le plus tendre, et le badinage le plus séduisant, enfin, tout ce que l'amour a de charmant quand il ne se contraint plus, se succédait sans cesse.

Est-ce là le comportement d'une libertine ou l'engagement sincère d'une femme vertueuse mais 'sensible'? L'un et l'autre peut-être? Rien ne nous permet de trancher. Même ses aventures passées, sources du 'mépris' de Meilcour, ne sont plus du tout évidentes. Le libertinage de Mme de Lursay, si c'en est un, n'apparaît pas aussi transparent que celui d'une Senanges. Le chemin tortueux qu'elle parcourt avec son partenaire pourrait difficilement passer pour une entreprise de séduction, quoi qu'en disent l'auteur, le narrateur, et après eux de nombreux critiques.[29]

Toute typologie de caractères chez Crébillon est fort aléatoire. Et surtout celle qui est basée sur les termes-poncifs employés par l'auteur lui-même. Ainsi, H.-G. Funke, parlant de la généralisation psychologique et morale, fruit de la tradition des moralistes, dresse un tableau des personnages crébilloniens d'après une douzaine de types fixes: 'jeune personne', 'femme estimable', 'prude', 'petit-maître', etc.[30] Il

---

[29] V. Mylne aperçoit, ce qui est rare, le décalage entre les intentions de la préface et de certains commentaires, et les silhouettes vacillantes de Meilcour et de Mme de Lursay ('the moral and emotional values of the book remain curiously equivocal', *The Eighteenth-century French novel*, p.139), mais, chose caractéristique, elle le considère comme une faiblesse du roman.

[30] *Crébillon fils als Moralist*, chapitre 'Typen in der "guten Gesellschaft"', pp.268-70. Il est à remarquer que Funke, qui emploie les signes [+] et [−] pour marquer des traits positifs ou négatifs, se sert dans les exemples particulièrement gênants (Mme de Lursay,

semble pourtant qu'on se heurte là à la même difficulté qu'a révélée le vocabulaire sentimental. Crébillon dispose d'un certain nombre de clichés typologiques traditionnels – quels autres types aurait-il pu *nommer*? Mais ils ne sont qu'un leurre, car dans le mouvement de l'univers où ils fonctionnent, leur contenu, le bagage moral qu'ils véhiculent, ne cesse d'offrir des variantes contradictoires. Un personnage n'est jamais tout à fait tel qu'il s'annonce dans les étiquettes classiques, dans les gestes et paroles les plus saillants.

On connaît très mal les personnages de Crébillon. Après avoir élaboré les cases statiques où on les enferme, on n'aperçoit pas les surprises que nous ménage l'auteur en modifiant constamment les contours de son premier dessin. N'a-t-on pas tout à fait oublié qu'après sa célèbre tirade Clitandre s'empresse de préciser qu'elle illustre moins sa façon de penser 'que celle qu'il semble que quelques personnes ont aujourd'hui' (*NuM*, p.205)? Est-il certain qu'il s'agisse, dans son aventure avec Cidalise, d'une répétition du schéma libertin, et non pas du début d'une liaison durable de deux amants revenus enfin de leurs anciennes erreurs?[31] N'a-t-on pas oublié, en parlant tant de fois d'Almaïde et de Moclès comme d'un couple de 'faux dévots', que le narrateur a soin d'annoncer leur vertu comme droite et sincère (*So*, pp.99-100) et de dire au dénouement que, pénétrés d'un repentir authentique, ils ont pris le parti 'de la retraite la plus austère' (*So*, pp.129-30)? De quel droit enferme-t-on dans la catégorie du 'petit-maître' les correspondants de la Marquise de M*** et de la Duchesse de ***, perçus uniquement à travers la parole de la narratrice?[32] Y a-t-il des preuves qui montrent que leur amour n'est pas sincère? On néglige le fait que, jusqu'à la fin, le Comte de R*** n'abandonne pas la Marquise, qu'il souffre peut-être autant qu'elle de leur séparation inattendue, que – détail important –

Meilcour) des deux symboles à la fois. D'autre part, sont considérés comme 'exceptionnels' des cas mixtes, ne relevant pas de la grille générale: Tout-ou-rien et Némée (note 6, pp.270-71).

[31] cf. Ph. Stewart, *Le Masque et la parole*, pp.174-75.

[32] 'Faut-il, pour compléter ce portrait incertain [du Comte de R***], lui attribuer quelques traits de ces roués qui ne manquent pas dans les autres romans de Crébillon, et qui, eux, nous sont mieux connus, parce qu'ils sont présentés directement? Le Versac des *Egarements*, l'Alcibiade des *Lettres athéniennes* ou le jeune lord corrompu des *Heureux orphelins*? Ce serait peut-être le noircir à l'excès. Mais comment savoir? [...] L'homme aimé nous apparaît toujours à travers les mots de tendresse ou de reproche; ce personnage central du roman n'est pas seulement invisible, il est condamné à demeurer pour nous un mystère' (J. Rousset, *Narcisse romancier*, pp.116-17).

il s'empresse de partir pour la rejoindre dans sa solitude mortelle;[33] on oublie que le Duc de *** se repent de ses erreurs et, pour le prouver, propose sa main à la Duchesse. Celle-ci, en revanche, qui devait, selon la préface, servir de modèle aux jeunes, perd un peu de sa pureté en cours du récit.

On pourrait multiplier des doutes pareils. Ils prouvent tous que Crébillon refuse de regarder ses personnages dans une perspective éthique globale et unifiante. Ou, plus exactement, s'il la propose – dans des appréciations explicites, dans une grille de la rhétorique morale traditionnelle – il ne lui est pas entièrement fidèle. Inconstance, vertu, sincérité, tour à tour se vident de sens ou s'enrichissent de sens multiples. Plus souvent qu'on ne le croit, le lecteur est obligé de poser la question diderotienne: est-il bon? est-il méchant? A l'espace de l'éthique bipolaire, se substitue un espace du clair-obscur, où se meuvent des personnages indécis à la morale chancelante sur laquelle aucune vue 'objective' ne nous est donnée.

---

[33] 'La mort n'est-elle pas d'elle-même assez douloureuse, et voudriez-vous, par votre présence, augmenter les horreurs de la mienne? [. . .] évitez une image qui ne ferait qu'aigrir votre désespoir, et laissez-moi, dans ces derniers tourments, en supporter seule tout le poids. Il faut nous séparer pour toujours! Tout espoir est perdu pour nous. Nous ne nous reverrons plus! Recevez ce coup avec fermeté, et puisque rien ne peut changer nos malheurs, soumettez-vous comme moi' (*LMa*, p.227).

5

L'existence comme recherche

〰〰◦〰〰

L'AUTEUR du *Sopha* condamne l'éthique de l'inconstance et du masque; mais en même temps il en apercoit la force rationnelle, critique et civilisatrice. Il entrevoit un idéal du bien; mais il ne cesse de disserter sur ses égarements et son anachronisme. Versac est à la fois un fat dépravé, par moments pitoyable, et un interprète profond de l'humanité.[1] La Duchesse de *** incarne à la fois la vertu la plus complète et la fragilité irrémédiable de ses fondements.

Comment se retrouver dans ce monde déroutant? Comment retrouver, finalement, Crébillon – le sens ultime de ce qu'il transmet, sa leçon? Un Diderot essaie au mois de surmonter les ambivalences, en manifestant son visage changeant dans la variété des œuvres: romanesques, philosophiques, scientifiques, dans ses commentaires et sa correspondance, dans son activité tumultueuse. Chez Crébillon, ce sphinx sans biographie ni idéologie apparentes, on se heurte à un univers clos, à la fois transparent et opaque, qui prête malicieusement aux commentateurs son envers ou son endroit. Il est significatif que le procédé favori de la critique consiste à isoler des 'pages choisies', des fragments censés parler 'par eux-mêmes' et donner plus de relief à la pensée insaisissable de l'écrivain;[2] on reste désespérément au ras du texte, en essayant de l'immobiliser par des étiquettes magiques: 'amour-goût', 'amour-passion', 'profession de foi d'un libertin', 'Crébillon moraliste et pamphlétaire'.[3] La totalité confuse de l'œuvre est gênante.

---

[1] J. Garagnon conclut ainsi son étude sur Versac: 'd'une part en effet c'est un excellent observateur du monde, pénétrant et spirituel, dont les morceaux de bravoure sur la conversation mondaine ou sur le bon ton pourraient être de Crébillon lui-même; à ce titre, comme peintre de la fausseté du monde, il représente bien l'auteur. Mais en revanche l'attitude qu'il adopte face à cette société fausse, le libertinage par lequel il veut la dominer, sont condamnés par Crébillon' ('Le maître à penser Versac', in: *Les Paradoxes du romancier*, p.146).

[2] le cas classique, c'est le *Choix de textes*, par Etiemble et J. Amoyal, qui montre bien que Crébillon réduit à 'l'essentiel' présente un ensemble déchiqueté et contradictoire. L'ouvrage de C. Cherpack est basé aussi sur une accumulation de passages jugés représentatifs.

[3] voir l'anthologie d'Etiemble et de J. Amoyal, pp.23, 26, 85.

Le traitement 'anthologique', loin d'expliciter quoi que ce soit, aggrave les difficultés. Dans le kaléidoscope crébillonien, on choisit une combinaison ou deux qu'on veut *fixer* et rendre opératoires pour une interprétation globale. Mais d'autres mosaïques s'offriront à d'autres regards, et c'est ainsi que se met en marche l'étonnant discours critique que nous avons suivi au départ, où l'écrivain, au gré des lectures, affirme ou confond le 'libertinage'. Or, puisque kaléidoscope il y a – et il semble que notre chapitre précédent l'ait amplement montré – on devrait plutôt, au lieu d'immobiliser les images, suivre leur *mouvement*. Après avoir délimité et séparé les zones statiques du vice et de la vertu, après avoir, ensuite, effacé leurs frontières, il faut maintenant comprendre leur dynamisme interne qui fonde le propos de Crébillon. Nous sommes persuadé que l'élaboration d'une perspective finale n'est pas possible au niveau de principes – défendus ou rejetés. La seule possibilité d'embrasser le monde de Crébillon est, semble-t-il, de voir dans son œuvre plutôt une investigation qu'un postulat, d'aborder les textes dans leur déroulement même. Il s'agit de montrer et de vivre la vie morale comme un processus complexe. L'existence devient recherche.

Cette recherche, on essaiera de l'envisager sur deux plans. Nous verrons d'abord son mécanisme intrinsèque; nous tenterons ensuite de la projeter sur la thématique et la portée morale de l'œuvre entière.

Les ambiguïtés qu'on vient d'étudier engendrent le problème suivant: les pôles extrêmes du vice et de la vertu sont-ils vraiment *présents* dans le monde crébillonien? Cherchons des personnages dont la dépravation soit absolue et classée une fois pour toutes, et ceux dont la vertu reste une entité inébranlable. Personne dans *Le Sylphe*, *L'Ecumoire*, *Ah, quel conte !* Quelques femmes corrompues évoquées au cours des dialogues de *La Nuit et du moment* (Araminte, Luscinde) et du *Hasard* (Mme de Valsy, Mme d'Olbray). Dans *Le Sopha*, Zulica, Fatmé, Amine, du côté vice, une femme anonyme du côté de la vertu. Dans *Les Egarements*, la Senanges, la Mongennes, Pranzi, contre Hortense (et son amie inconnue), Mme de Théville et Mme de Meilcour. Des cas de libertinage schématique sont mentionnés, en passant, dans la correspondance des *Lettres de la Marquise* (Mme d*** – lettres 46, 47) et des *Lettres de la Duchesse* (Mme de Vo. . ., Mme de Li. . .). Dans *Les Heureux orphelins*, Mme de Rindsey, Mme de Pembroock, Buttington constituent une classe facilement définissable face à celle de Lucie, Edouard, Milord Dorset; de même que, dans les *Lettres* *athéniennes*, les Callipides, Thrazyclées et Hégésides face à Socrate, Diodote, Léosthène.

On voit bien que ce ne sont pas là les personnages qui organisent et remplissent le centre de l'univers de Crébillon. Ceux qui sont à l'abri d'ambiguïtés et d'égarements apparaissent comme êtres périphériques, éphémères et/ou inaccessibles. Pour le vice, il est ici transparent, et par conséquent annulé; les caractères ne dépassent jamais les rubriques dans lesquelles différents narrateurs-observateurs les enferment: quelques phrases suffisent pour tracer et anéantir l'existence abominable d'une Amine ou d'une Senanges.[4] Parallèlement, la vertu totale constitue une zone *extérieure* au monde représenté, et ce phénomène mérite un peu d'attention.

Lorsque la Marquise de M*** imagine l'union idéale de deux cœurs, elle ne manque pas d'ajouter: 'mais cet amour n'est qu'une idée, et je ne crois pas qu'il ait jamais existé' (*LMa*, p.53). La Marquise du *Hasard* dira la même chose en nuançant le problème: 'en le croyant infiniment plus rare qu'on ne dit, je sais qu'il existe; mais quand je vois de combien d'horreurs on le fait le prétexte, il s'en faut peu que je sois tentée de le nier' (*Ha*, p.280).

Ces constatations résument le statut des valeurs positives. Le bien qu'on semble connaître et postuler – le sentiment authentique, la vertu – s'évacue sur un terrain inconnu et irréel qui, toujours latent, ne se matérialise jamais. Il est ressenti comme un mythe 'romanesque' (*Eg*, p.26; *TaN*, p.109), comme un plaisir 'métaphysique' (*HOr*, viii.75), comme un bonheur immédiat à travers un songe (*QCo*, chapitre 3). Temporellement, il est un passé perdu ou un futur hors d'atteinte, mais

---

4 Amine est présentée comme 'une fille assez jolie, et qui par sa naissance, et par elle-même, étant ce qu'on appelle mauvaise compagnie, voyait cependant quelquefois les gens qui, dit-on, composent la bonne. C'était une jeune danseuse, qui venait d'être reçue parmi celles de l'Empereur, et dont la fortune et la réputation n'étaient pas encore faites, quoi qu'elle connût particulièrement presque tous les jeunes seigneurs d'Agra, qu'elle les comblât de ses bontés, et qu'ils l'assurassent de leur protection' (*So*, p.58). Pour Mme de Senanges, elle 'était une de ces femmes philosophes, pour qui le public n'a jamais rien été. Toujours au-dessus du préjugé, et au-dessous de tout, plus connues encore dans le monde par leurs vices que par leur rang [...] C'était enfin une femme à qui, dans toutes ses anciennes grâces, il ne restait plus que cette indécence que la jeunesse et les agréments font pardonner, quoiqu'elle déshonore l'un et l'autre, mais qui, dans un âge plus avancé, ne présente plus aux yeux qu'un tableau de corruption qu'on ne peut regarder sans horreur' (*Eg*, p.87). Ces personnages ne quittent jamais les cadres ainsi prescrits. A plus forte raison, ceux qui sont à peine mentionnés dans des croquis rapides (voir, par exemple, les commérages dans la scène 2 du *Hasard du coin du feu*, ou les portraits de femmes esquissés par Alcibiade – *LAt*, lettre 110).

jamais le présent touffu où l'on vit et que l'on regarde. Chester regrette les 'douces chimères' de jeunesse et voudrait, au fond, s'attacher à une femme raisonnable, 'car, toute plaisanterie à part, il y en a pourtant' (*HOr*, vii.147-48), mais entre le paradis révolu et le paradis espéré, la réalité est toute autre. Dans *Les Egarements*, on ne *voit* Meilcour ni 'simple et sans art', comme il aurait dû l'être au début, ni 'rendu à lui-même' sous l'influence d'une 'femme estimable', ce qu'auraient montré les dernières parties du roman (*Eg*, p.11). Spatialement, le bien achevé est à la lisière du monde. Lisière regardée avec nostalgie, et pourtant tout à fait étrange, impénétrable et aussi lointaine que le jardin du sage Léosthène (*LAt*, lettre 102). La critique moderne a bien remarqué l''absence', dans le monde des *Egarements*, d'Hortense de Théville, personnage rejeté 'sur la frange du récit'.[5] Glaciale, presque inhumaine, elle appartient à un autre univers qu'on n'ose ni approcher ni deviner. Son amie, entièrement anonyme et éphémère, termine ainsi sa harangue pédagogique: 'plus que toute autre, vous devez croire pour votre intérêt qu'aucun homme n'est digne de vous toucher' (*Eg*, p.52). Et quand Meilcour examinera Hortense avec soin, elle ne marquera 'ni trouble, ni plaisir' (*Eg*, p.138). Etre extérieur aussi que l'innocente Lucie, touchant à peine la terre, toujours en fuite, et dont le sort ne sera jamais connu. Chester l'appelle 'petit monstre de vertu' (*HOr*, vii.76), et effectivement, toute plaisanterie à part, elle fonctionne dans un espace quasi surnaturel. La rencontre avec la femme vertueuse du *Sopha* n'occupe que deux pages et se termine par un tel commentaire d'Aman-zéi: 'persuadé que ce serait en vain que j'attendrais qu'on m'y donnât matière à observations, je quittai le sopha de cette dame, charmé d'être convaincu par moi-même qu'il y avait des femmes vertueuses mais désirant assez peu d'en retrouver de pareilles' (*So*, pp.57-58). La vertu, même 'rencontrée', s'élimine très vite, demeure inconnue, presque gênante, et ne saurait 'donner matière à observations'.

La vraie matière romanesque n'est donc constituée ni par le vice foudroyé, ni par la vertu idéale. Ces extrémités, trop évidentes ou, au contraire, trop peu connues, ressemblent à des points de gravitation qui n'ont qu'une présence virtuelle ou réduite. Annoncées comme objets propres de la description, elles sont en fait des impulsions extérieures qui dynamisent l'univers représenté. Celui-ci s'étend toujours *entre* les

[5] le mot est de C. Labrosse, 'Récit romanesque et enquête anthropologique', p.84. Jean Sgard écrit que Hortense et la Dame sont 'deux personnages en marge de l'action, qui disent pas leur secret' ('La notion d'égarement' p.247).

deux pôles, non comme un état, mais comme un parcours, soumis à une tension permanente.

C'est cette tension que l'on remarque partout. Le monde de Crébillon se conçoit comme une alternative gigantesque. Ses acteurs principaux semblent être prédestinés à une hésitation éternelle, et le motif de deux voies contradictoires est des plus fréquents. Tel le déchirement fondamental des héroïnes des *Lettres de la Marquise* et des *Lettres de la Duchesse*, ainsi que de Mme de Suffolk. Tel le conflit de Néadarné entre les charmes de Jonquille et l'amour pour Tanzaï; ou celui de Tanzaï, entre son amour-propre et les sentiments épurés. Tel le ballottement incessant de Meilcour et de Mme de Lursay – entre eux-mêmes, comme dans l'espace élargi par Hortense, Mme de Senanges et Versac. Mais tel aussi le dilemme de Chester entre le cynisme lucide et la tentation d'un amour estimable et d'une douce ignorance; ou l'hésitation implicite d'Alcibiade entre la 'gloire' libertine et la gloire des vertus civiques.

Le destin des personnages – et cela jusqu'à leurs moindres actions – s'inscrit dans une structure antithétique. Ils sont, à tous les niveaux, plutôt une ouverture face à des solutions différentes, une attente devant des systèmes d'attraction concurrentiels, qu'un substrat existentiel achevé. Meilcour se place dans toute une symphonie d'alternatives (*Eg*, pp.47, 105, 93, 188):

je m'endormis en donnant des désirs à Madame de Lursay, et je ne sais quel sentiment plus délicat à mon inconnue.

Madame de Senanges m'accabla encore de ses cruelles agaceries, comme Mademoiselle de Théville de sa froideur.

Alarmé des desseins d'un homme à qui l'on croyait qu'il était ridicule de résister [Versac], et commençant à avoir mauvaise opinion des femmes aussi sottement que je l'avais bonne, j'examinais Mademoiselle de Théville.

Dérobé aux plaisirs par les remords, arraché aux remords par les plaisirs, je ne pouvais pas être sûr un moment de moi-même.

Mme de Suffolk dit qu'elle aurait désiré que Chester l'eût oubliée; mais, ajoute-t-elle, elle en serait 'morte de désespoir' (*HOr*, vii.142). Deux voies, également dangereuses, s'offrent à Tout-ou-rien pour séduire Schézaddin: le sentiment et l'indécence: 'En empruntant le premier, elle avait à craindre d'employer beaucoup de temps à rendre Schézaddin sensible; et elle pouvait, en prenant la dernière, ne lui donner d'elle qu'une opinion désavantageuse' (*QCo*, v.18). Et Némée commente ainsi sa liaison avec Thrazylle: 'Il me montre alternativement tant, et si peu de tendresse, qu'il m'est presque également mal aisé de ne le pas croire tantôt le plus indifférent, tantôt le plus amoureux de tous les hommes' (*LAt*, xiv.219).

Dans le champ de cette tension, il s'agit, on l'a dit, d'un *parcours*. C'est dire que les gravitations contradictoires produisent un mouvement, et ce mouvement consiste dans un dépassement continu des données de départ, dans une dénégation dynamique. A tout moment l'état des choses peut être mis en question, comme dans la tirade finale de Mme de Lursay, comme dans la déclaration de Clitandre que la 'profession de foi' qu'il vient de débiter n'est pas la sienne. Isoler les pages choisies, c'est donc fausser le parcours, étant donné que la 'page' suivante nie, corrige ou nuance ce qui vient d'être dit. L'innocente Néadarné surprend le lecteur, on l'a vu, par son monologue sur les 'sentiments du corps'. Mais il est inexact d'en inférer quoi que ce soit de définitif, si l'on passe sur la suite du raisonnement[6] qui s'inverse à son tour, car la princesse finit par supposer l'existence d'une 'voix secrète' qui nous éclaire sur notre conduite:

nous éprouverions moins de combats dans notre âme, si cette voix était moins puissante. [. . .] que serait-ce pour moi qu'un plaisir qui me coûterait tant de larmes? et qu'est-il auprès de cette satisfaction si pure qui ne nous abandonne jamais quand nous n'avons rien à nous reprocher?[7]

Le mouvement que subissent les personnages principaux est donc celui de tâtonnements réitérés, souvent discontinus, qu'on pourrait figurer par un jeu de bifurcations ou d'oscillations. Oscillations, pourtant, qui ne ressemblent pas à une vaine balançoire, à un va-et-vient mécanique. Ce monde est hanté par le besoin de saisir, entre les extrêmes, quelque chose de fixe, de capter un *état intermédiaire* (*LMa*, pp.56-57; c'est nous qui soulignons):

Il ne me convient donc plus que vous soyez mon ami; je voudrais cependant que vous ne me fussiez pas indifférent; ne pourrais-je *trouver un milieu* qui me

---

[6] c'est ce que fait C. Cherpack, p.20.

[7] *TaN*, p.255. Un autre revirement immédiat, celui de la Marquise de M*** qui, après avoir souhaité de son amant de 'tendres épanchements de l'âme' et 'cet amour qu'on dit que Platon connaissait si bien' (cf. ci-dessus, chapitre 3, p.132-33), dit ceci: 'Sans nous inquiéter de tout cela, aimons-nous toujours comme nous avons commencé de le faire. Notre amour nous satisfait, et je crois que nous perdrions à en imaginer un autre' (*LMa*, p.187).

délivrât de cet embarras? [. . .] Ne parlons de rien, je vous en prie, jusqu'à ce que je puisse vous faire un *état fixe* dans mon cœur.

Une opinion de Chester (encore une fois, assez inattendue de sa part) sur le contraste géo-moral entre la France et l'Angleterre, est en réalité une recherche d'un compromis entre les valeurs absolues (*HOr*, vii.127):

comme je voudrais, s'il se pouvait, réconcilier en tout deux nations qui me paraissent plus faites pour s'estimer que pour se haïr, il me semble que les Françaises pourraient mettre dans leur maintien plus de décence, et que les Anglaises devraient y mettre plus de liberté.

Tous les gestes et toutes les paroles peuvent se réaliser dans un espace moyen, dans un rapprochement réciproque d'éventualités, où l'on veut conjurer l'implacable mouvement de balance. Exemple frivole: Clitandre 'accable Cidalise de carresses fort tendres, qu'elle ne lui rend point *tout à fait*, mais auxquelles elle ne s'oppose pas non plus à *un certain point*' (*NuM*, p.236; c'est nous qui soulignons). Exemple sérieux: Théane, personnage des *Lettres athéniennes*, définit ainsi l'équilibre difficile de ses sentiments pour Cléophon: 'Si je ne l'aime pas *assez* pour qu'il me soit impossible de lui faire une infidélité, il m'est *trop* cher pour que je veuille lui faire éprouver mon inconstance.'[8] Il arrive souvent que ce stade intermédiaire confine à un non-être provisoire: une abstention ou une résignation prolonge l'immobilité relative de ces états, les sauvegarde le temps d'un regard détourné, d'un geste non effectué. Les 'restons-en où nous en sommes' répétés de la Marquise de M*** sont tout à fait symboliques (*LMa*, pp.57, 58). Mme de Lursay, 'incertaine de la façon dont [Meilcour prendrait] le ton sur lequel elle [lui] parlait, [. . .] *n'osait en hasarder aucun*' (*Eg*, p.120; c'est nous qui soulignons). Le désespoir de Zéïnis après la sortie de Phéléas, bien qu'intentionnellement différent, a la même structure: 'Mortellement fâchée que Phéléas la quittât, et n'osant cependant le rappeler, la tête appuyée sur ses mains, Zéïnis pleurait, et *était demeurée sur le sopha*' (*So*, p.296; c'est nous qui soulignons).

Cependant, l'équilibre ne peut être que précaire; l'amplitude des oscillations se rétrécit momentanément, mais le mouvement ne s'arrête

---

[8] *LAt*, xiv.121; c'est nous qui soulignons. Deux autres exemples des *Lettres athéniennes*. Alcibiade: 'Si ma timidité [. . .] ne m'a pas encore permis de lui dire [à Aspasie] que je l'aime, elle n'a pourtant pas été au point de le lui laisser absolument ignorer' (*LAt*, xii.31-32); Némée: 'Je vous aimais trop pour qu'il me fût possible de vous quitter; je ne vous aime plus assez pour qu'une rupture avec vous me soit nécessaire' (*LAt*, xii.99).

jamais: il faut enfin faire un pas quelconque, et après l'avoir fait – un autre, dans un autre sens, toujours au gré de gravitations opposées. La structure de ces parcours peut être abondamment étudiée dans la plupart des rapports sentimentaux, et surtout dans les plus sérieux. Le thème de l'amour languissant qui a besoin d'aiguillon (indifférence, obstacle, etc.), thème que nous avons vu sous le jour d'une 'coquetterie' de la passion,[9] a aussi une signification plus profonde. Puisqu'une liaison amoureuse est rarement un absolu négatif (alors elle se dissout immédiatement) ou un absolu positif (alors elle se perd dans un au-delà insaisissable), elle subit sans cesse des fluctuations; bien plus, si elle s'efforce de se placer au-dessus d'elles dans un élan vers un bonheur durable, elle risque de s'aliéner et de s'anéantir. Durable, le bonheur amoureux ne l'est jamais, non seulement pour cause d'inconstance (il s'agit du destin d'un même couple), mais par son caractère nécessairement incomplet et réversible. Alcibiade explique au jaloux Antipe qu'il est inconcevable que Théodote, fidèlement attachée à Antipe depuis sept ans, puisse l'aimer toujours sur un même registre (*LAt*, lettre 57). On aspire, certes, à une union totale, mais pour sauver quoi que ce soit du chemin commun, il faudrait au contraire la différer. Moustache conseille de ne jamais offrir aux amants 'un bonheur parfait': 'comblons leurs désirs, mais ne les anéantissons pas: au milieu des plus grandes voluptés, qu'il leur manque quelque chose, ne fût-ce même qu'un soupir' (*TaN*, p.199). On pourrait dire que la galante fée donne là surtout un précepte tactique du jeu amoureux. Mais le problème identique se pose d'une manière plus sérieuse à la Marquise de M***, quand elle propose au Comte un 'relâche': 'ne poussons pas les choses plus loin; n'épuisons point nos cœurs, nous nous verrons avec plus de plaisir, ayant encore quelque désir à satisfaire' (*LMa*, p.169). Elle est obsédée par la nécessité de 'réveiller', de 'réchauffer' l'amour (lettres 30, 34, 56). La Duchesse de *** parle d'une 'lassitude d'être heureux, dont en prétend que l'amour même le plus tendre ne [...] garantit pas' (*LDu*, x.59). Car l'amour n'est pas un état céleste achevé, mais un champ de tension où la ligne de contact entre les amants n'arrête pas de vibrer et de se courber.

La liaison entre Schézaddin et Tout-ou-rien dans *Ah, quel conte!* est un excellent exemple, digne d'une explication suivie, qui résume tout le mécanisme du parcours oscillatoire, d'alternatives concurrentielles, de la recherche d'équilibre. Au départ, il y a comme une pro-

---

[9] voir ci-dessus, chapitre 4, p.163.

jection momentanée des pôles absolus de la vertu et du vice dans le schéma initial qui oppose Schézaddin à la fée. Le prince croit 'qu'il s'en faut beaucoup que les désirs soient de l'amour' (*QCo*, v.7) et veut persister dans sa pureté, tandis que Tout-ou-rien, annoncée comme libertine, 'vive dans ses goûts, [...] ne tenait point aux préjugés, préférait le plaisir à l'estime; donnait tout au penchant' (*QCo*, v.31-32).

Premier mouvement et première correction du schéma: les doutes de la fée sur la façon de séduire Schézaddin ('la fée était bien sûre, en ne s'épargnant pas sur les complaisances, de lui causer les mêmes désirs; mais le pouvait-elle, sans risquer de le voir moins amoureux, lorsqu'elle voudrait consommer son ouvrage?' – *QCo*, v.35) sont à l'origine de deux développements parallèles: Tout-ou-rien abandonne peu à peu son libertinage, tandis que le romantique Schézaddin oublie ses principes rigides.

Deuxième mouvement et deuxième correction: il y a un lieu de rencontre provisoire – c'est l'amour, et des plus authentiques: 'Le feu dont ils étaient embrasés, n'était pas cette passagère ardeur qui n'affecte que les sens, que le désir allume et que le plaisir éteint. C'était ce sentiment fin, délicat et voluptueux qui occupe l'âme toute entière' (*QCo*, v.95). Impossible pourtant d'immobiliser cette étape idéale.

Troisième mouvement: Schézaddin se lasse de son bonheur, et cela, bien entendu, 'imperceptiblement' (*QCo*, v.162-63). La fée, à son tour, le ramène par une manœuvre classique – en feignant la froideur – mais pas pour longtemps. Elle s'avise trop tard de l'illusion d'une union totale et de l'erreur de ne pas avoir veillé au 'dosage' de la tendresse, phénomène que nous venons d'observer ailleurs: 'au lieu de laisser à son amant quelque chose à désirer, elle se livra à tous ses désirs avec une facilité qui ne pouvait que les éteindre, et enfin le fatigua de son bonheur' (*QCo*, v.144). Aurait-elle pu éviter cet écueil, inséparable des inflexions du sentiment? On sait bien qu''à quelque point que l'on aime, il est rare que l'on aime toujours également' (*QCo*, v.145).

Quatrième mouvement: Schézaddin se trouve dans un 'état intermédiaire'. Interpellé par Tout-ou-rien qui l'accuse de ne plus aimer, il réplique: 'Je crois, Madame, [...] que c'est *trop* dire. Il est vrai que *j'ai perdu de mon amour*; mais il ne l'est pas que je n'en sente *plus du tout*' (*QCo*, v.152; c'est nous qui soulignons). Il opte donc pour une solution-compromis à mi-chemin entre le libertinage et l'amour: une liaison moins exclusive, ponctuée de contacts plus espacés: 'Formons des nœuds différents [...] retranchons seulement de notre liaison ces mouvements impétueux et cette servile dépendance qui, peut-être, nuisent plus à l'amour qu'ils ne lui prêtent de charmes' (*QCo*, v.153).

Cinquième mouvement, enfin: la fée s'indigne au nom de l'amour authentique, interprétant la proposition du prince comme incitation au vice (*QCo*, v.154):

J'ai compris [...] que sans être ni mon amant, ni mon ami, vous vouliez cependant jouir avec moi des droits de l'un et de l'autre; que j'eusse la complaisance de me livrer à vos désirs, lorsque le désœuvrement et le caprice vous en inspireraient pour moi, et qu'il n'y eût, enfin, entre nous deux que le sentiment de moins.

Le schéma initial est presque renversé. En revendiquant le droit au sentiment, la fée veut, pourrions-nous dire, se précipiter vers l'un des pôles absolus, esquissés au départ – celui pourtant qui n'était pas le sien. La ligne tracée par le destin des amants est une ligne sinueuse qui croise plusieurs fois le niveau d'équilibre sans pouvoir s'y fixer.

Ligne sans fin, aussi. Lorsque Tout-ou-rien quitte Schézaddin, le soulagement du prince ne dure pas longtemps: il commence bientôt à regretter les charmes de l'amour, 'si nécessaires au bonheur de la vie, puisqu'eux seuls savent en remplir les instants' (*QCo*, v.157-58). Impossible d'arriver à quelque chose de définitif dans la recherche amoureuse; impossible aussi de demeurer en dehors de son chemin.

Aussi le parcours sentimental se place-t-il sous le double signe d'un épanouissement et d'une menace latente. Mais cette dynamique oscillatoire se révèle déjà, en raccourci, au commencement même d'une liaison. Les héros entrent en lice avec une singulière inquiétude qui paralyse dès le début tous leurs mouvements. Il est tout à fait surprenant de découvrir quelle est chez Crébillon, ce peintre de liaisons rapides, l'importance accordée au *blocage initial* de deux êtres qui se cherchent – qui tendent, consciemment ou non, à un bonheur commun, mais qui sentent déjà, avant de faire le premier pas, les vicissitudes et l'échec qui y sont attachés.

Il y a d'abord la perspective exaspérante de la détérioration et de la cessation inévitables de l'amour. Le thème est vraiment obsessionnel. On s'engage en profilant sur l'avenir une crainte qui faillit anéantir l'engagement au point de départ (*LMa*, p.52):

sur quoi puis-je croire que vous en ayez [de l'amour] pour moi? Sont-ce vos serments qui me l'assureront? Quand même vous me diriez vrai, m'aimeriez-vous toujours? Et ce même caprice qui me rend aujourd'hui l'objet de tous vos vœux, ne peut-il pas demain vous en faire naître pour une autre?

Toute une gradation apparaît dans les doutes de la Marquise de M***: on ne sait pas si le partenaire aime; et s'il aime, il est difficile de savoir s'il aimera bien et toujours. Elle revient sur le thème avec une fréquence étonnante, surtout avant de nouer sa liaison avec le Comte, mais aussi tout au long de ses différentes phases (lettres 12, 15, 17, 24, 26, 36, 42, 57, 61, 62). D'autres héroïnes éprouvent la même crainte, fondée en général sur le mécanisme connu de la satisfaction qui engendre la lassitude ou même le mépris (Néadarné – *TaN*, p.138; Mme de Lursay – *Eg*, pp.26, 66-67; Zéphis – *So*, chapitre 10; Cidalise – *NuM*, pp.236, 240; Manzaïde – *QCo*, chapitre 37; la Duchesse de *** – *LDu*, lettre 16; Diotime – *LAt*, lettre 69). Mme de Lursay va jusqu'à bâtir tout un édifice d'hypothèses désespérantes, tout un roman imaginaire autour de sa liaison avec Meilcour, qui vient seulement de s'annoncer (*Eg*, pp.66-67):

A présent que vous me dites que vous m'aimez, vous êtes peut-être sincère, mais combien de temps le seriez-vous et combien ne me puniriez-vous pas d'avoir été trop crédule? Je vous amuserais, vous me fixeriez. Trop jeune pour vous attacher longtemps, vous vous en prendriez à moi des caprices de votre âge. Moins je vous fournirais de prétextes d'inconstance, plus je vous deviendrais indifférente [...] Vous iriez même jusqu'à vous reprocher l'amour que vous auriez eu pour moi, et si je ne me voyais pas indignement sacrifiée, si vous n'instruisiez pas le public de ma faiblesse, je le devrais moins à votre probité qu'au ridicule dont vous croiriez vous couvrir en avouant que vous m'auriez aimée.

Comment échapper à tous ces conditionnels menaçants? Où s'enfuir devant des éventualités multiples qui s'accumulent avant qu'on choisisse un chemin? D'autant que la méfiance bloque quelquefois des issues alternatives et ne laisse aucun choix. La Marquise de M*** craint surtout l'inconstance du Comte; mais sa fidélité lui serait aussi suspecte, car elle ne pourrait être que forcée et, comme telle, devrait faire le supplice des amants (*LMa*, lettre 17). Après la déclaration de Meilcour, Mme de Lursay a ce mot significatif: 'Ou vous ne m'aimeriez pas assez, ou vous m'aimeriez trop' (*Eg*, p.26). L'élan vers le bonheur, à peine né, est freiné dans son premier envol. L'instant de la joie encore pure se charge paradoxalement et inexplicablement du malheur des moments futurs. Diotime exprime bien cet état où la main tendue vers l'autre s'arrête, effrayée, à mi-chemin (*LAt*, xiii.108; c'est nous qui soulignons):

quand je songe à tout ce que ma tendresse pour vous peut un jour me procurer de tourments. . . Mais pourquoi est-ce, pour ainsi dire, l'*instant même* où je viens de vous entendre me jurer que vous m'aimerez toujours que je choisis pour craindre qu'*un jour* vous ne cessiez de m'aimer? Que je suis malheureuse! en proie *pour le présent* à toutes les alarmes imaginables, j'y suis encore à tout ce qu'il est possible d'en puiser *dans l'avenir*.

Une autre manifestation du blocage: l'inertie et le silence. Au seuil d'un rapport sentimental, il semble y avoir une barrière qui étouffe les gestes et paroles nécessaires. Zéïnis, débarrassée de sa pudeur, 'se précipite' dans les bras de Phéléas, mais il n'en reste pas moins que 'tous deux *immobiles*, respirant mutuellement leur âme, semblaient *accablés* de leurs plaisirs' (*So*, p.297; c'est nous qui soulignons). Même situation dans le tête-à-tête de Schézaddin et de Manzaïde, qui, '*accablés* de la violence de leurs mouvements, absorbés dans la douce *langueur* qui avait succédé à une si vive agitation, purent à peine se soulager par *des soupirs*' (*QCo*, vi.136; c'est nous qui soulignons). Il y a là certainement le cliché de l''accablement' psychique et physique causé par un grand sentiment, et surtout l'idéal, que nous avons déjà vu, de l'amour 'transparent' qui se passe de communication d'usage. Mais il y a aussi autre chose, à savoir l'impossibilité de chercher l'amour autrement qu'à travers un non-lieu et un non-dit assez décevants. On croit avoir trouvé une bonne piste – un partenaire parfait – mais on se heurte immédiatement au 'plus profond silence' ou à des 'mots interrompus' (*Eg*, p.105; *HOr*, vii.149), qui s'ajoutent à l'immobilité d'un 'accablement' et d'une 'langueur'. L'interprétation positive donnée à ces symptômes par le narrateur ne fait qu'occulter l'espace de manque et d'obstacle qu'ils articulent. Quelle meilleure preuve pour le montrer que la situation où l'amour est *garanti* par le silence; il n'existe que dans la mesure où il ne s'avoue pas. Rutland 'ne pouvait se résoudre à parler, lorsqu'en faisant l'aveu de sa passion, il se mettait au hasard de perdre le seul bien dont il jouît depuis longtemps, l'espérance d'être aimé' (*HOr*, vii.34). Et la Duchesse de *** rappelle dans sa dernière lettre une telle augumentation du duc: 'Vous m'avez dit [. . .] que ce qui vous avait si longtemps obligé de renfermer des sentiments que, dès le première vue, je vous avais inspirés, avait été la crainte de ne pouvoir jamais me les faire partager.' On pourrait pousser plus loin notre paradoxe et dire que l'amour n'existe pleinement qu'autant qu'il ne commence pas.

Alternatives incompatibles, oscillations qui ne trouvent jamais d'équilibre durable, blocage initial: autant de mécanismes complémentaires qui règlent le mouvement qui nous semble prépondérant: la recherche d'autrui et de soi-même.

D'abord, nous l'avons dit dans les chapitres précédents, il est difficile de définir l'identité et la vérité des autres – à cause du masque 'libertin' qui est artifice, et à cause du masque existentiel qui rend toute authenticité aléatoire. Mais la connaissance de soi-même est aussi incertaine. Vous m'avez jugée, se plaint la Duchesse de *** à son correspondant, moins 'd'après ce que je suis, que comme j'ai dû vous paraître' (*LDu*, x.37). Sait-elle pourtant ce qu'elle est? Elle fera beaucoup plus tard une déclaration précieuse (*LDu*, x.138; c'est nous qui soulignons):

nous nous définissons moins comme nous sommes, que comme nous nous croyons; [...] ce qui est vrai un jour, cesse un autre de l'être. [...] *c'est moins à nous-mêmes à dire quelle est notre façon de penser, qu'à ceux qui vivent avec nous, à la pénétrer.*

Mais les autres peuvent-ils pénétrer notre for intérieur, si nous-mêmes apercevons son instabilité fondamentale? Ecoutons la Marquise de M***: 'Je sais que je ne vous aime pas: serait-il possible que je m'abusasse et si je me trompe à mes propres mouvements, pourrais-je espérer de connaître jamais bien les vôtres?' (*LMa*, p.66). D'une part, le moi échappe,[10] d'autre part, pour se donner un sens d'existence authentique, on 'espère' appréhender l'intérieur des autres, et c'est cette poursuite réciproque, cet effort pour nouer un *contact* consistant, qui orientent, en dernière instance, les hésitations des personnages. Aspasie 'conjure' Alcibiade de lui ouvrir son cœur, de 'l'ouvrir même entièrement' (*LAt*, xii.254); la Duchesse de *** déclare solennellement dans sa dernière lettre qu'elle va 'dévoiler' au duc 'un cœur auquel [il s'était] considérablement trompé' (*LDu*, xi.179). Mais comment procéder à une connaissance totale?

'Devinez-moi, si vous pouvez', dit Mme de Lursay à Meilcour (*Eg*, p.58), et ce mot ne renvoie pas uniquement au répertoire du badinage coquet. Le chemin vers l'autre n'est autre chose, précisément, que des essais réitérés de *deviner* ses intentions, de le chercher péniblement à travers les méandres d'éventualités supposées. Souvent on a l'impression que le contact réel est littéralement *remplacé* par ces pulsations infinies de conjectures, ce qui frappe surtout dans les *Lettres de la Marquise* et les *Lettres de la Duchesse*, où l'être entier de l'amant est constitué et

---

[10] songeons à l'incohérence des mouvements intérieurs, qui caractérise l''égarement' et que nous avons montrée dans le chapitre précédent.

reconstitué par la parole de la narratrice. Après l'aveu du Duc, la Duchesse de *** évoque le jour où il avait été admis dans sa société, et où elle l'avait accueilli, vu sa réputation libertine, de la façon la plus réservée (*LDu*, x.97; c'est nous qui soulignons):

> Je ne sais quelle impression vous en reçûtes, mais au peu d'attention que vous parûtes y faire, *ou* elle ne prenait pas beaucoup sur vous, *ou* vous vous en consoliez par l'idée que je commandais à mes yeux de ne pas déceler ce qui se passait dans mon cœur. *Dans l'un ou l'autre de ces cas*, pour que la froideur que je vous montrais, vous laissât tant de liberté d'esprit, il fallait que vous ne m'aimassiez pas dès lors autant que vous me le dites, *ou que* vous ne m'aimassiez point du tout. Le sentiment ne saurait permettre, ce me semble, *ou tant de présomption, ou une si grande tranquillité, ou tant de dissimulation.*

Les 'je ne sais' et 'ce me semble' d'une part, et les alternatives incessantes d'autre part, ponctuent ce passage. Trois solutions données au 'peu d'attention' qu'un partenaire fait (*paraît* faire) à l'autre! Autant d'efforts pour communiquer à tout prix, comme pour définir sa propre place dans cette communication.[11] Un exemple extrême qui illustre bien cette tendance générale: l'histoire de Mme de T... et de M. de P... des *Lettres de la Duchesse*, racontée par la narratrice principale et fondée – ce qu'elle rappelle elle-même – sur des *conjectures* (lettres 10, 11). Comment d'ailleurs aurait-elle pu trouver d'autres repères, puisqu'il s'agit d'une liaison qui n'apparaît jamais? On pouvait croire, d'après quelques petits détails, que Mme de T... aimait P... qui était son ami; mais il ne devinait pas cet amour, tandis que la T... était persuadée qu'il ne tarderait pas à déclarer ses sentiments. Puisqu'il n'en est rien, il se produit une 'rupture' muette de la liaison inexistante, sans aucun conflit apparent – sauf que P..., qui à son tour se sent maintenant épris de son amie, ne peut pas compter sur un bon accueil. 'Est-ce que vous auriez été brouillés?', demande la Duchesse à Mme de T... : '– *Oui et non; je n'en sais en vérité rien; et je doute fort qu'il sache mieux que moi-même, ce qui en est*' (*LDu*, x.78; italiques dans le texte). Il serait difficile de pousser plus loin l'incertitude du statut sentimental de l'individu, le vide existentiel d'où émerge l'autre, et qui rend tout contact illusoire.

---

[11] comme toujours chez Crébillon, ce dilemme sérieux peut avoir un correspondant ironique et frivole, sans pour autant perdre de son acuité. Le sultan Schah-Baham, dont les questions infantiles ont souvent le mérite de réduire le problème au plus simple, commente ainsi la scène où Tout-ou-rien simule le sommeil et est fâchée du peu d'initiative de Schézaddin qui se contente de lui baiser la main: 'Elle se fâchait de cela; mais comme elle n'en disait mot, il n'était pas obligé de savoir ce qui en était. Elle se serait peut-être fâchée du contraire: comment s'arranger?' (*QCo*, v.81).

Car, nous le voyons déjà, on se devine fort mal, et le vœu d'ouvrir ou de découvrir un cœur ménage bien des surprises. Plus encore que dans le style, Crébillon se rapproche de Marivaux dans la quête éperdue d'une union qu'on a du mal à former par-dessus les fausses pistes et le jeu de cache-cache auquel se livrent, consciemment ou non, les protagonistes; mais les résultats sont, chez lui, moins réconfortants.[12] On pourrait envisager la recherche d'autrui chez Crébillon comme un mouvement incessant de rencontres manquées. Il est impossible de se trouver sur le même registre. On passe toujours *à côté*, on se croise de temps à autre, mais on ne se rejoint jamais. Les lignes de contact qu'on croyait établies s'abolissent tout d'un coup, les lieux où l'on tendait se déplacent, la structure des relations n'a aucun point fixe.[13]

Crébillon semble être tout à fait fasciné par un mécanisme sélectif de coupure ou de déséquilibre, qui exclut – simultanément ou successivement – le contact des partenaires. Contact physique élémentaire d'abord, dont le blocage est bien visible au niveau des féeries grivoises, apparemment bouffonnes, des 'contes orientaux': Tanzaï, privé de sa virilité, ne peut s'unir à Néadarné,[14] et lorsqu'il est guéri, un mal analogue frappe sa bien-aimée; Schézaddin aime une princesse transformée en oie et ne peut la voir sous ses traits humains qu'en subissant momentanément la même transformation, ce qui ne change rien à la difficulté, malgré les

[12] les cadres de cet ouvrage ne nous permettent pas de développer les affinités avec Marivaux, qui nous semblent extrêmement importantes pour la compréhension du 'courant' où il faudrait placer le roman de Crébillon (cf. ci-dessus, chapitre 1). Une étude consacrée à ce problème s'impose. En attendant, signalons le rapprochement indirect (dans le cadre du roman de la mondanité) qu'on trouve dans l'ouvrage cité de P. Brooks, ainsi que quelques confrontations directes dans la thèse de H. Coulet, *Marivaux romancier*, pp.80, 254-62.

[13] Claude Labrosse commence ainsi sa belle étude sur la 'substitution' dans *Les Egarements*: 'Après avoir cru que Meilcour pouvait être amoureux d'elle, Mme de Lursay est convaincue qu'il s'intéresse à la Senanges alors qu'en fait il ne pense qu'à Hortense. Lui-même, qui ne cesse d'imaginer le roman d'Hortense et de Germeuil – alors que c'est peut-être lui qu'elle aime – soupçonnera – mais en fait il n'en est rien – que Mme de Lursay lui préfère le Marquis de *** et se croira, quelques heures plus tard, épris de Mme de Lursay tout en ne pouvant oublier Hortense' ('La substitution dans *Les Egarements*', in: *Les Paradoxes du romancier*, p.99). Plus peut-être qu'un principe de substitution, nous voyons dans cette 'vertigineuse escalade de simulacres' une excellente illustration du mouvement général de rencontres impossibles.

[14] rappelons un détail qui annonce, dès le début heureux de leur liaison, des obstacles insurmontables: 'L'étiquette des rois de Chéchianée était que le jour de leurs noces ils habillaient seuls la reine future: mais il leur était en même temps défendu [. . .] de s'abandonner aux désirs que leur pouvair causer les agréments qu'ils découvraient' (*TaN*, p.125).

efforts grotesques du prince qui s'inspire de l'expérience de Jupiter et de Léda.

Mais le même schéma se retrouve sur d'autres plans. Il se projette sur tout le réseau d'aventures libertines qui ne sont pas, de ce point de vue, des *conquêtes* (impliquant une 'absorption' du partenaire et une communication, ne serait-ce que négative), mais des *échecs*, parce qu'elles dessinent, en creux des 'triomphes' et des 'listes', une absence totale de points de contacts. Le libertin se pique d'une connaissance du monde, des vices et des mérites éventuels des autres, mais en fait il se livre à une activité qui, apparemment cumulative, se trouve toujours en dehors de ce savoir. Nassès explique à Zulica pourquoi une étude détaillée du partenaire, une tentative de partager avec lui un espace de valeurs communes, sont inconcevables (*So*, p.212; c'est nous qui soulignons):

Pendant que nous en serions occupés, une femme nous préviendrait d'inconstance, et c'est un si cruel accident pour nous que, pour n'y pas être exposés, nous la quittons souvent *avant que de savoir si elle mérite que nous l'aimions plus longtemps.*

Le 'on se prend, on se quitte' est un *ersatz* d'un vrai contact, jugé introuvable, mais qui manque. D'où cet aspect frappant du ballet mondain, qui tourne autour de rien, mais qui n'est pas vain, dans la mesure où il semble conjurer (et donc manifester), par un code universellement accepté, la disjonction incurable qui frappe chaque relation. Ne pourrait-on envisager sous cet angle la situation 'frivole' de *La Nuit et le moment*? Cidalise et Clitandre établissent en apparence un contact physique et psychique des plus directs; pourtant, ils se cherchent aussi péniblement que les héros ensorcelés de *L'Ecumoire* et de *Ah, quel conte!* Il en est de même de différents avatars du thème de la 'curiosité' et de l'impuissance, qui marquent l'impossibilité d'une rencontre satisfaisante. Pareil aussi, le 'moment', car la difficulté, tant de fois soulignée, de l'attraper par un mouvement unique et *réciproque* des amants, renvoie toujours au même mécanisme d'exclusion.

Enfin, cette même structure caractérise les rapports les plus sérieux et les plus développés. Quoi de plus symbolique que la coupure complète du contact direct entre la Duchesse de *** et son soupirant (durant leur correspondance ils ne se voient qu'une fois, et encore dans la foule): 'Nous avons tous deux, Monsieur, également à nous plaindre, vous de ne m'avoir pas rencontrée chez moi, moi de ne m'y être pas trouvée' (*LDu*, x.30). Des séparations ponctuent l'amour de la Marquise de M*** et du Comte de R***, en créant une barrière infranchissable (*LMa*, p.185):

Que faites-vous éloigné de moi? Vous me croyez infidèle et je crains que vous ne soyez perfide. [...] daignez me rassurer sur mes craintes, et éclaircir vos soupçons. Que je sache si je dois vous aimer encore, ou songer à vous haïr à jamais.

Pourtant, la barrière est surtout immanente, car elle ne disparaît pas, quand les amants peuvent se voir et se parler: 'quand je vous dis que je ne vous aime pas, vous vous fâchez; lorsque je vous assure que vous m'avez rendue sensible, vous n'en croyez rien; quel tempérament prendre?' (*LMa*, p.63). On dirait que les personnages de Crébillon, même s'ils demeurent vis-à-vis l'un de l'autre, sont condamnés à contourner un espace maudit qui maintient la distance. De quelque côté qu'on tourne, on rate le coup, car le partenaire, se méprenant sur tous nos pas, reste hors d'atteinte. Théodote explique bien le problème, quand elle se plaint de la jalousie d'Antipe: elle croit donner des *preuves* d'amour en accablant l'amant de tendresse, mais celui-ci y voit une complaisance suspecte; et lorsque, s'avisant de son imprudence, elle montre plus de retenue, Antipe insinue que son amour s'éteint (*LAt*, lettre 56). De là, il n'y a qu'un pas au motif omniprésent de l'aveu et des condescendances *différés*: une manifestation de l'amour (une ouverture vers l'autre) peut être un geste qui, en réalité, marque une rupture ou un blocage. La Marquise de M*** forme ce vœu étrange (*LMa*, p.75):

Ah! plût à Dieu que vous doutassiez autant de ma tendresse que vous en doutez peu! Vous ne m'en aimeriez que mieux, peut-être même l'aveu que je vous en ferais m'enlèverait votre cœur, et que la certitude où vous seriez d'être aimé vous ôterait le plaisir que vous aviez à vouloir l'être.

Dans un déséquilibre implacable, on aime toujours trop, ou trop peu, et toujours autrement qu'un contact authentique ne l'aurait exigé.[15] Des couples comme la Marquise de M*** et le Comte, Tanzaï et Néadarné, Meilcour et Mme de Lursay, Almaïde et Moclès, Zéphis et Mazulhim, Cidalise et Clitandre, Célie et Clerval, Mme de Suffolk et Chester, Schézaddin et Tout-ou-rien, Schézaddin et Manzaïde, la Duchesse de *** et le Duc de ***, Alcibiade et Aspasie, Alcibiade et

---

[15] 'La vivacité de mon amour me fait trouver de la langueur dans le vôtre' (*LMa*, p.113); 'Me sera-t-il donc toujours impossible de ne vous aimer que comme vous m'aimez vous-mêmes!' (*LAt*, xii.145).

Némée, sont intérieurement marqués, chacun à sa manière, par l'impossibilité de se mettre au diapason d'une communication unifiante. Ce n'est pas une harmonie de relations – qu'elles soient vicieuses ou vertueuses – qui se dégage du monde de Crébillon.

Echouant dans ses tentatives de rejoindre autrui, l'homme est paradoxalement seul et frustré dans la société en fête que notre écrivain 'rococo' est censé décrire. On constate chez Crébillon plusieurs exemples étonnants d'ennui intérieur ou d'état de manque, fruit d'une recherche désespérée et vaine. Nous avons déjà vu le 'spleen' des libertins scélérats, mais le phénomène est plus général. Ces mots de Tanzaï, qui ne peut pas, pour la deuxième fois, consommer son mariage, dépassent de loin le contexte grotesque où ils sont placés: 'Malheureux que je suis! [...] d'éternels obstacles s'opposeront-ils à notre bonheur? [...] Ne me serai-je trouvé tant de fois sur le point d'être heureux, que pour sentir plus vivement l'impossibilité de le devenir?' (*TaN*, p.179). Tanzaï ignore encore que l'assouvissement ne mène pas au port. L'âme d'Amanzéi, après ses multiples expériences, est plus pessimiste: 'Tel est notre sort que notre âme, toujours inquiète au milieu des plus grands plaisirs, est réduite à en désirer plus encore qu'elle n'en trouve' (*So*, p.286). Un malaise plane sur l'existence des héros, constamment tournés vers un bien qui leur échappe. Après que Tout-ou-rien a définitivement quitté Schézaddin, on le voit 'sombre et rêveur, cherchant partout le plaisir, et le plaisir le fuyant partout' (*QCo*, v.158). Rutland voit l'impossibilité de se faire aimer de Lucie, mais 'par un malheur qui semble attaché au cœur humain, moins il avait de sujets d'espérer, plus il sentait croître son amour' (*HOr*, vii.51). Certains éprouvent du vague à l'âme avant même de vivre des déceptions interminables, sentant un vide qu'ils voudraient combler, sans savoir quel est le bonheur qu'ils visent. On le remarque dans la confession de la Duchesse de Suffolk: 'Je ne savais ce que je désirais; je désirais pourtant, et avec une violence inconcevable, ce même bonheur que je pouvais si peu définir' (*HOr*, vii.117). On le remarque surtout dans l'analyse retrospective de l'état d'âme de Meilcour avant son entrée dans le monde, état qui n'illustre pas uniquement les troubles de l'âge de puberté (*Eg*, pp.13-14):

Au milieu du tumulte et de l'éclat qui m'environnaient sans cesse, je sentis que tout manquait à mon cœur: je désirais une félicité dont je n'avais pas une idée bien distincte; je fus quelque temps sans comprendre la sorte de volupté qui m'était nécessaire. Je voulais m'étourdir en vain sur l'ennui intérieur dont je me sentais accablé; le commerce des femmes pouvait seul le dissiper.

Mais l'initiation au 'commerce des femmes' – au contact avec les autres–
déclenche un mouvement sans fin, qui n'apaisera jamais l'inquiétude.

Crébillon 'préromantique'? Certainement pas, si on l'envisage à
travers les divisions – chronologiques et idéologiques – que cette
étiquette malheureuse avait arbitrairement instaurées dans l'image du
dix-huitième siècle. Mais on constate aujourd'hui que le soi-disant
préromantisme fait partie intégrante de l'époque tout entière, que les
'clartés' de la raison triomphante et les 'ombres' de la vie intérieure co-
existent et se complètent dans une controverse dynamique.[16] Les
exemples d'un Prévost, d'un Vauvenargues, d'un Diderot, pour se
borner aux plus évidents, ne laissent aucun doute sur ce point. On
pourrait peut-être aller plus loin et découvrir des maladies de l'âme
non seulement dans les effusions voyantes de la sensibilité, mais aussi
dans ce qu'il est convenu d'appeler analyse froide et cérébrale des
relations mondaines. Le mal de vivre, refoulé mais d'autant plus douloureux, s'affirme aussi dans les boudoirs parfumés et les parcs à la
française.

De quoi les romans de Crébillon parlent-ils dans leur ensemble et
au niveau le plus général? 'L'amour seul préside ici', dit la préface des
Egarements (*Eg*, p.11); et Chester a ce mot, non moins célèbre, contre
les romanciers des 'grands événements': 'Vous ne me montrez que
l'extérieur de l'homme [. . .] Moi, c'est le cœur que je développe, son
délire particulier' (*HOr*, viii.48). Ce sont les rapports amoureux qu'on
indique comme sujet exclusif. On parle, nous l'avons dit d'abord, d'un
amour dépravé de la noblesse oisive. On parle également d'un amour
raisonnable ou vertueux qui serait la contrepartie du premier. On parle
enfin d'un mélange sentimental dans lequel il est difficile de distinguer la
part du vice et de la vertu.

Mais est-ce qu'une *vérité* sur l'amour s'inscrit et se lit dans le monde
crébillonien? Chester continue ainsi ses remarques sur l'utilité qu'un
lecteur peut tirer de ses mémoires (*HOr*, viii.48-49):

soyez amant, je cesserai de vous paraître si frivole: craignez de l'être, vous me
devrez encore plus d'estime et de reconnaissance; repentez-vous de l'avoir
été: en vous retraçant vos erreurs, je vous affermis dans un repentir qui ne
peut que vous sauver des malheurs ou des ridicules [. . .]; et si vous n'avez été

---

[16] parmi les études récentes, citons un ouvrage entièrement consacré à cette problématique: G. Gusdorf, *Naissance de la conscience romantique au siècle des Lumières* (Paris
1976).

qu'un fat, ou si comme moi, vous en êtes un, par mon exemple je vous corrige de l'être, je vous console de l'avoir été ; ou, ce que vous aimerez mieux peut-être, et qui peut en effet vous être plus nécessaire, ou plus agréable, j'encourage votre fatuité par mes succès, et vous la rends plus utile par mes préceptes.

Le passage, généralement négligé par les critiques qui n'en citent que le début, est tout à fait étonnant. La réalité qu'on se propose de dépeindre, non seulement n'est mise dans aucune optique unifiante, mais encore elle s'annonce comme un objet occasionnel, et donc nul. Les grands sentiments peuvent être, au gré de lectures, 'malheureux' ou 'ridicules' ; la fatuité libertine se découpe à la fois comme un vice dont il convient de se corriger, et comme un ensemble de principes qu'il faut au contraire cultiver. D'un seul trait, le narrateur élève et détruit les grandes passions, dénonce et encourage l'activité libertine.[17]

Or, nos dernières analyses semblent prouver que l'univers représenté est constitué moins par un *tableau* d'une réalité sentimentale quelconque, que par un mouvement de tentatives qui pointent dans différentes directions sans aboutir à un espace définitif. Il y a plusieurs mécanismes de l'*orientation* de l'amour, mais l'amour, qui 'préside' ici, reste en fait inconnu dans sa structure existentielle et morale. Tout se passe comme si la vérité reposait à chaque fois *ailleurs* que les solutions provisoires ne le laissent supposer – ailleurs, en fin de compte, que dans les cadres du roman. Elle est, selon la formule connue de J.Sgard, 'un peu comme le centre de perspective d'un jardin rococo, nécessaire et invisible'.[18] Le même critique emploie l'image, suggestive et bien adéquate, du labyrinthe – labyrinthe radical qui n'a ni clé ni point d'arrivé ultime, et qui figure l'existence, faite de 'courbes et contre-courbes, compartiments détachés, effets de clair-obscur, ellipses et suggestions'.[19]

Dans un tel labyrinthe, tout parcours se solde finalement par un échec. Mais en même temps, plus les difficultés augmentent, plus on fait de détours, et le chemin dans toute son étendue offre une richesse exceptionnelle d'expériences. Cette double structure caractérise, en définitive, l'œuvre de Crébillon. D'une part, il s'agit d'une quête inutile engendrant un malaise permanent qui à la fois incite à l'action et fait prévoir son insuccès. D'autre part, dans cette recherche décevante s'inscrit en filigrane un réseau complexe formé par l'apprentissage socio-moral de l'individu. En s'acheminant vers l'idéal qui échappe, on

[17] nous touchons ici au problème complexe de la position du narrateur chez Crébillon : nous le développerons dans notre dernier chapitre.
[18] 'La notion d'égarement', p.247.   [19] 'Esthétique du labyrinthe', pp.25-26.

constate en route la nécessité amère de le modifier, d'y renoncer peut-être, et les deux mouvements s'entrelacent. Moclès dit à Almaïde: c'est 'par une plus grande *recherche* de la vertu que nous nous déterminons à des actions qui semblent la blesser' (*So*, pp.126-27; c'est nous qui soulignons). Passons sur sa casuistique et dégageons un sens plus général que d'ailleurs la situation de ce couple illustre à merveille en une espèce de miniature grotesque: pour chercher les valeurs absolues (amour, vertu, bonheur, communication totale avec autrui), nous n'avons pas d'autre chemin que notre espace social avec ses lois, mais dans cet espace, le seul viable, aucune valeur n'est absolue; en y construisant notre existence, nous vivons nécessairement dans une rupture ou un décalage par rapport à l'idéal, et nous ne cessons d'élaborer un compromis de valeurs relatives et contradictoires.

Envisagée ainsi, la recherche existentielle constitue un axe qui organise la totalité des textes de Crébillon. De ce point de vue, toutes les distinctions entre les romans 'orientaux' et les romans 'réalistes', entre un courant prétendument 'populaire' et un courant 'ironique et critique',[20] semblent secondaires. Les variantes qui s'offrent sont les suivantes.

Un premier groupe se compose des romans où la recherche est fondée sur une initiation parallèle à l'amour et au monde: *L'Ecumoire*, *Les Egarements*, *Ah, quel conte!* On peut appliquer à tous les trois ce que E. Sturm dit de *L'Ecumoire*, à savoir que leur thème est 'la découverte de soi-même et du monde que tout être doit accomplir pour accéder à l'âge adulte'.[21] Tanzaï et Néadarné ne peuvent réaliser leur pur amour: ils ne s'uniront qu'à condition de se rendre préalablement infidèles l'un à l'autre, tribut social par excellence et prix du savoir; mais alors cette union finale est un équilibre miné par l'impureté et la relativité, devenues formes nécessaires de l'existence. Meilcour, poursuivant l'idéal incarné par Hortense, ne l'atteindra jamais, et s'enlisera sur le chemin dans les liaisons avec Mme de Lursay (dont il ne pénétrera jamais les sentiments) et Mme de Senanges, toujours innocent et déjà libertin. Schézaddin, hanté par la vision d'un grand amour, doit éprouver les vicissitudes du sentiment avec Tout-ou-rien; dorénavant, un retour à ses premiers idéaux est inconcevable: le destin l'oblige à aimer une oie, difficile à rejoindre et finalement disparue. Ajoutons que le parcours

---

[20] cette dernière division, assez contestable, est de G. Macchia, *Il Paradiso della ragione*, p.212.
[21] voir l'édition critique de *L'Ecumoire*, p.9.

existentiel dans *L'Ecumoire* et *Ah, quel conte!* s'effectue aussi dans l'espace, sous forme d'un voyage à un lieu sacré – parodie significative des quêtes chevaleresques – qui fait découvrir la vérité et qui transforme l'existence future (l'île des Cousins, l'île Jonquille, la forêt de Tinzulk et la cour du Roi Autruche).

Le Sylphe, La Nuit et le moment et *Le Hasard du coin du feu* forment un deuxième ensemble. La recherche apparaît au niveau de l'amour mondain et des théories hédonistes. C'est l'inverse de la forme précédente: il est question de trouver le bonheur en se démarquant de l'absolu, dans un plaisir à proximité de deux individus qui ne cessent de se parler ou de se blottir l'un contre l'autre, pour se saisir dans leur être. Mme de R*** semble se laisser entraîner par l'argumentation sensualiste, par endroits cynique, du Sylphe, et veut bien répondre à son ardeur; mais les idéaux qu'elle déclare au début ont-ils été pour autant oubliés? Ils éclairent au contraire toute la conversation, en déplaçant le bonheur du plaisir, qui paraissait si immédiat et si évident, vers un non-lieu insaisissable: le contact n'a jamais lieu, le Sylphe, effrayé, disparaît et la narratrice ne saura même pas si l'aventure a été réelle. Clitandre et Cidalise établissent leur relation dans le contexte, constamment évoqué, de la chasse au plaisir d'alcôve, mais voici qu'en creux de cette liaison éphémère s'inscrit la nostalgie de valeurs plus durables, qui rend illusoire la proximité des corps: lorsque les partenaires se quittent le lendemain (définitivement? pour se retrouver après avec plus d'ardeur?), ils ne sont plus les mêmes qu'au début du dialogue. Les ramifications du labyrinthe où s'engage Clerval dans *Le Hasard* sont plus nettes: au-delà de la passade avec Célie se profile l'amour honnête de la Marquise, qui pourtant, à lui seul, ne suffit pas. Le bonheur du moment se crée et se dissout dans une perspective qui à la fois le justifie et le met en question.

Dans les *Lettres de la Marquise* et les *Lettres de la Duchesse*, la recherche concerne le terrain classique de la vertu rationnelle et de la passion. Le projet idéal d'un grand amour vertueux et d'une 'estime' sentimentale s'imprègne successivement d'éléments qui le déplacent ou le transforment. Le destin des deux héroïnes met en relief le caractère inévitable de la faute et de la chute (réelles chez la Marquise, virtuelles chez la Duchesse), ainsi que l'illusion d'un contact authentique et total avec l'objet de la passion. D'autre part, la vertu aussi bien que l'engagement exclusif ne sauraient être inconditionnels dans le champ du jeu mondain, le seul où l'on puisse exister. Au bout du chemin parcouru, la grandeur de l'idéal ne peut être préservée – et effacée – que dans la mort (la Marquise) ou dans une retraite absolue (la Duchesse).

Dans le dernier groupe de romans (*Le Sopha, Les Heureux orphelins, Les Lettres athéniennes*), la recherche consiste surtout dans un affrontement ou une juxtaposition de l'amour vertueux et de l'amour vicieux, avec toutes les ambiguïtés de l'un et de l'autre. *Le Sopha* est une quête où l'idéal – programmé dans les conditions du salut d'Amanzeï – se mire dans différents 'cas moraux', contrastés explicitement (Zéphis-Mazulhim) ou implicitement (Zéphis-Mazulhim / Zulica-Mazulhim). Mais cette perspective, encore soulignée par la sagesse de la sultane qui écoute et juge, ne peut éviter un décentrement durant des parcours aussi complexes que la découverte équivoque de soi à laquelle se livrent Almaïde et Moclès, ou le travail à la fois immoral et purifiant de Nassès avec Zulica. Les trois parties des *Heureux orphelins* constituent un ensemble discontinu d'étapes significatives: Lucie incarne l'absolu – mais aussi l'impossibilité de tout rapport; la Duchesse de Suffolk rassemble une grande vertu et une grande passion – mais elle déclenche aussi le mécanisme de leur détérioration; Chester est un amant cruel et méthodique – mais aussi un maître démystificateur et un être malheureux. Le tourbillon inouï des aventures d'Alcibiade, qui sont un amas de victoires 'philosophiques', est un acheminement vers un échec implicite. D'autre part, les deux 'vertueuses' qui l'engagent pour plus longtemps, Aspasie et Némée, illustrent bien deux stades et une mutation intérieure de l'amour sincère: d'une passion violente et exclusive, provoquée par la tactique du séducteur, à un amour qui se veut sexuellement libre, et qui pourtant, peu à peu, prend conscience de sa dignité morale.

Bien entendu, ces différents aspects de la recherche crébillonienne se recoupent, et on pourrait peut-être mettre en question la validité de certaines distinctions: *Le Sopha*, par exemple, est à sa manière un roman d'initiation, dans la mesure où l'âme d'Amanzeï effectue un voyage instructif avant de trouver son bonheur problématique; il est certain, aussi, que l'histoire de Mme de Suffolk entre dans le cadre du labyrinthe de la 'passion vertueuse' (*HOr*, vii.190), tracé par l'expérience de la Marquise de M*** et de la Duchesse de ***. Toujours est-il que ce groupement correspond aux lignes de force et aux directions principales. Et si nous l'établissons, c'est pour montrer qu'en dernière instance le thème – général et vide – de *l'amour* n'articule pas l'œuvre de Crébillon en segments explicites (amour-goût, amour-passion, etc.), chargés de telle ou telle signification morale; il présente plutôt un certain nombre de parcours inachevés qui sont au fond les variantes d'un 'thème' inavoué, et qui est tout autre: l'acheminement difficile de notre existence, assoiffée d'absolu et se constituant dans le relatif.

On voit mieux maintenant le plan commun de l'œuvre, celui qui se dessinait vaguement dès nos premières analyses, lorsque nous mettions en doute l'exclusivité de la thématique libertine qui culminerait dans les personnages de quelques apôtres de la corruption.[22] Et il paraît que c'est dans cette structure profonde – et non pas dans quelques éléments saillants et arbitrairement généralisés du monde représenté – qu'il faut chercher d'éventuels points de repère, si l'on veut parler d'une *évolution* des romans de Crébillon.

Pour tracer les grandes lignes de l'orientation prépondérante, il est utile de confronter avec l'ensemble de l'œuvre les derniers textes, ceux-là précisément qui sont toujours oubliés par les critiques et les éditeurs: *Ah, quel conte!*, *Les Heureux orphelins*, *Lettres de la Duchesse*, *Lettres athéniennes*. On se rappelle qu'une coupure, ou plutôt des coupures chronologiques considérables, dont on ignore à vrai dire les raisons biographiques,[23] les séparent des sept autres ouvrages, rédigés pratiquement avant le début des années quarante. Or, ce qui semble caractériser les quatre romans dans le cadre de la recherche existentielle, c'est l'accroissement frappant des contradictions, des discontinuités et des points de rupture.

La situation de ces textes à l'intérieur des groupes que nous venons d'indiquer est parlante. L'initiation entreprise dans *Ah, quel conte!* est beaucoup plus tortueuse et déchiquetée que dans *L'Ecumoire* et dans *Les Egarements*. Aucune affabulation unie ne développe, à proprement parler, le destin du héros. Sa quête à peine projetée, il est mis dans un monde où l'impossibilité de se retrouver est totale. L'accumulation d'obstacles relevant de la féerie dépasse de loin les procédés analogues de *L'Ecumoire* et crée un univers hallucinant où le cocasse comporte toujours la négation de l'être. D'autre part, des éléments complètement étrangers au chemin qu'on parcourt y font irruption, l'envahissent et, par leur signification aussi bien que par les proportions gigantesques qu'ils prennent, le tournent en dérision (l'histoire du Roi Autruche et celle de la Reine Grue). De même, contrairement au *Sopha*, les 'cas' des *Heureux orphelins* n'ont pas d'enveloppe qui les réunisse: point de perspective d'ensemble à partir de laquelle le décentrement puisse s'opérer, aucune communication réelle entre les expériences décrites.

[22] voir ci-dessus, fin du chapitre 2.
[23] l'affaire du *Sopha* peut en être une pour le premier intervalle (entre 1742 et 1754).

Le labyrinthe est non seulement privé de centre révélateur, mais il n'y a pas, non plus, d'enceinte extérieure et de porte par où entrer. Prendre – traduire ou presque – une partie d'un roman fadement moralisateur de Mrs Haywood,[24] l'abandonner ensuite, presqu'à mi-mot, pour faire de l'irréelle Lucie l'auditrice des malheurs de la Duchesse de Suffolk, placer ensuite ceux-ci dans le champ des confessions de Chester – n'est-ce pas élaborer un domaine qui n'est fait que de revirements et de ruptures?

Cette orientation se confirme surtout dans les *Lettres de la Duchesse* et dans les *Lettres athéniennes*. La comparaison des *Lettres de la Duchesse* avec les *Lettres de la Marquise*, qui développent une problématique semblable, est particulièrement fructueuse. La route de la Marquise, dans ses méandres sentimentaux et ses convulsions, présentait au moins un amas de tentatives *réelles* pour établir un contact amoureux, pour s'extérioriser à la recherche de l'autre. Les déchirements de la duchesse, toujours occultés, se placent dans un *vide* énorme. Toute la correspondance , en apparence lisse et continue, constitue, effectivement, une coupure gigantesque, dans la mesure où elle s'inscrit en faux dans l'espace entre les déclarations vertueuses de la narratrice (et de la préface) et l'aveu final qui est en fait la vérité initiale. Ainsi, le partenaire est toujours abordé de biais, et toute recherche d'un contact irrémédiablement manquée à sa naissance même. On voit aussi que, malgré les ressemblances que nous avons mentionnées ailleurs, Crébillon ne reprend pas le schéma de *La Princesse de Clèves*. L'héroïne de Madame de La Fayette, après la lutte qui ravage son être, retrouve dans son refus final, dans sa victoire, une espèce d'équilibre.[25] La Duchesse, en refusant la main du Duc – personnage qu'elle méconnaît entièrement – et en se retranchant dans sa solitude, confirme au contraire son déséquilibre immanent et l'état d'insuffisance où elle pâtit. Dans les *Lettres athéniennes*, plus encore que dans *Les Heureux orphelins*, on est frappé par le manque d'un canevas moral et formel d'ensemble: aucun fil conducteur ne traverse les aventures d'Alcibiade, et il serait même difficile de décider si l'œuvre est achevée ou non. Elément nouveau: présence du fond historique et politique, rarissime chez Crébillon, si l'on ne compte pas les allusions de *L'Ecumoire* et quelques plaisanteries de *Ah, quel*

---

[24] pour les détails sur ce point, voir les études de H. S. Hughes, 'Notes on the eighteenth-century fictional translations', et de J. P. Kent, 'Crébillon fils, mrs Eliza Haywood and *Les Heureux orphelins*: a problem of authorship'.

[25] R. Mauzi va jusqu'à dire qu'il y a là un bonheur qui est 'une plénitude de l'âme, qui demeure en deçà des passions, et où règne une raison transparente' (*L'Idée du bonheur*, p.21).

conte! Mais doit-on croire avec M. D. Ebel (qui a pourtant le grand mérite de montrer l'importance du dernier texte de Crébillon), qu'il s'agit là de descriptions moralisantes parallèles de la chute morale et de la chute politique, des rapports implicites entre un Eros aberrant et une Cité en voie de destruction ('Crebillon fils', pp.211-12)? Il semble plutôt que l'échelle politique élargisse, pour la première fois chez l'auteur des *Égarements*, la relativité de l'existence personnelle. Les évocations, très fragmentaires et constamment rompues, de l'activité de Périclès, de la concurrence d'Alcibiade et de Nicias, et surtout de la guerre du Péloponnèse, montrent qu'une nation se cherche aussi péniblement qu'un individu, que l'idéal politique et civique subit des hésitations analogues à celles des rapports amoureux, et qu'enfin une morale réparatrice à courte vue n'est pas, là non plus, une solution. Est-ce par hasard que Crébillon choisit pour son dernier petit-maître un personnage historique, personnage historique qui, à la fois traître infâme et défenseur de la patrie, demeure une énigme pour les historiens?

Ardus à la lecture et très faibles à beaucoup d'égards, les derniers romans de Crébillon font voir pourtant l'inquiétude croissante de l'écrivain face au dilemme de l'existence. Ils éclairent en retour les œuvres antérieures qui perdent leur *aura* de légèreté et d'insouciance.

Au lieu d'être projet réalisé, la morale de Crébillon est un processus de construction, de destruction et de reconstruction, qui creuse les lignes de sa prose. Dès lors, le problème de sa position idéologique et sociale doit être abordé d'une manière extrêmement prudente. Faute de repères historiques suffisants, nous ne saurons dire si la nostalgie qui émane de l'œuvre et les éléments critiques qu'on y trouve sont d'un bourgeois qui constate malicieusement la crise des mœurs aristocratiques, ou d'un pseudo-aristocrate qui se cantonne dans l'espace des idéaux perdus de la noblesse.[26] Nous ne saurons fixer avec une apparence de certitude son attitude précise à l'égard des 'philosophes' et des batailles idéologiques de l'époque.[27] Mais est-ce que sa modernité et

[26] même l'attitude de Crébillon envers son origine est ambiguë: dans une lettre au président de Brosses du 4 septembre 1750, il raille les prétentions aristocratiques de son père, mais à l'enterrement de celui-ci il donne au défunt et prend lui-même le titre d'écuyer', et fait précéder son nom de la qualification de 'messire', ce qui surprend tout le monde. En réalité, les Jolyot, qui ont pris le nom de Crébillon d'un petit fief bourguignon, étaient roturiers (voir C.-N. Amanton, 'Révélations sur les deux Crébillon', pp.285-93, et ses 'pièces justificatives', pp.307-19).

[27] cf. H.-G. Funke, *Crébillon fils als Moralist*, chapitre 'Crébillon fils und die "philosophes"', pp.93-105.

son aspect 'progressiste' ne s'affirment pas ailleurs, précisément dans cette exploration dynamique, qui malgré lui peut-être, perturbe son œuvre? Ne doit-on pas le mettre à côté de tous ceux qui, indépendamment de leurs convictions socio-politiques déclarées, greffent sur le tissu apparent de leurs romans une situation nouvelle de l'individu face à un monde qui est à la fois le même et autre, une situation où l'être hésite, s'égare, n'arrive pas à se raconter, à se connaître, à connaître autrui – à côté de Marivaux et de Prévost, mais aussi à côté de Voltaire et de Diderot?[28] Dans la mesure où l'interprétation de l'œuvre peut suggérer une situation historique, on pourrait dire que les silences d'une part et la complication croissante des textes d'autre part, qui sont si sensibles après 1750, canalisent le désarroi d'un écrivain qui fut nommé censeur royal au moment même où les polémiques ouvertes battaient leur plein.

Crébillon, dans sa recherche, démystifie tour à tour le vice et la vertu. Cependant, il n'adopte pas l'optique d'une démystification totale et d'une relativisation destructrice. Il lui arrive de dire par la bouche de Chester que son siècle, 'si faussement appelé [. . .] le siècle des lumières et de la philosophie', a 'plus immolé de principes' qu'il n'a 'extirpé de préjugés' (*HOr*, viii.94). Pour qu'on puisse constituer son existence et sa morale, l'éclairage d'un mythe est nécessaire; mais l'éparpillement du mythe est aussi inévitable. Claude Labrosse commente ainsi ce cercle vicieux:

L'homme qui veut se comprendre, se déchiffrer, se libérer, ne peut éviter de s'attaquer à ses mythes, car il sait qu'il ne peut les confirmer sans renforcer son aliénation. Mais, affranchi de ses égarements et de ses leurres, cet homme ne sera-t-il pas un être sans aventures, sans mémoire, sans récits; un être heureux mais sans langage, sans rythme ni durée, ni fugacité à mimer ou à conjurer; un être effacé de la surface des phénomènes?[29]

Tout essai de démystification, qu'elle soit moralisatrice ou libertine, n'est jamais satisfaisant ni achevé: il faut constamment 'conjurer' la 'fugacité', se donner un 'récit'. Le roman de Crébillon serait donc un 'roman impossible',[30] car son sens réside 'dans la perte ou le refus du sens, miraculeusement réparés par l'écriture'.[31] Il n'y a en effet que la dimension du discours, qui permette à un tel labyrinthe de se déployer, de se maintenir et de durer.

[28] cf. les remarques précieuses de J. Sgard, 'Esthétique du labyrinthe', p.27.
[29] 'Récit romanesque', p.86.
[30] le mot vient de l'étude de P. Michel, '*Les Egarements* ou le roman impossible', in: *Les Paradoxes du romancier*.
[31] P. Rétat, *Les Paradoxes du romancier*, 'Avant-propos', p.2.

6

Le roman comme recherche

CE n'est pas par hasard que le titre donné à la dernière étape de notre étude correspond à celui du bel essai de Michel Butor.[1] Il va s'agir en effet de considérer le niveau même du discours romanesque dans son travail d'exploration et de transformation, de voir comment les méandres de la vie morale se manifestent comme une esthétique.

Cette démarche finale n'est pas, à proprement parler, un passage du 'contenu' à la 'forme', quoi que puisse suggérer la dualité du titre général de notre ouvrage. Le système de lecture d'après lequel le sens préexiste – et en est dissocié – à l'expression qui ne serait que moule, véhicule ou costume, semble avoir fait son temps. Dire aujourd'hui que la forme est au contraire solidaire et même constitutive du sens est devenu chose banale. Bien entendu, les approches concrètes qu'engendre une telle attitude sont très diverses et contradictoires: les divergences, par exemple, au sein de la 'nouvelle critique' le montrent bien. Sans entrer dans le détail de ces différences méthodologiques, nous retiendrons l'orientation qui sera capitale pour notre propos, à savoir la conception de la forme comme expérience individuelle, unique et créatrice, non pas expression d'un sens, mais élaboration et recherche *du* sens qu'est l'espace de l'œuvre. Nous ne sommes pas loin des propositions de Jean Rousset, visibles dans ses différents ouvrages où la part de la littérature classique est dominante,[2] et présentées succinctement au fameux colloque de Cerisy-la-Salle en 1966. S'opposant aussi bien à l'esthétique qui séparait conception et exécution, qu'à la forme indifférente au sens et vide des structuralistes, il reconnaît à la forme 'une vertu inventive et heuristique', il admet qu'elle est 'l'opération d'une pensée qui se cherche dans

---

[1] 'Le roman comme recherche', in: *Répertoire I* (Paris 1960).

[2] aux études déjà citées, ajoutons ses deux recueils d'essais: *Forme et signification: essais sur les structures littéraires de Corneille à Claudel* (Paris 1962); *L'Intérieur et l'extérieur: essais sur la poésie et sur le théâtre au XVIIe siècle* (Paris 1968).

l'écriture', qu'elle est, finalement, 'la pensée même de l'écrivain, l'accompagnant dès l'origine et peut-être la précédant'.[3]

Nous serions enclin à combiner cette approche avec certaines tendances relevant des inspirations foucaldienne et althusserienne, et notamment celles qui envisagent le champ du discours comme un espace de tension où se réalise le compromis complexe entre le dit et le non-dit, comme une structure ambivalente ou polyvalente, nécessairement *infidèle* à elle-même. Un long passage d'une étude de P. Macherey, qu'il convient de citer ici, rend compte d'une telle optique et éclaire bien notre propre objet, sans que nous soyons prêt, par ailleurs, à suivre la totalité de la méthode de ce critique:

les premières pages nous montrent qu'il [le livre] est destiné à illustrer un certain *projet* [...]; les dernières pages constatent implicitement l'échec de cette entreprise, et la transformation du projet initial en un autre, imprévu et surprenant, qui s'est substitué à lui. Le livre se met paradoxalement à *virer* il se détourne du modèle qu'il s'était donné pour permettre l'avènement d'une vérité inédite; ainsi il ne dit pas une chose mais plusieurs à la fois: exhibant leur contraste, s'il ne parvient pas à l'exprimer et à l'expliquer effectivement. Ce changement n'a certainement pas été voulu par l'auteur. On pourra même dire qu'il lui aura *échappé*: non parce qu'il ne l'aurait pas vu (ce qu'on ne saura jamais), mais parce qu'il a été contraint de le *laisser advenir*, par la logique même de son travail [...] Pour reprendre l'image autour de laquelle un romancier contemporain a bâti toute son œuvre, au cœur du livre se joue sourdement l'entreprise d'une *modification*, qui n'est due ni au hasard ni à la préméditation.[4]

Nous retrouvons Butor et Crébillon. Le roman est une modification intérieure qui fait découvrir des horizons toujours nouveaux et insoupçonnés: c'est bien cela que nous avons constaté en élaborant un parcours existentiel qui se greffe 'sourdement' sur les présupposés moraux apparents. En ce sens, la 'forme' que nous allons aborder n'est pas l'autre volet des analyses précédentes, mais leur couronnement, un niveau qui les embrasse et les surplombe toutes. Ce qu'on a essayé de montrer comme groupement et fluctuation d'une thématique (manifeste ou cachée), ne peut fonctionner autrement que comme texture spécifique du discours.

[3] J. Rousset, 'Les réalités formelles de l'œuvre', in: *Les Chemins actuels de la critique* (communications présentées au cours de la décade de Cerisy-la-Salle en 1966) (Paris 1968), p.69.
[4] P. Macherey, *Pour une théorie de la production littéraire* (Paris 1971), p.63 (italiques dans le texte).

Le roman comme recherche

Le problème d'une forme révélatrice et 'heuristique' hante visiblement les recherches actuelles sur le dix-huitième siècle, dans la mesure où celles-ci abandonnent la vision d'une littérature explicitement philosophique et militante où l'art' aurait été négligé et secondaire. Une nouvelle conception et les analyses détaillées de modes d'expression permettent de dégager des rapports – rapports d'identité – entre l'investigation formelle et le conflit latent de la pensée, et de trouver un plan commun pour des écrivains aussi différents 'idéologiquement' que, par exemple, Montesquieu, Prévost et Diderot.[5]

Depuis un certain temps, on signale aussi les réussites artistiques de Crébillon, sa conscience du métier littéraire et des difficultés qu'il pose, son travail sur la forme.[6] Que l'auteur ait été préoccupé du problème de l'expression et des procédés techniques, cela ne fait aucun doute: il suffit de mesurer la part des réflexions esthétiques dans son œuvre – dans les préfaces ou introductions aux *Egarements*, aux *Lettres de la Duchesse*, à *L'Ecumoire* et au *Sopha*, dans les discussions sur l'art de conter entre Schah-Baham, la sultane et leurs conteurs successifs dans *Le Sopha* et *Ah, quel conte!*, dans l'activité, spécifiquement orientée, de l''éditeur' des *Lettres de la Marquise* et des *Lettres de la Duchesse*, dans plusieurs remarques de Chester des *Heureux orphelins*, dans la polémique implicite de *L'Ecumoire* avec Marivaux. Il semble pourtant que le relevé de ces réflexions et des innovations techniques qui en seraient le fruit soit peu pertinent, s'il n'est pas projeté sur la structure profonde de l'œuvre. Les appréciations de l'art de Crébillon portent à faux, si elles se fondent, par exemple, sur le critère de l'illusion mimétique et de la vraisemblance, propres à une 'peinture de mœurs': dès lors, les éloges vont être nécessairement accompagnés de critiques des infractions au

---

[5] nous ne sommes pas en mesure de citer ici tous les ouvrages critiques qui se situent, plus ou moins, dans ce courant. Notons que ce sont probablement les recherches – et la réévaluation – de l'œuvre de Diderot qui ont déclenché d'autres travaux parallèles, recherches placées pour ainsi dire sous le signe de la formule heureuse de R. Mortier qui avait parlé de 'dialogue heuristique' chez l'auteur du *Neveu de Rameau* 'Diderot et la problème de l'expressivité: de la pensée au dialogue heuristique', *Cahiers de l'Association internationale des études françaises*, no 13, 1961). Pour une vue d'ensemble sur cette problématique, voir l'article de synthèse de J. Ehrard, 'Tradition et innovation dans la littérature du xviiie siècle français: les idées et les formes', in: *La Littérature des Lumières en France et en Pologne* (actes du colloque), Acta Universitatis Wratislaviensis, no 339 (Wrocław 1976).

[6] les premiers à avoir montré l'importance de cet aspect ont été sans doute C. Cherpack (chapitre 1: 'The Writer and his problem', pp.3-14) et V. Mylne (chapitre 7: 'Crébillon: innovations in points of view', chapitre 9: 'Crébillon's letter-novels', pp.125-43, 156-66).

'standards quotidiens de probabilité' (Mylne, p.130). Plus récemment, il est curieux de voir comment les auteurs d'études développées, entièrement consacrées à l'esthétique de Crébillon – nous pensons au livre de Peter V. Conroy et à la thèse de Bernadette Fort – font d'excellentes analyses de détail qui suggèrent les parcours contradictoires de l'univers examiné, mais refusent de suivre cette piste jusqu'au bout et arrivent finalement à des conclusions où les moyens techniques sont mis au service d'une perspective globale homogène: thématique libertine, séduction, duplicité et artifice du langage, complexité et maîtrise de l''analyse psychologique'.

Aussi ne ferons-nous pas une étude exhaustive de l''art' crébillonien, des procédés novateurs d'un auteur inconnu; ou, du moins, ce seront là les résultats accessoires de nos dernières analyses. Les quelques aspects qu'on abordera devront éclairer la recherche morale sur le plan unique de la recherche discursive, telle que nous venons de la définir. Les discussions esthétiques nous intéressent moins comme un programme conscient, que comme une situation complexe de l'écrivain face aux antinomies du discours. La transformation qui s'opère à l'intérieur de celui-ci, Macherey le dit bien, n'est pas *voulue* par l'auteur qui compose toutes ses phrases à la fois *pour* lui et *contre* lui. C'est cette recherche et ces antinomies qu'il convient de suivre maintenant. Nous allons envisager successivement quatre domaines qu'on pourrait munir d'étiquettes illustrant les tensions dont il s'agit: le dilemme du narrateur, l'arbitraire et la polyvalence de la parole, l'échec du style, la prolifération du discours romanesque.

La problématique du narrateur comporte un certain nombre de questions qui s'avèrent singulièrement complexes dans le cas de Crébillon: qui parle? quel est le niveau de cette énonciation? quel est le degré de la présence du sujet narrant dans le récit? quel est le degré de son savoir et le champ de sa perception? On voit là tout un ensemble de problèmes théoriques largement discutés qui se situent, d'une part, dans le prolongement des traditionnelles études anglo-saxonnes sur le 'point de vue' et la 'distance' narrative, et d'autre part, dans le cadre de la linguistique et de la poétique structuralistes, préoccupées des rapports entre le discours et l'instance qui le produit.[7] Aussi est-ce domaine qui

---

[7] il va de soi que, tout en utilisant certains outils procurés par ces différentes conceptions, nous n'entendons pas faire une généralisation quelconque ou une description méthodologiquement homogène. Sur le problème du 'point de vue', nous nous référons, en

semble intéresser le plus les critiques qui examinent la technique littéraire de Crébillon.[8]

Rien d'étonnant en cela, si l'on considère d'abord la variété prodigieuse de modes narratifs dans le corpus, pourtant assez limité, des œuvres. Sur les onze textes, quatre ont la forme du roman épistolaire (*Le Sylphe, Lettres de la Marquise, Lettres de la Duchesse, Lettres athéniennes*), deux, la forme du récit-mémoires (*Les Egarements, Le Sopha*), deux, celle du récit à la troisième personne (*L'Ecumoire, Ah, quel conte!*), deux autres, celle du dialogue dramatique, ponctué d'intrusions du narrateur (*La Nuit et le moment, Le Hasard*), enfin *Les Heureux orphelins* présentent une forme hybride: récit à la troisième personne dans l'histoire de Lucie, mode autobiographique dans l'histoire de Mme de Suffolk, mode épistolaire dans les troisième et quatrième parties, consacrées aux exploits de Chester. Encore cette division ne montre-t-elle pas tout l'éventail de formes narratives. Parmi les romans par lettres on distingue un exemple de la 'monodie épistolaire' à une voix (*Lettres de la Marquise*) et un exemple d'une 'polyphonie' allant jusqu'à 23 correspondants actifs[9] (*Lettres athéniennes*); en outre, les *Lettres de la Duchesse*, essentiellement 'monodiques', introduisent à la fin d'autres narrateurs (lettres 51-53, 55), et *Le Sylphe* est une lettre unique qui gravite vers un récit-mémoires contant une seule aventure. Parmi les récits-mémoires et les récits à la troisième personne, *Le Sopha* et *Ah, quel conte!* offrent une variante qui les rapproche l'un de l'autre, celle du récit oral à conteur désigné, où les narrateurs – soit témoins des événe-

dehors des textes classiques de James et de Lubbock, aux ouvrages suivants: N. Friedman, 'Point of view in fiction: the development of a critical concept', *Publications of the Modern Language Association of America* 70 (1955), pp.1160-84; W. Booth, *The Rhetoric of fiction* (Chicago 1961); F. van Rossum-Guyon, 'Point de vue ou perspective narrative: théories et concepts critiques', *Poétique* 4 (1970), pp.476-77. Pour une approche structuraliste de l'énonciation et des modes du discours narratif, voir: E. Benveniste, *Problèmes de linguistique générale* (Paris 1966); R. Barthes, 'Introduction à l'analyse structurale des récits', *Communications* 8 (1966), pp.1-27; T. Todorov, *Littérature et signification* (Paris 1967). La mise au point le plus complète est celle de G. Genette, 'Discours du récit', in: *Figures III* (Paris 1972). Voir aussi, sur l'emploi de la première personne, le 'Préambule semi-théorique' de J. Rousset dans *Narcisse romancier*.

[8] a côté des ouvrages cités de P. V. Conroy, H. Wagner et J. Rousset, signalons l'article de H. Boyer, consacré aux *Lettres de la Marquise*: 'Structuration d'un roman épistolaire: énonciation et fiction', *Revue des langues romanes* 80 (1972), pp.297-327, ainsi que l'étude de S. Gaubert sur *Les Egarements*: 'Synchronie et diachronie ou la naissance du narrateur', in: *Les paradoxes du romancier*.

[9] ces termes et techniques ont été brillamment expliqués par J. Rousset (*Forme et signification*, chapitre 4: 'Une forme littéraire: le roman par lettres'; *Narcisse romancier*, chapitre 8: 'La monodie épistolaire: Crébillon fils').

ments racontés (Amanzéi), soit inspirés par une source écrite (Moslem) – s'exécutent dans une situation narrative constamment évoquée (Schah-Baham, la sultane et leur cour).[10]

Ingéniosité formelle? 'innovations' qui font 'progresser' un genre en voie de transformation? Ce ne sont pas là des explications qui pourraient satisfaire.

A regarder l'ensemble de l'œuvre, un premier signe frappe: Crébillon refuse de fixer et de privilégier un foyer narratif quelconque. Le mode favori est, bien entendu, celui du récit à la première personne. Nous n'allons pas nous étendre sur le rôle de cette technique au dix-huitième siècle: on connaît la valeur du point de vue 'expérimental', intime et fragmentaire qu'elle comportait, aussi bien dans le roman-mémoires que dans le roman par lettres; on connaît, surtout après la thèse récente de R. Démoris, son ambiguïté fondamentale, liée aux structures mentales du temps.[11] Mais chez Crébillon ce point de vue de la relativité subit encore un émiettement significatif. Le 'je' de la Marquise de M***, qui ne connaît que la réalité présente et ignore l'avenir, n'est pas le 'je' de Meilcour dont le récit se ressent sans cesse de la tension entre l'*erzählendes Ich* et l'*erzähltes Ich*. Différent aussi, le 'je' d'Amanzéi, qui, plutôt narrateur-voyeur que narrateur-héros, ne se mire pas dans son discours et essaie de rapporter 'fidèlement' ce qu'il a vu, toujours soucieux de ne pas dépasser son champ de perception: 'On descendit enfin pour souper. Comme il n'y avait pas de retraite pour mon âme dans le lieu où l'on mangeait, je ne pus pas entendre les discussions qui s'y tinrent' (*So*, p.70). La façon dont Crébillon revient à la forme épistolaire est instructive. La narratrice des *Lettres de la Duchesse* semble avoir le même statut que celle des *Lettres de la Marquise*; mais voici que, vers la fin, le romancier décide d'instaurer une autre instance parlante qui, en une seule phrase, permet de réinterpréter le point de vue précédent: en effet, encore avant la lettre finale de la Duchesse, Cercey constate 'objectivement' la passion de l'héroïne: 'Je ne sais si vous avez pu ignorer [c'est au Duc qu'il écrit] autant qu'elle voulait se le cacher à elle-même, que vous avez fait sur elle une très vive impression' (*LDu*, xi.160). Enfin, les *Lettres*

[10] on voit bien d'après cette revue que l'étiquette de notre titre général – 'le roman de Crébillon fils' – est toute conventionnelle. Une discussion proprement génologique sur les distinctions entre 'roman', 'conte', 'nouvelle' et 'dialogue' n'est pas, évidemment, l'objet de notre propos.

[11] R. Démoris, *Le Roman à la première personne: du classicisme aux Lumières* (Paris 1975) (voir surtout la dernière partie pp.395-460).

athéniennes sont une symphonie de 'je' multiples pratiquement isolés, et dont aucun – même celui d'Alcibiade – n'est privilégié, étant donné qu'il s'agit toujours de bribes de la réalité, et non pas d'une représentation suivie.

Dans le cadre de ses romans 'personnels', Crébillon organise toujours *autrement* l'optique du 'je' narrant, en individualisant et en fragmentant de diverses manières les possibilités de la perception et de l'énonciation. Le phénomène se confirme, chose curieuse, dans les autres œuvres où le narrateur est, d'après la terminologie de G. Genette, 'hétérodiégétique', c'est-à-dire absent de l'histoire qu'il raconte ('Discours du récit', pp.251-59).

On se rappelle la situation narrative de *L'Ecumoire*: le narrateur se donne pour traducteur et éditeur, et il consacre à l'histoire du texte original et de ses nombreuses 'retraductions' les trois chapitres d'une préface bouffonne. Dès lors, selon un procédé commun, il développe son récit à la troisième personne, en gardant toujours une distance ironique, sensible déjà dans les titres des chapitres, qui imitent la tradition burlesque: 'Bagatelles trop sérieusement traitées', 'Qui fera bâiller plus d'un lecteur', etc. Or, l'écrivain pousse ce jeu à l'extrême, en faisant sentir à chaque pas la *présence* du narrateur qui se manifeste dans ses commentaires et ses appels au lecteur virtuel (*TaN*, p.249; c'est nous qui soulignons):

La modestie de Néadarné et la timidité de Jonquille, leur faisaient jouer un bien pitoyable personnage: d'autant plus sot encore, qu'il fallait que cela finît et que les façons sont ridicules où elles ne servent de rien. *Car, que l'on permette une réflexion toute simple*: ou elle voulait être désenchantée, ou elle ne le voulait pas.

A la limite, il y a un dialogue direct avec le lecteur sur le processus même de la fabrication du récit, mode qui sera rendu célèbre par Sterne et Diderot,[12] et pour lequel R. Wellek et A. Warren proposent l'étiquette assez maladroite de 'romantico-ironique'[13]: 'Le lecteur voudra bien, tant pour sa commodité que pour celle de l'auteur, sauter d'un coup du jardin dans la salle à manger, d'autant plus qu'il n'y peut rien perdre' (*TaN*, p.232). Il en va de même des commentaires qui accompagnent le dialogue de *La Nuit et le moment* et du *Hasard du coin de feu*. Voici un exemple célèbre extrait de ce dernier (*Ha*, p.299):

---

[12] G. Saintsbury ne doute même pas que Crébillon n'ait influencé Sterne (*History of the French novel, to the close of the nineteenth century* (London 1917), i.375).

[13] *Theory of literature*, 3rd edition (Harmondsworth 1963), p.223.

Comme il y a des lecteurs qui prennent garde à tout, il pourrait s'en trouver qui seraient surpris, le temps étant annoncé si froid, de ne voir jamais mettre de bois au feu, et qui se plaindraient avec raison de ce manque de vraisemblance dans un point si important. Pour prévenir donc une critique si bien fondée, on est obligé de dire que, pendant l'entretien de la Marquise et du Duc, Célie a sonné, et que c'était pour qu'on raccommodât son feu. L'éditeur de ce dialogue s'étant à cet égard mis hors de toute querelle, se flatte qu'on voudra bien le dispenser de revenir sur cette intéressante observation.

Un tel narrateur est, théoriquement, omniscient et omnipuissant: ne montre-t-il pas à tout instant qu'aucun geste des protagonistes n'échappe à son savoir et qu'il peut agencer son récit comme il veut? Certainement; mais du même coup, il apparaît comme quelqu'un qui *n'arrive pas* à mettre les événements sur un plan cohérent, à en donner une interprétation plausible, à les déchiffrer. Dans son dialogue avec le lecteur, il s'interroge curieusement sur le sens de ce qu'il raconte (*TaN*, p.117; c'est nous qui soulignons):

Entre les personnes qui lisent, il en est peu qui discutent les faits avec jugements; et la plus grande partie de celles qui en sont capables, s'en acquittent souvent avec injustice. On ne manquera donc pas ici de raisonner, bien ou mal, sur Néadarné. *Quoi qu'on en dise, qu'elle ait crié trop tôt ou trop tard*, il est sûr qu'elle a crié.

La distance ironique n'élimine pas l'incertitude, mais essaie plutôt de la conjurer. D'autant que l'ironie est souvent secondaire et parfois absente, et les doutes qui planent sur le récit sont autant de pistes à suivre (fausses peut-être), comme dans ce commentaire du silence de Clerval qui refuse de faire à Célie l'aveu conventionnel (*Ha*, p.339):

A propos de quoi donc, de la part du duc, cette obstination à se taire qui paraît si peu fondée? On peut en donner deux motifs: l'un, que le désir éteint, ou du moins fort affaibli, il ne sent plus que le regret d'avoir manqué à la Marquise; l'autre, qu'il entrevoit les conséquences que peut entraîner sa faiblesse.

'Homodiégétique' ou 'hétérodiégétique', écrivant une lettre, des mémoires, faisant un conte ou rapportant un long entretien, le narrateur de Crébillon est toujours quelqu'un dont la vision est foncièrement incomplète ou faussée. *Quelqu'un* – car dans tous les récits, dans ceux-là aussi dont il n'est pas l'acteur, il prend la parole comme une instance physiquement et/ou intellectuellement personnalisée. L'opposition entre la première et la troisième personnes, déjà mise en question par les théoriciens modernes,[14] est ici particulièrement trompeuse. Sur le plan de l'énonciation, tout récit – même celui de Flaubert – est un récit 'à la première personne', indépendamment de la forme grammaticale qu'il revêt. Crébillon met l'accent sur l'acte même de l'énonciation, et par là se trouve exposé ce qu'elle a de relatif et d'incident. La distinction classique de Benveniste, qui parle de 'récit' ou d'histoire' quand il y a exclusion d'interventions du 'locuteur', signifiée entre autres par l'emploi de la troisième personne, et de 'discours' quand les formes dites 'auto-biographiques' dominent (le 'je' narratif en premier lieu) (*Eléments*, chapitre 19), n'est pas pertinente pour rendre compte des modes (du mode) qu'on observe chez notre auteur. Tout, même ce qui se donne pour 'récit', devient 'discours': activité individuelle d'un sujet parlant qui, toujours borné dans ses capacités de connaître et d'informer, s'adresse à quelqu'un qui reçoit son message, et qui – lecteur, auditeur ou destinataire – révèle aussi sa présence.

C'est dire que, dans le cas de Crébillon, le truisme 'chaque narrateur a son point de vue' est lourd de conséquences. Car la perspective qui se veut dominante ne suffit pas et en appelle d'autres qui instaurent dans le récit un jeu complexe de correctifs et de confrontations, de reflets et de contre-reflets. Cela est évident dans la pluralité manifeste des *Lettres athéniennes* ou celle, amorcée, des *Lettres de la Duchesse*. L'exemple le plus célèbre est celui des *Heureux orphelins*: le récit de la passion mal-heureuse de la Duchesse de Suffolk, fait par elle-même à Lucie, se reflète dans les lettres de Chester, écrites à son ami français. Une partie d'événe-ments et de réactions se trouvent mis dans un double éclairage, ce qui crée une image 'stéréoscopique'. Ainsi, la Duchesse, racontant sa première rencontre avec Chester, parle de l'émotion qu'elle ressent et de l'attitude respectueuse, de l'air 'simple, doux et modeste' du jeune homme (*HOr*, vii.105); cent pages plus loin, celui-ci présente cyniquement les coulisses de la même scène (*HOr*, viii.18):

A son émotion, à sa rougeur, à son embarras, je jugeai qu'elle ne m'avait pas aussi impunément regardé qu'elle s'en flattait peut-être. De mon côté, je feignis tout ce qu'elle sentait; et le respect que je mis dans mes regards n'en bannit pas cette impression de désir dont les femmes sont toujours flattées, et auquel effectivement Madame de Suffolk, malgré sa modestie, me parut assez sensible.

---

[14] voir W. Booth, *The Rhetoric of fiction*, chapitre 6, et surtout G. Genette, 'Discours du récit', pp.251-52.

On pourrait multiplier des rapprochements analogues[15] et montrer, comme on le fait souvent, ce que cette technique des récits parallèles comporte de novateur, en annonçant Laclos et, plus près de nous, Gide et Faulkner. L'essentiel, à notre sens, n'est pourtant pas dans un perfectionnement formel visant des effets de symétrie et de complémentarité,[16] mais dans la cassure entre deux perspectives dont chacune garde son autonomie et sa légitimité relatives. Le point de vue de Mme de Suffolk n'est ni plus ni moins *vrai* que celui de Chester: la 'modestie', évoquée de la part et d'autre, est équivoque aussi bien chez le fourbe que chez la victime; et le 'respect' feint du libertin est précédé, dans sa narration 'personnelle', d'un long hommage, authentiquement respectueux, rendu aux qualités de la Duchesse (*HOr*, viii.12-14).

Or, les confrontations et les cassures de ce genre n'apparaissent pas seulement dans la forme hybride des *Heureux orphelins* ou dans la disparité des *Lettres athéniennes*; elles marquent intérieurement le mode narratif de chaque œuvre. Il s'agit notamment de la multiplication de *niveaux narratifs*, l'un des phénomènes les plus caractéristiques de l'écriture crébillonienne.[17]

On le voit bien dans les romans à conteur désigné (*Le Sopha*, *Ah, quel conte!*), relevant de la tradition de Boccace, de Marguerite de Navarre et des *Mille et une nuits*, où, nous l'avons dit, les 'récits seconds' se placent à l'intérieur d'un 'récit premier' (Genette, pp.238-46), composé en l'occurrence par la présentation et les commentaires de l'auditoire. En réalité, le phénomène est plus complexe et se manifeste dans la totalité de l'œuvre. Dans *Ah, quel conte!*, Moslem a la parole qui lui est donnée, ôtée et redonnée par le sultan, et tous les deux sont créés par une instance supérieure; mais le vizir, à son tour, amène de nouveaux narrateurs dans le cadre de son récit: en racontant l'histoire de Schézaddin, il donne la parole, et pour longtemps, au Roi Autruche (deux fois) et à la Reine Grue. Dans *Le Sopha*, le troisième niveau se précise, quand on va dans le sens inverse: au-dessus de l'activité narrative de Schah-Baham et de la sultane, on sent la présence d'un narrateur qui les fait parler, et encore

---

[15] ce qui a été fait par J. Rousset, *Narcisse romancier*, pp.122-24.

[16] en faisant les rapprochements en question, on oublie trop souvent l'*asymétrie* essentielle des deux récits, la différence de proportions, la présence finalement *sporadique* et déchiquetée de la duchesse dans les lettres de Chester (c'est, à peu près, un cinquième de sa narration), et surtout les différences dans l'orientation de l'acte narratif: unilatérale et exclusive chez la duchesse, variable chez Chester.

[17] une mise au point théorique de la problématique des niveaux narratifs est proposée par G. Genette, 'Discours du récit', pp.238-46.

par l'intermédiaire d'un 'auteur contemporain' au nom grotesque (*So*, 'Introduction'). Or, cette instance suprême n'adopte pas la même perspective que les 'locuteurs' du 'niveau moyen', tout comme ceux-ci n'adoptent pas le point de vue des héros des histoires racontées (troisième niveau) par le narrateur principal, Amanzéi. Le premier narrateur émet, par exemple, une opinion favorable sur les contes qu'il croit 'utiles à la société', pleins 'd'importantes leçons' et de 'grands traits d'imagination' (*So*, p.22); mais quelques pages plus loin, la sultane fait une diatribe contre ce genre 'puéril' et 'absurde', contre ces 'misérables fables' qui 'blessent la pudeur' et portent 'jusques au cœur des impressions dangereuses' (*So*, pp.26-27). Ajoutons que ceux qui parlent au deuxième niveau (Amanzéi, le sultan, la sultane et, au début, le Vizir) en général se contredisent, et que, finalement, il ne serait pas difficile de trouver, en miniature, un quatrième niveau narratif: il arrive à certains personnages d'Amanzéi de raconter des événements de leur vie (Almaïde, Zulica).

Même jeu de niveaux dans les contes dialogués: le dialogue des protagonistes se découpe à l'intérieur du dialogue: premier narrateur – lecteur; les interlocuteurs, eux, introduisent un niveau subordonné au leur, en s'arrachant les histoires de leurs aventures passées (celles de Célie dans *Le Hasard* – avec M. de Norsan et avec M. de Clêmes; celles de Clitandre dans *La Nuit* – avec Araminte, Julie, Luscinde . . .). Un schéma pareil dans *L'Écumoire*: niveau du narrateur – 'traducteur' qui commente et persifle (et déchiffre avec peine) son univers; niveau du récit propre; enfin celui du récit de Moustache qui parle trois chapitres durant.

Cette multiplication de plans et de perspectives se retrouve aussi, malgré les apparences, dans les romans purement personnels. On se trompe, si l'on croit que la Marquise de M*** est une instance narrative unique. Elle reçoit son droit de parler de l'inconnue Mme de *** qui, dans un préambule, écrit à M. de *** qu'elle avait trouvé ces lettres dans les papiers du Comte de R***, et, très sévère pour la morale et la passion de l'héroïne, elle n'en envoie 'que ce qu'[elle a] cru digne d'être lu' (*LMa*, p.42). Cette narratrice se manifeste d'ailleurs au cours du récit de la Marquise, en signalant un trou entre les lettres 28 et 29, et en esquivant ainsi le moment de la chute. De même, l''éditeur' des *Lettres de la Duchesse*, après avoir annoncé la vertu inébranlable et 'excessive' de l'héroïne dans une 'Préface', interrompt au milieu la narration épistolaire dans un 'Avis au lecteur' qui est beaucoup moins décisif et qui obscurcit plutôt qu'il ne l'explique la signification des lettres (*LDu*, xi.68):

Un sentiment qui, pour vouloir se cacher aux yeux, peut n'en avoir intérieurement que plus de violence, ne serait-il point la cause de cette variation dans son style [il s'agit de l'adoucissement d'une rancune momentanée de la duchesse]? c'est sur quoi nous ne croyons pas qu'il nous convienne de prononcer, et ce que nous laissons à décider tant au lecteur qu'aux événements.

D'autre part, chose étonnante dans un récit intime adressé à un destinataire unique, il arrive aux narratrices mêmes de donner la parole aux autres (le récit du Marquis de M*** – *LMa*, lettres 46, 47; le récit de Mme de *** inséré dans la lettre 51 des *Lettres de la Duchesse*). Dans *Les Egarements*, le niveau 'extradiégétique' (Genette, p.238) est assuré par la préface de l'auteur, mais en fait il s'agit de dédoublements et d'inconséquences analogues. L'auteur, avant de faire parler Meilcour, annonce l'histoire d'un jeune homme innocent, ensuite corrompu et finalement converti, mais on sait que cette perspective ne se confirmera pas entièrement et que la promesse ne sera pas tenue. Meilcour-narrateur, à son tour, devrait par définition régner en maître sur le destin et la parole de Meilcour-héros et des autres personnages, ce qu'il laisse entendre dans ce jugement sur Mme de Lursay (*Eg*, p.18):

Son système n'était point qu'on ne dût pas avoir des faiblesses, mais que le sentiment seul pouvait les rendre pardonnables; sorte de discours rebattu, que tiennent sans cesse les trois quart des femmes, et qui ne rend que plus méprisables celles qui le déshonorent par leur conduite.

Cependant, le 'je' narré, au lieu de s'approcher logiquement du niveau actuel du 'je' narrant, semble s'en éloigner, en affrontant les 'récits seconds' des autres acteurs; telle la longue confession finale de Mme de Lursay, qui est précisément le récit retourné (on songe aux *Heureux orphelins*) des tentatives malheureuses de Meilcour, et qui se termine ainsi (*Eg*, p.181):

vous apprendrez, quelque jour, qu'il ne faut pas toujours juger les femmes sur leurs premières démarches; [...] que la femme qui a été la plus galante, peut devenir, par ses seules réflexions, ou la femme la plus vertueuse, ou la maîtresse la plus fidèle.

Leçon donnée au béjaune, certes, mais aussi au narrateur des mémoires et à l'auteur du roman...

Quel que soit le mode narratif apparent, un mouvement traverse chaque texte de Crébillon: la transmission incessante, explicite ou implicite, de la parole d'une instance à une autre. Aucun cadre ou niveau de l'énonciation ne se montre définitif, car il est intérieurement travaillé par les subdivisions vertigineuses des points de vue. En ce sens, tout récit de Crébillon est un récit 'à conteur désigné', car sa perspective – liée toujours à une présence fortement dessinée – consiste précisément à appeler d'autres perspectives et d'autres présences. Il est dès lors naturel que la narration tende à la forme du discours direct, ce qui fait éparpiller le mode adopté: il y a peut-être autant de 'récits', et qui se valent tous, que de locuteurs qui prennent la parole. A la limite, c'est le monologue et le dialogue, ou plutôt un amas de dizaines de voix qui s'appellent et se repoussent sur un même plan ou sur des plans différents. Le pourcentage des dialogues, calculé par H. Wagner, est caractéristique à cet égard: deux-tiers dans *Le Sopha* et dans *Ah, quel conte!*, 80% dans *Le Sylphe*, plus de la moitié dans *Les Egarements*, sans compter *La Nuit* et *Le Hasard* qui ont une forme presque dramatique.[18] Même la forme épistolaire, par définition hostile au dialogue en discours direct – autre que le dialogue entre les correspondants – s'y prête volontiers dans le cas de notre auteur. Il y a des lettres qui rapportent des conversations entières (*LMa*, lettre 10; *LDu*, lettre 39; *LAt*, lettre 66), mais il y a surtout des 'dialogues' permanents à l'intérieur d'une même énonciation, des affrontements qui se matérialisent dans le déchirement d'une même parole qui s'interroge et se répond:

je suis d'une humeur comme je n'ai été de ma vie! Vous croyez peut-être (car il n'y a, grâce à Dieu, rien dont vous ne vous flattiez) que c'est vous qui en êtes la cause? Eh bien! c'est que ce n'est non plus vous! Mais quand il le croirait? *En vérité! Madame vous êtes folle!* Passons . . .[19]

---

[18] *Crébillon fils; die erzählerische Straktur seines Werkes*, pp.41-106. Voir aussi la statistique du pourcentage du récit, des dialogues, des 'réflexions', et des monologues dans *Les Egarements* face aux romans de madame de La Fayette, de madame de Tencin, de Duclos et de Marivaux: H. Coulet, *Marivaux romancier*, 'Appendice II', pp.505-508.

[19] *LDu*, xi.130; italiques dans le texte. D'autres exemples typiques, quoique moins complexes dans leur structure 'dialogique': 'Le moyen de combattre sans cesse? je vois tant de femmes qui se lassent à la fin, et qui n'ont peut-être de toute leur résistance que le chagrin de ne pas s'être rendues plus tôt! Comment être tranquille? Ah! fi, [. . .] que je les trouve laides ces femmes si vertueuses! Aurais-je envie de ne l'être plus?' (*LMa*, p.86) 'Ce qui pourtant me rassure un peu sur mon état, c'est qu'à quelque point que me pèse mon loisir, je ne me suis point avisée, pour charmer mon impatience et mon ennui, de relire les beaux manuscrits que j'ai de vous; et que, si j'étais dans le cas d'avoir à me craindre, ç'aurait indubitablement été cette occupation que, tout machinalement, je me serais cherchée; mais, que mets-je à la place? je vous écris! en vérité! cela me paraît bien revenir au même, et puis, que veut dire cette impatience qui m'agite?' (*LDu*, xi.125).

Ce dernier exemple pourrait bien illustrer tout le dilemme du narrateur chez Crébillon. Six phrases: la première est purement informative et pourrait n'être adressée à personne; la seconde, interrogative et hypothétique, introduit un auditeur concret, établit une distanciation (parenthèse ironique) et suppose un savoir limité sur la réalité extérieure; la troisième est une négation de l'hypothèse précédente; la quatrième revient à l'hypothèse, mais *en excluant* l'auditeur qui est désigné par la troisième personne: en une espèce de style indirect libre, la narratrice pose la question à elle-même, à un tiers, ou même, éventuellement, c'est un tiers qui la lui pose; la cinquième, mise en italiques, constitue la réponse, mais toujours 'extérieure' – venant d'un autre 'moi' ou d'un observateur imaginaire; dans la sixième ('passons'), tout ce jeu, après avoir été exhibé, s'annule et revient au point de départ. Six phrases qui montrent que la mobilité du point de vue bouscule les moindres séquences du discours, qu'à tout moment on passe imperceptiblement de la distanciation ironique à une présentation 'objective', de l'omniscience au doute, d'un foyer narratif à un autre.

Dès lors, la question essentielle 'qui parle?' pose des problèmes, car même une unité narrative visiblement homogène est susceptible de devenir un filtre pour des optiques différentes. Qui parle dans *L'Ecumoire*, à l'endroit où, après la scène de l'opéra et les remarques du narrateur sur la honte de Néadarné, apparaît cette phrase: 'O vertu! quel est donc ton empire? Si le plaisir t'offense, si toi seule dois remplir une âme, ou chasse l'en tout à fait, ou ne donne pas de remords!' (*TaN*, p.241)? Est-ce toujours le narrateur principal ou la voix de Néadarné en discours indirect libre? Lorsque la Reine Grue, narratrice d'un 'récit second' de *Ah, quel conte!*, présente les théories peu édifiantes qui l'ont formée dès sa jeunesse, un commentaire surgit: 'De quels principes, au reste, en les discutant avec un cœur corrompu, ne ferait-on pas les plus absurdes préjugés?' (*QCo*, vi.30). Est-ce elle qui parle? Mais sa galanterie éhontée, on le sait bien, subsiste aussi sur le plan actuel et n'a jamais fait place à une critique moralisante. Est-ce Moslem? Mais il n'a pas la parole en ce moment.

On voit toute l'acuité du problème, dès que la question 'qui parle?' se mue en une autre, bien plus importante: qui détient la parole de Crébillon? Nous retrouvons sur ce plan les contradictions inouïes des critiques: elles naissent, en définitive, de la fixation d'une instance narrative que l'on croit, au-dessus des autres, porteuse de la pensée de l'auteur et par là même conséquente. Le 'traducteur' de *L'Ecumoire*, l''éditeur' des romans épistolaires et des contes dialogués, même l''auteur' des *Egarements*? Nous avons remarqué combien leurs vues étaient partielles, inadéquates et, quelquefois, résolûment saugrenues. Les conteurs désignés et les auditeurs actifs? Leurs échanges sont presque toujours des polémiques ou des querelles. Certains héros qui réfléchissent et commentent? Ils hésitent et se contredisent, en fonctionnant d'habitude sur deux volets opposés: Versac, Chester et compagnie sont bien capables de dire, en bons moralistes, que 'jamais nous n'avons été moins éclairés, puisque jamais nous n'avons été plus vicieux' (*HOr*, viii.94), mais ils n'en prétendent pas moins fair régner partout 'la perfidie, le manège, l'impertinence et les mauvais procédés';[20] Taciturne, observateur judicieux et implacable (*QCo*, chapitre 26), se révèle aussi adulateur des grands et pédant caustique (chapitre 1).

Personne n'est héros ou narrateur porte-parole, ou tous le sont plus ou moins. L'instance qu'est Crébillon se trouve partout et nulle part. Dire pourtant – ce qu'on fait si souvent – que l'auteur se tient toujours à l'écart et qu'il s'enferme dans une perspective 'sceptique' sans se prononcer, c'est pratiquer une approche bien stérile. Le jeu de points de vue et de niveaux narratifs dans *Jacques le fataliste* signifie-t-il, chez Diderot, un détachement ou un silence? Crébillon veut bien transmettre une vérité, trouver un point d'où il puisse la proclamer; bien plus, il croit peut-être le faire en l'annonçant. Mais en réalité, transmettre, énoncer, devient pour lui esquiver sa parole en la rendant *autre*. Plus le discours est direct – constamment cédé à de nouveaux narrateurs – plus il éloigne le foyer narratif central. Serge Gaubert a raison de parler d'un 'parcours du narrateur', terme que nous avons introduit ailleurs, et d'une série d''hypostases' du romancier, constituée par ses tentatives-incarnations réitérées (pp.56). Crébillon est toujours là, et c'est son malheur: plutôt qu'un retranchement mystérieux et confortable, on voit dans sa narration des efforts éperdus pour se dire et pour avoir prise sur la réalité représentée. Les projets se réalisent d'une façon déroutante: au lieu d'une instance narrative nettement délimitée – des perspectives multiples, concurrentielles et enchevêtrées à tous les niveaux du récit; au lieu de l'absence hautaine d'un juge – des présences touffues et incertaines que l'ironie ne tue guère; au lieu d'une perception nette et

---

[20] *HOr*, viii.129. En critiquant *Les Heureux orphelins*, les contemporains ont bien vu 'de l'inconséquence dans le langage de ce petit-maître [Chester] qui tantôt exalte la sublimité de son rôle, tantôt tourne en ridicule sa fatuité, et après semble la trouver odieuse et à charge' (*Correspondance littéraire* (juillet 1754), ii.168).

étendue, celle de la 'vision par derrière' (le narrateur en sait davantage que ses personnages), ou du moins celle de la vision 'avec' (le narrateur en sait autant que les personnages) – le savoir le plus limité et le plus embrouillé, celui de la vision 'du dehors' (le narrateur en sait moins que les personnages).[21]

Du narrateur, passons maintenant à la façon dont se conçoit le monde représenté; après avoir examiné les procédés de l'énonciation, examinons ceux de la *signification*. Là aussi, un dilemme profond se fait voir, autre aspect esthétique des antinomies morales.

Commençons par rappeler, une fois de plus et plus longuement, la préface des *Egarements*, censée être le *credo* de Crébillon, relatif aux principes de la représentation romanesque. 'L'homme qui écrit', lit-on au début, 'ne peut avoir que deux objets: l'utile et l'amusant'. Le roman pourrait réaliser cet idéal et cesser d'être 'méprisé des personnes sensées' (*Eg*, p.9),

si, au lieu de le remplir de situations ténébreuses et forcées, de Héros dont les caractères et les aventures sont toujours hors du vraisemblable, on le rendait, comme la Comédie, le tableau de la vie humaine, et qu'on y censurât les vices et les ridicules.

Le lecteur n'y trouverait plus à la vérité ces événements extraordinaires et tragiques qui enlèvent l'imagination, et déchirent le cœur; [. . .] Le fait préparé avec art, serait rendu avec naturel. On ne pécherait plus contre les convenances et la raison. Le sentiment ne serait point outré; l'homme enfin verrait l'homme tel qu'il est; on l'éblouirait moins, mais on l'instruirait davantage.

---

[21] nous reprenons la classification connue de J. Pouillon (*Temps et roman*, Paris 1946), rappelée et modifiée par T. Todorov (*Littérature et signification*, pp.79-82). Si paradoxal que cela puisse paraître, on pourrait prouver que la vision 'du dehors' domine non seulement – ce qu'on a vu – dans les romans à la troisième personne, faussement 'omniscients', mais aussi dans les récits personnels. Les narrateurs qui se racontent se méprennent sur leur entourage ou ne le connaissent point, et ne se connaissent pas non plus *eux-mêmes*, en se regardant souvent comme de l'extérieur – 'du dehors'. Le cas typique est encore celui de la Duchesse de *** qui ne cesse de deviner les autres et de se deviner elle-même. Voilà la distinction qu'elle établit entre les maîtresses possibles de son mari, en optant pour Mme de Gr. . . et en esquissant, au passage, l'alternative *non résolue* que présente sa propre attitude envers lui: '*Si j'aime mon mari*, une rivale qui craigne de s'afficher [. . .] et qui [. . .] ait des mœurs, doit incontestablement me rendre moins à plaindre que ne ferait une femme d'un caractère tout opposé [. . .] *Si je n'aime pas mon mari*, que, comme ces sortes de choses se savent toujours assez, ma rivale en soit instruite [. . .], du moins ne lui permettra-t-elle jamais de se dispenser des égards qu'il me doit' (*LDu*, x.54; c'est nous qui soulignons).

On reconnaît les exigences classiques de 'vraisemblance', de 'naturel', de 'convenance', et surtout le cliché ancien de l''utile' joint à l''agréable', que l'on trouve dans la plupart des préfaces de Prévost à Laclos. On remarque aussi le refus du merveilleux et du 'romanesque', et dès lors il n'est pas difficile de situer la position de Crébillon dans les fameuses querelles autour du roman, si bien étudiées par Georges May: avec l'argument du 'tableau de la vie humaine', l'auteur des *Egarements*, tout en se souvenant des postulats esthétiques d'un Molière et d'un La Bruyère, se placerait à côté des novateurs qui défendent le roman contre les accusations d'invraisemblance et d'immoralisme, et revendiquent pour lui le statut d'un genre authentique et sérieux.[22] Une fois sur cette piste, il est aisé d'interpréter ainsi les critiques de la sage sultane dans *Le Sopha* et *Ah, quel conte!*, les réflexions de Chester qui ne veut pas faire des mémoires sur de 'grands événements' (*HOr*, viii.47-49), et surtout les remarques analogues de la préface des *Lettres de la Duchesse*, où sont évoquées les 'petites circonstances' – si chères à Diderot – et où le nom de Richardson apparaît.[23]

Mais ce dernier texte montre déjà qu'en réalité les choses ne sont pas si simples. Malgré les apparences, Crébillon n'est pas tout à fait, même en 1768, le partisan du nouveau réalisme. D'un certain point de vue, on peut lire la préface des *Lettres de la Duchesse* comme l'envers polémique de celle des *Egarements*. Plus de question d'assumer pleinement le caractère fictif de l'œuvre: l''éditeur' revient à la convention des lettres 'authentiques' et il s'ingénie, avec une insistance singulière, à prouver longuement cette authenticité. Le refus exagéré de présenter un *roman* n'est pas uniquement un détour d'usage, consacré par les aspirations au 'sérieux'. Ce qui se trouve mis en relief, c'est une carence immanente à tout ouvrage: il a beau être vraisemblable, il ne sera jamais vrai, car l'artifice est de son essence. En 1736, Crébillon a l'idéal de 'rendre le fait avec naturel' et de montrer l'homme 'tel qu'il est'; en 1768, l'idéal subsiste peut-être, mais sa relativité ne fait aucun doute (*LDu*, préface x.vi):

avec quelque soin qu'un auteur consulte la nature et cherche à la rendre; quelque talent même qu'il ait pour réussir à ce qu'il tente, il ne lui est jamais

---

[22] G. May, *Le Dilemme du roman au dix-huitième siècle* (New Haven, Paris 1963), pp.110 et suiv.

[23] cf. l'article de R. Niklaus, 'Crébillon fils et Richardson', *Studies on Voltaire* 89 (1972), p.1170.

possible de la peindre assez bien, pour que les lecteurs d'un certain ordre s'y méprennent.

La vérité ne saurait être représentée dans toute son étendue, et ce manque travaille intérieurement l'ouvrage, 'prouv[e] invinciblement que c'en est un' (*LDu*, x.vi). Dans ce contexte, la référence à Richardson est toute négative, ce qu'on oublie trop souvent: l'éditeur précise que face à la variété et à l'invention dont fait preuve le romancier anglais, les *Lettres de la Duchesse* offrent au contraire une sèche monotonie, 'la même uniformité de style et de sentiment' (*LDu*, x.x-xi), preuve de leur 'authenticité'.

On oublie surtout qu'aucun roman de Crébillon ne porte les marques du réalisme richardsonien ou de ses incarnations françaises, qu'aucun ne réalise les préceptes de la préface des *Egarements*. Notre auteur ne renonce pas, au début comme à la fin de sa carrière littéraire, aux féeries les plus extravagantes (*L'Ecumoire, Le Sopha, Ah, quel conte!*), à l'introduction de l'insolite dans la réalité quotidienne (*Le Sylphe*), à la présence de grands événements historiques (*Lettres athéniennes*). D'autre part, ces mêmes œuvres et toutes les autres, se prêtent difficilement à la métaphore du 'tableau': nous avons bien vu leur mince réalité sans consistance, leur intimité desséchée, le schéma répétitif des rapports. Ainsi, à beaucoup d'égards, le tableau crébillonien est à la fois irréel et désespérément limité. On est frappé par l'étroitesse et l'identité de thèmes, et le phénomène doit être ressenti par l'auteur comme un problème du discours. Ce n'est pas une seule fois qu'il insiste (en se défendant? en posant cela comme précepte?) sur l'uniformité' de son objet. Voyons les réserves de Mme de ***, 'éditrice' des lettres de la Marquise de M*** (*LMa*, p.42):

les mêmes termes y sont souvent employés, les mêmes situations reviennent; c'est toujours le même objet présent aux yeux du lecteur. [...] c'est toujours l'amour que l'on voit sous des formes différentes; il ne serait pas possible que l'uniformité du fond ne dégoûtât.

On retrouve la fameuse formule des *Egarements* 'l'amour seul préside ici', accompagnée d'une explication restrictive: 'Il s'en faut beaucoup qu'on ait prétendu montrer l'homme dans tous les désordres où le plongent les passions' (*Eg*, p.11).

Il semble bien que plus qu'à un 'tableau', utile et agréable à la fois, le lecteur de Crébillon assiste à une interrogation sur les possibilités mêmes de le peindre. La parole qui doit servir à la représentation se montre en effet essentiellement *arbitraire*. La 'vérité' et la 'nature' se consituant dans le discours, que sont-elles en fait? Ajoutons encore une perle à la collection des jugements opposés sur Crébillon: Fréron déclare que le dialogue du *Hasard du coin du feu* (œuvre, pourtant, plus réaliste que les autres!) n'a rien à voir avec 'le ton de la raison et de la nature';[24] mais Palissot trouve son auteur digne de plaire à 'ceux qui savent que le sublime des arts ne consiste que dans l'imitation vraie de la nature', parce que chez lui 'la vérité ne saurait être plus exacte'.[25] L'incertitude des clichés esthétiques de l'époque se mire en quelque sorte dans l'écriture crébillonienne. Toutes les discussions entre Schah-Baham et la sultane dans *Le Sopha*, et surtout leur prolongement dans *Ah, quel conte!*, présentent l'antinomie de la vérité romanesque et rendent compte du conflit de l'écrivain, conflit que Crébillon n'arrive pas à dissoudre dans la balourdise du sultan et la supériorité (apparente) de sa femme. La sultane critique les contes comme ouvrages 'où la vraisemblance est toujours violée' et 'l'ordre de la nature' bouleversé (*So*, p.26); elle est révoltée par les extravagances du récit de Moslem: dans la scène du bal d'oiseaux à la cour du Roi Autruche 'il y a des choses qui sont si visiblement hors de la nature que, quelque indulgent que l'on veuille être, elles ne peuvent pas avoir le droit d'amuser' (*QCo*, v.174). Le sultan rétorque: 'qu'ils jouent des instruments, qu'ils chantent, qu'ils dansent ces oiseaux-là: que vous importe?' (*QCo*, v.174). Le mot prend tout son sens à la lumière d'une autre réponse dont la naïveté stupide ajoute à la netteté du problème: 'Je veux des événements singuliers, des fées, des talismans: car ne vous y trompez pas, au moins! *Il n'y a que cela de vrai*' (*So*, pp.27-28; c'est nous qui soulignons). En creux de la conviction que la parole discursive peut représenter la réalité 'telle quelle', rêve de la préface des *Egarements*, se dessine un doute qui dit le contraire. Condamnées à l'arbitraire, les vérités se valent peut-être toutes et, d'un certain point de vue, une féerie est aussi 'naturelle' (ou, si l'on veut, aussi peu naturelle) qu'une scène de salon.

Ce qui se trouve ainsi mis en relief, c'est le caractère conventionnel de la signification de surface. 'Que nous importe', effectivement, que nous voyions un monde peuplé de fées, d'oiseaux parlants et de têtes à perruque ou celui des petits-maîtres et des femmes galantes de la Régence, puisque ici et là perce à chaque pas l'impossibilité de créer un discours au sens unique, prétendûment réel. On voit maintenant l'envers de la

---

[24] *Année littéraire* (1763), t.vi, lettre 8, p.174.
[25] *Mémoires pour servir à l'histoire de notre littérature*, p.143.

distanciation, de l'ironie, du grotesque, si fréquents chez Crébillon: ils marquent, d'une part, la recherche infructueuse d'une perspective narrative privilégiée, et d'autre part, l'insuffisance de tout ce qu'on décrit d'une perspective quelconque.

C'est précisément l'aspect extérieurement schématique et par conséquent lacunaire de la représentation qui est frappant. On connaît la convention des 'descriptions' des personnages et des objets dans le roman mondain, où les hyperboles répétées et les clichés transparents excluent une image concrète et individuelle. Crébillon n'échappe pas à la règle. Lorsque le Sylphe apparaît à Mme de R***, elle voit 'le plus bel homme qu'il soit possible d'imaginer, des traits majestueux, et l'ajustement le plus galant et le plus noble' (*Sy*, i.28). Voici comment Meilcour voit Hortense à l'Opéra (*Eg*, p.33; c'est nous qui soulignons):

Qu'on se figure tout ce que la beauté la plus régulière a de plus noble, tout ce que les grâces ont de plus séduisant, en un mot, tout ce que la jeunesse peut répandre de fraîcheur et d'éclat; *à peine pourra-t-on se faire une idée* de la personne *que je voudrais dépeindre*.

Chester et Mme de Rindsey entrent 'dans un cabinet où tout respirait à la fois le luxe, la mollesse, et tout ce que l'usage et le goût des plaisirs peuvent avoir imaginé d'agréable et de voluptueux' (*HOr*, viii.185).

On pourrait prolonger à l'infini la liste de pareils exemples. Mais, tout en illustrant, par leur abstraction extrême, la convention régnante,[26] ils dégageraient aussi un trait spécifique. Crébillon joue sur un double registre, en utilisant la schématisation descriptive soit comme un instrument 'sérieux' (le cas des trois exemples cités plus haut) qui, vu

---

[26] encore cette abstraction semble-t-elle la plus poussée chez Crébillon en comparaison avec d'autres romanciers mondains. Les descriptions de déshabillés plus ou moins provocants, motif qu'on trouve partout, offrent une confrontation aisée. Ph. Stewart donne un extrait de *Angola* de La Morlière comme exemple de schématisation extrême: 'Cela se disait en défaisant [. . .] un corset qui, entièrement lâché, laissait voir les trésors d'une gorge adorable plus blanche que la neige, d'un embonpoint achevé' (*Le Masque et la parole*, p.46 note 138) Pourtant, une telle description est vraiment pittoresque face à ces phrases de Crébillon: 'ses cheveux épars tombaient par boucles sur sa gorge, mais la cachaient moins qu'ils ne l'ornaient. Elle n'avait sur elle qu'une simple robe de gaze' (*QCo*, v.80). Voyons aussi le texte de Vivant Denon dont la nouvelle passe pour chef-d'œuvre de concision, mais qui présente des images beaucoup plus concrètes: 'Un simple ruban retenait tous les cheveux qui s'échappaient en boucles flottantes; on y ajouta seulement une rose que j'avais cueillie dans le jardin, et que je tenais encore par distraction: une robe ouverte remplaça tous les autres ajustements' (Vivant Denon, *Point de lendemain*, in: *Romanciers du XVIIIe siècle*, ii.396).

que tous sont inadéquats, est le moins mauvais parce que le plus universel; soit, justement, dans l'intention de la mettre ironiquement à nu comme insuffisante. Dans *Ah, quel conte!*, les descriptions des oiseaux ensorcelés (le Roi Autruche – chapitre 15), ou celle d'une Tête à perruque commandant une armée (chapitre 24), se font, bien entendu, selon des procédés analogues. Exemple particulièrement voyant: la princesse Manzaïde, transformée en oie, détaille à Schézaddin ses charmes *réels* mais invisibles: 'j'ai la plus belle peau que l'on puisse avoir. [. . .] j'ai le visage du monde le plus agréable, les traits les plus réguliers, les lèvres d'une fraîcheur singulière, et les dents les plus blanches et les mieux rangées que l'on puisse voir' (*QCo*, vi.176). Pour mettre le comble, Schah-Baham intervient en ce moment: 'finissez-donc! Ne voyez-vous pas que ce portrait-là est d'une force. . . (*QCo*, vi.176-77). L'ironie est claire, et elle rappelle les railleries de Diderot qui fait un 'portrait' semblable de la jument de Mangogul dans *Les Bijoux indiscrets* (chapitre 31). Toujours est-il qu'en un raccourci parodique le problème apparaît dans toute sa force. Qu'il s'agisse d'une oie ou d'une personne – quelle que soit la *réalité* – les moyens de présentation restent identiques. Les descriptions de la Duchesse de Suffolk et d'Hortense sont peut-être tout aussi irréelles et ironiques que celles des fées et des taupes enchantées; ou, si l'on veut, les bouffonneries pseudo-orientales sont aussi 'sérieuses' que les scènes de la vie parisienne. Cette réplique que Schézaddin fait à Taciturne est moins absurde qu'on ne le croirait: 'pensez-vous que, *dans le fond*, ce soit une oie que j'aime? N'est-ce pas une princesse aimable, infortunée, persécutée par un génie cruel?' (*QCo*, v.256).

La parole arbitraire est donc en même temps une parole polyvalente, une structure perpétuellement ouverte, capable de recevoir plusieurs sens à la fois. Les personnages, les décors ou les événements peuvent être remplacés par d'autres personnages, d'autres décors ou d'autres événements, sans que la surface du discours change. Celle-ci n'est qu'un squelette qui se remplit de contenus divers, de réalités multiples. Cette polyvalence, on voit bien que l'auteur la ressent intensément et qu'il ne cesse de le manifester, en suggérant l'ouverture (le vide) de la signification et, partant, les possibilités infinies de fictions qui pourraient s'élaborer à partir du schéma proposé. C'est le sens de tous les 'qu'on se figure' et 'à peine pourra-t-on se faire une idée' qui ponctuent les descriptions. On le remarque surtout dans les appels très fréquents au lecteur virtuel – là encore 'ironiques' et 'sérieux' à la fois – où on l'exhorte à trouver sa propre façon de voir et de comprendre l'univers représenté (*NuM*, p.240):

Clitandre ne cherche à bannir les craintes de Cidalise qu'en l'accablant des plus ardentes caresses. Mais comme tout le monde peut n'avoir pas sa façon de lever les doutes, ceux de nos lecteurs à qui elle pourrait ne point paraître commode en prendront une autre, comme de faire dire à Clitandre les plus belles choses du monde, et ce qu'ils croiront de plus fait pour rassurer une femme en pareil cas.

Le refus de peindre une situation et de lui donner un sens autre que celui qu'un lecteur pourrait y mettre est complet dans ce fragment de *Ah, quel conte!* (*QCo*, vi.6):

on sait trop combien ils aimaient tous deux [Schézaddin et Manzaïde], pour qu'il ne fût pas inutile de décrire tous les mouvements dont ils furent agités en se revoyant. Les personnes qui connaissent l'amour trouveraient sans doute cette peinture trop faible; les indifférents la croiraient exagérée.

En règle générale, et à tous les niveaux narratifs, on insiste sur la 'vérité' toute relative et mobile du récit. Le discours du conteur – ou d'un personnage qui a la parole – impose *sa* vérité, mais en faisant voir qu'il n'en impose aucune, car dans ses interstices une *autre* vérité peut toujours s'instaurer. Comme pour illustrer ce flottement, la Marquise de M*** ne souhaite pas lire le récit de la vie du Comte, que celui-ci veut lui envoyer: 'vous le pourriez faire *aussi faux que celui que je voulais vous donner*, pour vous punir de vos extravagances' (*LMa*, p.132; c'est nous qui soulignons). On comprend l'opinion de Grimm (en l'occurrence, sur *La Nuit et le moment*), qui, le jugement de valeur mis à part, rend bien compte du phénomène: 'Tout est vague, indéterminé, et par conséquent faux. On ne voit pas pourquoi ce qui arrive arriva, parce que le contraire pourrait arriver avec tout autant de vraisemblance.'[27]

Le problème de la parole dissimulée, du langage artificiel, que nous avons abordé dans différents contextes moraux,[28] se pose ainsi comme un problème clé du discours romanesque. Un roman de Crébillon manifeste et problématise cette duplicité inhérente à toute littérature, et qui se trouve au centre des préoccupations de la critique moderne: l'écriture est ce qu'elle est, devant nous, incontestable, et en même temps elle

---

[27] *Correspondance littéraire* (avril 1755), iii.17.
[28] cf. ci-dessus, chapitre 2, pp.82, 93-95; chapitre 4, pp.156-57.

renvoie à autre chose, à des sens que nous ne pourrons jamais 'découvrir'. La littérature, comme l'ont si bien montré les travaux de Barthes, est nécessairement un langage truqué et 'déceptif'.[29] Or, chez Crébillon, ce dédoublement devient une espèce d'expérience vécue qui se déroule devant le lecteur. *Tout* langage est *a priori* factice: celui des libertins et des femmes galantes, celui – hélas! – des vertueux qui aspirent à une communication quelconque, mais aussi celui du romancier qui peint ses personnages et cite leurs conversations. Schah-Baham a cette remarque capitale à propos du conte de Moslem: 'il est certain qu'il ne nous a pas encore dit un mot qui ne fût, *dans le fond, toute autre chose* que ce qu'il nous a paru' (*QCo*, v.12; c'est nous qui soulignons).

Tout le problème est là: on cherche désespérément – les héros, le lecteur et l'écrivain – ce que les mots signifient 'dans le fond', sachant qu'ils signifient toujours 'autre chose'. 'Les faits sont-ils bien tels que vous me les racontez?', demande Cidalise à Clitandre (*NuM*, p.210), et leur dialogue peut être le meilleur exemple. La parole ne suffit pas par elle-même: même l'acte d'amour passerait inaperçu sans les interventions du commentateur. Encore ce code qu'on nous propose n'est-il pas suffisant, puisqu'il y a lieu de se demander, nous l'avons vu, quelle est la signification définitive des échanges des protagonistes. Que *veut dire* cet aveu de Clitandre: 'Je vous adore! Rien ne m'a jamais été aussi cher que vous; rien ne me le sera jamais autant' (*NuM*, p.240)? Que *veut dire* cette exclamation de Cidalise: 'Vous ne savez combien je vous aime! combien je m'abhorre d'avoir été à d'autres qu'à vous! combien même je vous hais de m'avoir aimée si tard!' (*NuM*, p.241)? Aucun commentaire ni aucune conclusion ne dégage le sens: le discours offre toujours sa surface équivoque 'libertine', 'sincère'. Dans *Le Sopha*, Zulica se rend bien compte de la difficulté, lorsqu'elle dit à Nassès: 'Mazulhim m'a tenu les mêmes discours que vous; pourquoi croirais-je que vous n'auriez pas fait les mêmes choses que lui?' (*So*, p.200).

La parole, voulant déchiffrer la réalité, passe à côté d'elle, se situe toujours à l'écart, et sans pouvoir la *découvrir* (peindre, représenter), se voit obligée de la *recouvrir* – soit dans un dialogue incessant (le schéma du 'dire' et du 'faire'), soit dans une paraphrase interminable composée d'une cascade d'apparences et de conjectures, dont voici un

---

[29] R. Barthes, 'Littérature et signification', in: *Essais critiques*, p.265. Parmi les études classiques de Barthes, qui mettent en relief le problème qui nous intéresse ici, citons encore: *Mythologies* (Paris 1957); *Critique et vérité* (Paris 1966); *S/Z* (Paris 1970).

bel exemple: 'à mille chose que *j'avais cru voir, il m'avait paru* que votre ami *était tout au moins dans l'intention* d'être amoureux d'elle' (*LDu*, xi.92; c'est nous qui soulignons). Rien d'étonnant dès lors à ce que les moindres faits et les mots les plus innocents soient un piège pour la trinité: personnage-narrateur-auteur. Nous avons déjà indiqué l'emploi hésitant ou ambigu de certains termes relevant de la vie affective et de sa morale; mais il faut remarquer que cette ambiguïté est aussi explicite: on discute sur la signification d'un mot ou d'un épisode, on veut la cerner à tout prix pour se comprendre, et l'échec est total, puisqu'on tourne dans le vide du signifiant. Zulica dit à Nassès après leur premier contact amoureux (*So*, p.232):

– [. . .] vous savez aimer mieux que lui [Mazulhim].
– [. . .] quelle valeur attachez-vous actuellement au mot d'aimer?
– Celle qu'il a, [. . .] je ne lui connais qu'une, et ce n'est que de celle-là que je prétends parler; mais vous qui me paraissez aimer si bien, pourquoi me demandez-vous ce que c'est que l'amour?

Voyons encore ce chef-d'œuvre du sens à la fois 'posé' et 'déçu'[30] qu'est la discussion du *Hasard du coin du feu* dont un fragment, malgré sa longueur, mérite d'être cité *in extenso* (*Ha*, pp.322-23):

Célie. – A la façon dont vous m'avez parlé au sujet de ma rupture avec M. de Clêmes, il semblerait que, dans ce temps-là, du moins, vous ne me voyiez pas avec toute l'indifférence que, par votre conduite avec moi, je serais en droit de vous supposer: car n'est-ce pas ce que, si je voulais, je pourrais inférer de l'empressement avec lequel vous vous seriez, dites-vous, fait écrire chez moi, pour peu que cela eût été d'usage?
Le duc. – Si ce n'est pas dans la dernière précision ce que j'ai voulu dire, du moins peut-on, sans leur faire une grande violence, donner à mes paroles ce sens-là.
Célie. – Pour moi, qui ne cherche assurément pas à leur donner la torture, elles ne m'en présentent pas d'autre; et je crois que je ne serais pas la seule qui les interprétât comme je fais.
Le duc. – C'est selon le plus ou moins de besoin qu'on aurait qu'elles le signifiassent; mais comme vous ne pouvez, vous, avoir aucun intérêt à les expliquer comme vous faites, il faut que je me sois trompé quand je les ai crues sans conséquence.
Célie. – Oh! n'ayez pas peur: mon intention n'est point de leur donner une autre valeur que celle que vous y attachez vous-même.

---

[30] R. Barthes, 'Littérature et signification', p.265.

La recherche du sens peut être un élément de l'escrime verbale des personnages; elle entre ensuite dans le cadre des questions que se pose le narrateur sur la signification des faits et des paroles; elle est inséparable de l'entreprise du romancier qui promet un tableau de mœurs, 'utile et agréable', mais qui bute contre l'arbitraire et la polyvalence de la représentation; enfin, elle appartient au lecteur qui, on l'a vu maintes fois, a du mal à reconstruire la version définitive du monde représenté. Sur tous les plans du discours, la signification est impossible ou ne se conçoit que comme un miroitement ininterrompu de sens constamment recherchés. Selon l'expression de Pierre Macherey, 'l'œuvre n'est jamais ce qu'elle apparaît'.[31]

Les problèmes de la signification débouchent sur ceux du style. Une tension marque toutes les constructions linguistiques, toutes les unités discursives élémentaires à partir desquelles un sens peut se constituer. La tentative de cerner la vérité fuyante, c'est, sur le plan du langage, la complication croissante du style.

Là aussi, un décentrement significatif se produit par rapport au 'projet' explicite. Celui-ci – objectif analogue au postulat de la 'vérité' et du 'naturel' de la représentation romanesque – vise à la clarté, à la souplesse et à la simplicité de la langue, en correspondant à la tendance générale de l'époque qui, des 'nouveaux précieux' à l'*Encyclopédie*, essaie de se débarrasser des lourdes servitudes de la rhétorique. L'un des rares textes où Crébillon présente directement ses idées sur la composition et la langue littéraires est une lettre à Besenval sur son conte *Le Spleen*, écrite en 1777. L'auteur du *Sopha* donne, entre autres, les conseils suivants: 'allongez moins vos phrases. Evitez également une concision affectée de locutions qui redeviendraient obscures par leur petitesse et leur maigreur. Ni trop courtes, ni trop longues, claires, ou du moins faciles à pénétrer; telles sont les bonnes locutions.'[32] On se

---

[31] *Pour une théorie de la production littéraire*, p.31. Philip Stewart décrit clairement cet aspect dans le cadre général du roman mondain: 'le mot [. . .] est vidé de son contenu, ou plutôt de son contenu *littéral*, car il en prend souvent un autre: divorce entre signifiant et signifié, où le signifié normal n'a plus de valeur communicative et même peut-être plus d'existence réelle. Pas un mot ne garde ce rapport intact pour garantir le lecteur d'un texte que dans telle ou telle situation il s'agit en fait d'un 'véritable' amour plutôt que d'une liaison de passage. En conséquence il n'en sait souvent rien: il plane sur beaucoup des romans mondains une ambivalence foncière sur le sens essentiel à lui prêter, qu'on n'arrive pas à trancher' (*Le Masque et la parole*, p.102).

[32] cité par O. Uzanne, Notice bio-bibliographique, in: Besenval, *Contes* (Paris 1881), p.xliii. Voir aussi H.-G. Funke, *Crébillon fils als Moralist*, p.353.

rappelle aussi sa critique du style marivaudien dans les élucubrations hermétiques de la fée Moustache. Au début de son histoire, Tanzaï l'interrompt pour savoir quelle langue elle parle et comment elle fait pour se comprendre, et conclut que 'pour conter agréablement, il faut être naïf', il faut renoncer à 'ces choses dites cent fois, et revêtues pour reparaître encore, d'un goût qui les rend bizarres', il faut éviter le 'verbiage' (*TaN*, p.200).

Mais c'est Crébillon, précisément, que l'on accusait d'"importun verbiage'![33] C'est chez lui, nous l'avons déjà dit, que tous les contemporains indiquaient une stylistique des plus obscures, des 'amphibologies', des phrases d'une longueur inouïe;[34] c'est lui qui, au dire de Palissot, se serait créé une langue à son propre usage, c'est lui, le 'Girgiro l'Entortillé' de Diderot. Et que dit Marivaux sur le style crébillonien, en répondant à la critique de *L'Ecumoire* dans la quatrième partie du *Paysan parvenu*? 'Il y a quelquefois des phrases allongées, lâches, et par là confuses, embarrassées; ce qui vient apparemment de ce que vous n'avez pas assez débrouillé vos idées, ou que vous ne les avez pas mises dans un certain ordre.'[35] Il est aisé de s'apercevoir que les deux auteurs se font réciproquement grief des défauts par lesquels ils semblent pécher eux-mêmes. Il y a certainement de la malice à l'adresse de Marivaux dans le langage de Moustache, mais celui-ci diffère-t-il dans le fond de la manière 'précieuse' de Crébillon? Après ce que nous avons dit du dilemme du narrateur, peut-on attribuer la parole de l'auteur à Tanzaï, partisan de la 'naïveté'?

Disons plutôt que, sur ce plan aussi, le conflit entre l'idéal et les chemins de la réalisation se trouve intériorisé dans la dimension du discours. Crébillon s'interroge sans cesse sur la dialectique de la 'clarté' et de l''obscurité' du langage, entités à la fois opposées et complémentaires. La controverse autour du 'maussade jargon' de Moustache pénètre toute son œuvre, en révélant tantôt une distance critique qui suppose la foi dans un fond 'naïf' du style, tantôt des tentatives pour accéder à ce fond en employant les formes les plus sophistiquées. Schah-Baham prend exactement la position de Tanzaï, quand il exige de ses conteurs plus de netteté: 'ne pourriez-vous point supprimer ce que vous ne pouvez me dire clairement, ou me dire clairement ce que vous me

[33] E. Fréron, *Année littéraire* (1754), t.iii, lettre 12, p.278.
[34] voir: *Correspondance littéraire* (juillet et décembre 1754), ii.168, 203; J. O. de La Mettrie, *Essais sur l'esprit*, p.24.
[35] Marivaux, *Le Paysan parvenu*, éd. M. Gilot (Paris 1965), p.186.

dites?' (*QCo*, v.51). Il trouve la langue de la Reine Grue trop 'entor-
tillée' et ne veut pas qu'on lui fasse 'des circonlocutions d'une longueur
qui ne finissent pas et qui [lui] donnent la migraine à force de chercher
ce qu'elles veulent dire' (*QCo*, vi.85). Le malheur est que les conteurs
ne peuvent pas raconter autrement, et les prétentions du sultan, qui
pourtant sonnent juste, sont implicitement tournées en dérision. Le
conflit en question se situe aussi au sein même de la parole mondaine,
car il arrive aux détenteurs de celle-ci de protester contre la complexité
abusive du langage, comme s'il leur était possible, à eux, d'en sortir.
Mme de Lursay commente ironiquement une tournure recherchée de
Meilcour: 'Voilà sans contredit [. . .] une belle phrase! Elle est d'une
élégance, d'une obscurité et d'une longueur admirables! Il faut, pour se
rendre si inintelligible, furieusement travailler d'esprit' (*Eg*, p.174).
De même, la Duchesse de *** critique les nouveaux livres que le Duc
lui avait envoyés, en dénonçant leur trop d''esprit' et leurs phrases
incompréhensibles, et en évoquant comme modèles 'les auteurs du
siècle dernier' (*LDu*, xi.64-65). C'est elle cependant, nous allons le
voir, qui utilise la langue la plus hermétique peut-être parmi les personnages crébilloniens. L'auteur de *L'Ecumoire* polémique bien moins
avec Marivaux qu'avec lui-même.

Il n'est pas question ici d'analyser en détail les procédés stylistiques
de Crébillon. Une telle étude dépasse l'objet de notre propos et, probablement, les possibilités actuelles de la linguistique. Le seul essai de
ce genre (heureux à beaucoup d'égards) a été entrepris par B. Fort;
des inspirations non négligeables viennent des travaux connus de F.
Deloffre et de L. Versini sur le style de Marivaux et de Laclos.[36] En
renvoyant à ces ouvrages pour des analyses plus systématiques ou des
outils d'approche plus complets, concentrons-nous sur l'orientation
qui est la nôtre.

Abordons successivement deux niveaux: sémantique et syntaxique.
Certains aspects du premier ont été déjà relevés, à savoir l'abstraction
et la polysémie du vocabulaire. Il convient de considérer maintenant
celui qui paraît essentiel, et qu'on pourrait appeler organisation *périphrastique* du langage.

Sur le plan de la dénotation élémentaire, la parole se montre en effet
fondamentalement indirecte. Il y a là, bien entendu, la convention
générale de présenter les sujets les plus crus sous une forme décente.

---

[36] F. Deloffre, *Une Préciosité nouvelle: Marivaux et le marivaudage, étude de langue et de
style* (Paris 1955); L. Versini, *Laclos et la tradition*, 2e partie, chapitre 4.

Mais quiconque a essayé de dévider l'écheveau des figures crébilloniennes, sait que l'impératif de l'ornement conventionnel et des tabous linguistiques n'articule qu'une face du problème. L'accumulation de certains moyens stylistiques significatifs, tels que périphrase, euphémisme, litote, réticence, est tout à fait exceptionnelle. Evidemment, le phénomène trouve sa meilleure illustration dans le contexte de l'activité sexuelle. Passons sur d'innombrables figures simples qui parsèment les textes, telle la 'porte des plaisirs' qui se trouve 'murée', périphrase de Tanzaï (*TaN*, p.181), où 'le cœur épuisé', euphémisme de Zulica qui se plaint de l'impuissance de Mazulhim (*So*, p.233). Mais ce dernier thème se prête particulièrement à des exercices de style plus complexes. Ce sont des 'enchanteurs' qui ont rendu Mazulhim malheureux et Zulica travaille à dissiper le charme (*So*, p.167):

Les enchanteurs qui l'avaient jusque là si cruellement persécuté, commencèrent même à retirer leurs bras malfaiteurs de dessus lui. Quoiqu'il s'en fallût beaucoup que la victoire qu'elle remportait sur eux fût complète, elle ne laissa pas de s'en féliciter tout haut.

Le passage reste incompréhensible sans une clé qui permette de le déchiffrer mot à mot. Encore cette clé, fournie par certains indices du contexte, n'est-elle pas toujours évidente, et la reconstruction du sens devient difficile sinon impossible. Pour reprendre le même motif, évoquons la scène où Schézaddin est un peu trop entreprenant avec Tout-ou-rien, et où la fée décide, à grand regret, de le punir: 'Se venger de lui de la même façon précisément qu'elle en était offensée, lui parut donc le seul moyen qui lui restât pour échapper au péril qu'elle courait' (*QCo*, v.49). Aucun référent immédiat n'est donné. Admirons la série des mots qui ne renvoient qu'à eux-mêmes, en détournant toute signification: 'se venger' – 'offensée', 'de la même façon' – 'le seul moyen' – 'le péril'. Ce n'est qu'en dépouillant laborieusement la suite, que l'on croit comprendre que la fée prive momentanément le prince de ses forces viriles. L'organisation périphrastique engendre dans le discours un foisonnement d'énigmes.[37]

Or, le propre de ces énigmes est que, tout à la fois, elles demandent à être explicitées et défient une explication littérale. Le langage est marqué d'une déchirure profonde: tenté par la simplicité et la clarté, il voudrait

[37] une autre devinette – encore moins claire, parce que plus obscène – toujours autour de l'impuissance. Voyant que toutes ses tentatives sont vaines, 'Mazulhim [...], ne pensant pas de Zéphis aussi bien qu'il le devait, tenta ce que, s'il eût été plus sage, ou plus poli, il n'aurait pas tenté' (*So*, pp.142-43).

nommer les choses; mais il découvre, nous l'avons dit, qu'un tel geste est toujours arbitraire et équivoque, et cette découverte devient pour lui un processus incessant de complication sémantique, où il essaie de se nourrir de ses propres données. On voit le schéma symbolique de ce mécanisme dans la conversation plaisante entre Moustache et Néadarné, où la fée parle de son fameux secret qui doit restituer à la princesse la virginité après son 'désenchantement' par Jonquille (*TaN*, p.217; c'est nous qui soulignons):

J'ai un remède excellent pour réparer les outrages que nous font les emportements des hommes.
– *Que veut dire ceci*, interrompit Néadarné?
– Quoi! reprit Moustache, *vous ne m'entendez pas?* Avant que vous connussiez le prince ... *mais il n'est pas possible que vous ne sachiez point ce que je veux vous dire*; [...] vous ne pouviez accorder à Tanzaï ce que sa tendresse exigeait de la vôtre, sans qu'il ne vous arrivât quelque chose de singulier ...
– *Je commence à vous entendre*, reprit Néadarné.
– Vous sentez bien, continua la fée, que *cela* ne se serait pu faire, que quelque changement ne se fît en vous. Jonquille, pour vous guérir, exigera de vous *ce dont* le prince a été privé. *Ce qui* serait arrivé par le prince, arrivera par Jonquille. En suivant la coutume naturelle, il ne se pourrait pas que votre époux ne s'aperçût point *de ce que* le génie aurait fait.

Le texte est tout en périphrases, euphémismes et réticences. Or, Néadarné la naïve veut rompre ce mur et exige des expressions plus nettes; mais celles-ci sont littéralement *impossibles* dans le discours de Moustache, qui, dans l'optique de la fée, devient de plus en plus *clair*, malgré l'accumulation de tournures de plus en plus bizarres. Enfin, c'est la princesse qui doit se mettre au diapason nécessaire ('je commence à vous entendre'), et, dorénavant, le discours peut se prolonger indéfiniment dans le jeu de substitutions (pronoms neutres), absolument hermétiques sans le contexte.

Nous retrouvons, sur le plan proprement stylistique, le paradoxe du narrateur et celui du monde représenté: la vérité, pour *se dire*, doit s'escamoter, se déguiser, se déplacer. Il ne s'agit pas seulement de l'art de voiler les obscénités. Les exemples qu'on vient de donner se rattachent aux sujets scabreux où l'organisation périphrastique du langage est facilement repérable. Pourtant, insistons sur ce point, le phénomène est général. On peut le voir en germe, et comme une espèce de modèle, dans la figure favorite de Crébillon qu'est la litote, singulièrement recherchée et fréquente. Mme de R*** dit au Sylphe: 'je ne désavoue pas que vous ne me plaisiez déjà un peu' (*Sy*, i.27). Clitandre, en parlant d'Oronte, s'adresse en ces termes à Luscinde: 'pour fort amoureux [...], il est impossible que vous ne conceviez pas qu'il l'est' (*NuM*, p.265). Le sens ici se trouve, justement, 'repoussé *ailleurs* qu'il ne s'annonce; la double négation fait que les mots se présentent toujours en trompe-l'œil, et le tout ressemble à une petite devinette aux contours peu certains (Mme de R*** aime-t-elle le Sylphe 'un peu'? Oronte est-il vraiment 'fort amoureux' de Luscinde?).

Prenons enfin un exemple développé et dépourvu d'érotisme, car il s'agit de la digne Duchesse de ***. Pour comprendre quoi que ce soit à ce passage, il est nécessaire, d'emblée, de donner la clé de l'énigme: l'héroïne parle des conjectures du Duc qui la croit amoureuse de Cercey (*LDu*, x.31):

La crainte qu'en cherchant à vous prouver le peu de fondement de *vos soupçons*, je n'allasse machinalement plus loin que je ne voudrais, m'oblige donc de laisser au temps à vous désabuser *de ce que vous croyez* aujourd'hui. Toute nécessitée cependant que je suis à me renfermer *à cet égard* dans le silence le plus profond, je n'ai pas moins cru que je ne pouvais glisser absolument sur *les idées que vous vous êtes faites*, sans leur donner dans votre esprit un degré de force qu'il ne me convient pas qu'elles aient.

Les éléments que nous soulignons constituent les piliers de cette périphrase gigantesque qui n'est aucunement motivée par les bienséances. Ils composent un réseau fermé d'échos qui, se donnant pour l'explication de la 'chose même', l'éloignent au contraire et la remplacent. En suivant de telles divagations, le lecteur *perd de vue* l'objet initial: n'est-ce pas là le véritable 'sens' du passage, dans la mesure où il s'agit moins de pénétrer une quelconque réalité extérieure, que de voir comment l'écriture de la narratrice se cherche sous le regard du destinataire?

Ceci nous amène au deuxième point qu'est le niveau syntaxique. Toutes les tensions, toutes les incertitudes et tous les déplacements apparaissent en miniature dans les méandres extraordinaires de la phrase crébillonienne. Entre la sémantique et la syntaxe, un passage immédiat s'établit grâce à de nombreuses *antithèses* qui font correspondre à l'opposition de sens la construction binaire de la phrase. Sous la forme la plus simple, ce sont des parallélismes antonymiques mis au service d'un paradoxe bien frappé: 'Donnez-moi [...], pour plus grande preuve d'amour, celle de m'en marquer moins' (*LMa*, p.109); 'Un amant à qui on craint de déplaire, et qui n'a pas la même peur est plus

fort par votre faiblesse, que vous n'êtes faible par sa force' (*TaN*, p.115).
Zulma répond à Phénime qui se plaint de ce qu'il est venu bien tard:
'Que je suis heureux [. . .] que vous me trouviez coupable!' (*So*, p.90).
Jonquille joue sur la même 'culpabilité' en poussant le paradoxe à
l'extrême; après s'être excusé devant Néadarné de sa témérité dans
l'épisode du bosquet, il ne manque pas d'ajouter: 'je serais bien plus
coupable envers vous, si je l'avais moins été' (*TaN*, p.251). Antithèse
singulière, qui déchire un même mot en lui conférant dans deux propositions symétriques des sens différents (coupable à l'égard de sa
vanité féminine – coupable à l'égard de sa vertu). Nous quittons là le
champ d'une rhétorique à effet.

Car les constructions antithétiques instaurent dans le discours une
ambiguïté permanente qui empêche de déchiffrer les phrases comme
constats ou affirmations. Elles sont contradictoires de la même façon
que les oscillations du parcours sentimental, et cette contradiction est
irréductible (*LAt*, xii.65; c'est nous qui soulignons):

je mourais de *douleur* de vous voir un air d'indifférence que j'aurais été
désespérée que vous n'eussiez pas eu. Accordez, si vous le pouvez, *de pareilles
contradictions*, ou plutôt pardonnez-les à un sentiment dont la violence *ne
saurait pas plus s'exprimer que se comprendre*.

Aspasie problématise le dilemme syntaxique: la ligne de la phrase, qui
voudrait peut-être exprimer, et donc *aboutir*, se rompt à tel point qu'il
est difficile de reconstituer la direction de sa trajectoire. Or, la structure
antithétique est à la base de combinaisons beaucoup plus complexes
que les exemples cités plus haut, et qui – chose caractéristique – se
compliquent davantage et deviennent quasi impénétrables dans les
quatre dernières œuvres de Crébillon. Ces combinaisons fonctionnent
comme trois modèles omniprésents, classés et remarquablement analysés
par B. Fort (pp.64-76): construction disjonctive ou alternative (modèle:
'soit que . . . soit que', 'ou . . . ou'), construction concessive ou restrictive (modèle: 'quelque . . . que', 'tout . . . que', etc.), construction
comparative (modèle: 'plus . . .que', 'moins . . . que', 'autant . . . que',
etc.). Exemple de la première, qui montre à la fois l'incertitude du
narrateur et l'arbitraire de la représentation, codés dans la bifurcation
de la phrase (*So*, p.86; c'est nous qui soulignons):

Soit que des objets si nouveaux pour elle lui imposassent, *soit que* en ce moment
elle se sentait fatiguée du poids de sa vertu, [. . .] elle se rendit plus promptement que les femmes même accoutumées à résister le moins.

Exemple, nettement plus hermétique, qui renferme les deux autres constructions pour illustrer le jeu de Chester avec Mme de Rindsey (*HOr*, viii.73; c'est nous qui soulignons):

J'aimais à me flatter qu'elle ne me le permettrait pas [de lui baiser la main]; mais *quoi qu*'il en arrivât, et avec *quelque* clémence, qu'elle souffrît mon audace, j'étais plus déterminé que jamais à ne la pas mettre dans le cas d'avoir *autant* à me pardonner *qu*'elle l'espérait sans doute.

On voit bien la pertinence de cette remarque de E. Sturm: 'Par le balancement antithétique de deux termes, de deux membres de phrase, de deux comparatifs, Crébillon transpose au niveau du style les alternatives de l'existence et les ambiguïtés du comportement humain.'[38]

Seulement, la transposition n'est pas un geste 'artistique', ni innocent non plus. L'agencement sinueux de la phrase se solde par un échec; échec double, dans la mesure où, d'une part, la phrase n'a pas d'issue, et donc de *solution*, et où d'autre part, son intelligibilité s'en trouve compromise. Car les constructions alternatives et comparatives s'inscrivent à leur tour dans un organisme syntaxique plus général, fondé sur le principe de propositions parenthétiques ou *enchâssées* (Fort, pp.76-88). C'est ce tic surtout qui avait frappé les contemporains. La *Correspondance littéraire*, en critiquant les longues phrases des *Heureux orphelins*, parlait de la manière 'de les couper par d'autres membres enchâssés qui jettent très souvent de l'obscurité et impatientent le lecteur', et concluait: 'C'est un terrain rocailleux où vous heurtez à chaque pas contre une parenthèse.'[39]

L'enchâssement se présente le plus souvent comme une cascade de propositions subordonnées, qui apparaît même dans des segments relativement courts. Telle la réflexion typique de la Duchesse de *** qui formule ainsi une de ses innombrables conjectures sur les intentions de son correspondant: 'je ne voudrais pas répondre que vous ne vous soyez point flatté que ce ne fût le parti que je croirais devoir prendre' (*LDu*, x.175). Le fond échappe et importe peu: ce qui est sensible, c'est le repoussement du sens de proposition en proposition, le mouvement de correctifs et de dénégations apparentes ou réelles. Mais ce sont évidemment les phrases longues qui montrent toute la force du procédé. La Duchesse, théoriquement si soucieuse de clarté, en construit des centaines dont le degré de complexité oblige à une relecture incessante. Voyons un exemple (qui n'est pas, de loin, des plus embrouillés), en

---

[38] édition critique de *L'Ecumoire*, p.312 note 107.   [39] (juillet 1754), ii.168.

découpant et en hiérarchisant les subordonnées et les incises (*LDu*, xi.137):

Si je suis aussi contente de vous
    que je veux bien le présumer;
ou
(ce qui m'est d'une toute autre importance)
que j'aie de quoi ne pouvoir pas douter
    que vous ne me soyez encore, quant à l'amour, aussi indifférent
      que j'ai lieu de le croire,
je verrai
  si je n'aurai pas de plus grandes grâces à vous faire.

Remarquons un phénomène caractéristique: la distance prodigieuse qui sépare la proposition principale des subordonnées qui, elles-mêmes, se subdivisent en constructions disjonctives et comparatives. La phrase *tend* à formuler l'idée de la principale, mais avant d'y arriver elle se tord et retord de dix manières diverses, si bien que la fin, aboutissement apparent, reçoit un éclairage inattendu;[40] on reconnaît le parcours du labyrinthe existentiel: en l'occurrence, la Duchesse veut dire qu'elle peut accorder des grâces, lorsqu'elle voit que sa vertu n'est pas encore menacée; mais le cheminement de la phrase suggère qu'une fois mise sur cette pente, la vertu est *déjà* anéantie.

Ainsi, l'enchâssement, les parenthèses et les constructions antithétiques ne servent nullement à la formation progressive d'un sens qui, après bien des nuances, apparaîtrait nettement dans une conclusion. Déjà La Mettrie observait que les grandes parenthèses de Crébillon 'reviennent souvent et *diminuent l'impression* qu'on reçoit' (*Essais*, p.24; c'est nous qui soulignons). L'"impression' – le sens logique – se perd et s'émiette. Aussi, comme le remarque Bernadette Fort, s'agit-il d'autre chose que dans les phrases, complexes mais toujours linéaires et

[40] prenons un autre exemple, plus essoufflant, qui montre la distance vertigineuse entre les subordonnées et la principale. Alcibiade écrit à Thrazylle (nous soulignons le début de la principale et des subordonnées qui en dépendent directement): '*Quoiqu' Axiochus persiste* à prendre à témoins tous les dieux que, loin d'avoir, comme vous persistez, vous, à l'en accuser, formé le dessein de vous enlever Théognis, la bonne volonté qu'elle se tuait de lui marquer, n'aurait été pour elle qu'en pure perte, s'il eût eu le plus léger sujet de vous y croire attaché, *que les mœurs de Théognis*, qui doivent vous être connues, *ne dussent point* vous permettre de douter de la vérité de ce qu'il allègue, *et que le peu de temps* qu'il lui est resté *dût* encore vous en être une preuve, *je ne suis pas étonné que*, ni cette considération, ni même le temps qui s'est écoulé depuis, n'aient rien pris sur votre colère' (*LAt*, xii.192).

cumulatives, de Laclos ou même de Marivaux – dans les phrases 'à escalier', 'à retouches correctives', 'en fuseau', 'en sablier' ou 'en losange': la ligne de la phrase crébillonienne 'ne débouche nulle part, mais revient constamment sur elle-même et produit ainsi l'impression d'un mouvement circulaire'.[41]

Voici donc où en est celui qui conseillait au baron de Besenval des locutions 'claires' et 'faciles à pénétrer'. Les formes sémantiques et syntaxiques qui constituent son propre style, loin de présenter une surface transparente, sont autant de détours, de tâtonnements toujours menacés et d'occultations.

Le dernier aspect esthétique qu'il convient d'analyser résume en quelque sorte tous les autres et peut leur servir de conclusion. On devra parler de la composition générale du discours romanesque. Sur ce plan global, la mobilité des modes narratifs, le miroitement de la signification du monde représenté et la complexité du style se traduisent par un effet de *prolifération* illimitée. Le roman, dans sa totalité, ne cesse de se prolonger, de tenter, à chaque endroit de son espace et à chaque moment de son temps, une chance nouvelle.

Indice fondamental: la maigreur du 'contenu' et des 'intrigues' est en proportion inverse avec l'étendue et la densité du champ discursif. Le problème semble s'être posé à l'écrivain comme antinomie centrale. La Duchesse de *** signale à son correspondant la futilité apparente de leurs lettres, 'plus pleines de mots, plus vides de choses' (*LDu*, x.152), et l'éditeur' reprend cette expression dans la préface, en anticipant sur les critiques de ceux qui voudraient des 'faits' (*LDu*, x.x). Le discours de Crébillon est travaillé par le même décalage entre les 'mots' et les 'choses' qu'il dénonce lucidement dans la parole libertine. Versac dit à Meilcour: 'Vous avez remarqué qu'on ne tarissait point dans le monde: ne vous seriez-vous pas aperçu aussi qu'on s'y parle toujours sans se rien dire?' (*Eg*, p.162). Or, l'*Année littéraire* adressait un reproche analogue à l'auteur des *Heureux orphelins*:

L'auteur est abondant en réflexions et stérile en événements. Tout son ouvrage n'est rempli que de dialogues, se soliloques, de définitions, de digressions, de moralités, de fines minuties, etc. Tout cela est mille fois plus aisé que d'imaginer, de combiner et d'enchaîner avec art des faits neufs, nécessaires et vraisemblables.[42]

[41] *Le Langage de l'ambiguïté*, p.84. Cf. F. Deloffre, *Marivaux et le marivaudage*, pp.447-51, et L. Versini, *Laclos et la tradition*, pp.414-21.
[42] (1754), t.v, lettre 3, p.60.

La plupart des réflexions que font, autour du récit, Schah-Baham, la sultane et leurs conteurs se réduisent à ceci: faut-il *venir au fait* (dans les deux sens de l'expression) ou le diluer sur la surface foisonnante du discours? ou, pour mieux formuler ce dilemme, peut-on venir au fait autrement qu'en le noyant dans les 'fines minuties' du discours? Schah-Baham trouve qu'Amanzéi est 'un bavard qui *se mire dans tout ce qu'il dit*' (*So*, p.209; c'est nous qui soulignons): on ne saurait mieux définir le caractère réflexif de l'énonciation discursive chez Crébillon, qui, nous l'avons déjà vu, se retourne constamment sur elle-même, indépendamment de son aspect référentiel.[43] Dans *Ah, quel conte!*, le sultan, impatienté par le récit compliqué du retour de Schézaddin à Tout-ou-rien, pose à Moslem cette question capitale: 'N'auriez-vous pas pu, à la rigueur, nous *dire les mêmes choses*, et nous *en dire moins*?' (*QCo*, v.127; c'est nous qui soulignons). Il veut des contes 'où il n'y ait rien de filé' (*QCo*, v.128). Mais la sultane prend le parti des narrateurs: les choses ne seraient plus 'les mêmes', si l'on en avait dit 'moins', si l'histoire n'avait pas été 'filée'. A une critique analogue que Schah-Baham fait dans *Le Sopha*, elle répond que 'ces idées tumultueuses qui occupaient Almaïde et Moclès se succédaient avec une extrême promptitude; [...] ce qu'Amanzéi ne nous a dit qu'en un quart d'heure, ne dut pas suspendre deux minutes leurs résolutions' (*So*, p.119).

Le problème est 'marivaudien' ou, si l'on veut, 'proustien', et apparaît surtout au niveau de la 'durée' discursive, si bien étudiée par G. Genette (pp.122-44). C'est ce point qui a paru à Pierre Lièvre constituer le lien le plus profond entre Crébillon et l'auteur de la *Recherche du temps perdu* (*Œuvres de Crébillon*, ii.xxx-xxxi):

Tous deux analysent les mouvements psychologiques avec une minutie infinie. Au moindre incident, ils savent consacrer un vaste développement: ils content lentement. Un grand nombre de pages leur est nécessaire pour modifier insensiblement une situation, pour énoncer l'évolution fort minime d'un sentiment ou même représenter le stationnement et le non changement.

L'observation est juste. Mais il faudrait décidément, pour Crébillon, repenser l'étiquette d'''analyse psychologique' qu'on ne peut employer – Clifton Cherpack l'a justement remarqué (p.181) – qu'à titre approximatif. En fait, le foisonnement du discours n'est pas, à proprement parler, un instrument d'analyse, car il ne fait qu'englober les différents symptômes, que nous avons trouvés partout ailleurs, de la structure

[43] sur les énoncés réflexifs, voir T. Todorov, *Littérature et signification*, pp.26-28.

241

ambivalente de l'œuvre. L''analyse' entre dans le cadre du projet de la peinture fidèle et de la représentation claire, et comme telle, elle se trouve à la fois articulée et dépassée dans la durée discursive.

Que l'espace romanesque de Crébillon soit dépourvu de 'faits', qu'il se gorge de mots qui ne renvoient à aucune réalité étendue ni solide, est une chose que remarque tout lecteur. Le récit surgit, pour ainsi dire, de rien. Les contes dialogués, surtout *La Nuit et le moment*, naissent entre 'deux épidermes', comme dirait Chamfort; ils continuent et se perpétuent sans qu'aucun *acte* (sauf l'acte d'amour) soit accompli. Peut-on dire, comme nous l'avons fait souvent, que les *Lettres de la Marquise*, *Les Egarements* ou les *Lettres athéniennes* racontent une grande passion, l'initiation d'un novice, les exploits variés d'un libertin? Mais l'activité 'matérielle' des protagonistes est presque nulle, remplacée par une activité exclusivement discursive qui se situe comme autour et au-dessus des événements. Les *Lettres de la Duchesse*, qui, plusieurs l'ont dit, pourraient convenir au rêve du livre flaubertien, exhibent non pas une histoire, mais la texture touffue d'une parole qui se scrute. Les contes orientaux n'échappent pas à la règle. Le mouvement et le nombre d'épisodes romanesques sont très limités, malgré les possibilités infinies que donnait le genre, et dont d'autres (songeons aux contes de Voisenon, mais aussi à *Zadig*) ont largement profité. Combien d'aventures précipitées du Roi Autruche contre ces espaces de quasi-immobilité événementielle que présentent les amours de Schézaddin et de Tout-ou-rien ou la narration de la Reine Grue?

Immobilité qui prolifère en discours, immobilité qui appelle le discours et qui s'y constitue: voilà un des traits marquants de cette prose. La Marquise de M*** rédige ainsi un de ses billets (*LMa*, pp.169-70):

Il ne fallait point de réponse à la lettre que vous m'avez écrite. Vous ne m'y demandez rien, et vous me marquez que vous êtes content. Je ne pouvais que vous féliciter sur vos plaisirs; mais les compliments embarrassent, une lettre aurait été trop longue, et j'ai peine à croire que mon billet vous paraisse trop court. Vous êtes trop occupé pour que je vous dise que je vous aime, et trop aimable pour que je vous dise que je ne vous aime pas. Je n'ose vous faire des reproches, et ne puis vous remercier: toutes ces choses supposent que je vous écris sans bien savoir ce que je fais.

La narratrice explique pourquoi elle n'aurait pas dû écrire, et ce faisant, elle produit une bonne tranche de discours. Celle-ci se développe donc à partir d'un vide, proche en cela de la lenteur narrative absolue, la 'pause' de Genette, où 'un segment quelconque du discours narratif correspond à une durée diégétique nulle' (p.128). Il est significatif que les textes de Crébillon fourmillent de prétéritions, figures qui marquent le refus de dire ce qu'on est en train de dire. Jonquille se justifie devant Néadarné: 'je suis coupable. Je pourrais vous dire, pour affaiblir mon crime, qu'à ma place personne n'aurait pu s'empêcher de l'être: mais je ne sens que trop que ma justification serait inutile' (*TaN*, p.247). Schézaddin dit humblement à Manzaïde: 'si j'osais, je me plaindrais de ce que, tout s'accordant à me favoriser, Manzaïde seule veuille s'opposer à mon bonheur'.[44] Il n'ose pas, mais la plainte n'en est pas moins formulée. Suivie dans des segments plus longs du discours, la prétérition donne l'effet curieux d'une parole qui s'annonce brève, mais qui se prolonge fastidieusement, qui se dit conclusive, mais qui s'ouvre toujours à des possibilités nouvelles. Considérons de ce point de vue un passage d'une lettre d'Aspasie à Alcibiade (*LAt*, xii.120; c'est nous qui soulignons):

Par des raisons particulières qu'il est inutile de vous dire, *je ne veux point finir* la lettre que sa présence [de Périclès] a interrompue; et par d'autres motifs je ne me soucie point *d'allonger* celle-ci. *Je ne pourrais*, peut-être, *lui donner plus d'étendue*, sans y mettre des choses qu'il me semble que vous ne méritez plus; et quand je songe au *peu de fruit que j'en tirerais*, à quel point vous seriez blessé des reproches *qu'elle pourrait contenir*, et combien peu vous sentiriez l'amour *que je pourrais vous y exprimer*, je me console *de ne vous pas dire que je vous aime*: car, ingrat! *ne serait-ce point vous le dire*, que me plaindre que vous ne n'aimez pas?

Une fois admise cette cadence, on arrive facilement à des cas extrêmes où le discours se conçoit sur la base du silence, où, plus il est littéralement *muet*, plus il se montre abondant. On se tait en parlant. Tout-ou-rien s'adresse ainsi à Schézaddin qui, en train de lire, lui montre une indifférence totale (*QCo*, v.147-48; c'est nous qui soulignons):

La façon dont vous agissez [. . .] n'est pas polie, et je crois que, sans passer pour ridicule, je pourrais m'en plaindre. *Je n'en ferai pourtant rien*; ce n'est pas

---

[44] *QCo*, vi.172. Les exemples sont innombrables. En voici encore deux: Mme de Rindsey à Chester: 'Adieu, Mylord, ce serait vous en dire une [chose] bien superflue que de vous prier de m'oublier; et ce serait vous en dire une aussi inutile pour moi que peu flatteuse pour vous, que de vous assurer que je ne vous oublierai jamais' (*HOr*, viii.150). La Duchesse de ***: 'Je pourrais donc, comme vous voyez, me plaindre, si je voulais, de ce que vous avez pensé à mon désavantage; mais je craindrais qu'en prenant cela si fort à cœur, je ne vous affermisse plus dans vos idées, que je ne vous en détournerais' (*LDu*, x.33).

243

que je ne sente ce procédé jusques au fond du cœur: mais comme vous n'en penseriez pas comme moi, et que mes plaintes ne m'en rendraient que plus insupportable encore à vos yeux, je crois, sur cet article ainsi que sur beaucoup d'autres, devoir *me renfermer dans un respectueux silence.*

Envisagé ainsi, le discours crébillonien s'organise comme une structure bloquée. Il se plaît à se déployer à partir de silences, d'abstentions et de non-être.[45] Il se plaît à dire l'indicible et l'impensable, ce qu'on peut observer en germe dans des dizaines de réactions et gestes amoureux dont l'agencement discursif rend impossible toute dénotation référentielle. Tel le regard extraordinaire de Moustache, qui 'mourait d'envie d'être tendre', mais qui 'ne devait pas le paraître'; qui se montre par conséquent 'interdit' pour marquer la prétendue 'colère', mais qui est finalement 'guidé' par l'amour (*TaN*, p.196). Telle la mine, impossible à imaginer, de Mme de Rindsey, mine qui, écrit Chester,

me disait *tout à la fois* qu'elle serait comblée de joie de me croire, qu'elle faisait tout ce qui lui était possible pour parvenir à un bonheur qui ne lui laisserait plus rien à désirer, mais qu'elle croyait avoir quelques raisons de penser qu'elle n'était pas celle à laquelle je parlerais amour ni plus volontiers ni plus sincèrement.[46]

Il n'y a pas jusqu'aux soupirs qu'on ne puisse, chose incroyable, 'affect[er] de ne pousser qu'à demi' (*Eg*, p.56), jusqu'aux pieds qui n'aient leur langage en se pressant sous la table tantôt avec 'plus de fureur que de tendresse', tantôt avec une 'expression douce' (*HOr*, viii.138).

Le discours se révèle bloqué et proliférant, impossible et déployé. On comprend que ce soit ce système qui fonde en dernière instance le cheminement existentiel et moral. Le labyrinthe de l'individu, avec ses oscillations, sa quête d'un équilibre et ses déplacements, n'est rien d'autre que le parcours spécifique du roman, qui, dans sa ligne générale, joint à la recherche de modes narratifs, à l'interrogation sur le monde représenté et aux arabesques des phrases, un mouvement de *progrès annulé*. Les unités du discours successives ne cessent du grossir l'espace parcouru, mais elles le rendent nul à leur point d'arrivée provisoire. Le modèle est celui d'alternatives que l'on dessine et d'hypothèses que l'on ouvre, pour les anéantir d'un seul trait, ce qu'on voit même dans des segments très courts: 'Que j'ai de reproches à vous faire, et que

---

[45] tel est son statut tout au long du *Hasard du coin du feu.*
[46] *HOr*, viii.154-55; c'est nous qui soulignons.

j'aurais de satisfaction à me brouiller avec vous, si je n'avais pas encore le raccommodement à craindre!' (*LMa*, p.126). On annonce les intentions les plus compliquées et des projets de démarches, pour dire à la fin qu'on y renonce. Les conditionnels incessants, les 'je veux pour un instant' (*LDu*, x.99) et les 'mon premier mouvement fut' (*HOr*, viii.122) déclenchent un développement qui se profile à perte de vue à la surface du texte, qui *dure*, figé par l'écriture, mais qui avorte en aboutissant à un non-lieu. C'est ainsi, par exemple, que Chester, au moment de se mettre à table (remarquons la brièveté de l'instant 'diégétique') entre Mme de Rindsey et Mme de Pembroock, fait d'interminables réflexions sur sa conduite potentielle à l'égard des deux femmes qu'il se propose de conquérir, femmes dont chacune requiert un système d'attaque spécifique et, de plus, dont les réactions éventuelles doivent être livrées aux regards des spectateurs. Après avoir esquissé des issues contradictoires, le narrateur – et le discours – arrive à une annulation typique (*HOr*, viii.134; c'est nous qui soulignons):

Le parti que je pris dans une si cruelle perplexité, après de longues réflexions que je vous épargne dans mon abrégé [*sic!*] [...], fut de *laisser tout au hasard*, et d'être persuadé que dans la position où j'étais, il ne se pouvait pas, *de quelque façon que les choses tournassent*, que le rôle que je jouerais à ce souper ne fût très brillant.

Les mécanismes que nous venons de montrer se projettent sur l'agencement général de la trame romanesque. Celui-ci se définit, chez Crébillon, par deux symptômes principaux: l'irrégularité et l'inachèvement.

L'irrégularité, ce sont d'abord les coupures et les discontinuités qui articulent l''intrigue' comme un champ déchiqueté. Déjà l'étude des niveaux narratifs nous a permis de constater un nombre impressionnant d'interruptions. On peut dire que c'est la manière générale d'un récit 'filé' qui, forcément, doit détruire et dépasser les cadres de l'anecdote traditionnelle. Là encore, le dilemme est à la fois inhérent au discours et verbalisé explicitement. C'est le fameux problème de digressions, de 'réflexions' qui rompent les événements, et que Crébillon reproche à Marivaux, à l'égal des artifices stylistiques, dans le même fragment de *L'Ecumoire*: 'Si par hasard un fait fournit une réflexion, qu'on la fasse, mais qu'elle n'anéantisse jamais le fond; qu'elle soit courte, qu'elle ramène l'auditeur à l'attention qu'il doit avoir pour le narré qu'on lui fait' (*TaN*, p.200). Et le même revirement se produit: lorsque Moustache répond à Tanzaï que 'l'essentiel ne doit pas être traité comme le futile' (*TaN*, p.200), on pense à tous les romans de Crébillon où le 'fond' est, précisément, enseveli sous une couche épaisse de développements secondaires, qu'il serait malaisé de traiter comme 'futile'.

Ainsi, la trame, si c'en est une, présente une structure syncopée qui traduit l'impossibilité de raconter en forme suivie un 'fond' quelconque. Dans *Ah, quel conte!*, exemple le plus éloquent, Moslem commence son récit par les amours de Schézaddin et de Tout-ou-rien, introduit ensuite le monde des oiseaux ensorcelés pour que Schézaddin tombe amoureux de Manzaïde, interrompt leur premier contact pour faire parler le Roi Autruche qui raconte une partie de son histoire; on revient au nouvel amour du prince, mais le narrateur cède bientôt la parole à la Reine Grue qui raconte sa vie cent pages durant; on ne revient à Schézaddin que pour relancer le récit interrompu du Roi Autruche; lorsqu'on se retrouve sur le plan 'actuel' des amours du prince et de Manzaïde, on passe immédiatement au récit fastidieux des émeutes politiques provoquées par la décision de Schézaddin d'épouser une oie; on apprend à la fin l'enlèvement mystérieux de Manzaïde et on voit les premières recherches de Schézaddin: sans suite ni explication, le conte s'arrête là, toujours au seuil de la liaison des héros; ajoutons que le tout est ponctué des interruptions du sultan et de la sultane, qui se placent à la fin de tous les chapitres (46) sans exception. Le coq-à-l'âne de *Jacques le fataliste* n'est pas loin, avec ses 'amours', là aussi toujours annoncées et toujours remises à plus tard. Malgré sa forme différente, et apparemment plus concise, un texte tel que *La Nuit et le moment* présente le même tendance: 'récit' sur les deux protagonistes, qui enchâsse des souvenirs plus ou moins étendus, en retardant son déroulement, en ralentissant la recherche de son propre sens. Clitandre refuse longtemps de raconter l'histoire de Julie, en voyant, tout comme Tanzaï, qu'il n'y a point de lecteur 'qui aimât que pour un long narré l'on vînt lui couper le fil d'une situation qui pourrait l'intéresser' (*NuM*, p.229). Mais Cidalise n'en entendra pas moins cette histoire, comme d'ailleurs celles d'Araminte et de Luscinde. Disons enfin que c'est la forme épistolaire qui, par sa nature, offrait à Crébillon une narration rompue et différée. L'auteur semble renforcer cet effet: ni les *Lettres de la Marquise* ni les *Lettres de la Duchesse* – sans parler des bribes pratiquement discontinues des *Lettres athéniennes* – ne sauraient se lire comme des histoires d'amour; il y a là moins d'étapes bien délimitées d'une liaison, que de fragments, condamnés, malgré leur profusion, à dire toujours trop peu, et parsemés de morceaux intercalés qui sont tout à fait extérieurs au sujet (*LMa*, lettres 19, 46, 47, 55, 64; *LDu*, lettres 10, 11, 28, 30, 49).

Il faudrait ajouter que l'irrégularité de l'ensemble apparaît aussi dans les disproportions entre différents blocs du matériau romanesque. La hiérarchisation des éléments de la trame ne correspond pas souvent à l'architecture narrative qu'on annonce et qu'on veut réaliser. Tel le récit, déjà mentionné, de la Reine Grue qui enfreint si visiblement les proportions que la sultane – Crébillon, comme d'habitude, se contredit à haute voix – ne manque pas de remarquer:

ce récit me paraît au moins fort inutile. Dans le fond, ce n'est pas sur cette grue, qui n'est pas elle-même qu'un personnage épisodique, que roule l'intérêt, s'il y en a; je ne vois pas à quoi peut servir son histoire, à moins que ce ne soit à allonger ce conte.[47]

Tel le manège du trio Mazulhim-Zulica-Nassès qui occupe presque la moitié du texte du *Sopha*, chose difficilement explicable dans l'économie d'une revue de 'tableaux' successivement présentés. Tel le récit de la conquête de Mme de Rindsey par Chester, qui s'étend sur plus de la moitié des deux dernières parties des *Heureux orphelins,* bien qu'on puisse s'attendre à un développement plus important de la séduction de la Duchesse de Suffolk, héroïne de la deuxième partie, ou au retour de Lucie, héroïne de la première partie, qui disparaît entièrement. Le roman quitte les routes qui semblaient principales et s'arrête avec complaisance sur celles qui semblaient périphériques.

Le deuxième aspect de la construction romanesque de Crébillon, l'*inachevé*, nous paraît capital, dans la mesure où il rassemble de la façon la plus nette toutes les antinomies étudiées auparavant. Les tentatives difficiles de prendre position devant ce monde qu'on décrit, de le dire vrai et 'tel quel', de le dire aussi dans le langage transparent de la raison, toutes ces tentatives-dilemmes qui se retournent contre l'auteur, en ont pour conclusion une autre: celle de *sortir* du roman.

Si la prolifération du discours 'pur' rapproche Crébillon de Proust, il est, Pierre Michel l'a bien montré à propos des *Egarements*, un 'Proust entravé' qui produit un roman impossible à finir (p.37). Le thème, d'abord, de la parole intarissable, d'un récit qu'on ne parvient pas à

---

[47] *QCo*, vi.18. Il ne serait peut-être pas hors de propos de citer la réponse du sultan, comme toujours bête et pertinente: 'il y a dans son histoire un plus, un moins, un oui ou non, qui ne se trouvent pas là pour rien' (*QCo*, vi.19).

achever, d'un conte sans clôture, est présent partout, avec une fréquence presque obsessionnelle (*LMa*, p.128; *LDu*, xi.85; *So*, p.208):

> J'ai commencé avec distraction, j'ai continué de même, et voilà pourquoi je vous ai fait tant de discours inutiles [...] A propos ou non, je devais vous quereller, l'ai-je fait? Mon Dieu! que j'ai de peine à finir!

> quand je me mets à vous écrire, je crois toujours que vous et moi en serons quittes pour quatre lignes, et je ne saurais concevoir comment il se fait que je ne finis pas.

> S'arrêter précisément où il le faut, est peut-être une chose plus difficile que de créer.

Schah-Baham, à plusieurs reprises, ordonne à ses conteurs de finir (*So* pp.150-51, 255). Dans *Ah, quel conte!*, il déclare: 'que le vizir sorte de son conte, s'il le peut' (*QCo*, vi.262). Enfin, voyons un abrégé frappant de la dialectique de l'inachèvement dans une discussion entre le sultan et la sultane: 'je veux qu'Amanzeï finisse son histoire! – Il faut pour cela qu'il la continue [...] – Au contraire, [...] il me semble que s'il la laissait là, il la finirait beaucoup plus tôt' (*So*, p.237).

Or, il paraît certain que Crébillon a du mal à sortir de chacun de ses contes, qu'il veut les finir en les continuant. Est-ce un indice sans importance que la longueur chronologiquement croissante de ses œuvres? Prenons la coupure des années quarante, qui nous a déjà servi: elle se montre féconde, sur ce plan aussi. Dans la première tranche des sept romans, aucun texte ne dépasse 300 pages (d'après les *Œuvres complètes* de 1777); il y en a qui ne comptent guère plus de 100 pages (*La Nuit*, *Le Hasard*), sans parler du *Sylphe* (24 pages). Pour les quatre dernières œuvres, *Les Heureux orphelins* et les *Lettres de la Duchesse* atteignent 400 pages (soit presque le double des *Lettres de la Marquise*). *Ah, quel conte!* – 532 pages (presque le double de ses 'homologues' orientaux des années trente), *Lettres athéniennes* – 743 pages. Sans surestimer ces chiffres, nous croyons indéniable la correspondance entre la complication progressive de la recherche morale et le pullulement du discours romanesque qui, de moins en moins certain de lui-même, ne réussit pas à se circonscrire.

Sur les onze romans, trois seulement sont matériellement inachevés: *Les Egarements*, *Les Heureux orphelins*, *Ah, quel conte!*; on pourrait y ajouter les *Lettres athéniennes*, dépourvues de toute anecdote de base, et donc susceptibles de prolongement. Mais en réalité, l'inachèvement caractérise l'ensemble de l'œuvre. L'abandon abrupt de la trame n'est qu'une expression extrême de la tension générale du discours crébillo-nien: celui-ci, extérieurement ou intérieurement, n'arrive jamais à se refermer. On ne verra jamais Meilcour 'rendu à lui-même'; on ne verra pas le triomphe de Chester sur Mme de Pembroock; on ne saura jamais si Schézaddin a retrouvé son oie bien-aimée, ni s'il l'a épousée. Mais d'autre part, quoi de moins conclusif que la fin du *Sylphe*, toute en incertitudes sur ce qui s'est passé? que la fin des *Lettres de la Marquise* où le tragique sonne si étrange et où la silhouette de l'amant est si curieusement inconnue? que la fin de *L'Ecumoire* où le bonheur de conte de fées est aussi problématique que celui de Zadig ('Néadarné, si elle revit Jonquille, n'en dit rien' – *TaN*, p.282)? que la fin du *Sopha* où Amanzéï, son conte terminé, va passer parole aux autres (telle était la situation de départ) qui mettront en marche d'autres paroles et d'autres expériences? que les fins de *La Nuit* et du *Hasard*, qui annulent, un matin ou un soir, une liaison et un dialogue, pour les recommencer – ou en recommencer d'autres – le lendemain? que la fin des *Lettres de la Duchesse*, qui dit qu'après avoir instauré et parcouru une certaine réalité discursive, il n'est pas question de trouver le port de la princesse de Clèves?

Le roman veut aboutir à une fin qui est toujours hors de lui. Il est à la fois 'utile' et 'inutile' de le continuer, lorsqu'il s'épuise dans ses méandres et s'arrête. La poétique de l'inachevé rejoint la recherche morale. Le destin des héros se retrouve au niveau de l'écriture.

Conclusion

~~~~~~~~

QUAND on considère une des images suggestives que Georges Poulet applique au dix-huitième siècle, celle d'une ligne sinueuse qui 'ne va nulle part', d'une activité qui, 'à force de se tourner et de se retourner, se lasse de son vertige et s'arrête n'importe où',[1] on peut penser à l'œuvre de Crébillon. Ce sont ces méandres hésitants et inachevés que notre étude se proposait de mettre en évidence, en refusant toute schématisation 'licencieuse' ou 'morale'. Mais la phrase de Poulet suggère aussi la stérilité d'un tel mouvement, tandis que nous voulions dire justement le contraire. Après être revenu tant de fois sur les dilemmes, les ruptures et les échecs de la 'ligne' crébillonienne, insistons, en concluant, sur sa signification profonde, générale et unifiante.

Or, la sinuosité qui s'épuise cesse de paraître futile du moment qu'on l'envisage non pas du côté de points d'arrivée escomptés, mais du côté de ses contorsions mêmes. Les allées d'un parc anglais ou les courbes d'un ornement 'rocaille' ne mènent nulle part, ne se ferment pas autour d'un noyau rayonnant qui les ordonne et les explique, et c'est là, précisément, leur *sens*. La transposition de telles observations sur le plan des structures de la pensée et de l'expression littéraire peut, on le sait, donner des résultats intéressants. L'impulsion féconde qu'a donnée le livre, tellement discuté, de Roger Laufer,[2] incite à chercher dans les productions du dix-huitième siècle autant de variantes d'un rococo méthodologiquement rénové, de formes dont la mobilité et l'ouverture constituent une mise en question permanente, analogue, ou plutôt identique, à celle des Lumières.

Le rococo dévoile sa profondeur en tant que domaine de doute, d'interrogation, de relativité, et par conséquent celui de recherches et de découvertes. Dans le prolongement de cette tendance, Jean Sgard est allé voir dans le festin de la Régence un rococo en raccourci, une unité faite de lumières et d'ombres, où la sensualité effrénée est pénétrée, aussi, d'ennui et d'inquiétude, où l'expression est toujours indirecte, où

---

[1] G. Poulet, *Les Métamorphoses du cercle* (Paris 1961), p.78.
[2] *Style rococo, style des 'Lumières'* (Paris 1963).

'le sens n'est pas montré mais suggéré par le miroitement des surfaces'.[3] Mais cela vaut aussi pour l'ensemble de l'époque. On est amené à s'interroger sérieusement sur le *sens* du fameux 'décousu' des idées et des formes, qui avait provoqué le plus de malentendus autour de Diderot; des structures essentiellement hybrides et floues de romans-dialogues (*Le Neveu de Rameau*), de traités romancés (*Emile*), d'essais-reportages (*Lettres philosophiques*); de l'inachèvement qui sévit partout – comme abandon effectif (Marivaux), ou comme ambiguïté codée dans la solution apparente (contes de Voltaire, romans de Prévost). C'est ce genre de questions que se pose Jean Ehrard en cherchant un 'style des Lumières' du côté de la subversion des genres et de la composition 'en chaîne' qui suppose sinuosité et inachèvement.[4]

Il est à peine besoin de remarquer que notre étude de l'œuvre de Crébillon converge avec l'optique qu'on vient d'esquisser. Allure boitillante – incertaine ou foncièrement antithétique – de la morale et de l'esthétique, formes ouvertes, floues, à contours effacés, poétique de l'inachevé: voilà précisément les éléments qui nous ont frappé et que nous avons essayé de dégager. L'analyse des antinomies qui perturbent le discours crébillonien peut servir à sa manière à l'élaboration d'une formule d'ensemble synthétisant les Lumières. De ce point de vue, les 'échecs' et les 'ruptures' n'ont rien de stérile et n'impliquent pas forcément dispersion ou vide interprétatif: ils peuvent donner lieu à une synthèse dialectique – c'est le cas d'employer le mot dont nous n'avons pas abusé jusqu'ici – seule capable d'embrasser les époques de crise et de recherche.

Cependant, à l'intérieur d'une telle perspective, nous avons visé un but plus particulier. En creux des recherches actuelles sur le dix-huitième siècle, nous avons cru trouver la conviction que les antinomies qui travaillent les Lumières sont le plus souvent implicites ou latentes, dans la mesure où elles s'inscrivent dans un certain nombre de grilles bien structurées. Ce qui se trouve ainsi dépassé, c'est, à notre sens, le schéma universel d'une parole nouvelle (philosophiquement, socialement, esthétiquement, etc.) 'pure', qui se veut telle dans un espace nettement délimité, face à cet autre espace, non moins net, où se place la parole rétrograde. La réflexion sur le 'style des Lumières' nous porte à croire

---

[3] 'Style rococo et style Régence', in: *La Régence*, Actes du colloque (Paris 1970), p.19.
[4] 'Y a-t-il un "style des Lumières"?', in: *Les Lumières en Hongrie, en Europe centrale et en Europe orientale*, Actes du Troisième Colloque de Matrafüred (Budapest 1977).

que le jeu traditionnel de valeurs 'mortes' et de valeurs 'en gestation' n'est pas ici pertinent, que la spécificité de l'époque s'élimine dans un regard 'post-aristocratique' et 'pré-révolutionnaire, 'post-classique' et 'préromantique'.

C'est pour cette raison que nous nous sommes tourné vers le roman mondain. Les distorsions que nous y avons trouvées ne sont pas, de loin, si suggestives, que celles d'un dialogue de Diderot; elles n'ont affleuré qu'en seconde lecture, après que le roman de Crébillon a proposé son sens apparent. Or, ce premier sens n'est aucunement négligeable et c'est pourquoi il a trouvé une large place dans l'architecture de notre travail: il rend bien compte de ce *champ d'inhibition* que nous avons déjà évoqué, où les perturbations ne se greffent qu'en filigrane sur le réseau de base, où la 'tradition', plus qu'on ne le pense, est intimement liée à l''innovation'. Les ruptures, en comparaison avec les œuvres spectaculaires de ceux qui sont allés plus loin, ne déchirent jamais ces textes jusqu'au bout; il y a déséquilibre, mais c'est un déséquilibre constamment *rattrapé*: un roman de Crébillon peut toujours être 'sauvé' par une lecture unilatérale, qu'elle soit 'morale' ou frivole'. En ce sens, il sera toujours, malgré sa sinuosité, une *réussite*, car il se donne, avec succès, pour autre chose qu'il n'est en réalité: son ouverture n'est pas révolutionnaire et passe inaperçue.

Il y a lieu de se demander si toute une partie de la littérature du dix-huitième siècle, jugée tour à tour libertine ou moralisatrice, ne se ressent pas de ce jeu délicat du continu et du discontinu, jeu impur où le nouveau s'imprègne de l'ancien et ne s'en détache pas. C'est peut-être cette fusion curieuse qui est spécifique; c'est peut-être elle qui synthétise les entreprises des écrivains de l'époque bien davantage que certaines polémiques extérieures. Ni *post* ni *pré*, ni 'engagé' ni marginal, Crébillon fils est bien un auteur de son temps.

Liste des ouvrages consultés

1. Œuvres de Crébillon fils

Collection complette des œuvres de m. de Crébillon le fils, Londres 1772, 14 tomes en 7 vol. (1: *Les Egarements du cœur et de l'esprit, La Nuit et le moment*; 2: *L'Écumoire, Lettres de la Marquise de M*** au Comte de R***, Le Sylphe*; 3: *Le Sopha, Le Hasard du coin du feu*; 4: *Ah, quel conte!* 5: *Les Heureux orphelins, Lettres athéniennes*; 6: *Lettres athéniennes*; 7: *Lettres de la Duchesse de *** au Duc de ****).

Collection complète des œuvres de m. de Crébillon, fils, Londres 1777, 14 tomes en 7 vol. (1: *Le Sylphe, Lettres de la Marquise* ..., *L'Écumoire*; 2: *Les Egarements* ..., *Le Sopha*; 3: *Ah, quel conte!*, 4: *Les Heureux orphelins*; 5: *La Nuit* ..., *Le Hasard* ..., *Lettres de la Duchesse* ..., 6: *Lettres de la Duchesse* ..., *Lettres athéniennes*; 7: *Lettres athéniennes*).

Collection complette des œuvres de m. de Crébillon, fils, Londres 1777, 14 tomes en 7 vol. (même disposition que dans l'édition de 1772).

Œuvres de Crébillon fils, établissement des textes et préfaces par Pierre Lièvre, Paris 1929-1930, 5 vol. (1: *La Nuit* ..., *Le Hasard* ...; 2: *Les Egarements* ..., 3: *Le Sopha*; 4: *Lettres de la Marquise* ...; 5: *L'Ecumoire, Le Sylphe*.

Contes dialogués, avec une notice bio-bibliographique par Octave Uzanne, coll. 'Petits conteurs du XVIIIe siècle', Paris 1879.

L'Œuvre de Crébillon le fils, introduction et notes bibliographiques par B. de Villeneuve, Paris 1913 (2e partie: *Le Sopha, La Nuit* ..., *Le Hasard* ...).

Crébillon fils, préface d'Etiemble, choix de textes présenté et annoté par Jeannine Amoyal, coll. 'Les plus belles pages', Paris 1964.

Lettres de la Marquise de M*** au Comte de R***, éd. Emile Henriot, Paris 1959 (éd. accompagnée de dix illustrations originales de P.-E. Bécat).

Lettres de la Marquise de M*** au Comte de R***, préface de Jean Rousset, Lausanne 1965.

Lettres de la Marquise de M*** au Comte de R***, présentation par Ernest Sturm, texte établi et annoté par Lucie Picard, Paris 1970.

L'Ecumoire ou Tanzaï et Néadarné, histoire japonaise, édition critique, introduction et notes par Ernest Sturm, avec la collaboration de Marie-Clotilde Hubert, Paris 1976.

Les Egarements du cœur et de l'esprit, texte établi et présenté par Etiemble, 'Bibliothèque de Cluny', Paris 1961.

Les Egarements du cœur et de l'esprit, texte et introduction par Etiemble, in: *Romanciers du XVIIIe siècle*, Bibliothèque de la Pléiade, Paris 1965, t.ii.

Les Egarements du cœur et de l'esprit, édition présentée, établie et annotée par Etiemble, coll. Folio, Paris 1977.

Le Sopha, introduction par Albert-Marie Schmidt, coll. '10/18', Paris 1966.

La Nuit et le moment ou les Matinées [sic] de Cythère, Erotika Biblion 1970.

253

Liste des ouvrages consultés

2. Auteurs classiques cités

Alembert, Jean Le Rond d', *Histoire des membres de l'Académie française morts depuis 1700 jusqu'en 1787*, Paris 1785-1787.

Archives de la Bastille, documents inédits, recueillis et publiés par F. Ravaisson, t.xii, Paris 1881.

Argens, Jean-Baptiste de Boyer, marquis d', *Thérèse philosophe ou Mémoires pour servir à l'histoire du P. Dirrag et de Mlle Eradice*, La Haye 1748.

Ashton, Thomas, Thomas Gray, Horace Walpole, Richard West, *The Correspondence* (1734-1771), éd. P. Toynbee, Oxford 1915.

Bachaumont, Louis Petit de, *Mémoires secrets pour servir à l'histoire de la République des lettres en France, depuis 1762 jusqu'à nos jours*, Londres 1777-1789.

Besenval, Pierre-Joseph-Victor, baron de, *Mémoires*, Paris an XIII.

—, *Contes*, avec une notice bio-bibliographique par O. Uzanne, Paris 1881.

Bossuet, Jacques-Bénigne, *Discours sur l'histoire universelle*, in: *Œuvres*, éd. abbé Velat et Y. Champailler, Bibliothèque de la Pléiade, Paris 1961.

Chasles, Robert, *Les Illustres Françaises* éd. F. Deloffre, 2e éd., Paris 1967.

Chaulieu, Guillaume Amfrye de, *Œuvres*, Paris 1757.

Chesterfield, Philip Dormer Stanhope, earl of, *Miscellanous works*, London 1777.

Collé, Charles, *Journal et mémoires sur les hommes de lettres, les ouvrages dramatiques et les événements les plus mémorables du règne de Louis XV (1748-1772)*, nouvelle, éd. par H. Bonhomme, Paris 1868.

Corneille, Pierre, *La Place royale*, in: *Œuvres complètes*, Paris 1963.

Cotgrave, Randle, *A dictionnarie of the French and English tongues*, London 1611 (Reproduced from the first edition, University of South Carolina, Columbia 1950).

Courchamps, Maurice Cousin, comte de, *Souvenirs de la marquise de Créquy* (apocryphe), Paris 1834-1835.

Desfontaines, Pierre-François Guyot, *Observations sur les écrits modernes*, Paris 1735-1743.

Des Yveteaux, Nicolas Vauquelin, *Œuvres complètes*, éd. G. Mongrédien, Paris 1921.

Dictionnaire des passions, des vertus et des vices, ou Recueil des meilleurs morceaux de morale pratique, tirés des auteurs anciens et modernes, étrangers et nationaux, Paris 1769.

Diderot, Denis, *Les Bijoux indiscrets*, in: *Œuvres romanesques*, éd. H. Bénac, Paris 1962.

—, *Le Neveu de Rameau*, in: *Œuvres romanesques*.

—, *Jacques le fataliste et son maître*, in: *Œuvres romanesques*.

—, *Supplément au voyage de Bougainville*, in: *Œuvres philosophiques*, éd. P. Vernière, Paris 1956.

Duclos, Charles Pinot, *Les Confessions du Comte de ****, in: *Romanciers du XVIIIe siècle*, éd. Etiemble, Bibliothèque de la Pléiade, Paris 1965, t.ii.

Du Coudray, Alexandre-Jacques, chevalier, *Lettre au public sur la mort de mm. de Crébillon, Censeur royal; Gresset, de l'Académie française; Parfaict, auteur de l'Histoire du Théâtre Français*, Paris 1777.

Du Deffand, Marie de Vichy-Chamrond, marquise, *Correspondance*, éd. P. Lescure, Paris 1865 (Slatkine Reprints, Genève 1971).

Encyclopédie ou Dictionnaire raisonné des sciences, des arts et des métiers, Paris, Neufchastel, Amsterdam, 1751-1780.

Fréron, Elie-Catherine, *Année littéraire*, Amsterdam, Paris 1754-1776.

Furetière, Antoine, *Dictionnaire universel*, La Haye, Rotterdam 1690 (éd. de 1727, corrigée et augmentée par Basnage de Beauval et par Brutel de La Rivière).

Genlis, Stéphanie-Félicité Ducrest de Saint-Aubin, comtesse de, *Dictionnaire critique et raisonné des étiquettes de la cour, des usages du monde, des amusements, des modes, des mœurs etc. des Français, depuis la mort de Louis XIII jusqu'à nos jours*, Paris 1818.

Gray, Thomas, Horace Walpole, Richard West, Thomas Ashton, *The Correspondence* (1734-1771), éd. P. Toynbee, Oxford 1915.

Grimm, Friedrich Melchior (avec Diderot, Raynal, Meister), *Correspondance littéraire, philosophique et critique*, 1753-1793, éd. M. Tourneux, Paris 1877-1882.

Guilleragues, Gabriel-Joseph de La Vergne, comte, de, *Lettres portugaises*, éd. F. Deloffre et J. Rougeot, Paris 1962.

Hamilton, Antoine, *Mémoires du Comte de Gramont*, in: *Romanciers du XVIIIe siècle*, éd. Etiemble, Bibliothèque de la Pléiade, Paris 1965, t.i.

Journal littéraire, La Haye 1713-1736.

La Bruyère, Jean de, *Les Caractères*, éd. R. Garapon, Paris 1962.

Laclos, Pierre Choderlos de, *Les Liaisons dangereuses*, in: *Œuvres complètes*, éd. M. Allem, Bibliothèque de la Pléiade, Paris 1951.

La Fayette, Marie-Madeleine Pioche de La Vergne, comtesse de, *La Princesse de Clèves*, éd. B. Pingaud, Paris 1972.

Lambert, Anne-Thérèse de Marguenat de Courcelles, marquise de, *Réflexions sur les femmes*, in: *Œuvres*, 2e éd., Lausanne 1748.

—, *La Femme hermite*, in: *Œuvres*.

La Mettrie, Julien Offray de, *Essais sur l'esprit et les beaux esprits*, Amsterdam [1742].

La Rochefoucauld, François, prince de Marsillac, duc de, *Maximes et mémoires*, éd. J. Starobinski, Paris 1964.

Linguet, Simon-Nicolas-Henri, *Mélanges de politique et de littérature*, Bouillon 1778.

Marivaux, Pierre Carlet de Chamblain de, *Le Paysan parvenu*, éd. M. Gilot, Paris 1965.

—, *L'Amour et la Vérité*, in: *Théâtre complet*, Paris 1964.

—, *Arlequin poli par l'amour*, in: *Théâtre complet*.

—, *La Réunion des amours*, in: *Théâtre complet*.

—, *Le Petit-maître corrigé*, éd. critique de F. Deloffre, Genève, Lille 1955.

Mercier, Louis-Sébastien, *Tableau de Paris*, nouvelle éd., Amsterdam 1782-88.

Molière, Jean-Baptiste Poquelin, *Dom Juan*, in: *Théâtre complet*, éd. R. Jouanny, Paris 1960.

—, *Le Misanthrope*, in: *Théâtre complet*.

—, *Tartuffe*, in: *Théâtre complet*.

Montaigne, Michel Eyquem de, *Essais*, éd. A. Thibaudet, Paris 1937.

Montesquieu, Charles-Louis de Secondat, baron de La Brède et de, *Lettres persanes*, in: *Œuvres complètes*, Paris 1964.

—, *De l'esprit des lois*, in *Œuvres complètes*.

Nougaret, Pierre-Jean-Baptiste, *Lucette ou les Progrès du libertinage*, Londres 1765-1766.

Palissot de Montenoy, Charles, *Mémoires pour servir à l'histoire de notre littérature*, in: *Œuvres*, t.iii, Paris 1788.

—, *Le Nécrologe des hommes célèbres de France, Année 1788*, Maëstricht 1778.

Pascal, Blaise, *Pensées*, éd. M. Le Guern, Paris 1977.

Restif de La Bretonne, Nicolas-Edme, *La Paysanne pervertie ou les Dangers de la ville*, éd. B. Didier, Paris 1972.

Richelet, Pierre, *Dictionnaire français, contenant les mots et les choses*, Genève 1680 (Slatkine Reprints, Genève 1970).

Rousseau, Jean-Jacques, *Lettre à d'Alembert*, in: *Du contrat social et autres œuvres politiques*, éd. J. Ehrard, Paris 1975.

—, *Julie ou la Nouvelle Héloïse*, éd. M. Launay, Paris 1967.

—, *Emile ou de l'éducation*, éd. M. Launay, Paris 1966.

Sade, Donatien-Alphonse-François, marquis de, *Justine ou les Malheurs de la vertu*, éd. G. Lely, Paris 1969.

—, *La Philosophie dans le boudoir ou les Instituteurs immoraux*, éd. Y. Belaval, Paris 1976.

Sainte-Beuve, Charles-Augustin, *Premiers lundis*, in: *Œuvres*, Bibliothèque de la Pléiade, Paris 1949.

Saint-Evremond, Charles de, *Œuvres en prose*, éd. R. Ternois, Paris 1966.

Sorel, Charles, *Histoire comique de Francion*, in: *Romanciers du XVIIe siècle*, éd. A. Adam, Bibliothèque de la Pléiade, Paris 1958.

Stendhal (Henri Beyle), *Mémoires d'un touriste*, éd. H. Martineau, Paris 1936.

—, *De l'amour*, éd. M. Crouzet, Paris 1965.

Urfé, Honoré d', *L'Astrée*, éd. H. Vaganay, Lyon 1925.

Vauvenargues, Luc de Clapiers, marquis de, *Introduction à la connaissance de l'esprit humain*, in: *Œuvres complètes*, éd. H. Bonnier, Paris 1968, t.i.

Viau, Théophile de, *Œuvres poétiques*, éd. J. Streicher, Genève, Lille 1951.

Vivant Denon, Dominique, *Point de lendemain*, in: *Romanciers du XVIIIe siècle*, éd. Etiemble, Bibliothèque de la Pléiade, Paris 1965, t.ii.

Voisenon, Claude-Henri de Fusée de, *Anecdotes littéraires, historiques et critiques sur les auteurs les plus connus*, in: *Œuvres complètes*, t.iv, Paris 1781.

Voltaire, François-Marie Arouet, *Correspondence and related documents*, éd. T. Besterman, Genève, Banbury, Oxford 1968-1977.

Walpole, Horace, Thomas Gray, Richard West, Thomas Ashton, *The Correspondence*, éd. P. Toynbee, Oxford 1915.

West, Richard, Thomas Gray, Horace Walpole, Thomas Ashton, *The Correspondence*, éd. P. Toynbee, Oxford 1915.

3. *Ouvrages et articles de référence*

Abirached, Robert, 'Vues sur la méthode de Crébillon fils', *Le Cahier de l'Odéon* 3 (1978), pp.98-102.

Aby, Robert Peter, 'The Problem of Crébillon fils', thèse inédite, Stanford University 1955.

Adam, Antoine, *Histoire de la littérature française au XVIIe siècle*, Paris 1949-1956.

—, *Les Libertins au dix-septième siècle*, Paris 1964.

Amanton, C.-N., 'Révélations sur les deux Crébillon', *La France littéraire* 20 (1835), pp.276-319.

Anthologie poétique française: XVIIe siècle, ed. M. Allem, Paris 1965.

Anthologie de la poésie baroque française, éd. J. Rousset, Paris 1961.

Aspects du libertinisme au XVIe siècle, Actes du colloque international de Sommières, Paris 1974.

Barthes, Roland, *Mythologies*, Paris 1957.

—, 'La Bruyère', in: *Essais critiques*, Paris 1964.

—, 'Littérature et signification', in: *Essais critiques*, Paris 1964.

—, *Critique et vérité*, Paris 1966.

—, 'Introduction à l'analyse structurale des récits', *Communications* 8 (1966) pp.1-27.

—, *S/Z*, Paris 1970.

Bénichou, Paul, *Morales du Grand Siècle*, Paris 1948.

Benveniste, Emile, *Problèmes de linguistique générale*, Paris 1966.

Bersot, Ernest, *Etudes sur le XVIIIe siècle*, t.i, Paris 1855.

Berthier, P., 'Le souper impossible', in: *Les Paradoxes du romancier: les Egarements de Crébillon*, Grenoble. 1975.

Bonneau, Alcide, *La Nuit et le moment par Crébillon fils, Le Hasard du coin du feu*', in: *Curiosa: essais critiques de littérature ancienne, ignorée ou mal connue*, Paris 1887.

Bonnefon, Paul, 'L'exil de Crébillon fils', *Revue de Paris* 5 (1898), pp.848-60.

Booth, Wayne, *The Rhetoric of Fiction*, Chicago 1961.

Boyer, Henri, 'Structuration d'un roman épistolaire, énonciation et fiction', *Revue des langues romanes* 80 (1972), pp.297-327.

Bray, René, *La Préciosité et les précieux de Thibaut de Champagne à Jean Giraudoux*, Paris 1968.

Brooks, Peter, *The Novel of worldliness: Crébillon, Marivaux, Laclos, Stendhal*, Princeton 1969.

Brunel, Pierre (et ses collaborateurs), *Histoire de la littérature française*, Paris, Bruxelles, Montréal 1972.

Brunot, Ferdinand, *Histoire de la langue française des origines à 1900*, t.vi, 1re et 2e parties: *Le XVIIIe siècle*, par A. François, Paris 1930-1932.

Butor, Michel, 'Le roman comme recherche', in: *Répertoire I*, Paris 1960.

Cherpack, Clifton, *An essay on Crébillon fils*, Durham, North Carolina 1962.

Cluny, Claude-Michel, '*La Nuit et le moment*', *Les Lettres françaises*, no 1139 (7-13 juillet 1966), p.13.

Conroy, Peter V. jr., *Crébillon fils: techniques of the novel*, Studies on Voltaire 99, Banbury 1972.

Coulet, Henri, *Le roman jusqu'à la Révolution*, Paris 1967.

—, *Marivaux romancier: essai sur l'esprit et le cœur dans les romans de Marivaux*, Paris 1975.

Crocker, Lester G., *An age of crisis: man and world in eighteenth-century French thought*, Baltimore 1959.

—, *Nature and culture: ethical thought in the French Enlightenment*, Baltimore 1963.

Day, Douglas A., 'On the dating of three novels by Crébillon fils' *Modern languages review* 56 (1961), pp.391-92.

—, 'Crébillon fils, ses exils et ses rapports avec l'Angleterre', *Revue de littérature comparée* 23 (1959), pp.180-91.

Deloffre, Frédéric, *Une préciosité nouvelle: Marivaux et le marivaudage, étude de langue et de style*, Paris 1955.

Démoris, René, *Le Roman à la première personne: du classicisme aux Lumières*, Paris 1975.

Desessarts, Nicolas-Toussaint, *Crébillon*, in: *Les Siècles littéraires de la France ou Nouveau dictionnaire historique et critique*, t.ii, Paris 1800.

Didier, Béatrice, *Le XVIIIe siècle: iii: 1778-1820*, Paris 1976.

Dufrénoy, Marie-Louise, *L'Orient romanesque en France, 1704-1789: étude d'histoire et de critique littéraires*, Montréal 1946-48.

Ebel, Miriam D., 'Crébillon fils, moraliste', thèse inédite. Graduate College of the University of Iowa, 1973.

—, 'New light on the novelist Crébillon fils', *The French review* 47 (1974), pp.38-46.

Ehrard, Jean, *L'Idée de nature en France dans la première moitié du XVIIIe siècle*, Paris 1963.

—, *Le XVIIIe siècle: i: 1720-1750* Paris 1974.

—, 'Tradition et innovation dans la littérature du XVIIIe siècle français: les idées et les formes', in: *La Littérature des Lumières en France et en Pologne* (actes du colloque), *Acta*

Universitatis Wratislaviensis, no 339 (Wroclaw 1976), pp.15-23.

—, 'Y a-t-il un 'style des Lumières'?', in: *Les Lumières en Hongrie, en Europe centrale et en Europe orientale* (Actes du Troisième Colloque de Matrafüred), Budapest 1977.

Ehrmann, Jacques, *Un paradis désespéré: l'amour et l'illusion dans L'Astrée*, New Haven, Paris 1963.

Etienne, Servais, *Le Genre romanesque en France depuis l'apparition de La Nouvelle Héloïse jusqu'aux approches de la Révolution*, Bruxelles 1922.

Fabre, Jean, 'Bienséance et sentiment chez mme de La Fayette', *'Cahiers de l'Association Internationale des Etudes Françaises* 11 (1959), pp.33-66.

Fein, Patrick L. M., 'Crébillon fils, mirror of his society', *Studies on Voltaire* 88 (1972), pp.485-91.

—, 'Crébillon fils and eroticism', *Studies on Voltaire* 152 (1976), pp.723-28.

Fort, Bernadette, *Le Langage de l'ambiguïté dans l'œuvre de Crébillon fils*, Paris 1978.

Foucault, Michel, *L'Archéologie du savoir*, Paris 1969.

—, 'Un si cruel savoir', *Critique* 18 (1962), pp.597-611.

Fournel, Victor, 'Crébillon', in: *Nouvelle biographie générale depuis les temps les plus reculés jusqu'à nos jours*, Paris 1855.

Friedman, Norman, 'Point of view in fiction: the development of a critical concept', *Publications of the Modern Language Association of America* 70 (1955). pp.1160-84.

Funke, Hans-Günter, *Crébillon fils als Moralist und Gesellschaftskritiker*, Heidelberg 1972.

Garagnon, J., 'Le maître à penser Versac ou les égarements philosophiques', in: *Les Paradoxes du romancier: les Egarements de Crébillon*, Grenoble 1975.

Gaubert, S., 'Synchronie et diachronie ou la naissance du narrateur', in: *Les Paradoxes du romancier: les Egarements de Crébillon*, Grenoble 1975.

Gendarme de Bévotte, Georges, *La Légende de Don Juan*, Paris 1911.

Genette, Gérard, 'Discours du récit', in: *Figures III*, Paris 1972.

—, *Le Serpent dans la bergerie*, in: H. d'Urfé *L'Astrée*, Paris 1964.

Green, Frederick Charles, *La Peinture des mœurs de la bonne société dans le roman français de 1715 à 1761*, Paris 1924.

—, *French novelists, manners and ideas from the Renaissance to the Revolution*, London, Toronto 1928.

Guimbaud, Louis, 'M. de Montyon et Crébillon le fils', *Mercure de France* 79 (16 juin 1909), pp.630-46.

Gusdorf, Georges, *Naissance de la conscience romantique au siècle des Lumières*, Paris 1976.

Hazard, Paul, *La Crise de la conscience européenne: 1680-1715*, nouvelle éd., Paris 1968.

Henriot, Emile, *Les Livres du second rayon, irréguliers et libertins*, 2e éd., Paris 1948.

Highnam, David E., 'Crébillion fils in context: the rococo ethos in French literature in the early 18th century', *French literature series* 1, University of South Carolina (1973), pp.77-85.

Hipp, Marie-Thérèse, 'Le mythe de Tristan et Iseut et *La Princesse de Clèves*, *Revue d'histoire littéraire de la France* 5 (1965). pp.398-414.

Houssaye, Arsène, 'Jean qui pleure et Jean qui rit, ii: Crébillon le gai', *L'Artiste*, 4e série, 9 (19 décembre 1847), pp.97-103.

Huet, Marie-Hélène, 'Roman libertin et réaction aristocratique', *Dix-huitième siècle* 6 (1974), pp.129-42.

Hughes, Helen S., 'Notes on the eighteenth-century fictional translations', *Modern philology* 17 (1919), pp.49-55.

Huguet, Edmond, *Dictionnaire de la langue française du seizième siècle*, t.v, Paris 1952.

Ivker, Barry, 'Towards a definition of libertinism in 18th-century French fiction', *Studies on Voltaire* 73 (1970), pp.221-39.

Janin, Jules, 'Crébillon (fils)', in: *Dictionnaire de la conversation et de la lecture*, Paris 1835, t.xviii.

Jones, James F. jr., 'Visual communication in *Les Egarements du cœur et de l'esprit*', *Studies on Voltaire* 120 (1974), pp.319-28.

Kempf, Roger, *Diderot et le roman ou le démon de la présence*, Paris 1964.

Kent, John P., 'Crébillon fils, mrs Eliza Haywood and *Les Heureux orphelins*: a problem of authorship', *Romance notes* 11 (1969), pp.326-32.

Kibedi-Varga, A., 'La désagrégation de l'idéal classique dans le roman français de la première moitié du xviiie siècle', *Studies on Voltaire* 26 (1963), pp.965-98.

Kruse, Margot, *Die Maxime in der französischen Literatur: Studien zum Werk La Rochefoucaulds und seiner Nachfolger*, Hamburger Romanistische Studien, Hamburg 1960.

Labrosse, Claude, 'La substitution dans *Les Egarements*', in: *Les Paradoxes du romancier: les Egarements de Crébillon*, Grenoble 1975

—, 'Récit romanesque et enquête anthropologique: à propos des *Egarements du cœur et de l'esprit*, in: *Roman et Lumières au XVIIIe siècle* (actes du colloque), Paris 1970, pp.73-78

La Ferrière, Henri Arthaud, comte de, 'Justification du roman du *Sopha*, présentée par Crébillon fils', *Bulletin du bibliophile et du bibliothécaire*, 33e année, avril-juin (1867), pp.205-209.

Lafon, Henri, 'Les décors et les choses dans les romans de Crébillon', *Poétique* 16 (1973), pp.455-65.

La Harpe, Jean-François de, *Lycée ou Cours de littérature ancienne et moderne*, Paris an vii-an xiii.

Lanson, Gustave, *Histoire de la littérature française*, remaniée et complétée pour la période 1850-1950 par P. Tuffrau, Paris 1959.

Laufer, Roger, *Style rococo, style des Lumières*, Paris 1963.

Le Breton André, *Le Roman français au dix-huitième siècle*, Paris 1898.

Lièvre, Pierre, 'Crébillon a-t-il menti?', *Revue de Paris* 42 (15 avril 1934), pp.867-81.

Link, Viktor, 'The reception of Crébillon's *Le Sopha* in England', *Studies on Voltaire* 132 (1975), pp.192 203.

Lojek, Jerzy, *Wiek markiza de Sade, szkice z historii obyczajow i literatury we Francji XVIII wieku*, Lublin 1972.

Lolliée, Frédéric, 'Censure et censeurs d'ancien régime: m. de Crébillon fils', *Revue bleue*, 4e série, 16 (1901), pp.762-66.

Macchia, Giovanni, *Il Paradiso della ragione: studi letterari sulla Francia*, Bari 1960.

Macherey, Pierre, *Pour une théorie de la production littéraire*, Paris 1971.

Magendie, Maurice, *La Politesse mondaine et les théories de l'honnêteté en France au XVIIe siècle, 1600-1660*, Paris 1926.

Manuel d'histoire littéraire de la France, t.iii: 1715-1789, par un collectif sous la direction de P. Abraham et R. Desné, Paris 1969.

Martin, Angus, 'Romans et romanciers à succès de 1751 à la Révolution d'après les rééditions', *Revue des sciences humaines* 35 (1970), pp.383-89.

Mauzi, Robert, *L'Idée du bonheur dans la littérature et la pensée françaises au XVIIIe siècle*, Paris 1960.

Mauzi, Robert, Sylvain Menant, *Le XVIIIe siècle: ii: 1750-1778*, Paris 1977.

Liste des ouvrages consultés

May, Georges, *Le Dilemme du roman au dix-huitième siècle: étude sur les rapports du roman et de la critique, 1715-1761*, New Haven, Paris 1963.

Michel, Pierre, 'Les *Egarements* ou le roman impossible', in: *Les Paradoxes du romancier: les Egarements de Crébillon*, Grenoble 1975.

Morillot, Paul, 'Le conte licencieux de Crébillon fils', in: L. Petit de Juleville, *Histoire de la langue et de la littérature françaises des origines à 1900*, t.vi, Paris 1898.

Mornet, Daniel, *Les Origines intellectuelles de la Révolution française 1715-1784*, Paris 1947.

Mortier, Roland, 'Diderot et le problème de l'expressivité: de la pensée au dialogue heuristique', *Cahiers de l'Association internationale des études françaises* 13 (1961), pp.283-97.

Mylne, Vivienne, *The Eighteenth-century French novel: techniques of illusion*, Manchester 1965.

Nagy, Péter, *Libertinage et révolution*, traduit du hongrois par Ch. Grémillon, Paris 1975.

Niklaus, Robert, 'Crébillon fils et Richardson', *Studies on Voltaire* 89 (1972), pp.1169-85.

Nöckler, Alfred, *Crébillon der Jüngere, 1707-1777: Leben und Werke*, Diss. Leipzig 1911.

Palache, John G., *Four novelists of the old regime: Crébillon, Laclos, Diderot, Restif de la Bretonne*, London 1926.

Palmer, Benjamin W., 'Crébillon fils and his reader', *Studies on Voltaire* 132 (1975), pp.183-97.

Paradoxes du romancier: les Egarements de Crébillon, Les, par un collectif de chercheurs des Universités de Grenoble, Lyon et Saint-Etienne, sous la direction de Pierre Rétat, Grenoble 1975.

Perrens, François Tommy, *Les Libertins en France au XVIIe siècle*, Paris 1896.

Peyre, Henri, *Literature and sincerity*, New Haven, London, Paris 1963.

Pintard, René, *Le Libertinage érudit dans la première moitié du dix-septième siècle*, Paris 1943.

Pomeau, René, *L'Age classique: iii: 1680-1720*, Paris 1971.

Pouillon, Jean, *Temps et roman*, Paris 1946.

Poulet, Georges, *Etudes sur le temps humain: I*, Paris 1949.

—, *Les Métamorphoses du cercle*, Paris 1961.

Rétat, P., 'Ethique et idéologie dans les *Egarements* de Crébillon', in: *Les Paradoxes du romancier: les Egarements de Crébillon*, Grenoble 1975.

Romanciers libertins du XVIIIe siècle, Les, textes choisis et présentés par J. Marchand, Paris 1972.

Rousset, Jean, *La Littérature de l'âge baroque en France: Circé et paon*, Paris 1954.

—, 'Don Juan et le baroque', *Diogène* 14 (1956), pp.3-21.

—, *Forme et signification: essais sur les structures littéraires de Corneille à Claudel*, Paris 1964.

—, 'Les réalités formelles de l'œuvre', in: *Les chemins actuels de la critique* (communications présentées au cours de la décade de Cerisy-la-Salle en 1966), Paris 1968.

—, *L'Intérieur et l'extérieur: essais sur la poésie et sur le théâtre au XVIIe siècle*, Paris 1968.

—, *Narcisse romancier: essai sur la première personne dans le roman*, Paris 1973.

Sacy, Samuel Sylvestre de, 'Père et fils', *La Quinzaine littéraire* (2 mai 1965), p.13.

Saintsbury, George Edward B., *History of the French novel, to the close of the nineteenth century*, London 1917-1919.

Salomon, Jean-Jacques, 'Liberté et libertinage: *Les Liaisons dangereuses*', *Temps modernes* (juillet 1949), pp.56-68.

Sarr-Echevins, Thérèse, 'L'esprit de jeu dans l'œuvre de Crébillon fils', *Revue des sciences humaines* 124 (1966), pp. 361-80.

Sato, Fumiki, 'Sur la date de publication de l'édition originale du *Paysan parvenu* et de celle de *Tanzaï et Néadarné*', *Etudes de langue et littérature françaises* 6 (1965) pp.1-14.

Scheid, Lucienne, 'Crébillon fils', in: *Dictionnaire des lettres françaises: le dix-huitième siècle*, t.i, Paris 1960.

Schneider, Gerhard, *Der Libertin: Zur Geistes- und Sozialgeschichte des Bürgertums im 16. und 17. Jahrhundert*, Stuttgart 1970.

Sgard, Jean, *Prévost romancier*, Paris 1968.

—, 'La notion d'égarement chez Crébillon', *Dix-huitième siècle* 1 (1969), pp.241-49.

—, 'Style rococo et style Régence', in: *La Régence* (actes du colloque), Paris 1970, pp.11-20.

—, 'Esthétique du labyrinthe', *Recherches et travaux*, Université de Grenoble, U.E.R. des Lettres, bulletin no 3 (mars 1971), pp.22-27.

Siemek, Andrzej, 'Le problème de l'ambivalence chez Crébillon fils', in: *La Littérature des Lumières en France et en Pologne* (actes du colloque), *Acta Universitatis Wratislaviensis*, no 339 (Wroclaw 1976), pp.281-95.

Spink, John S., *French free-thought from Gassendi to Voltaire*, London 1960.

Starobinski, Jean, *L'Invention de la liberté*, Genève 1964.

—, *Jean-Jacques Rousseau: la transparence et l'obstacle* (suivi de sept essais sur Rousseau), Paris 1971.

Stevens, Marguerite Marie D., 'L'idéalisme et le réalisme dans *Les Egarements du cœur et de l'esprit* de Crébillon fils', *Studies on Voltaire* 47 (1966), pp.157-76.

Stewart, Philip, *Le Masque et la parole: le langage de l'amour au XVIIIe siècle*, Paris 1973.

Sturm, Ernest, *Crébillon fils et le libertinage au dix-huitième siècle*, Paris 1970.

—, 'Crébillon', in: *Dizionario della letteratura francese*, t.i, Torino 1972.

Todorov, Tzvetan, *Littérature et signification*, Paris 1967.

Vailland, Roger, *Laclos par lui-même*, Paris 1953.

Van Rossum-Guyon, Françoise, 'Point de vue ou perspective narrative: théories et concepts critiques', *Poétique* 4 (1970), pp.476-97.

Venturi, Franco, *Jeunesse de Diderot (de 1713 à 1753)*, traduit de l'italien par J. Bernard, Paris 1939.

Versini, Laurent, *Laclos et la tradition: essai sur les sources et la technique des Liaisons dangereuses*, Paris 1968.

Vigée, Claude, '*La Princesse de Clèves* et la tradition du refus', *Critique*, no 159-60 (août-septembre 1960), pp. 723-54.

Wagner, Horst, 'Crébillon fils und das Problem des Wirklichkeitsillusion im französischen Roman des 18. Jahrhunderts', *Romanistisches Jahrbuch* 20 (1969), pp.75-90.

—, *Crébillon fils: die erzählerische Struktur seines Werkes*, München 1972.

Watt, Ian, *The Rise of the novel: studies in Defoe, Richardson, and Fielding*, 3rd edition, Berkeley, Los Angeles 1962

Wellek, René, Austin Warren, *Theory of literature*, 3rd edition, Harmondsworth 1963.

Index